교회의 비전

안디옥교회

교회의 비전

안디옥교회

황삼수 지음

도서출판 영문

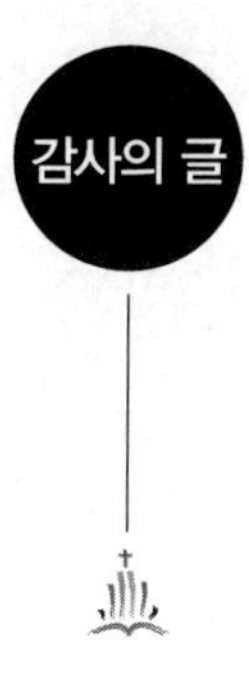

감사의 글

우리 서마산교회에 35세의 젊은 나이에 부임하여 36년간의 목회를 잘 마무리 할 수 있게 하신 우리 하나님 아버지께 먼저 감사와 찬송을 드립니다. 재주도 부릴 줄 모르고, 변함없는 모습과 텁텁한 음성으로 주일마다 강단에 오르는 목사를 보고도 용케 견디어 내신 중직자들과 성도들에게 이 지면을 통하여 진정 감사를 드립니다. 그러나 저는 여러분들의 모습들을 볼 때마다 힘이 솟았고, 지겹거나 권태롭지 않아 수일같이 지나 온 야곱같은 심정이었습니다. 특히 본 교회 원로목사로 추대해 주시고 따뜻한 대우를 해 주심에도 감사를 드립니다. 은퇴를 앞두고 목회 마무리에 감사하는 것은 제주도 개척과 목회현장에서 아름다운 열매들을 많이 맺히면서 잘 훈련된 신지균 목사를 후임으로 세우고 '120세계비전' 과 교회의 큰 부흥을 기대하며 은퇴와 위임예식을 함께 갖게 됨도 다 하나님의 은혜요 여러분들의 사랑의 열매인 줄로 믿고 이 지면을 통하여 감사를 드립니다. 특히 연말당회에서 마지막 책을 내도록 배려해 주신 것과 장로님들의 넉넉잖은 살림에 사랑을 모아 보름동안 홍콩과 멀리 남아공 요하네스버그와 땅 끝인 케이프타운까지 은퇴 휴가를 보내주심도 잊을 수 없는 고마움으로 간직하겠습니다.

은퇴하시는 선배 목사님들의 한결같은 말씀은 '은퇴 안 해 본 사람은 은퇴한 목사의 심정을 모른다'는 말씀들을 예외없이 최근까지도 들어왔습니다. 그러나 사실 나에게는 전혀 실감이 나지 않았는데 은퇴가 별안간 코앞에 다가오니 선배들의 말씀에 공감이 가는 것 같습니다. 사실 목회 현장에서 때로는 은퇴한 분들이 부러울 때도 있었습니다. 새장을 벗어난 새들처럼 모든 것들을 다 떨쳐버리고 넓디넓은 푸른창공을 자유롭게 솟아 나르고 싶은 심정이 없었던 것은 아니었습니다. 주일마다 압박해 오는 설교준비, 교인들의 질병으로 인한 고통과 가난, 뜻하지 않은 슬픔, 교통사고로 졸지에 의식을 잃고 사경을 헤매는 가족의 주체없이 흐르는 눈물들, 형제자매들끼리 어떤 문제로 반목질시하는 모습들, 뜻밖에 오해를 받아 질타를 당하여 괴로워하는 목회현장의 고뇌들이 가슴을 옥죄어 올 때마다 선배들의 자유가 부러웠습니다. 심지어 순박한 산골의 조그마한 목회자가 부럽기 조차한 때도 없질 않았습니다. 이제 즐거운 비명도 염려도 홀가분하게 내려놓게 되었습니다.

책을 만든다는 것은 마치 대중 앞에 옷을 벗어 온 몸을 샅샅이 드러내는 것 같아 여간 용기가 없인 작업하기가 어려운 일인 것 같습다. 이런저런 종류의 책을 오랫동안 구상하다가 마지막 나의 신앙고백이자 목회철학이었던 강단 설교가 좋겠다 생각하고 설교집을 펴 내기로 했습니다. 막상 지나온 설교들의 원고를 살펴보니 옛집을 리모델링하는 것처럼 손 볼 때가 한 두 곳이 아니었습니다. 진작 시작할 것을, 후회가 시간이 흘러갈수록 더욱 심장을 압박하여 심지어는 포기하고 싶은 마음도 없질 않았으나 이제 마지막이 될지도 모를 기회라 생각하니 안 낼 수도 없었습니다. 제가 목회했던 교인들이 읽었으면 하는 바램으로 정리하다 보니 설교집이기는 하지만 사실은 길이도 일정치 않고, 여러 가지의 내용이 들어있어 백화점 같은 생각이 들기도 했습니다. 이 책을 읽으면서 신앙생활에 조금이라도 도움이 되었으면 하는 마음 간절할 따름입니다.

이 책이 나오기까지 신지균, 유영화 목사님, 그리고 바쁜 학무에도 시간을 내어 교정을 봐 주신 박혜정, 김양은 선생님, 김혜영 사무간사의 수고에 감사를 드립니다. 특히 고신대학 부총장이신 이상규 목사님의 감명 깊은 추천서와 은퇴하시고도 꾸준히 책을 읽으시며 공부하시는 곽삼찬 전 총회장님의 과분한 격려사에 감사를 드립니다. 그 동안에 나의 목회사역에 오늘까지 일심동체로 헌신해 온 아내 강지현사모와 자녀 수진, 유진, 성민, 금실에게도 감사합니다. 아울러 마산노회산하의 목사님과 장로님들의 그간의 관심과 변함 없으신 사랑을 참으로 감사드립니다.

출판을 위해 여러 면에서 신경을 써 주시면서 도와주신 영문 출판사 사장 김수관 부총회장에게도 심심한 감사의 말씀을 드립니다.

모든 영광을 오직 하나님께만 !

2012년 12월

봉화산이 바라보이는 서재에서

목사 **황 삼 수**

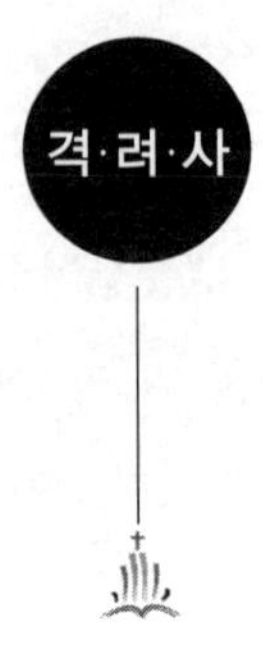

세월이 유수같이 전광석화(電光石火)처럼 빠르게 지나 황삼수 목사님께서도 정년이 되어 은퇴와 아울러 서마산교회 원로목사 추대를 받게 되었다. 원로목사 추대 받으시는 기념으로 설교집을 내셨다.

나는 황삼수 목사와 같은 노회 같은 지역에서 약 40년간 동역을 하였다. 나의 신앙의 동지이며 아껴 온 후배이다. 거리(距離)를 단축시키면서 가까이 친하게 지나왔다. 비탈길을 올라가면서 힘들어 할 때는 서로 밀어주는 사이였다. 남달리 친하게 지나오면서 가까이에서 눈여겨 보아왔다. 황삼수 목사님은 사명을 위해서 살고 사명을 위해서 죽겠다는 정신으로 교회를 사랑하고 교인들의 영혼을 사랑하는 목회자이다. 한 우물만 파듯이 서마산교회 위해 36년간 시무하신 장기목회에 성공하신 목회자이다. 품성이 외유내강하시고 끈기 있게 잘 참으시는 목회자이시다. 그리하여 서마산교회를 많이 성장시켰다.

황삼수 목사님의 설교는 성경을 통달한 설교이다. 예수그리스도의 십자가와 부활을 핵심으로 한 복음적인 설교이다. 말씀을 쉽게 평이하게 누구나 알 수 있게 풀어주는 설교다. 군더더기가 없고 깔끔하고 확실하고 화끈하여 감동을 준다. 자기 자신과 가족에 대한 말은 없고 오직 예수님만 자랑하는 설교자이다. 동기부여를 하고 바르게 믿고 바르게 살게 하고, 위로와 평안, 소망과 희망, 삶의 활기를 준다. 깊은 우물에서 솟아나오는 생수와 같고 영적종합비타민이다.

황삼수 목사님께서 한평생 많은 설교를 하셨다. 원로목사 추대기념 설교집은 익을 때로 익어 성숙한 시기에 하신 설교이다. 아무쪼록 목회자들과 평신도들이 읽으므로 감동과 감화를 받고 신앙생활의 교과서가 되기를 바라고 세계에 널리 배포되기를 바라면서 추천하는 바이다.

곽 삼 찬 목사
(동광교회원로목사, 증경총회장)

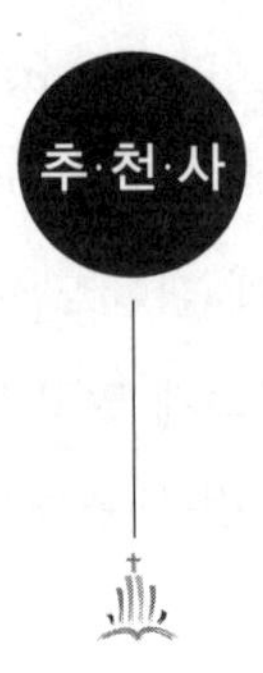

이번에 황삼수 목사님의 설교집, 『교회의 비전 안디옥교회』를 출판하게 된 것을 기쁘게 생각합니다. 황목사님은 지난 1975년 1월에 서마산교회에 부임하여 금년 말까지 36년간 시무하시고 은퇴하게 된 것으로 압니다. 한 교회에서 이처럼 장기간 시무하기가 쉽지 않는데 목사님은 긴 세월 동안 안정적으로 목회하시고 은퇴하게 되었으니 축하하지 않을 수 없습니다. 무엇보다도 은퇴를 기념하여 설교집을 출간하게 되었으니 뜻 있는 일이라고 생각합니다.

저는 황목사님을 가까이에서 뵙고 교제한 일은 많지 않으나 고려신학대학에 다닐 때 먼발치에서 그를 보고 지냈으니 40여 년 간 알고 지낸 샘입니다. 저는 황삼수 목사님을 대할 때 마다 그의 이름의 뜻이 무엇일까 하는 생각을 한 일이 있습니다. 제가 알기로 그는 고등학교를 마치고 진학할 때 재수한 일이 없는데 삼수(三修) 한 것처럼 오해를 받아왔고, 육군에서는 의무병이었음으로 사수(射手)로 복무한 일이 없지만 살수(殺手) 포수(砲手)까지 겸한 삼수(三手)가 아니였을까라고 의심하는 이도 있었을 것입니다. 그를 대해보면 자리에 대한 욕심이라고는 전혀 없는 겸손한 인품을 지니신 분이지만 세 가지 높은 자리(三首)에 취심한 분으로 오해받지 않았을까 하는 생각이 들었습니다. 한번은 직접 이름의 뜻을 물어보았더니 세 가지를 지킨다는 의미의 삼수(三守)였습니다. 그러면 그렇지 하는 생각이 들었습니다. 그렇다면 그 세 가지는 무엇일까? 그가 살아온 삶의 여정을 생각해 볼 때, 그것은 아마도 믿음을 지키고, 목회자로 부르신 소명을 지키고, 인간사의 모든 일에 신의를 지키는 것이 아니었을까 하는 생각을 했습니다. 황목사님의 자신의 이름처럼 자신을 지켜 세속에 물들지 않는 믿음의 길을 가며 하나님의 부르심에 응답하여 36년이 넘는 세월동안 신실한 목회자의 길을 가면서 사람과의 관계에서도 신의를 지키며 선한 모범을 보이신 분이십니다.

저는 황목사님을 뵐 때마다 그분의 인자하고 자상한 배려에 감동을 받았습니다. 그는 고려신학대학원 27회 졸업생인데, 34회인 후배에 불과한 나에게도 예모를 다하시는 따뜻한 마음을 잊지 못합니다. 황목사님을 가까이에서 대하지 못했지만 뭔가 친근한 마음을 갖게 된 것은 아마도 그의 글 때문이 아닌가 생각합니다. 그의 진솔한 마음이 녹여있는 글을 읽으면서 공감하고 감동을 받으면서 그를 형님처럼 대하게 된 것으로 생각됩니다.

그의 설교 또한 은혜롭고 우리의 마음에 감동을 줍니다. 이번에 펴내는 설교집에는 교회, 신앙생활, 그리스도인의 가정, 그리고 그리스도인의 사회생활 등 신자의 삶의 여러 영역을 취급하고 있는데, 오늘 우리가 어떻게 믿고 어떻게 살아야 할 것인가에 대한 귀한 가르침을 준다고 하겠습니다. 저는 이 책이 우리들의 신앙의 지침서가 되리라고 확신합니다.

비록 황목사님께서 은퇴하시게 되지만 더욱 건강하시고 우리 후배들과 성도들에게 귀한 가르침을 주시기를 기대합니다. 사랑하고 존경합니다. 황삼수 목사님.

2012년 11월 15일

이 상 규 목사

(고신대학교 교수 겸 부총장)

차 례

감사의 글 / 5
추천사 곽삼찬 목사 / 8
격려사 이상규 목사 / 10

제1부 아름다운 교회

(Ⅰ) 제3의 도성 안디옥 17
(Ⅱ) 안디옥교회 설립 19
(Ⅲ) 교회의 비전 안디옥교회 (행11:19-21) 24
1. 말씀충만한 교회 (행11:25-26, 15:35) 25
2. 기도하는 교회 (행13:2,3) 36
3. 성령충만한 교회 (행13:2-5) 49
4. 복음전파에 열정이 있는 교회 (행13:1-7) 67
5. 하나님을 잘 섬기는 교회 (행13:2) 85
6. 이웃을 잘 섬기는 교회 (행11:27-30) 95
7. 화목한 교회 (행13:1-2) 107
8. 잘 순종하는 교회 (행13:2-3) 119

제2부 신앙생활의 지름길

(1) 신앙생활의 지름길 (엡4:13-16) 133
(2) 영접하는 자가 받는 복 (요1:10-14) 135

(3) 예수님을 나의 삶의 왕좌에 (마16:15,16) 143
(4) 주 예수 그리스도 (요20:8) 150
(5) 예배의 삶 (요4:23) 156
(6) 하나님의 말씀인 성경 (딤후3:16–17) 163
(7) 기도생활 (빌4:6–7) 172
(8) 오직 예수님만이 (행4:12) 185
(9) 믿음으로 얻게되는 하나님의 선물(계3:20) 199
(10) 믿음의 말을 하자 (민14:6–10) 265

제3부 그리스인의 가정

(1) 하나님이 설계하신 행복한 가정 (창1:27–28) 297
(2) 모든 행복의 원천인 부부 (엡5:22–33, 창1:27–33) 315
(3) 하나님이 주신 최고의 상, 자녀(시127:3–5, 엡6:4) 332
(4) 효도와 하나님의 약속 (출20:12, 룻1:15–21) 349
(5) 좋은 유산을 물려주자 (딤후1:3–5) 356
(6) 명문 가문의 조상 아브라함 (창12:1–9) 369

제4부 그리스도인의 사회생활

(1) 마라로 인도하시는 하나님 (출15:22–27) 391
(2) 위기를 극복하는 비결 (왕하19:14–19) 402
(3) 다니엘의 지혜로운 선택과 기도 (단2:14–24) 414

PART 1

아름다운 교회

교회는 세상의 어떤 단체나 기관과는 다른 공동체다. 교회는 주님께서 친히 피 흘려 세우신 주님의 몸이요 신부이다. 이 교회는 주님께서 디자인하셨고, 세상의 그 어느 단체나 공동체와 견줄 수 없는 아름다운 기관이다.

교회를 통하여 죄인이 회개하고 새사람으로 거듭나는 곳이요, 새생명으로 중생하여 하나님의 자녀들이 모인 곳이요, 천국 시민들이 모인 공동체이다. 비록 세상사람들이 보기에는 보잘 것 없는 무리들로 보일지 모르나 하나님의 형상을 되찾은 새로운 피조물의 공동체이다. 물론 지상교회는 가라지들도 함께 공존을 하지만 하나님의 자녀들의 공동체이다. 그러므로 세상에서 가장 아름다운 무리들이 모여 하나님을 경외하고 예배하고 섬기는 사람들의 집합체이다. 그러므로 아름다울 수밖에 없다.
그 아름다움이 주님께서 친히 디자인하신 안디옥교회를 통하여 그 아름다움을 여실히 들어내고 있다. 우리는 부절히 안디옥교회를 배우고 본받는 교회가 되어야 할 것이다.

제3의 도성 안디옥

안디옥(수리아)은 지중해에서 내륙으로 32km, 예루살렘에서 북쪽으로 480km 지점, 오론테스강 좌측에 위치한 도시로 성경기록 당시 인구 50만의 로마, 알렉산드리아 다음가는 세계 3대 도시였습니다. 이곳은 B.C 300년경에 셀류쿠스 니카토르 1세(Seleucus Nicador1)에 의해 건설되었는데 도시명은 그의 아버지 안티오쿠스(Antiochus)를 기념하여 그의 이름을 따서 안디옥이라 명명했다.(요세프스)

지리상으로 수리아, 팔레스틴, 나아가서 동쪽으로의 대상로(隊商路)에 있으며, 한편 외항 셀루기아(Seleucia)에 의해 지중해로 통하였기 때문에 통상무역의 중심지가 되었습니다. 정치적, 경제적인 번영으로 문화의 융성을 가져왔습니다. 특히 헬라문화가 번영하여 동방 문화뿐만 아니라 종교와도 접촉하므로 이곳을 '동방의 여왕' 이라 불리기도 했습니다. 로마영으로 된 다음에도 이 지역에 대한 역대황제들의 관심이 깊어 그들은 종종 이 도시를 재건하거나 단장하기도 하였습니다.

이곳에는 로마의 수리아 군단 본부가 있었고, 조금 떨어진 곳에 이방종교의 중심인 아폴로 신전이 있었으며, 강 하구에는 실루기아 항이 있었습니다. 안디옥은 수많은 신비 종교를 자랑했고, 다양한 이교적인 활동을 허용하여 유대교도 수용하였습니다.

유대인들이 전체 인구의 1/7정도를 차지하고 있었고, 특히 갈리굴라(Galigula)가 통치하는 중에는(A.D 37년–42년) 많은 유대인들이 학살을 당하기도 한 무서운 도시로 알려져 있습니다.

안디옥교회 설립

(행 11:19~23)

"그 때에 스데반의 일로 일어난 환난으로 말미암아 흩어진 자들이 베니게와 구브로와 안디옥까지 이르러 유대인에게만 말씀을 전하는데 그 중에 구브로와 구레네 몇 사람이 안디옥에 이르러 헬라인에게도 말하여 주 예수를 전파하니 주의 손이 그들과 함께 하시매 수 많은 사람들이 믿고 주께 돌아오더라 예루살렘 교회가 이 사람들의 소문을 듣고 바나바를 안디옥까지 보내니 그가 이르러 하나님의 은혜를 보고 기뻐하여 모든 사람에게 굳건한 믿음으로 주와 함께 머물러 있으라 권하니"

안디옥에 교회가 세워진 배경에는 예루살렘 교회의 집사 스데반이 순교를 당한 사건이 계기가 되었습니다. 박해자들은 이때라 생각하고 여세를 몰아 기독교 박멸 운동을 벌이고 심한 박해를 가했던 것입니다. 그때 사도들 외에 신도들이 모두 유대와 사마리아와 모든 땅으로 흩어져 그들이 가는 곳마다 복음을 전하였습니다.(행8:1,4) 빌립 집사가 사마리아에 들어가 전도하여 사마리아교회가 세워졌다는 소식을 듣고 예루살렘교회가 베드로와 요한을 파송하기도 하였습니다.(행8:14) 이어 빌립이 성령님의 지시로 광야에서 에디오피아 내시를 만나 복음을 전하여 세례를 베풀고, 고국으로 돌아가게 하여 일찍이 오디오피아에 복음이 전파되기도 하였습니다.

이에 예루살렘 박해를 피하여 나온 구브로와 구레네 몇 신자들이 안디옥에 들어가 헬라인들에게 복음을 전하여 안디옥 교회가 세워지게 되었습니다. 이 소식을 듣고 예루살렘 교회는 바나바를 파송하여 사역을 하였는데 많은 사람들이 몰려와 바나바 혼자 사역을 감당할 수 없게 되었습니다. 이에 바나바는 위험을 무릅쓰고 14km의 길을 걸어, 길리기아 다소에서 때를 기다리며 준비하던 사울을 찾아가 동역할 것을 친히 청했습니다.

그들이 안디옥에서 힘을 모아 일 년 동안 모여서 하나님의 말씀을 열심히 가르친 결과 다음과 같은 놀라운 역사가 일어났던 것입니다.

첫째, 그들의 삶이 변하여 불신자들에게 '크리스티아노스'(Χριστιανός) 즉 그리스도인이라는 별명을 얻게 되었습니다.

이것이 약 1900여년 동안 기독교인의 대명사로 불려졌습니다. 어떤 사람은 이것이 그리스도인을 비난하고 욕하는 뜻에서 붙인 이름이라고도 하지만 절대 그렇지 않습니다. 그 이유는

① '비로소 그리스도인이라 일컬음을 받았다.'(행11:26)는 말씀을 통해 볼 때 예루살렘 교회에서 벌써 나왔어야 할 별명이 '이제야(비로소)' 나왔다는 아쉬움을 뜻하고 있음을 나타내고 있기 때문입니다. 좋은 별명을 이제야 얻게 되었다는 뜻 입니다.

② '그리스도인' 이라는 '크리스티아노스' 는 타키투스(Tacitus)에 의하면 '수치스럽고 간교한 것들을 따르는 사람들' 이란 의미로 붙여진 이름이라고 합니다. 또 에릭 피터슨(Arik Peterson)의 해석에 의하면, 로마 당국에 의해 붙여진 이름으로 유대교의 반 정부적인 정치 집단이라는 뜻으로 붙여진 이름이라고도 합니다. 그러나 위의 이론들은 설득력이 없는 해석입니다. 그 이유는 그 당시 안디옥의 풍토가 그렇지 않았기 때문입니다.

③ 만약 '크리스티아노스' 가 그렇게 불명예적인 이름이라면 어떻게 지금까지 기독교인들의 공식명칭으로 사용되어 왔겠는가? 말씀을 배워 순종한

안디옥 교회가 당시 사회에 끼친 좋은 영향이 컸기 때문에 좋은 의미에서 불렀을 것이 틀림이 없습니다.

④ '크리스티아노스' 라는 언어의 구조를 알아보면 분명한 의미를 알 수 있습니다. '크리스티아노스' (Χριστιανός)는 라틴어 '크리스티누스' 에서 온 말로 '크리스도' 란 말과 '아누스' 라는 두개의 단어가 합해져 만들어진 합성어입니다. 그 뜻은 '어떤 집단에 속한 충성스러운 무리들' 이란 뜻입니다. 예를 들면 헤롯가의 충성스러운 추종자들을 히로디안(Herodian), 가이사의 충성스런운 군사들을 Caesariani라고 합니다. 그러므로 크리스티아노스는 '그리스도를 따르는 충성된 무리들' 혹은 '그리스도를 따르는 무리들' 이란 뜻으로 매우 명예로운 별명입니다.

둘째로 최초로 선교사 파송을 하였습니다.

안디옥 교회는 말씀을 배우는 가운데 세계복음화를 위한 선교의 당위성과 필연성을 깨닫게 되었습니다. 선교는 말씀의 배경이 없이는 불가능한 것입니다. 말씀을 열심히 배우는 안디옥교회에 성령님께서 선교할 것을 지시하므로 전적 순종할 수밖에 없었음을 보여줍니다.

이 선교로 인하여 다음 몇 가지 선교원리를 발견 할 수 있습니다.

① 선교는 하나님의 말씀을 잘 배워 말씀의 확신에서 시작되어야 합니다.(행11:26)

② 선교는 성령님의 부르심이 있어야 합니다. 다시 말하면 선교의 소명이 있어야 합니다.(행13:2)

③ 선교는 반드시 교회가 주도해야 합니다.(행13:1)

④ 선교사는 선교지에 교회를 세우는 일이므로 바나바와 사울처럼 목회의 경험이 있고 성공적인 목회의 경험을 가진 사람이어야 합니

다.(11:25)

⑤ 신교비는 파송한 교회에서 끝까지 부담해야 합니다. 국내 개척이 아니므로 위급한 상황이 아니면 선교비를 끊거나, 줄이는 것은 합당하지 않습니다. 안디옥교회는 3차까지 후원한 것으로 나타나고 있습니다.

⑥ 선교는 바나바와 사울처럼 팀사역을 해야 합니다.(행13:3,5)

⑦ 선교는 반드시 선교지 선정까지도 성령님의 인도를 받아야 합니다.(행16:6–10)

⑧ 선교는 안식년과 선교보고가 있어야 합니다.(행14:26–30)

⑨ 선교는 선교로 말미암는 문제들을 잘 해결하고 계속해야 합니다.(행15장)

⑩ 선교는 금식과 기도로 시작해야 합니다.(행13:2)

셋째로 선교로 말미암아 일어나는 걸림돌을 잘 제거하였습니다.

안디옥교회는 말씀을 배움으로 율법과 복음을 바로 이해하고 있었지만 유대로부터 온 사람들은 이해되지 않아 안디옥교회와 충돌이 일어났습니다. 적잖은 다툼과 변론이 일어나자 분명한 진위를 가리기 위하여 바울과 바나바와 성도 몇 사람들을 예루살렘 교회에 파송하게 되었던 것입니다. 이로 인해 '세계 제1회 공의회' 가 예루살렘 교회에서 개최되었습니다.

거기서 제1차 선교여행의 결과를 보고할 때에 바리새파 출신들이 일어나 이방인들이 주님께 돌아올 때에 할례를 받고 모세의 율법을 지키라고 명하는 것이 옳다는 율법주의를 주장하게 된 것입니다. 이에 베드로가 일어나 믿음으로 구원을 받는 일에는 이방인이나 우리가 조금도 차별이 없다는 사실을 하나님께서 이방인 중에서 행하신 표적과 기적을 보아 알 수 있다는 강력한 논증을 폈습니다.

이에 예루살렘 교회의 수장격인 야고보가 일어나 아모스 9:11,12의 말씀을 가지고 하나님께서 이방인들을 들어 쓰실 것을 말씀하신 것을 피력하고 이방인들이 하나님께로 돌아올 때에 그들을 괴롭히지 말고 다만 우상의 제물과 피와 목매어 죽인 것과 간음을 멀리하고 다른 것은 짐 지우지 않는 것이 옳다고 제안하고 결의하였습니다. 이것을 편지로 각 교회에 보내므로 이방인이 복음을 받고 하나님께 돌아오는 일에 큰 걸림돌을 제거해 줌으로 선교의 큰 짐을 들게 되었던 것입니다.

넷째로, 형제사랑의 좋은 본을 보였습니다.

예루살렘 교회가 큰 흉년으로 어려움을 당할 때에 이 소식을 들은 안디옥 교회가 자발적으로 구제금을 모아 직접 가서 전달하므로 교회의 일체감과 이웃사랑의 좋은 본이 되었습니다. 사실 영적으로 큰 빚을 진 안디옥교회가 예루살렘 모교회(母敎會)에 부조한 것은 당연한 일이 아닐 수 없습니다. 그러나 이 요즘은 당연한 사실도 실천치 않는 메마른 시대가 되었습니다. 또 대형교회가 주위에 작은 개척교회들이 있음에도 불구하고 아무런 상의나 대책도 없이 넓은 대지에 다양한 시설을 갖춘 예배당을 세워 주님의 작은 교회들을 흡수하고 쓰러지게 함으로 개척자들이 눈물을 흘릴 수밖에 없는 것은 주님이 결코 원하지 않는 일일 것입니다. 마땅히 합당한 대책을 세워 다른 곳에라도 개척케 하고 난 뒤 그곳에 교회를 세워야 할 것입니다.

우리가 안디옥 교회를 본받고 배울 점은 한두 가지가 아닙니다. 사도행전을 잘 연구하여 이 시대 마지막 선교의 주자로서의 사명을 잘 감당하는 우리가 되어야 할 것입니다.

교회의 비전, 안디옥 교회

(행 11:19-21)

"때에 스데반의 일로 일어난 환난을 인하여 흩어진 자들이 베니게와 구브로와 안디옥까지 이르러 도를 유대인에게만 전하는데 그 중에 구브로와 구레네 몇 사람이 안디옥에 이르러 헬라인에게도 말하여 주 예수를 전파하니 주의 손이 그들과 함께 하시매 수다한 사람이 믿고 주께 돌아오더라"

'묵시가 없으면 백성이 방자히 행한다' (잠29:18)고 하셨는데 KJV에서는 '묵시' 를 'vision' 으로, '방자히 행한다' 는 'perish' 로 번역하므로 '비전이 없는 백성은 망한다' 는 의미로 해석하고 있습니다(Where there is no vision, the people perish). 그렇습니다. 개인이나 단체, 국가도 비전이 없으면 소멸하여 망하고 마는 것입니다.

하나님께서 우리 서마산 교회에 초대교회와 같은 '교회다운 교회, 사명을 다하는 교회, 주님이 디자인하신 교회였던 안디옥 교회' 를 비전으로 주셨습니다. 우리 서마산 교회가 이 안디옥 교회를 닮아서 이 세상에 안디옥 교회를 재현하라는 것입니다. 닮아가라는 것입니다. 그렇게 하기위해 계속하여 안디옥 교회의 특징과 아름다움을 배우고, 익히고, 실천해 나가야 할 줄로 믿습니다.

우리는 우리의 비전으로 주신 안디옥 교회를 이루기 위하여 안디옥 교회를 연구하여 배우고 그리고 닮아 가야 할 줄로 믿습니다. 안디옥 교회는 어떤 교회였습니까?

(1) 말씀 충만한 교회

(행 11:25-26, 15:35)

> "바나바가 사울을 찾으러 다소에 가서 만나매 안디옥에 데리고 와서 둘이 교회에 일 년간 모여 있어 큰 무리를 가르쳤고 제자들이 안디옥에서 비로소 그리스도인이라 일컬음을 받게 되었더라"

스데반의 순교 후 예루살렘 교회에 큰 핍박이 일어났습니다. 사도들 외에는 핍박을 피하여 각 곳으로 흩어졌습니다. 흩어진 자들이 가는 곳마다 유대인들에게만 복음을 전하였습니다.(행11:8) 그 이유는 유대인들만 구원을 받을 수 있는 하나님의 택한 백성이라고 믿었기 때문입니다. 그런데 구브로와 구레네 몇 사람들이 안디옥에 가서 헬라인들에게도 복음을 전했더니 허다한 헬라인들이 복음을 받고 주께로 돌아왔습니다.

예루살렘 교회가 이 소문을 듣고 바나바를 안디옥 교회에 파송하여 잘 목양하게 하였습니다. 바나바가 가서 사역하는 가운데 교회가 크게 성장하므로 혼자서는 감당할 수 없게 되었습니다.

그는 기도하는 가운데 위험을 무릅쓰고 친히 다소(160km거리)까지 가서 때를 기다리고 있는 성경학자 사울을 모셔 왔습니다. 그리고 1년 동안 큰 무리들을 모아 하나님의 말씀을 열심히 가르친 결과 놀라운 역사가 일어났습니다. 뿐만 아니라 바나바와 바울이 1차 전도여행을 마치고 안디옥에 돌아왔을 때도 다시 말씀을 가르쳤고 그들은 또 열심히 배웠습니다.(행15:35) 이처럼 안디옥교회는 말씀을 열심히 배우는 말씀 충만한 교회였습니다. 열심히 배울 뿐만 아니라 순종하여 실천도 잘 하였습니다.

1) 성경을 열심히 가르치고 배워 순종한 결과

① 성도들의 삶에 큰 변화가 일어났습니다.

이때 불신자들이 안디옥 교인들을 보고 "그리스도인"(Χριστιανός, Christian)이라 불렀습니다.(행11:26) 이 말은 별명으로 당시 정당의 지지자를 부르는 명칭으로 쓰였다고 합니다. 예를 들면 '가이사인'(Caesarian), '헤로디아인'(Herodian), '폼페이인'(Pompeianian) 들로 불렀습니다. 어떤 학자들은 조롱의 뜻으로 불리었다고 하나 "제자들이 안디옥에서 비로소 그리스도인이라 일컬음을 받게 되었다"(11:26)는 말씀을 통해 볼 때 예루살렘에서 벌써 얻었어야 할 별명을 늦게나마 이방교회인 안디옥에서 '비로소' 불리었다는 뜻으로 볼 수 있습니다. 그러므로 '그리스도인' 이란 별명을 쉽게 풀어서 말한다면 '그리스도의 사람', '그리스도에게 속한 사람', '불신자와 구별 된 삶을 사는 사람', '오직 그리스도만 위하여 살아가는 사람' 이라는 뜻입니다. 이것이 기독교 2천 년 동안 기독교인을 부르는 공식 명칭으로 불려왔다는 것은 놀라운 축복이 아닐 수 없습니다.

② 시므온, 루기오, 마나엔 같은 훌륭한 교사와 선지자들이 배출되었습니다.(13:1)

말씀을 배워 잘 순종하면 신앙인격에 놀라운 변화가 일어나게 됩니다.(히

4:12, 딤후3:16,17) 말씀을 듣고 배우고도 순종하지 않거나 실천하지 아니하면 오히려 교만하여 자신과 교회에 독이 되는 경우가 많습니다.

③ 물질의 축복(천하가 흉년이 들었을 때도)을 받았습니다.

그 당시 성령님의 감동을 받은 아가보는 안디옥에 와서 온 천하에 흉년이 들 것이라고 했는데 이 흉년이 안디옥에는 들지 않음으로 흉년으로 어려워하는 예루살렘 교회를 구제할 수 있었던 것입니다.(11:28-30)

④ 교회의 부흥을 경험하게 되었습니다.

"하나님의 말씀이 흥왕하여 더 하더라"(12:24, 6:7, 19:20)고 한 것은 말씀의 역사로 걷잡을 수 없는 교회의 부흥이 일어나게 된 것을 의미하는 말씀입니다. 말씀을 잘 배우고 순종하는 것이 얼마나 중요한가를 다시 한 번 깨닫게 하는 대목입니다.

⑤ 세계 선교의 출발점이 되었습니다.

바나바와 바울을 기독교 역사상 최초의 선교사로 파송(13:2-5) 하는 놀라운 일이 하나님의 말씀을 잘 가르치고 잘 배운 이 안디옥 교회에서 일어났습니다.

2) 성경 말씀은 큰 역사(役事)를 일으킵니다.

① 믿음으로 구원을 얻게 합니다.

"또 네가 어려서부터 성경을 알았나니 성경은 능히 너로 하여금 그리스도 예수 안에 있는 믿음으로 말미암아 구원에 이르는 지혜가 있게 하느니라"(딤후3:15) 어떤 고전이나 불후의 명작을 본다고 해서 구원 얻는 진리를 발견하는 것이 결코 아닙니다. 아무리 도를 닦고, 선행을 베풀고, 고행을 한다 해도 구원의 길을 찾을 수 없는 것입니다. 오직 하나님의 말씀을 통해서만 구원의 길을 발견하고, 주 예수를 믿어 구원을 얻게 하는 역사를 성경이 일으키는 것입니다.

② 인격의 변화의 변화를 가져 오게 합니다.

"모든 성경은 하나님의 감동으로 된 것으로 교훈과 책망과 바르게 함과 의로 교육하기에 유익하니 이는 하나님의 사람으로 온전케 하며 모든 선한 일을 행하기에 온전케 하려 함이니라"(딤후3:16,17, 히4:12)

어떤 교육이나 형벌이나 혹은 교도소가 사람의 인격을 변화시키지 못합니다. 약간의 유익을 얻을 수는 있다고 할지라도 그것은 외적이요, 일시적인 것입니다. 그러나 성경말씀이 많은 사람들을 변화시키는 놀라운 역사들은 지금도 일어나고 있지 않습니까?

③ 말씀은 삶을 인도하는 등불이 됩니다.

"주의 말씀은 내 발의 등이요 내 길의 빛이니이다"(시119:105)

하나님의 말씀을 순종하는 것이 어리석어 보이고 때로는 미련한 듯이 보이기도 합니다. 그러나 하나님의 말씀은 진리입니다. 진리란 말은 어느 시대, 어떤 장소와 민족을 막론하여 언제 어디서나 다 공감을 주는 것(보편타당)입니다. 성경말씀은 진리입니다.

예를 들면 "보라 자식들은 여호와의 기업이요, 태의 열매는 그의 상급이로다"(시127:2)는 말씀이 있습니다. 기업이나 상은 많으면 많을수록 좋은 것입니다. 그것을 마다하거나 거부할 어리석은 사람은 아무도 없을 것입니다. 그러나 과거 우리나라는 자녀출산을 한 둘로 제한하는 아주 어리석은 정책을 펼친 때가 있었습니다. 심지어 셋을 낳으면 상당한 불이익을 준 것이 불과 이삼십 년 전의 일이었습니다. 그런데 지금은 국민들이나 국가가 크게 후회하고 오히려 자녀를 많이 낳게 하려고 온갖 수단과 방법을 다 동원하고 있지만 출산율은 회복이 되지 않아 국가의 큰 걱정거리가 되었습니다. 특히 기독교인 중에 아이를 많이 낳지 않으면 앞으로 이교인들에게 여러모로 밀리는 결과를 가져 올 것입니다.

이와 같이 성경말씀은 시대를 초월하여 우리의 길을 바르게 인도하는 등불이요, 빛이요, 항해도요, 나침반인 것입니다.

④ 말씀을 믿고 순종할 때 범사에 큰 복을 주십니다.

말씀을 순종할 때, 모든 민족위에 뛰어나게 되고, 모든 복이 임하며, 어디서든지 복을 받고, 자녀들과 사업에 복을 받고, 식생활에 복을 받아 건강하고, 적들을 물리쳐 주시며, 모든 하는 일들에 복을 주시며, 하나님의 성민이 되므로 다 두려워하며, 자연의 복과 범사에 복을 받아 빌리지 않고 꾸어주며, 머리가 되고 꼬리가 되지 않게 해 주시겠다고 약속하셨습니다.(신28:1-14참조)

한 신사가 빈곤한 과부를 방문하였습니다. 그 과부는 자신의 어려운 생활을 그 신사에게 토로하면서 불평하기를 자식이 성공하여 영국에 살고 있는데 매달 편지와 함께 조그마한 그림 한 장을 보내는 것으로 자식 된 도리를 한다고 신세타령을 하였습니다. 그 신사는 그 그림을 보여 달라고 하였습니다. 그런데 그 그림은 어머니가 충분히 생활할 수 있는(10 파운트) 수표였던 것입니다. 이것도 모르고 그 과부는 아들을 원망하면서 어렵게 살아왔던 것입니다.

하나님께서는 우리의 자녀들을 엄청난 보증수표로 주셨는데 우리들은 그것이 무엇인지도 잘 모르고 또한 사용도 하지 않으면서 원망만 하고 있습니다. 많은 사람들은 하나님이 주신 진리인 성경말씀을 케케묵은 하나의 이야기로만 생각하고 대수롭지 않게 여기고 있습니다.

성경 속에는 엄청난 약속들이 들어 있습니다. 누구라도 그것을 믿고 순종만 하면 그 모든 약속들을 얻을 수 있습니다. 그 약속들을 모두 받아 누리므로 행복한 하나님의 자녀들이 다 되시기를 축복합니다.

⑤ 행복을 주십니다.

"내가 오늘날 네 행복을 위하여 네게 명하는 여호와의 명령과 규례를 지킬 것이 아니냐"(신10:13).

우리 가정이 하나님의 말씀을 잘 배워 순종하고, 우리 교회와 사회, 국가가 하나님의 말씀대로 잘 순종한다면 어떤 일이 일어나겠습니까? 행복한 가정과 사회가 될 것입니다. 역사적으로 성경 말씀을 열심히 읽고 순종한 가정과 사회가 다 복을 받았습니다. 영국이 그랬고, 미국이 그랬으며 서구 사회가 그랬습니다.

특히 미국은 가장 빠르게 세계의 대국이 되었다. 미국을 세운 청교도들이 믿음과 눈물과 기도와 투쟁으로 미국을 세웠던 것입니다. 독립 선언문과 연방헌법이 하나님의 말씀에 기초해서 작성되었고, 대통령이 하나님의 말씀 위에 손을 얹고 선서하며, 모든 화폐에 'In God We Trust' 라고 새겼으며, 모든 공교육을 통해 하나님을 알고 경의하도록 공립학교에서 성경을 가르치며 기도로 수업을 시작했던 나라였습니다. 가장 많은 선교사들을 세계에 파송했습니다. 그래서 하나님께서는 신명기 28장의 약속대로 쌓을 곳이 없도록 매사에 복을 주셨던 것입니다. 그러나 1963년 케네디 대통령 때 대법원이 공립학교에서 성경을 가르치고 수업 전 기도회를 금지시킨 이래 청교도 신앙의 건국이념을 잃어버렸고, 공립학교들과 공공기관, 많은 공적 행사에서 하나님과 하나님 말씀을 추방해 버린 것입니다.

그 이후 청소년들의 급격하게 타락하게 되었고, 세계의 심장인 뉴욕이 2008년 리먼 브라더스의 파산을 시작으로 월가의 붕괴는 미국전체를 깊은 경기침체의 늪으로 빠뜨리고 말았습니다. 또한 뉴욕은 지난 6월 말에는 동성결혼을 허용하는 6번째 주가 되었고, 지난 8월에는 100년 만의 지진이 뉴욕에 있었으며, 몇일 후에 불어 닥친 허리케인 '아이린'은 뉴욕시민들을 공포의 도가니로 몰아넣었습니다. 그리고 최근에는 뉴욕공립학교 내에서 종교활동을 할 수 없고 일요일에는 예배장소로 쓰일 수 없다라는 판결이 나오게 되었다고 합니다. 2012년에 뉴욕시 공립학교에서 예배를 드리는 160여개의 종교단체(대부분 개신교회)들이 2월12일까지 퇴거명령을 받았다고 합니다. 그리고 주님의 탄생을 기념하는 크리스마스를 크리스마스로 표기하지 못하게 하여 지금은 거저 평범한 공휴일(holy day)로 부르게 했다는 것입니다. 선조 청교도들의 믿음에 의해 기독교 정신에 입각한 건국이념이 종교 다원주의의 세찬 바람에 부딪혀 뿌리째 흔들리고 있는 것입니다. 그 결과 오늘날의 큰 위기를 맞고 있는 것입니다. 하나님의 말씀을 받아 바로 믿고 순종을 잘 할 때에는 세계 최고의 부강한 나라가 되었지만 하나님의 말씀을 버릴 때에는 타락과 혼란과 자연의 재난과 경제적 빈곤을 겪게 되는 것입니다.

⑥ 하나님의 말씀은 믿음을 성장케 하는 축복을 가져옵니다.

"그러므로 모든 악독과 모든 궤휼과 외식과 시기와 모든 비방하는 말을 버리고 갓난아이들 같이 순전하고 신령한 젖(하나님의 말씀)을 사모하라 이는 이로 말미암아 너희로 구원에 이르도록 자라게 하려 함이라"(벧전 2:1,2). 갓난 어린이들이 엄마의 젖만 먹어도 뼈와 살과 근육등 모든 신체가 골고루 성장하듯이 성경말씀을 믿음을 성장시키는 완전식품인 젖으로 비유하고 있는 것입니다.

3) 성경말씀을 받는 바른 자세

① 성경을 하나님의 말씀으로 받아야 합니다.

'먼저 알 것은 성경의 모든 예언은 사사로이 풀 것이 아니니 예언은 언제든지 사람의 뜻으로 낸 것이 아니요 오직 성령의 감동하심을 받은 사람들이 하나님께 받아 말한 것임이라' (벧후1:20–21)고 하였습니다.

성경은 성령 하나님께서 하나님의 사람들을 감동시켜 주신 말씀을 받아 기록한 것입니다. 그러므로 성경을 읽을 때나 설교를 들을 때에 하나님의 말씀으로 받아야 하는 것입니다. 데살로니가 교회는 바울의 설교를 하나님의 말씀으로 받으므로 인하여 그 말씀이 믿는 자 속에서 역사하였다고 하였습니다.

"이러므로 우리가 하나님께 끊임없이 감사함은 너희가 우리에게 들은 바 하나님의 말씀을 받을 때에 사람의 말로 받지 아니하고 하나님의 말씀으로 받음이니 진실로 그러하도다 이 말씀이 또한 너희 믿는 자 가운데에서 역사하느니라"(살전2:13)고 하였습니다. 이는 성경을 읽고 설교를 들을 때 우리가 반드시 가져야 바른 자세인 것입니다.

② 간절한 마음으로 성경말씀을 배워야 합니다.

베뢰아 교인들이 훌륭한 믿음의 사람이 된 것은 "베뢰아에 있는 사람들은 데살로니가에 있는 사람들보다 더 너그러워서 간절한 마음으로 말씀을 받고 이것이 그러한가 하여 날마다 성경을 상고하므로 그 중에 믿는 사람이 많고 또 헬라의 귀부인과 남자가 적지 아니하다"(행17:11,12)라고 하였습니다.

우리가 말씀을 받을 때에 간절한 마음으로 받아야 하나님은 풍성한 은혜를 내려 주십니다. "간절함으로 받는다"는 것은 보배와 같이 귀한 것임을 깨닫고 마치 목마른 사람이 물을 갈급해 하고, 굶주려 배곯은 사람이 음식을 사모하듯 하나님의 말씀을 사모해야 한다는 것을 의미합니다.

③ 믿음으로 받아야 합니다.

'그들과 같이 우리도 복음 전함을 받은 자이나 들은 바 그 말씀이 그들에게 유익하지 못한 것은 듣는 자가 믿음과 결부시키지 아니함이라' (히4:2)

설교를 듣거나 성경을 읽을 때에 하나님이 이 시간에 나에게 주시는 하나님의 말씀으로 믿고 받아야 합니다. 더 나아가 순종하며 실천해야 합니다. 성경말씀을 단순한 이스라엘의 역사로, 나에게가 아니고 다른 교인에게 주시는 말씀으로 받으면 아무 유익이 없다는 말입니다. 살아계신 하나님 아버지께서 나에게 주시는 말씀으로 믿고 받아 순종해야 유익한 말씀이 되고, 복이 되는 말씀이 되는 줄로 믿습니다.

④ 말씀을 받고 묵상해야 합니다.

"복 있는 사람은...... 오직 여호와의 율법을 즐거워하여 그의 율법을 주야로 묵상하는도다. 그는 시냇가에 심은 나무가 철을 따라 열매를 맺으며 그 잎사귀가 마르지 아니함 같으니 그가 하는 모든 일이 다 형통하리로다"(시1:1-3).

받은 말씀의 뜻이 무엇이며, 나에게 무엇을 믿게 하며, 무엇을 행하게 하며, 취하며, 버리고 포기하게 하는지를 고요히 생각하며 하나님의 세미한 음성을 듣는 일이 필요합니다. 베뢰아 교인들은 '간절한 마음으로 말씀을 받고 이것이 그러한가하여 날마다 성경을 상고하였다' (행17:11)고 했고, 그 결과 믿는 사람들이 많았다고 하였습니다.

4) 믿고 순종할 마음으로 받아야 합니다.

오늘처럼 타락하고 사고가 많고 혼란한 가운데 경제적 침체가 오게 된 것은 하나님의 말씀을 잘 읽지도 않을뿐만 아니라 말씀을 받고도 순종하지 않기 때문입니다.

성경 말씀을 들을 때 얼마나 설교를 잘 하는가? 재미있게 하는가? 깊이 있게 말씀을 연구하여 전하는가? 설교 중에 실수하는 것은 혹시 없는가? 마치 설교자를 세워 놓고 그 설교를 평가하는 심사관의 입장에서 듣는 사람들도 있습니다.

성경을 가르치고 설교하는 것은 하나님의 말씀임을 기억하시기 바랍니다. 설교는 성경 말씀을 해석하여 믿게 하고, 나의 삶에 적용하여 살게 하므로 하나님을 영화롭게 하고 복이 되도록 하는 것입니다.

고넬료는 베드로 앞에 엎드려 "이제 우리는 주께서 당신에게 명하신 모든 것을 듣고자 하여 다 하나님 앞에 있나이다"(행10:33)라고 했고, 어린 사무엘은 "주여 말씀 하옵소서 주의 종이 듣겠나이다"(삼상3:10)라고 했는데, 이는 하나님의 말씀을 받아 믿고 순종하겠다는 훌륭한 자세요 고백인 것입니다. 이러한 자세를 가져야 말씀이 진정한 복이 되는 것입니다. 모세는 여호수아에게 다음과 같이 설교하였습니다.

"너는 돌아와 다시 여호와의 말씀을 청종하고 내가 오늘 네게 명령하는 그 모든 명령을 행할 것이라 네가 네 하나님 여호와의 말씀을 청종하여 이 율법책에 기록된 그의 명령과 규례를 지키고 네 마음을 다하며 뜻을 다하여 여호와 네 하나님께 돌아오면 네 하나님 여호와께서 네 손으로 하는 모든 일과 네 몸의 소생과 네 가축의 새끼와 네 토지소산을 많게 하시고 네게 복을 주시되 곧 여호와께서 네 조상들을 기뻐하신 것과 같이 너를 다시 기뻐하사 네게 복을 주시리라 내가 오늘 네게 명령한 이 명령은 네게 어려운 것도 아니요 먼 것도 아니라' (신30:8-11, 신6:1-6).

성공하는 사람들은 남의 장점들을 배워 잘 본받는 사람들입니다. 주변에 성공한 분들의 좋은 점, 역사상 훌륭한 분들의 장점들을 본받습니다. 반대로 실패하는 사람들은 남의 안 좋은 점, 못 된 점, 부정적인 점들을 본받기 때문에 실패하고 망하는 것입니다.

독일의 히틀러뿐만 아니라 세계 여러 나라에서도 유대인들을 좋아하지 않습니다. 그러나 유대인들의 교육과 다방면에 뛰어남은 배우려 합니다. 전 세계 인구 60억의 0.25%인 1500만 명의 유대인들이 전 세계 노벨수상자의 30%이상을 차지하고 있다는 데에 놀라지 않을 수 없습니다. 그들이 생존하는 유일의 비결은 지혜를 터득했기 때문인데, 그 지혜는 바로 하나님의 말씀에 있는 비밀을 깨닫고 어릴 때부터 성경 말씀을 열심히 가르쳐 순종하게 하는 것입니다(신6:3-9).

유대인 교육의 전문가인 현용수 교수에 따르면 그들은 고등학교 3학년 때에도 오전에는 성경을 가르치고 오후에 학과 공부를 한다고 합니다. 그렇게 해도 미국의 일류대학에 많은 학생들이 진학한다는 것입니다. 그들이 타고날 때부터 머리가 좋으냐하면 그렇지 않습니다. 세계에서 가장 머리 좋은 민족은 놀랍게도 우리 한국으로 밝혀졌습니다. 유럽의 몇 개 대학이 세계 여러 나라의 지능을 조사한 결과 한국인은 1위, 유대인은 8위에 속한다는 발표를 한 적이 있었습니다. 그럼에도 유대인들이 정치적으로나 경제적으로 세계를 움직이는 지도자들을 많이 배출하게 되는 것은 다른 민족과는 달리 어릴 때부터 하나님의 말씀인 성경말씀을 열심히 교육하는데 있는 것입니다.

우리는 안디옥교회처럼 유대인들처럼 하나님의 말씀을 열심히 배우고 가르치고 암송하고 순종하여 실천하므로 가장 아름다운 교회, 모범적인 교회, 하나님께서 디자인하신 원색 그대로의 교회를 닮아가는 놀라운 축복이 여러분들에게 임하시기를 주님의 이름으로 축복합니다.

(2) 기도하는 교회

(행 13:2,3)

"주를 섬겨 금식할 때에 성령이 가라사대 내가 불러 시키는 일을 위하여 바나바와 사울을 따로 세우라 하시니 이에 금식하며 기도하고 두 사람에게 안수하여 보내니라"

여러분, 교회의 사명이 무엇입니까? 성도간의 교제, 어려운 사람 구제, 사회정의 구현, 윤리 도덕성 회복, 교육 개혁 등을 선도하는 것 등이라고 말할 수 있을 것입니다. 사실 이러한 것들도 주도해 나가야 할 일입니다. 그러나 이러한 것들은 2차 3차의 것이요, 교회의 가장 급선무요 우선적인 사명은 복음을 전하여 생명을 살리는 일입니다. 믿어 구원 받은 자들을 양육하고 제자로 훈련시켜 세계를 복음화 하는 것이 교회의 가장 중요한 사명인 줄로 믿습니다.

'너희는 가서 모든 민족으로 제자를 삼아 아버지와 아들과 성령의 이름으로 세례를 내가 너희에게 분부한 모든 것을 가르쳐 지키게 하라'

"오직 너희에게 성령이 임하시면 너희가 권능을 받고 예루살렘과 온 유다와 사마리아와 땅 끝까지 이르러 내 증인이 되리라"(행1:8)고 하셨습니다.

그러면 이러한 막중하고도 큰 사명을 성취하려면 어떻게 해야 할까요? 믿지 않는 자에게 복음을 전하여 예수님을 구주로 영접하게 해야 할 것입니다. 그리고 믿는 자들을 양육해야 할 것입니다. 더 나아가 주님의 제자로 훈련을 시켜 파송해야 할 것입니다.

그러나 이러한 일은 말처럼 결코 쉬운 일이 아닙니다. 이 중차대한 사명들을 감당하려면 어떻게 해야 합니까? 예배를 잘 드린다고 해결이 되겠습니까? 모아서 열심히 교육한다고 되겠습니까? 전도하라고 강요하고 달달 볶으면 됩니까? 결코 될 수 없는 것입니다. 그러면 어떻게 해야 합니까? 주님께서 그 해답을 주셨습니다.

"예루살렘을 떠나지 말고 내게 들은 바 아버지의 약속하신 것을 기다리라 ....너희는 몇 날이 못 되어 성령으로 세례를 받으리라"(행1:4)고 하셨습니다. 여기 '기다리라'는 말씀은 가만히 앉아있으라는 의미가 아닙니다. 제자들은 '기다리라'는 말씀의 의미를 이미 잘 알고 있었습니다. 그래서 저들이 아버지의 약속하신 성령 세례 받기 위하여 먼저 10일 동안 전혀 기도에 힘썼던 것입니다. 그들이 오순절에 마가요한의 다락방에 모여 기도하므로 120명이 다 성령의 충만을 받았습니다.

하나님의 일은 성령님께서 역사하셔야만 되는 것입니다. 그래서 성령을 충만히 받기 위해 반드시 기도해야 하는 것입니다. 예수님께서 "구하는 자에게 성령을 주신다"고 하셨기 때문입니다.(눅11:13)

교회의 사명을 감당하는 일을 위해 먼저 기도해야 합니다. 기도해야 성령의 충만을 받게 되고, 성령님께서 우리를 붙드시고, 도우시고, 역사하실 것이기 때문입니다. 예루살렘 교회가 성령의 충만을 받고, 전도하게 될 때에 역사가 일어나 하루에 삼천 명, 오천 명이 회개하고 세례를 받는 놀라운 대부흥이 일어났던 것입니다. 심지어 허다한 제사장의 무리들도 돌아오는 역사가 일어났습니다.(행6:7).

안디옥 교회에 선교의 역사가 시작된 것도 금식과 기도 때문이었습니다. 주님은 지금도 기도로 만사를 이루십니다. 그래서 주님은 말씀하셨습니다.

"기도와 금식이 아니면 이런 유가 나가지 아니하느니라"(마17:21).

"주를 섬겨 금식할 때에 성령이 이르시되 내가 불러 시키는 일을 위하여 바나바와 사울을 따로 세우라"(행13:2).

"이에 금식하며 기도하고 두 사람에게 안수하여 선교사로 보내니라"(행

13:3).

안디옥교회는 기도하므로 이처럼 하나님의 위대한 선교의 일에 수종들게 되었던 것입니다. 주님이 가장 원하셨던 선교, 우리에게 지상명령으로 주셨던 땅 끝까지의 선교를 제일 먼저 시작한 안디옥교회는 '주님을 섬겨, 금식기도' 를 하므로 역사적인 출발을 하게 되었던 것입니다.

여기 "주를 섬겨"라는 말씀은 하나님께 예배드리는 것을 의미하는 말씀입니다. 예배를 드리며 금식하면서 기도하는 안디옥 교회를 하나님은 기뻐하셨습니다. 그래서 하나님께서 가장 소원하셨던 세계복음화의 지름길인 선교를 안디옥교회로 하여금 감당하게 하셨던 것입니다.

금식은 육신의 모든 소욕을 포기하고 하나님께 매달리는 것을 의미하는 것입니다. 반면에 하나님께 완전히 승복하며, 하나님의 뜻이라면, 영광이라면 순종하겠다는 결단의 외적인 표현인 것입니다.

그 결과 안디옥 교회에 바나바와 바울을 선교사로 지명하여 세우게 하셨습니다. 전적으로 순종하므로 안디옥교회의 대부흥을 일으키는 담임목사 바나바와 부목사 사울을 선교사로 파송하게 되었습니다.

예배를 잘 드리고, 기도하고, 금식하는 교회를 하나님은 귀중히 보시고 그 시대에 중요한 일, 꼭 필요한 사명을 주십니다. 그래서 성경은 우리에게 기도할 것을 많이 권면하고 있습니다.

예수님께서는 제자들을 향하여 "나와 함께 있어 깨어 기도하라"(눅22:46)고 하셨고, 자신도 기도하심의 본을 보여 주셨습니다. 성령 충만한 바울도 "쉬지 말고 기도하라"(살전5:17)고 하였습니다. 사도들은 기도시간을 정해 놓고 정시기도를 했고(행3:1) 우리들을 향하여 근신하여 깨어있어 기도하라고 하신 것입니다.(벧전5:8, 롬12:12)

성경과 교회 역사를 살펴보면 기도의 사람들에게 하나님께서 위대한 일들을 맡겨 감당토록 하신 것을 볼 수 있습니다. 믿음의 조상 아브라함은 가는 곳마다 제단을 쌓으며 여호와의 이름을 부르는 기도를 드렸습니다(창20:17). 사울은 기도하지 않음으로 버림을 받았지만 다윗은 항상 하나님께 기도하므로 복을 받았습니다. 야곱은 목숨 걸고 환도 뼈가 위골될 때까지 하나님께 매달려 기도하여 '이스라엘' 이라는 승리자가 되었고(창32:26-31), 모세는 노예근성에 찌들려 있던 백성들의 반항의식을 항상 하나님께 엎드리므로 잠재우고 이끌 수 있었던 것입니다(민11:2). 여호수아는 모세처럼 기도의 본을 받아 회막을 떠나지 않고 기도하다가 모세의 후계자가 되어 이스라엘을 가나안으로 인도하였고(수10:12), 한나는 술 취한 여인으로 오해를 받을 정도로 하나님께 입술을 움직이며 간구하여 풍전등화와 같은 이스라엘을 구원할 위대한 지도자 사무엘을 얻었습니다(삼상1:13).

어릴 때부터 기도하는 집 성전을 떠나지 않고 기도하던 사무엘(삼상12:18), 위기 때마다 찬송과 간구로 아뢰는 기도의 사람 다윗(시51편), 하늘에서 불이 떨어지도록 부르짖던 기도의 사람 엘리야(왕상17:1), 스승의 극구 만류에도 영감을 갑절이나 달라고 간구하여 응답받은 엘리사(왕하6:17), 기도로 담대함을 얻어 외쳤던 이사야, 조국의 멸망을 내다보며 기도의 눈물이 마를 날이 없었던 예레미야, 사자굴이 눈앞에 다가 와도 예루살렘 성전을 향하여 문을 열어 놓고 하루 세 번씩 기도하던 다니엘(단6:10) 등이 다 하나님의 사람들이었고, 기도의 사람이었고, 위대한 사명을 감당했던 사람들임은 우리는 잘 알 수 있습니다.

신약에서는, 예수께서 친히 기도로써 하나님과 끊임없이 교제하심을 보여주셨습니다. 특히 예수님의 생애 중 중대한 일들은 모두 다 기도가 전제되었음을 볼 수 있습니다. 즉 세례 받으실 때(눅3:21), 열 두 사도를 부르실 때(눅6:12,13), 베드로의 신앙고백을 받으실 때(눅9:18), 높은 산에서 변화하신 때(눅9:28,29), 아이 속에서 괴롭히던 귀신을 쫓아내실 때, 특히 십자가를 앞두시고 겟세마네 동산에서 밤새워 기도하셨고(막14:32–42), 십자가 위에서까지(막15:34,46) 기도하셨습니다.

예수님은 친히 기도하셨을 뿐만 아니라 제자들과 우리에게 기도의 모범을 보여주셨으며, 기도를 이렇게 하라고 하시면서 모범적인 기도를 가르쳐 주셨습니다(눅11:1–4). 예수님의 사도들, 제자들도 기도를 배워 기도의 사람이 되었고, 야고보는 얼마나 기도를 많이 하였던지 그 무릎이 약대의 무릎 같았다고 전하여 오고 있습니다. 기도의 위력을 맛 본 사도들 역시 우리들을 위하여 기도의 본을 보여 주면서 기도하라고 권하고, 기도를 강조하고 있습니다(행3:1, 롬12:12, 벧전4:7).

기도는 성령님의 감동에 의해서 하게 되고(롬8:14–16), 믿음으로 하게 되고(약1:6–8), 다른 사람들을 위하는 중보기도를 드리게 되고(빌 1:4,7), 감사한 마음이 일어날 때뿐 아니라 자신이 어렵고 힘들 때 전능하신 하나님 아버지께 기도하게 되는 것입니다.(살전1:2)

특히 기도의 특징을 쉬지 않는 호흡에 비유하여 "쉬지말고 기도하라"(살전 5:17)고 하셨습니다. 기도가 얼마나 중요한가를 보여주시는 말씀입니다. 심장은 태어나면서부터 죽을 때까지 쉬지 않고 계속 뜁니다. 다른 장기는 일정한 시간 동안 활동하고 쉬지만, 심장은 계속 뛰어야 합니다. 이처럼 기도는 영혼의 호흡과 같아서 우리의 영이 역사하기 위해서는 쉬지 않고 기도해야 한다는 것을 비유적으로 말씀한 것입니다.

사무엘은 "기도를 쉬는 것은 죄라"(삼상12:23)고 하였는데 기도하지 않는 것은 영적 자살행위와 같은 것입니다. 이스라엘 사람들에게는 예루살렘 성전이 자신들의 심장과 같은 곳입니다. 모든 것의 중심이 예루살렘 성전이었습니다. 예루살렘 성전을 "만민이 기도하는 집"(사56:7)이라고 불렀고 예수님께서도 "내 집은 기도하는 집이라"고 하셨으며 "너희가 강도의 소굴을 만들었다”(마21:13)고 책망하였습니다.

이처럼 기도는 심장과 성전처럼 대단히 중요합니다. 성경의 중요한 사건 중 기도 없이 일어난 경우는 단 한 번도 없었습니다. 예수님의 사역도 기도로 시작해서, 기도로 진행되고, 기도로 이루어지고, 기도로 완성되었습니다.

하나님의 교회도 오순절 기도로 시작해서 성령 충만 받고, 기도로 전도하고, 기도로 부흥 성장하고, 기도로 진행되고 “마라나타”(아멘 주 예수여 오시옵소서)라는 기도로 완성되는 것입니다.

불치의 병들이 고침 받는 것도, 마귀의 축출도, 큰 역사도, 죽은 생명이 살아나는 것도, 다 기도를 통해서 이루어지는 것임을 볼 수 있습니다.

예수님은 기도의 중요성에 대해 “기도 외에다른 것으로는 이런 종류가 나갈 수 없느니라(막9:29)”고 하셨습니다. 하나님은 약속하시고, 그 약속을 붙들고 기도할 때에 이루어 주시는 것입니다.

“주 여호와께서 이같이 말씀하셨느니라 그래도 이스라엘 족속이 이같이 자기들에게 이루어 주기를 내게 구하여야 할지라”(겔36:37)고 하셨습니다.

세계적인 자동차 회사인 미국의 제너럴 모터사의 최고 엔지니어 찰스 케터링(Charles Kettering 1876-1958, 미국)은 세계 최초로 자동차의 시동을 전기로 거는 전기시동기(electric starter)를 발명하여 자동차 발전에 획기적인 역할을 했으며, 300여개의 미국 특허를 따 낸 유명한 과학자였습니다. 그는 빈틈없는 기술로 업계에서는 물론 사회적으로도 명성이 높았습니다. 어느 날 공개 모임에서 사회자가 케터링의 손을 높이 쳐들며

“케터링씨, 이 손으로 한 일 중에서 가장 중요한 일은 무엇이었습니까?”
라고 물었습니다. 사회자는 물론 사람들은 모두

“자동차 탄생”

이라는 말을 예상하고 있었습니다. 그러나 모두의 예상을 깨고 그는

"이 손으로 한 일 중 가장 중요한 일은 두 손을 잡고 하나님께 기도한 일이었습니다."

라고 대답 하여 청중을 놀라게 했습니다.

서양 속담에 '인간의 이성이 다하는 곳에서부터 하나님의 역사는 시작된다.' 라는 말이 있습니다. 하나님께서 아무리 도와주고 싶어도 인간이 스스로 해결하려는 고집이 있는 한 하나님은 그 사람을 도와주지 않으신다는 뜻입니다.

물에 빠져 손을 내 저으며, 발버둥을 치며, 자신의 힘으로 살아보려고 바둥거릴 때는 아무도 그를 구할 수 없는 것입니다. 물에 빠진 사람이 힘을 다 잃고, 기진맥진하여, 모든 것을 다 포기하고, 조용히 있을 때에야 다른 사람이 그를 물에서 건져 내어 살릴 수 있습니다. 그때까지 기다려야 합니다.

어느 날, 영국 포목점에서 일하는 한 청년이 주위의 허랑방탕하고 타락한 다른 청년들을 보고 그들을 하나님 품으로 이끌겠다는 꿈을 품었습니다. 그러나 너무 가난하여 배우지도 못하고, 가진 것도 없어서 자신이 할 수 있는 것은 아무것도 없음을 깨닫고 오직 하나님께서 하시도록 하나님께 매달려 기도하기 시작했습니다. 아침 7시에서 밤 11시까지 일을 하고는 밤새 침대에 눕지 않고, 앉아서

"하나님 어떻게 해야 합니까? 도와주옵소서"

기도하며 졸며 잤습니다. 그렇게 하기를 3년을 계속 기도하자, 하나님께서 3년 후에 기도의 동지 12명을 붙여 주셨습니다. 하나님이 붙여 주신 12명의 기도 동지들과 함께 일주일에 하룻밤씩 모여서 특별 기도회를 가졌다고 합니다.

아무 것도 없고, 아무 것도 할 수 없는 무력한 그가 하나님께 기도하므로 하나님께서 그를 통하여 위대한 일을 하도록 하셨습니다. 그가 바로 전 세계 350만 회원을 가진 Y.M.C.A.를 창설한 **조지 윌리엄**이었습니다. 하나님은 참으로 위대한 분이십니다.

1948년 1월 30일 흉탄에 쓰려져 79세에 세상을 떠난 인도의 영웅 간디는

"하나님 이외에는 아무도, 또 아무것도 두려워 할 필요가 없다."

라고 외친 바 있습니다.

세계는 4천년의 역사를 가진 우리 한국이 어디에 붙어 있는지를 잘 모르고 있었습니다. 그러나 1885년 인천 제물포에 첫 발을 들여 놓은 언드우드 선교사는 한국 땅을 밟고 이렇게 기도를 드렸습니다.

"주여 ! 지금은 아무것도 보이지 않습니다.
주님, 메마르고 가난한 땅
나무 한 그루 시원하게 자라 오르지 못하고 있는 이 땅에
저희들을 옮겨와 앉히셨습니다 !

그 넓고 넓은 태평양을 어떻게 건너 왔는지
그 사실이 기적입니다 !

주께서 붙잡아 뚝 떨어뜨려 놓으신 듯한 이곳
지금은 아무것도 보이지 않습니다.....

보이는 것은 고집스럽게 얼룩진 어둠뿐입니다
어둠과 가난과 인습에 묶여 있는 조선사람 뿐입니다

그들은 왜 묶여 있는지도, 고통이라는 것도 모르고 있습니다 !

의심부터 하고, 화부터 냅니다
조선 남자들의 속셈이 보이지를 않습니다
이 나라 조정의 내심도 보이지를 않습니다
가마를 타고 다니는 여자들을 영영 볼 기회가 없으면 어쩌나 합니다.
조선의 마음이 보이지를 않습니다.

그러나, 주님 순종하겠습니다.
겸손하게 순종할 때 주께서 일을 시작하시고
그 하시는 일을 우리들의 영적인 눈이 볼 수 있는 날이 있을 줄 믿나이다!

'믿음은 바라는 것들의 실상이요, 보지 못하는 것들의 증거' 라고 하신 말씀을 따라 조선의 믿음의 앞날을 볼 수 있게 될 것을 믿습니다!

지금은 우리가 황무지 위에 맨손으로 서 있는 것 같사오나
지금은 우리가 서양귀신, 양귀자라고 손가락질 받고 있사오나
저들이 우리 영혼과 하나인 것을 깨닫고, 하늘나라의 한 백성
한 자녀임을 알고 눈물로 기뻐할 날이 있을 것임을 믿나이다!

지금은 예배드릴 예배당도 없고 학교도 없고
그저 경계와 의심과 멸시와 천대만이 가득한 곳이지만
이곳이 머지않아 은총의 땅이 되리라는 것을 믿습니다 !

주여! 오직 제 믿음을 붙잡아 주소서!"

그 기도 이후 60년이 지난 1945년에 일본으로부터 해방을 되었으나 우리 나라가 민주주의 노선과 공산주의 노선에서 갈팡질팡하던 1948년 5월 31일 오전 10시 중앙청 중앙 홀에서 제헌국회가 개회되었습니다. 그때 임시 의장이었던 이승만 대통령이 의장석에 등단하여 한 말이 제1회 국회 속기록에 다음과 같이 기록되어 있습니다.

"대한민국 독립 민주국 제1차 회의를 여기서 열게 된 것을 우리가 하나님에게 감사해야 할 것입니다. 종교, 사상, 무엇을 가지고 있든지, 누구나 오늘을 당해 가지고, 사람의 힘으로만 된 것이라고 우리가 자랑할 수 없을 것입니다. 하나님께 감사를 드리지 않을 수 없습니다. 나는 먼저 우리가 다 성심으로 일어서서, 하나님에게, 우리가 감사를 드릴 터인데 이윤영 의원이 나오셔서 간단한 말씀으로 하나님에게 기도를 올려주시기를 바랍니다."

그때 국회의원이며 목사였던 그가 나와 다음과 같은 기도를 했습니다.

"이 우주와 만물을 창조하시고 인간의 역사를 섭리하시는 하나님이시여 민족을 돌아보시고 이 땅에 축복하셔서 감사에 넘치는 오늘이 있게 하심을 하나님께 저희들은 성심으로 감사하나이다.

오랜 시일동안 이 민족의 고통과 호소를 들으시사 정의의 칼을 빼서 일제의 폭력을 굽히시사 하나님은 이제 세계만방의 양심을 움직이시고 또한 우리 민족의 염원을 들으심으로 이 기쁜 역사적 환희의 날이 이 시간에 우리에게 오게 하심은 하나님의 섭리가 세계만방에 지금 현시하신 것임을 믿나이다.

하나님이시여 이로부터 남북이 둘로 갈리어진 이 민족의 어려운 고통과 수치를 신원하여 주시고 우리 민족, 우리 동포가 같이 손을 잡고 웃으며 노래 부르는 날이 우리 앞에 속히 오기를 기도하나이다.

하나님이시여 원치 아니한 민생의 도탄은 길면 길수록 이 땅에 악마의 권세가 확대되지만 하나님의 거룩하신 영광은 이 땅에 오지 않을 수 없을 줄 저희들은 생각하나이다. 원컨대, 우리 조선독립과 함께 남북통일을 주시옵고 또한 민생의 복락과 아울러 세계평화를 허락하여 주시옵소서

거룩하신 하나님의 뜻에 의지하여 저희들은 성스럽게 택함을 입어 글자 그대로 민족의 대표가 되었습니다. 그러하오나 저희들의 책임이 중차대한 것을 느끼고 우리 자신이 진실로 무력한 것을 생각할 때 지와, 인과, 용과, 모든 덕의 근원되시는 하나님께 이러한 요소를 저희들이 간구하나이다.

이제 이로부터 국회가 성립되어서 우리 민족의 염원이 되고, 모든 세계만방이 주시하고 기다리는 우리의 모든 문제가 원만히 해결되며 또한 이로부터 우리의 완전 자주독립이 이 땅에 오며 자손만대에 빛나고 푸르른 역사를 저희들이 정하는 이 사업을 완수하게 하여 주시옵소서.

하나님이 이 회의를 사회하시는 의장으로부터 모든 우리 의원 일동에게 건강을 주시옵고, 또한 여기서 양심의 정의와 위신을 가지고 이 업무를 완수하게 도와주시옵기를 기도하나이다.

역사의 첫걸음을 걷는 오늘의 우리의 환희와 우리의 감격에 넘치는 이 민족적 기쁨을 다 하나님에게 영광과 감사를 올리나이다. 이 모든 말씀을 주 예수 그리스도 이름 받들어 기도하나이다. 아-멘."

이처럼 첫 국회가 시작 될 때에 모든 의원들이 일어서서 하나님께 기도하므로 시작된 나라는 역사상 어느 한 곳도 없었습니다. 앞으로도 없을 것입니다.

이러한 기도가 있은지 2년만인 1950년 6월 25일 새벽에 북한 괴뢰군들의 남침으로 수많은 청년들이 전쟁에서 죽고 셀 수 없는 젊은 과부들과 고아들이 득실거리고 전 국토가 초토화되기까지 하였습니다.

이러한 우리나라가 62년이 지난 지금 세계로부터 도움을 받았던 나라에서 다른 나라를 돕는 나라가 되고 세계 10위권에 들어섰다는 것은 결코 우연이 아닙니다. 그것은 이 나라가 캄캄할 때 들어 온 선교사의 기도와 제헌국회 때에 이윤영 의원의 인도하에 온 국회의원들이 함께 이 나라를 위하여 하나님께 드린 간절한 기도가 있었기에 오늘의 발전에 이른 것으로 믿습니다. 사람이 할 수 없을 때에 우리의 기도로 하나님은 역사하시는 줄로 믿습니다.

기도하되 금식하며 기도하는 것은 기도 중에서도 가장 강력한 기도요 간구요 부르짖음인 줄로 믿습니다. 간절한 기도는 금식하며 드리는 기도인 줄로 믿습니다.

성경에도 금식하며 기도한 사례들이 있습니다.

① 생명이 죽고 사는 다급한 문제가 가로 놓일 때 금식하며 기도하였습니다.(삼하 12:16, 21-23)

다윗왕은 아들이 병들어 죽게 되었을 때 칠 일 동안 금식하며 간절히 기도하였습니다.

유다민족이 바벨론 포로생활에서 전멸 당할 위기에 처했을 때 에스더는 온 유다민족과 더불어 삼일 동안 금식하여 기도한 결과 하나님께서 극적으로 유다민족을 살리시고 유다민족을 진멸하려던 악한 하만과 그의 일가족은 다 진멸하셨습니다.

② 두려운 일을 당했을 때 금식하며 기도하였습니다.(대하20:3)

모압과 암몬 자손들이 유다 왕 여호사밧을 공격해 올 때에 두려워하여 낯을 여호와께 향하고 기도하면서 온 백성들에게 금식을 선포하여 온 유다 사람들은 남여노소를 막론하고 다 모여 하나님께 금식하며 기도하였던 것입니다. 그랬더니 하나님이 도우셔서 적들을 다 진멸하시고 대 승리를 얻게 하셨습니다.

③ 큰 일을 계획하고 금식하며 기도하였습니다.(마4:2)

예수님께서 온 세상을 구원하시기 위하여 사역을 시작하실 때 제일 먼저 40일을 금식하며 기도하심으로 마귀의 강력한 시험을 이기시고 구원의 사역을 시작하셨습니다.

④ 죄를 회개할 때 금식하며 기도했습니다(욘3:5)

요나가 니느웨를 향하여 40일이 지나면 이 성이 무너진다고 외칠 때에 니느웨 왕은 모든 신하와 백성, 심지어 우양과 모든 가축에까지 금식을 선포하고 특히 왕 자신은 잿더미에 앉아 금식하며 회개할 때에 하나님은 니느웨를 용서하시고 재앙을 거두셨습니다.

⑤ 하나님의 계획을 알고자 할 때에 금식하며 기도했습니다.(행 13:2)

안디옥 교회가 하나님의 뜻을 알고자 하여 금식 기도할 때에 성령님께서 바나바와 사울을 따로 세우게 하시고 선교사로 파송하도록 명령하셨습니다. 그때에 안디옥 교회는 즉시 순종하여 명하신 대로 바나바와 사울을 최초의 선교사로 파송하여 세계 복음화을 위한 첫 테이프를 끊게 하셨던 것입니다.

(3) 성령 충만한 교회

(행 13:2-5)

"주를 섬겨 금식할 때에 성령이 가라사대 내가 불러 시키는 일을 하여 바나바와 사울을 따로 세우라 하시니 이에 금식하며 기도하고 두 사람에게 안수하여 보내니라 두 사람이 성령의 보내심을 받아 실루기아에 내려가 거기서 배 타고 구브로에 가서 살라미에 이르러 하나님의 말씀을 유대인의 여러 회당에서 전할새 요한을 수종자로 두었더라"

성령충만을 받으면 자신에게 내적인 증거가 있는 것입니다. 성경말씀에 다음과 같이 말씀하고 있습니다.

① 롬8:14에 "무릇 하나님의 영으로 인도함을 받는 그들은 곧 하나님의 아들이라"

② 롬8:15에 "너희는 다시 무서워하는 종의 영을 받지 아니하였고 양자의 영을 받았으므로 아바 아버지라 부르짖느니라"

③ 롬8:16 "성령이 친히 우리 영으로 더불어 우리가 하나님의 자녀인 것을 증거하시나니"

④ 고전12:3 "그러므로 내가 너희에게 알게 하노니 하나님의 영으로 말하는 자는 누구든지 예수를 저주할 자라 하지 않고 또 성령으로 아니하고는 누구든지 예수를 주시라 할 수 없느니라"

안디옥 교회는 성령 충만을 받은 교회입니다.

"주의 손이 함께 하시는 교회"(행11:21)라고 하였는데 "주의 손"이란 말은 하나님의 능력을 표현할 때에 사용하는 말입니다. 하나님의 능력은 성령님께서 역사하실 때 나타나는 현상입니다. 안디옥교회는 개척을 시작할 때부터 성령님의 역사로 이루어진 교회였습니다. 예루살렘에서 온 사역자 중에 아가보라는 성령 충만한 선지자가 합세를 했습니다.(행11:27,28)

행 13:2,4에 "성령이 이르시되 내가 불러 시키는 일을 위하여 바나바와 사울을 따로 세우라"고 말씀하실 때 즉시 순종하여 "실루기아에 내려가 거기서 배를 탔다"(행13:2,4)고 하므로 파송하는 교회나 파송 받는 선교사들이 성령님의 말씀에 이끌려 전적 순종하므로 기독교 역사상 맨 처음으로 선교사를 선택하여 파송하는 위대한 일을 하게 된 것입니다. 이것이 성령 충만한 교회의 모습입니다.

성령 충만한 교회나 성도에게는 분명한 증거가 나타납니다. 그의 말과 표정이 다르고 행동이 다릅니다. 마찬가지로 악령 충만한 사람에게도 확실한 증거가 나타납니다. 그의 눈빛이나 말, 행동을 보면 알 수 있습니다.

안디옥교회는 성령 충만한 교회였습니다. 성령 충만은 내외적으로 나타납니다.

"오직 성령의 열매는 사랑과 희락과 화평과 오래 참음과 자비와 양선과 충성과 온유와 절제니 이같은 것을 금지할 법이 없느니라."(갈5:22,23)고 하였습니다.

이러한 내적 열매는 전 생애를 통하여 진행됩니다. 믿음으로 받는 구원은 일순간에 이루어지지만, 성령의 아홉 가지의 내적 열매는 주님 앞에 설 때까지 계속 되어지는 것입니다.

성령의 외적인 열매로는 수십 가지의 은사들이 있습니다.(고전12:4-

13:1-13, 롬12:6-13, 엡4:11,12) 은사는 신앙인격과 무관합니다. 신앙 연륜이 수십 년이라도 방언을 받지 못할 수도 있고, 초신자들이라도 방언이나 돕는 은사를 받아 열심히 잘 섬기는 것을 볼 수 있지 않습니까?

안디옥교회는 복음을 받은 지 얼마 되지 않았지만 내적으로나 외적으로나 은사를 받아 열심히 하나님의 나라를 위하여 섬기는 것을 볼 수 있습니다. 그렇게 될 수 있었던 것은 성령 충만을 받았기 때문입니다.

안디옥교회는 복음을 받을 때 이미 성령의 강력한 역사가 있었습니다. "주의 손이 그들과 함께 하시매"(행11:21)라는 말씀은 역동적으로 역사하시는 성령님을 표현한 것입니다. 그리고 주를 섬겨 금식할 때에 "성령이 이르시되"(행13:2)라는 말씀이나 "성령의 보내심을 받아"(행11:4)라는 표현도 성령 충만한 교회였음을 증거하는 말씀인 줄로 믿습니다. 하나님은 믿는 우리가 신앙의 연륜을 떠나 성령의 충만을 받기 원하시고 그것을 기뻐하십니다. 왜요? 성령 충만을 받아야 하나님의 뜻이 이 땅에 속히 이루어지기 때문입니다. 그래서 하나님은 우리에게 성령님의 충만을 받으라고 명하신 것입니다.

(1) 성령 충만의 약속을 우리에게 주셨습니다.

말세 성도들의 성령 충만은 이미 구약의 선지자들을 통하여 예언되었고 성취 되어오고 있습니다.

① 요엘 선지자의 예언

주전 830 여년 전에 활동했던 요엘 선지자는 "그 후에 **내가 내 신을 만민에게 부어 주리니** 너희 자녀들이 장래 일을 말할 것이며 너희 늙은이는 꿈을 꾸며 너희 젊은이는 이상을 볼 것이며 그 때에 내가 또 내 신으로 남종과 여종에게 부어 줄 것이며 내가 이적을 하늘과 땅에 베풀리니 곧 피와 불과 연기 기둥이라"(욜2:28-32)고 하였고

"또 새 영을 너희 속에 두고 새 마음을 너희에게 주되 너희 육신에서 굳은 마음을 제하고 부드러운 마음을 줄 것이며 또 내 신을 너희 속에 두어 너희로 내 율례를 행하게 하리니 너희가 내 규례를 지켜 행할지라"(겔36:26,27)고 성령충만을 부어주실 것을 예언하였습니다.

② 예수님께서도 약속하셨습니다.(요14:16-18, 26,28, 15:26)

"그러하나 내가 너희에게 실상을 말하노니 내가 떠나가는 것이 너희에게 유익이라 내가 떠나가지 아니하면 보혜사가 너희에게로 오시지 아니할 것이요 가면 내가 그를 너희에게로 보내리니"(요16:7,눅24:47)라고 하셨고,

"사도와 같이 모이사 저희에게 분부하여 가라사대 예루살렘을 떠나지 말고 내게 들은 바 아버지의 약속하신 것을 기다리라 요한은 물로 세례를 베풀었으나 **너희는 몇 날이 못 되어 성령으로 세례를 받으리라 하셨느니라"(행1:4,5, 8)하셨으며,**

"오직 성령이 너희에게 임하시면 너희가 권능을 받고 예루살렘과 온 유대와 사마리아 땅 끝까지 이르러 내 증인이 되리라 하시니"(행1:8)라고도 하셨습니다. 이처럼 성령님을 보내주실 것을 주님은 약속하셨습니다.

③ 주신 성령충만의 약속이 성취되었습니다(행 2:1-4).

"오순절 날이 이미 이르매 저희가 다 같이 한 곳에 모였더니 홀연히 하늘로부터 급하고 강한 바람 같은 소리가 있어 저희 앉은 온 집에 가득하며 불의 혀같이 갈라지는 것이 저희에게 보여 각 사람 위에 임하여 있더니 저희가 다 성령의 충만함을 받고 성령이 말하게 하심을 따라 다른 방언으로 말하기를 시작하니라"(행2:1-4)

베드로가 성령의 충만을 받아 설교할 때에 증언한 바와 같이 오순절에 임하신 성령 충만이 곧 요엘의 예언이 성취된 것입니다.

"이는 곧 선지자 요엘로 말씀하신 것이니 일렀으되 하나님이 가라사대 말세에 내가 내 영으로 모든 육체에게 부어 주리니 너희의 자녀들은 예언할 것이요 너희의 젊은이들은 환상을 보고 너희의 늙은이들은 꿈을 꾸리라 그 때에 내가 내 영으로 내 남종과 여종들에게 부어 주리니 저희가 예언할 것이요 또 내가 위로 하늘에서는 기사와 아래로 땅에서는 징조를 베풀리니 곧 피와 불과 연기로다 주의 크고 영화로운 날이 이르기 전에 해가 변하여 어두워지고 달이 변하여 피가 되리라 누구든지 주의 이름을 부르는 자는 구원을 얻으리라 하였느니라"(행2:16-21)
고 하였습니다. 이 사건이 곧 예수님께서 미리 약속하신 성령의 충만의 성취임을 다음과 같이 증언하였습니다.

"하나님이 오른손으로 예수를 높이시매 그가 약속하신 성령을 아버지께 받아서 너희 보고 듣는 이것을 부어 주셨느니라"(행2:33)

하였습니다. 약속하신 그대로 성령충만을 받았던 것입니다.

(2) 신자는 누구나 없이 다 성령 충만을 받으라고 명령하셨습니다.

"예수께서 또 가라사대 너희에게 평강이 있을지어다 아버지께서 나를 보내신 것같이 나도 너희를 보내노라 이 말씀을 하시고 **저희를 향하사 숨을 내쉬며 가라사대 성령을 받으라"(요20:21, 23)**고 명하셨으며 오늘 우리들까지도 성령 충만을 받기를 명하시고 있습니다.

"술 취하지 말라 이는 방탕한 것이니 오직 성령의 충만을 받으라"(엡5:18)라고 하였습니다. 성령 충만은 사도들 뿐만 아니라 예수 믿는 신자들은 누구나 없이 받아야 하고 받을 수 있는 것입니다. 심지어 이방인 고넬로 가정에 베드로를 초청하여 말씀 듣는 중에 모두가 다 성령 충만과 은사를 받았습니다.(행10:44-46) 이 사건을 베드로는 "우리와 같이 성령을 받았다"(행10:47)고 하였습니다. 베드로는 이미 이 사건을 기정사실로 인정하였습니다.

"베드로가 가로되 너희가 회개하여 각각 예수 그리스도의 이름으로 세례를 받고 죄 사함을 얻으라 그리하면 성령을 선물로 받으리니 이 약속은 너희와 너희 자녀와 모든 먼데 사람 곧 주 우리 하나님이 얼마든지 부르시는 자들에게 하신 것이라"(행2:38,39)하였습니다. 교역자들뿐만 아니라 모든 성도들이, 신앙 연륜의 장단 없이 다 성령의 충만을 받아 하나님의 뜻을 이루어 드리는 주의 종들이 되시기를 축원합니다.

(3) 성령 충만을 받는 비결

성령님은 인격자이시므로 어떤 과학의 법칙이나 수학의 공식에 얽매이지 않으십니다.

성령 충만은 하나님의 능동적이고 자발적인 행위인 것입니다. 우리는 수동적으로 받는 것입니다. 그래서 성경에서 "홀연히 하늘로부터 급하고 강한 바람 같은 소리가 있어 저희 앉은 온 집에 가득하며 불의 혀 갈이 갈라지는 것이 저회에게 보여 각 사람 위에 임하여 있더니 **저희가 다 성령의 충만함을 받고** 성령이 말하게 하심을 따라 다른 방언으로 말하기를 시작하니라"(행2:24)고 하였습니다. 우리는 수동적으로 받을 수밖에 없음을 성경 여러 곳에서 말씀하고 있습니다.

"하나님이 가라사대 말세에 **내가 내 영으로 모든 육체에게 부어주리니** 너희의 자녀들은 예언할 것이요 너희의 젊은이들은 환상을 보고 너희의 늙은이들은 꿈을 꾸리라"(행2:17)

"하나님이 오른 손으로 예수를 높이시매 **그가 약속하신 성령을 아버지께 받아서** 너희 보고 듣는 이것을 부어주셨느니라"(행2:33)

"너희가 회개하여 각각 예수 그리스도의 이름으로 세례를 받고 죄사함을 얻으라 **그러하면 성령을 선물로 받으리니"(행2:38)**

"하나님이 자기를 **순종하는 사람들에게 주신 성령도** 그러하니라"(행5:32

"그 둘이 내려가서 저희를 위하여 **성령받기를 기도하니**"(행8:15)

라고 하였습니다.

이 말씀들을 보면 성령 충만이 모두가 다 수동태로 나타나 있음을 볼 수 있습니다. 인간이 성령 충만을 절대로 좌지우지할 수 없음을 분명히 밝히고 있습니다. 그러나 성령 충만을 받는 경우를 보면 주로 어떤 영적 환경이 조성될 때에 임하신 것을 볼 수 있습니다. 우리가 갖추어야 할 것을 갖추면 하나님께서 합당한 자에게 성령 충만을 주시더라는 것입니다. 그러면 우리가 갖추어야 할 준비가 무엇인가를 살펴보고자 합니다.

① 먼저 거듭난 신자라야 합니다.

먼저 예수님을 구주로 영접하여 죽었던 영혼이 살아나야합니다.(요6:63, 3:5, 딛3:5, 1:12) 다시 말하면 성령님을 모셔야 한다는 것입니다. 거듭남도 성령님이 내 안에서 역사하셔야 하는 것입니다. 예수 믿는 신자라면 누구나 할 것 없이 성령님이 그 마음 속에 다 들어와 계시는 것입니다. 들어와 계시는 성령님이 우리를 통하여 전적으로 역사하시는 것이 성령 충만이라고 할 수 있습니다.

② 깨끗해야 합니다.

"저희가 이 말을 듣고 마음에 찔려 베드로와 다른 사도들에게 물어 가로되 형제들아 우리가 어찌할꼬 하거늘 베드로가 가로되 **너희가 회개하여 각각**

예수 그리스도의 이름으로 세례를 받고 죄 사함을 얻으라 그리하면 성령을 선물로 받으리니"(행2:37)라고 하였으며

"큰 집에는 금과 은의 그릇이 있을 뿐 아니요 나무와 질그릇도 있어 귀히 쓰는 것도 있고 천히 쓰는 것도 있나니 그러므로 누구든지 이런 것에서 자기를 깨끗하게 하면 귀히 쓰는 그릇이 되어 거룩하고 주인의 쓰심에 합당하며 모든 선한 일에 예비함이 되리라"(딤후2:20)고 하였습니다.

③ 성령 충만을 주시겠다는 주님의 약속을 확신해야 한다.

"사도와 같이 모이사 저희에게 분부하여 가라사대 예루살렘을 떠나지 말고 내게 들은 바 아버지의 약속하신 것을 기다리라 요한은 물로 세례를 베풀었으나 너희는 몇 날이 못 되어 성령으로 세례를 받으리라 하셨느니라"(행1:4,5)고 약속하셨습니다.

초대교회에 성령의 충만을 주님으로부터 약속을 받았던 신자들은 적어도 500여명이었습니다.(고전15:6) 그러나 다른 사람들은 다 돌아갔고, 성령 부어 주시겠다는 주님의 그 약속을 확신한 120명만이 예루살렘 다락방으로 돌아가 그 약속을 붙들고 10일 동안 간절히 기도하므로 성령 충만을 받았던 것입니다. 하나님은 반드시 약속을 지키시는 분이심을 믿으시기 바랍니다.

④ 순종할 마음으로 성령 충만을 간구해야 합니다.

"우리는 이 일에 증인이요 하나님이 자기를 순종하는 사람들에게 주신 성령도 그러하니라 하더라"(행5:32)

성령 충만은 성령님께 나의 결정권을 내어 드리는 일인데 불순종하면 안 됩니다. 그래서 전적으로 쓰임 받기 위해서는 성령님께 순종하는 것이 필요한 것입니다.

⑤ 전도하여 생명 살리려는 마음으로 간구해야 합니다.

성령님은 전도하여 생명 살리시기 위하여 오신 영이십니다. 예수 그리스도를 증언하시기 위하여 오시는 영이시며(요16:26), 증인을 세우시기 위하여 오십니다.

"오직 성령이 너희에게 임하시면 너희가 권능을 받고 예루살렘과 온 유대와 사마리아와 땅 끝까지 이르러 내 증인이 되리라 하시니라"(행1:8)

이 약속을 받아 믿고 기도하여 성령 충만을 받은 120명의 사도들과 제자들은 제일 먼저 복음을 전하였습니다. 그러므로 복음을 전하여 생명을 살리겠다는 열정을 가지고 간절히 기도할 때에 성령 충만을 주실 줄로 믿습니다.

⑥ 하나님의 영광을 위하여 성령 충만을 간구해야 합니다.

우리는 목적이 분명해야 합니다. 무엇을 위해 원하느냐가 중요한 것입니다. '성령 충만을 받아서 무엇을 하려느냐?' 가 가장 중요합니다. 복음을 전하여 죽은 영혼을 살려 하나님 아버지 품에 안겨드리며 영광을 돌려 드리기 위한 분명한 목적을 가지고 성령 충만을 간구해야 합니다.

"너희는 먹든지 마시든지 무엇을 하든지 다 하나님의 영광을 위하여 하라"(고전10:31)고 하였습니다.

⑦ 성령 충만을 간절히 기도해야 합니다.

"저희 유하는 다락에 제자들과 여자들과 예수의 모친 마리아와 예수의 아우들로 더불어 마음을 같이 하여 전혀 기도에 힘쓰니라"(행1:13)

한 과부가 원한이 있어 재판장에게 가서 자신의 원한을 풀어 달라고 간청을 하였으나 응답이 없었습니다. 그러나 그 과부는 자신의 소원이 이루어 줄 때까지 계속하여 간청할 때에 재판관이 그 원한을 풀어 주었다는 비유를 하시면서

"이 과부가 나를 번거롭게 하니 내가 그 원한을 풀어주리라 그렇지 않으면 늘 와서 나를 번거롭게 하리라"고 하시면서 "하물며 하나님께서 그 밤낮 부르짖는 택하신 자들의 원한을 풀어주시지 않겠느냐, 오래 참으시겠느냐 속히 그 원한을 풀어주시리라"(눅18:5–8)고 말씀하셨습니다.

"너희가 악한 자라도 좋은 것으로 자식에게 줄 줄 알거든 하물며 하늘에 계신 너희 아버지께서 구하는 자에게 성령을 주시지 않겠느냐"(눅11:13)고 하셨습니다. 우리가 간절히 소원하며 기도하는 길밖에 없는 것입니다. 주시는 분은 하나님이십니다(행2:1–4, 눅11:13, 행8:15–17).

(4) 성령 충만 받을 때 어떤 역사가 일어납니까?

성령 충만을 받을 때에 다음과 같은 중요한 은사들과 능력들을 받게 됩니다.

① 복음을 전하게 하십니다(행 1:8)

가장 먼저 일어나는 일은 성령 충만의 제일된 목적인 복음을 전하게 되는 일입니다.(행1:8) 베드로와 요한이 나면서 못 걷는 사람을 고친 사건으로 공회에 잡혔다가 풀려 나온 후 동료들에게 가서 보고하고 담대히 하나님의 말씀을 전하게 하여 주시고, 손을 내밀어 병을 낫게 하시고, 표적과 기사가 예수의 이름으로 이루어지게 하옵소서(행4:29,30)라고 함께 기도했을 때에 응답의 역사가 나타났습니다.

"빌기를 다하매 모인 곳이 진동하더니 무리가 다 성령이 충만하여 담대히 하나님의 말씀을 전하니라"(행4:31)

고 하였습니다. 성령 충만 받은 분들을 살펴보면

• 배우지도 않은 외국말(방언)로 복음을 전하게 하였습니다.(행2:4)

- 성령께서 빌립에게 에디오피아 내시에게 복음을 전하게 하셨고(행 8:29)
- 바나바와 바울을 선교사로 파송하도록 하셨습니다.(13:2-4)
- 선교지를 아시아에서 유럽으로 지정하여 옮기게 하셨습니다.(16:6-10)
- 복음을 들은 자들이 예수 그리스도를 구주로 믿었습니다.(행8:35-38)
- 말할 것을 가르쳐 주셨습니다.(행2:4, 4:7-14)

"보혜사 곧 아버지께서 내 이름으로 보내실 성령 그가 너희에게 모든 것을 가르치시고 내가 너희에게 말한 모든 것을 생각나게 하시리라"(요14:26)고 약속하신 대로 성취되었습니다. 리빙스톤은

"성령은 교회 안에 있는 보통의 사람을 택하여 복음 전파라는 비범한 일을 하게 하신다"고 하였습니다.

② 각양의 좋은 은사를 주십니다.

"각 사람에게 성령의 나타내심은 유익하게 하려 하심이라 지혜의 말씀, 지식의 말씀, 믿음, 병 고침, 능력 행함, 예언, 영들 분별, 각종 방언, 방언 통역함을 한 성령님께 그의 뜻대로 각 사람에게 나누어 주신다"고 하였습니다.(고전12:7-11)

왜 은사를 주십니까? 하나님이 주신 사명을 잘 감당하라고 은사를 주시는 것입니다. 이것을 분명히 알아야 합니다. 이것을 잘 못 알고 잘못 사용하게 되면 즉 자신의 명예나 이득을 위한 것으로 잘못 사용하게 되면 받았던 은사를 도로 빼앗기기도 하고, 나중에 주님께 호된 책망을 받게 되기도합니다.

③ 진리를 깨닫게 하십니다.

"그러하나 진리의 성령이 오시면 그가 너희를 모든 진리 가운데로 인도하시리니 그가 자의로 말하지 않고 오직 듣는 것을 말하시며 장래 일을 너희에

게 알리시리라"(요16:13)고 하였습니다.

빌립이 에디오피아 재무장관에게 사53장을 복음에 적용하여 예수 그리스도를 가르칠 때에 장관이 복음의 진리를 깨닫고 믿어 세례를 받은 것은 빌립과 장관이 다 같이 성령의 역사로 복음의 진리를 깨달았기 때문입니다.

④ 필요할 때에 권능을 행하게 하십니다.

불치의 병을 고치시며, 능력을 행하시며 죽은 자를 살리시는 일을 하시는 것입니다.

⑤ 신앙 인격의 좋은 열매를 맺게 하십니다.

"오직 성령의 열매는 사랑과 희락과 화평과 오래 참음과 자비와 양선과 충성과 온유와 절제니 이같은 것을 금지할 법이 없느니라"(갈5:22,23)

내적 충만을 통하여 신앙 인격의 아름다운 변화가 일어나게 됩니다.

⑥ 죄와 죽음의 법에서 해방시키십니다.

"예수 그리스도의 생명의 성령의 법이 죄와 사망의 법에서 너를 해방하였음이라"(롬8:2)

성령의 역사로 인하여 사탄으로부터 해방을 받아 참 생명과 자유를 누리게 되는 것입니다.

⑦ 신자들을 강하게 하십니다.

"그 영광의 풍성을 따라 그의 성령으로 말미암아 너희 속사람을 강건케 하옵시며"(엡3:16)

(5) 성령 충만한 성도의 삶

성령 충만을 어떤 능력과 이적을 행하는 것으로만 생각하는 경우가 많습니다. 그러한 면도 있지만 보다도 더 중요한 것은 성령 충만한 성도에게 나타나는 다음 세 가지의 모습을 찾아 볼 수 있습니다. 긍정적인 이 세 가지를 부정적인 것으로 바꾸면 여섯 가지가 됩니다. 성령께서 "하라"고 하실 때도 있지만 "하지 말라"고 하실 때에 그대로 순종하는 것도 성령 충만 받은 사람들의 모습입니다. 이제 그 세 가지를 살펴보면

① 성령님의 말하게 하심을 따라 말하는 삶입니다.

'저희가 다 성령의 충만함을 받고 성령이 말하게 하심을 따라 다른 방언으로 말하기를 시작하니라' (행2:4)

여행 중에 '옆자리에 앉아있는 사람에게 전도 하라' 는 마음을 성령께서 주실 때에 전도하는 것이 성령 충만 받은 성도의 삶입니다. 그러나 이런 저런 이유로 끝까지 전도하지 않는 것은 성령의 감동을 무시하고 불순종하는 삶입니다.

반대로 교회나 사회 생활에서 어떤 사건에 대해 '말하지 말라' 고 하실 때에 꼭 하고 싶어도 참고 하지 않는 것이 성령 충만한 자의 삶입니다. 교회의 사건들 거의 대부분이 말에서부터 오는 것입니다. 그때마다 성령의 감동하심을 따라 '하라' 고 하시면 하기 싫어도 하고, '하지 말라' 고 하면 하고 싶어도 꾹 참는 것이 결과적으로 덕을 세우고 교회에 유익을 끼치게 되는 것입니다. 한 마디를 참지 못함으로 인해 큰 사건이 생겨 교회를 온통 시끄럽게 만들고 마귀를 기쁘게 하는 경우가 얼마나 많은지 모릅니다.

② 성령님이 무엇을 하게 하실 때에 하는 삶입니다.

"주를 섬겨 금식할 때에 성령이 가라사대 내가 불러 시키는 일을 위하여 바나바와 사울을 따로 세우라 하시니 이에 금식하며 기도하고 두 사람에게 안수하여 보내니라 두 사람이 성령의 보내심을 받아......"(행13:2-4, 행6:6-10)

성령님께서 '어떤 일을 하라' 하실 때에는 내 마음에 안 맞고 안 될 것 같아도 순종하는 삶이 성령 충만의 삶입니다. 반대로 '하지 말라' 고 함에도 불구하고 자신의 고집을 꺾지 않아서 성령님의 근심되게 하는 경우가 있습니다. 하나님의 일은 기도와 말씀의 원리를 따라 결정을 짓고 순종해야 합니다.

③ 성령님이 가게 하실 때에 가는 것이 성령 충만의 삶입니다.

"주의 사자가 빌립더러 일러 가로되 일어나서 남으로 향하여 예루살렘에서 가사로 내려가는 길까지 가라 하니 그 길은 광야라 일어나 가서 보니 에디오피아 사람 곧 에디오피아 여왕 간다게의 모든 국고를 맡은 큰 권세가 있는 내시가 예배하러 예루살렘에 왔다가 돌아가는데 병거를 타고 선지자 아사야의 글을 읽더라"(행8:26-31)

빌립이 아무도 살지 않는 광야로 가라시는 성령님의 말씀에 이유를 달고 불순종할 수 있었지만 순종하여 갔더니 생각하지 못한 에디오피아의 정부 관리를 만나 복음을 전하여 그 나라에 복음이 일찍 전파되었던 것입니다.

우리는 성령님을 도외시하고 내 자신의 지식과 경험대로 모든 것을 하려고 할 때가 많습니다. 여기에 대하여 마틴 디한의 다음과 같은 간증을 하였습니다.

나는 교회에서 성경공부 그룹을 위해 많은 시간을 비디오와 씨름을 했지만 작동시킬 수가 없었습니다. 내가 기계에 대해 무식하다는 생각이 들었습니다. 그때 다행히도 어떤 분이 와서 나의 어려운 처지를 보고 상황을 파악한 다음 전기 코드가 콘센트에 꽂히지 않은 것을 발견하셨습니다. 전기 코드를 꽂자마자 비디오가 신나게 작동했습니다. 나는 왜 그 생각을 하지 못했을까? 연결선과 모니터에만 너무 신경을 쓰다 보니 전기선에 연결시키는 것을 잊어 버렸기 때문입니다.

성령님과 연결되어 인도를 받아야 나의 삶이 바로 나아가게 되고 지혜와 지식과 능력을 공급 받게 된다는 사실을 잊을 수가 있습니다. 마치 전기선 연결을 무시하고 자신의 기술에만 몰두한 것처럼 말입니다.

내가 나 자신의 것에만 몰두할 때, 성령님과의 관계에서 오는 능력을 놓치고 맙니다. 성령님은 우리가 그에게 귀를 기울이고 지혜를 구할 때에 나로 하여금 하나님의 뜻을 깨달아 행하게 하시고, 그의 능력을 나타내시며, 그의 목적을 완성케 하십니다. 먼저 기도로, 하나님의 말씀에 대한 묵상으로, 또 나 자신이 아닌 성령님의 능력에 전적 의지하여 순종하므로 하나님과 항상 연결되어 있어야 합니다.

어느 초등학교 한 어린이가 미술 시간에 도화지를 내 놓고 그 위에 열심히 그림을 그리려고 애를 썼습니다. 그 어린이는 이리저리 줄을 그어 보았지만 자기가 원하는 대로 그림이 되지 않자 나중에는 울음을 터뜨리고 말았습니다.

이 광경을 보고 있던 선생님이 다정하게 학생 옆으로 다가가 그 어린이를 격려하기를 "지금 그림을 잘 그리지 못한다고 속상해 하지 말아라. 내가 너를 도와 줄게" 하시고는 그 어린이로 하여금 크레파스를 손에 단단히 쥐게 하고는 그의 손을 잡고 도화지 위에 이리 저리 선을 긋고 색칠을 하기 시작했습니다. 그러자 어린 아이의 눈에 기적이 일어났습니다. 아름다운 미술 작품이 만들어진 것입니다. 어린 아이는 자기 손이 선생님의 손에 잡힌 것도 잊어버리고 마치 자기가 그 그림을 그런 것처럼 즐거워하고 기뻐하였습니다.

우리는 크레파스를 들고 도화지 위에 열심히 그림을 그리지만 좋은 그림을 그리지 못하는 어린 아이와 같습니다. 우리 가까이 오셔서 우리의 손을 잡으시고 이리저리 인도하시는 보혜사 성령님이 계십니다. 그 분에게 이렇게 기도합시다.

'주님, 나에게 전체의 그림을 보게 하시고 능력의 원천이신 성령님과 항상 연결되어 인도를 받도록 도와 주세요.'
라고 말입니다. 그럴 때에 우리를 통하여 놀라운 역사를 창조하실 것입니다.

"보혜사"란 헬라 원어 '파라클레토스' 인데 원래 법정 용어라고 합니다. 이 용어를 설명하면 이렇습니다. 헬라나라에 재산은 많으나 지식이 없어 고민하던 한 부자에게 지식이 많고 똑똑한 한 친구가 '내가 네 재산의 대리인이 되어주마' 라고 하자 그를 자신의 재산 대리인으로 삼은 후 모든 재산을 그 친구에게 맡겼습니다. 얼마 후 그 친구가 연락도 없이 살림을 싣고 쳐 들어와서 큰 소리를 쳤습니다.

'이 집은 법적으로 내 집이다. 이 집에서 속히 나가라' 고 하였습니다.

알고 보니 교묘하게 이 부자의 모든 재산을 자기의 명의로 등기 이전을 해 버린 것입니다. 억울함을 견디다 못한 이 부자는 법정에 고소를 했습니다.

부자가 친구에게 사기를 당해 재산을 모두 빼앗겼다는 소문이 자자하게 퍼졌습니다. 재판 날에 사람들이 법정에 구름떼처럼 몰려들었습니다. 무식하고 거기다 언변까지 없는 부자는 재판장의 물음에 벌벌 떨면서 이렇게 말할 뿐이었습니다.

"저의 모든 재산을 저 친구에게 사기 당했습니다"

그러자 방청객들이 조소와 야유를 보냈습니다. 이와는 달리 피고인 사기

꾼은 '존경하는 재판장님, 그리고 방청객 여러분' 이라고 말하면서 재산이 자신의 것임을 아주 조리있게 잘 설명을 했습니다. 그러자 대부분의 방청객들이 고개를 끄덕입니다. 상황이 이쯤 되자 마지막으로 재판장이 부자에게 물었습니다.

"네게 파라클레토스(보혜사)가 있느냐? 고 묻자 부자는 주의를 살핀 후 마을에게 가장 존경받는 김 장로를 파라클레토스(보혜사)로 지적했습니다.(원래 '파라클레토스' 라는 말의 '파라' 는 '곁에' 라는 뜻이고 '클레토스' 는 '부르다' '초청한다' 는 뜻으로 두 단어의 합성어입니다. 파라클레토스는 피고인의 성격에 대하여 변호하고, 특히 유리한 증거를 말하기 위해 출정하는 친구를 가리켜 쓰여졌는데 성경에서는 '보혜사' 로 번역되었습니다.)

김 장로는 부자의 부름을 받아 자리에서 일어나 그의 곁으로 다가가 "걱정 말아요. 내가 책임지겠어요.."라고 위로한 후 자초지종을 변론하기 시작했습니다. '나는 원고를 오래 전부터 잘 압니다. 그의 모든 재산은 원고의 것이 틀림이 없습니다. 피고는 그의 친구인 순박한 원고의 재산을 교묘히 빼돌렸습니다.......' 라고 말하며 논리 정연하고 확신에 찬 어조로 원고를 위해 잘 변론을 했습니다. 그러자 법정의 분위기가 완전히 반전 되었습니다. 보혜사의 변론이 끝난 후 여기저기서 '피고는 나쁜 놈' 이란 말이 터져 나왔습니다. 곧 이어 재판장은 최종 판결을 내립니다.

"모든 재산은 원고에게 돌려주고 피고를 즉각 구속하라"

이렇게 우리에게 변호해 주시는 변호자, 중재자, 조력자, 위안자로 다가오셔서 늘 곁에 계시는 보혜사이신 성령님을 어찌 외면할 수 있겠습니까? 보혜사 성령 하나님의 사랑과 능력과 지혜는 우리의 것과는 질적으로 다른 것입니다. 그래서 몰간은 "만약 우리가 나 자신과 교회를 복음으로 채우기를 원한다면 우리는 기필코 성령과 동업하지 않으면 안 된다"고 역설하였습니다.

성도 여러분, 우리가 성령 충만을 받는다는 것은 얼마나 지혜로운 일이며 위대한 결단인지 모릅니다. 우리 모두가 다 성령의 충만을 받아 하나님을 기쁘시게 하는 일을 많이 하다가 주님 앞에 설 수 있는 복된 성도들이 다 되시기를 주님의 이름으로 축원합니다.

[성령님께 대한 명언들]

"성령은 개인의 자아를 허물어 버리고 그 위에 그리스도의 형상을 구축한다."(챔버스)

"그리스도의 제자들이 복음을 전한 이유는 그것이 의무였기 때문이 아니라 성령으로 충만했기 때문이었다"(아우구스티누스)

"성령으로 충만하다는 것은 하나님의 거룩한 열심과 영원한 열정이 그 안에 타고 있음을 말하는 것이다(A. 토저)

"성령을 통하지 않고는 하나님과 사람과의 교통이 없고, 성도들 간의 깊고 거룩한 교제 역시 기대할 수 없다." (우찌무라 간조)

"성령의 임재가 없다면 거기엔 죄책감이나 회개도 없고 중생이나 성화나 깨끗케 됨도 없다. 성령은 살아계신 독립된 인격체로서 우리를 늘 지도하신다." (W. A. 크리스웰〉

"성령이 함께 하시지 않는 모든 기독교 조직체는 동력이 끊어진 방앗간과 같다. 철저하게 전통적이며 또 성경적인 표준을 따르고 있는 교회라 할지라도 위로부터 주어지는 능력을 받지 못한다면 비를 뿌리지 못하는 구름처럼 아무 쓸모가 없는 것이다" (스펄션)

"성령의 빛과 더불어 읽으면 성경은 진정 내 발의 등불이다" (w.부드)

"성령은 활동하시는 하나님이시다." (D. L. 무디)

"인간의 생각이 없어져야 하나님의 영이 우리를 채우신다" (D. L. 무디〉

"짐 때문에 당신이 쓰러지는 것은 아니라 도우시는 성령님 없이 혼자 짐을 지기 때문에 쓰러지는 것이다" (레바딘)

"그리스도의 영은 하나님께서 인류에게 주신 최대의 선물이다" (우찌무라 간조)

(4) 복음전파에 열정이 있는 교회

(행 13:1-7)

> "주를 섬겨 금식할 때에 성령이 가라사대 내가 불러 시키는 일을 위하여 바나바와 사울을 따로 세우라 하시니 이에 금식하며 기도하고 두 사람에게 안수하여 보내니라 두 사람이 성령의 보내심을 받아 실루기아에 내려가 거기서 배 타고 구브로에 가서..."

복음을 전하는 일을 크게 두 가지로 나눕니다. 첫째는 전도입니다. 전도는 같은 민족으로 같은 문화권에 살면서 같은 언어와 풍습과 관습을 가진 사람들에게 복음을 전하는 것을 말합니다. 이와 달리 민족이 다르고 언어와 생활 관습과 풍습이 다른 문화권에 속한 사람들에게 찾아가 복음을 전하는 것을 선교라고 합니다.

요즘은 전도가 잘 안 된다고 아예 전도를 포기하는 교회가 있는가 하면 아예 전도와 담을 쌓고 있는 교회도 있습니다. 우리는 가장 모범적인 교회라고 할 수 있는 안디옥교회의 복음 전파의 열정에 대하여 살펴보는 가운데 복음전파에 대한 새로운 결단을 하는 시간이 되었으면 합니다.

(1) 안디옥 교회는 전도하여 세운 교회입니다.

스데반의 순교와 그에 따른 박해를 피하여 수리아 안디옥까지 온 구브로와 구레네 몇 신자들이 헬라인들에게 주 예수를 전파하므로 세워진 교회가 안디옥교회입니다.(행11:19-21)

안디옥 교회는 교회의 분쟁, 분립 개척, 신도시 개발 등으로 인해 개척된 교회가 아니었습니다. 사실 이러한 개척은 좋지 못한 동기에서거나 아니면 왼쪽 호주머니에서 오른쪽 호주머니로 지갑을 옮기는 것과 같은 경우가 많습니다.

그러나 안디옥교회는 박해를 피하여 온 자들이 생면부지의 외국인들에게 주 예수를 전파하여 세운 교회였습니다. 동기가 순수하고 방법 또한 좋았습니다. 이러한 복음 전파를 주님은 기뻐하십니다. 이처럼 순수한 동기로 세워진 교회는 잘 성장하며 또한 순수한 동기로 복음 전도를 하게 되는 것입니다.

집을 지을 때에 기초를 잘 놓아야 하는 것처럼 교회를 세우는 것이나 전도하는 것도 그 동기와 방법이 좋아야 합니다. 그래서 안디옥 교회는 대 예루살렘교회도 하지 못한 선교를 아시아뿐만 아니라 유럽에 까지 할 수 있는 복을 누린 것입니다.

우리 서마산교회는 처음 개척할 때에 교회가 없어 복음을 들어보지 못하는 마을에 개척하자는 것을 결정하고 칠원면 유원리에 개척키로 하였습니다. 그 마을은 200여호가 되는 마산 근교에 있는 마을인데 조사를 해 보니 교회가 없고, 아내만 믿는 한 가정이 있었습니다. 그 분을 찾아가 인사를 하고 취지를 설명한 후 그 남편을 만나 교회당 지을 부지를 물색해 달라고 부탁을 하였습니다. 교역자 한 분을 파송하여 그 집에서 한 가정을 중심으로 예배를 시작하였습니다. 농촌 마을이므로 우리 교회가 주님 오실 때까지 경제 후원을 하기로 당회에서 결의하고 부지 180평에 약 30평짜리 예배당을 지었습니다.

그런데 놀라운 일은 4년이 채 지나지 않아 자립을 하고 이웃 미자립교회와 선교사를 후원하는 교회로 성장하여 지금은 목사님을 모시고 넓은 장소로 이전하여 새 교회당을 짓고 성장하고 있습니다.

제2차 개척은 마산 노회 남전도회와 협력하여 내서에서 시작하였습니다. 사실은 우리 교회가 주가 되어 후원을 하였는데 개척하는 김명제 목사님에게 전혀 교인을 붙여주지 않았습니다. 부산에서 와서 낯선 곳에서 맨 바닥으로 시작하였는데 그야말로 열심히 하여 그 지역에서 깜작 놀랄 정도로 부흥하였습니다. 김 목사님은 불신자에게 전도하여 양육과 훈련을 하고, 믿다가 쉬고 있는 자들을 영접시켜 교회를 성장시켰습니다. 올해 개척한 지 겨우 8년인데도 출석 성도 130여명과 271평 부지에 141평의 건물을 지어 큰 부흥을 일구어가고 있습니다.

목적과 방법이 하나님 보시기에 바르고 아름다울 때에 하나님은 그 교회에 하나님의 사람들을 붙여 주시는 줄로 믿습니다.

(2) 왜 복음을 전파해야 합니까?

① 주님의 지상 명령이요, 만왕의 왕되신 주님의 어명이기 때문입니다.(마28:19-20)

만왕의 왕이신 우리 예수님이 마지막 우리에게 주신 어명입니다. 부모님의 유언도 꼭 지켜야 한다면 만왕의 왕이신 우리 주님의 어명은 더욱 지켜야 하지 않겠습니까? 복음 전파는 예수님 믿어 구원 받은 우리 모든 신자들이 마땅히 해야 할 사명이요, 어명임을 깨달아야 할 것입니다.

이제 3월부터 전도가 시작될 것입니다. 많은 성도들이 나와서 복음을 전해야 합니다. 전도는 왕이신 주님의 어명이기 때문입니다.

"하나님 앞과 살아있는 자와 죽은 자를 심판하실 그리스도 예수 앞에서 그가 나타나실 것과 그의 나라를 두고 엄히 명하노니 너는 말씀을 전파하라 때를 얻든지 못 얻든지 항상 힘쓰라 범사에 오래 참음과 가르침으로 경책하며 경계하며 권하라"(딤후4:1,2)

고 하였습니다.

② 복음 전파는 하나님 아버지의 가장 큰 소원입니다.

먼저 전도가 무엇입니까? 불신자들이 우상숭배에서 회개하고 하나님 아버지께로 돌아오게 하는 일입니다. 불신자는 하나님의 잃어버린 자녀들입니다. 자녀를 잃어버린 아버지의 가장 큰 소원은 잃어버린 자녀를 찾아 품에 안는 일입니다.

"사랑하는 자들아 주께는 하루가 천 년 같고 천 년이 하루 같은 이 한 가지를 잊지 말라 주의 약속은 어떤 이의 더디다고 생각하는 것 같이 더딘 것이 아니라 오직 너희를 대하여 오래 참으사 아무도 멸망치 않고 다 회개하기에 이르기를 원하시느니라"(벧후3:8,9)

시인이며 목사이신 전영택 목사는 누가복음 15장에 집나간 탕자를 기다리는 애타는 아버지의 마음을 소재로 다음과 같은 찬송시를 지었습니다.

어서 돌아오오 어서 돌아만 오오
지은 죄가 아무리 무겁고 크기로
주 어찌 못 담당하고 못 받으시리요
우리 주의 넓은 가슴은 하늘보다 넓고 넓어
어서 돌아 오오 어서 돌아만 오오

우리 주는 날마다 기다리신다오
밤마다 문 열어 놓고 마음 졸이며
나간 자식 돌아오기만 밤새 기다리신다오

어린 자녀를 잃어버린 경험이 있습니까? 그때에는 좋은 옷, 궁궐같은 저택, 억만금의 돈도 가장 우선적인 소원이 될 수 없습니다. 오직 잃어버린 자식을 찾아 품에 안는 일 밖에 더 좋은 소원은 없을 것입니다. 우리가 전도하여 예수 믿어 구원 받게 하는 일은 자식을 잃어버리고 애타 기다리시는 하나님의 품에 잃어버린 자식을 안겨 드리는 일임을 기억하시기 바랍니다.

③ 하나님을 가장 기쁘시게 하는 일입니다.

"내가 너희에게 이르노니 이와 같이 죄인 한 사람이 회개하면 하늘에서는 회개할 것 없는 의인 아흔 아홉으로 말미암아 기뻐하는 것보다 더하리라" (눅15:7)

이 말씀은 한 사람이 회개하고 하나님 아버지께 돌아올 때의 기쁨을 말씀하신 것입니다. "회개할 것 없는 의인 아흔 아홉"은 이 지구상의 예수 믿는 모든 성도들을 비유한 것인데 이들이 드리는 모든 예배와 섬기는 봉사와 충성을 다 합한 것보다 잃어버린 한 사람이 회개하고 돌아오는 것을 하나님 아버지께서 더욱 더 기뻐하신다는 말씀입니다.

전도하여 한 생명을 구원하는 일은 하나님 아버지를 가장 기쁘시게 하는 가장 값진 일임을 기억하시기 바랍니다.

④ 성령님의 강림 목적입니다.(행 1:8)

"오직 성령이 너희에게 임하시면 너희가 권능을 받고 예루살렘과 온 유다와 사마리아와 땅 끝까지 이르러 내 증인이 되리라"

고 하였습니다. 이 말씀은 신약시대에 성령 강림의 목적은 오직 온 세상에 복음을 전하는 증인이 되게 하려는 것임을 말씀하고 있습니다. 그러므로 성령 충만 받은 사람들은 다 복음을 전하였습니다.

⑤ 전도는 죽은 영혼을 살리는 유일한 방법입니다.(롬1:16, 고전1:21, 행4:12)

복음을 전할 때에 성령이 역사하여 예수님을 구주로 믿게 하시는 것입니다. "성령으로 아니하고는 누구든지 예수를 주시라 할 수 없느니라"(고전12:3)고 하였습니다.

"하나님의 지혜에 있어서는 이 세상이 자기 지혜로 하나님을 알지 못하므로 하나님께서 전도의 미련한 것으로 믿는 자들을 구원 하시기를 기뻐하셨도다"(고전1:21)하셨고,

"내가 복음을 부끄러워하지 아니하노니 이 복음은 모든 믿는 자에게 구원을 주시는 하나님의 능력이 됨이라 첫째는 유대인에게요 또한 헬라인에게로다"(롬1:16)고 하였습니다.

전도만이 죽은 영혼을 살릴 수 있는 것입니다. 아무리 암과 에이즈 병을 완치시키는 약을 만들어 수많은 환자들을 살릴 수 있다 해도, 죽은 영혼을 복음외에 다른 어떤 방법으로도 살릴 수 없고 영원한 생명으로 구원 받게 할 수 없는 것입니다(행4:12).

전라도에 한 권사님에게 네 아들이 있었습니다. 그런데 막내는 예수님을 믿지 않았습니다. 자녀들이 어머니의 60회 회갑 잔치를 해 드리므로 기쁨을 드리려 했습니다. 그때 어머니는 "나는 안 할기다. 지옥 갈 자식에게 절 받을 생각이 없다."며 어머니는 단호히 거절했습니다. 그때 자식들은 덜컹 겁이 났습니다. 평생 회갑잔치도 안 해 드린 불효 자식 될 것을 생각하니 큰 걱정이 되었던 것입니다. 그래서 형님들이 막내를 앉혀 놓고 꾸짖었습니다.

"네가 어머니에게 불효하면 되겠는가? 너 때문에 회갑잔치를 못해 드리면 평생 네가 어떻게 얼굴을 들고 살겠느냐?"

그때 막내가 예수 믿겠다고 하였습니다. 자식들이 어머니를 찾아가 "어머니 막내가 예수 믿겠다고 하니 이제 잔치를 하십시다"

어머니는 "나는 네가 성경책을 가지고 교회에 가서 예배 드리는 것을 보기 전에는 잔치를 못하겠다" 결국 막내가 교회에 가서 예배를 드리게 한 후 어머니에게 "이제 잔치를 합시다"고 하였습니다.

그때 "얘들아 네 어미의 회갑잔치가 중요한 것 아니다. 내가 하나님 앞에 웃으며 가게 해 다오. 네 어미에게 꼭 효도하고 싶거든 내가 하나님께 칭찬 듣는 어머니가 되게 해 다오. 너희들 생활이 다 넉넉하니 너희들 각각 얼마씩 내어 나를 위해 교회 하나 세워다오. 내가 하나님 앞에 기쁘게 갈 수 있게 교회 하나 세워 다오"

아들들이 흔쾌히 받아 들여 고향에 교회를 하나 세웠다고 합니다. 그렇다고 어머니 회갑 잔치는 교회건축으로 다 때웠겠습니까? 잔치는 잔치대로 하고 덤으로 막내 아들 예수 믿어 구원 받고, 고향에 교회 세워 이웃과 친구들이 예수님을 믿는 최고의 복을 받게 했다는 것입니다.

⑥ 교회의 사명입니다.

"오직 하나님의 옳게 여기심을 입어 복음 전할 부탁을 받았으니 우리가 이와 같이 말함은 사람을 기쁘게 하려 함이 아니요 오직 우리 마음을 감찰하시는 하나님을 기쁘시게 함이니라"(살전2:4)

⑦ 우리는 다 복음에 빚진 자입니다.

"헬라인이나 야만이나 지혜 있는 자나 어리석은 자에게 다 내가 빚진 자라"(롬1:14)

⑧ 전하지 않으면 화가 습니있다

"내가 복음을 전할지라도 자랑할 것이 없음은 내가 부득불 할 일임이라 만일 복음을 전하지 아니하면 내게 화가 있을 것임이로라"(고전9:16)

⑨ 천국이 속히 오도록 당기는 일입니다.

"이 천국 복음이 모든 민족에게 증거되기 위하여 온 세상에 전파되리니 그제야 끝이 오리라"(마24:14)

⑩ 전도의 상급이 가장 큽니다.(단12:3, 살전2:19,20)

"사람이 만일 온 천하를 얻고도 제 목숨을 잃으면 무엇이 유익하리요 사람이 무엇을 주고 제 목숨을 바꾸겠느냐 인자가 아버지의 영광으로 그 천사들과 함께 오리니 그 때에 각 사람의 행한 대로 갚으리라"(마16:26-27)

"우리의 소망이나 기쁨이나 자랑의 면류관이 무엇이냐 그의 강림하실 때 우리 주 예수 앞에 너희가 아니냐 너희는 우리의 영광이요 기쁨이니라"(살전2:19,20)

중국에 전도를 열심히 하는 분이 있었습니다. 그의 이름이 따로 있지만 그 이름은 알려지지 않고 전도를 너무 많이 하니까 성씨를 따라 그저 송전도라고만 알려졌습니다. 그렇게 전도를 많이 하고 예수님을 잘 믿던 사람이 젊은 나이에 그만 아내와 3남매를 남겨 놓고 세상을 떠났습니다.

많은 사람들이 "저렇게 예수를 잘 믿고 전도를 많이 하는 사람이 왜 빨리 죽을까?" 하고 의아해 했습니다. 그러나 그의 아내는 세 자녀를 데리고 산 넘어 있는 교회에 가서 열심히 예배를 드리고 도시락으로 점심을 먹은 후에는 교회에서 자녀들에게 성경을 가르치고 저녁 예배도 드렸습니다. 이렇게

3남매를 말씀으로 잘 길렀습니다. 그런데 그 자녀들이 큰 복을 받았습니다.

그의 맏딸 송경량은 중국의 아버지라 불리는 손문 선생의 아내가 되었고, 그의 아들 송자문은 경제학자로서 중국의 경제 장관이 되었고, 막내딸인 송미령은 장개석 총통의 아내가 되었습니다.

이렇게 송전도의 3남매가 한때 중국 전 영토를 통치하는 인물이 되었습니다. 이처럼 많은 사람을 전도하여 구원의 길로 인도하는 사람을 하나님은 사랑하셔서 현세와 내세에 큰 복과 상급을 주시는 것입니다

사람이 이 세상에서 받는 복 가운데 최상의 복은 하나님의 자녀가 되는 복입니다. 또한 최고로 가치 있는 일은 전도하는 일입니다. 전도는 하나님의 사랑을 실천하는 최고의 신앙 행위이며, 축복을 전해주는 최고로 은혜로운 일입니다.

우리가 이 세상에서 자선사업도 못하고 큰 업적은 못 남길지라도, 한 사람을 전도해서 그 사람이 예수 믿고 천국 갈 수 있게만 한다면, 이 세상에서 가장 복되고 가치 있는 일을 한 것이 되는 것입니다.

이 땅에서 가장 위대한 일은 사람을 살리는 일입니다. 최고의 애국자가 누구입니까 복음을 전하는 사람입니다. 우리 민족이 이처럼 큰 복을 누리게 된 이유가 무엇입니까 지금부터 120년 전 언더우드와 아펜젤러 선교사가 복음을 들고 이 땅에 왔기 때문입니다. 그 복음이 우매한 우리 민족을 새롭게 변화시킨 것입니다.

여자들을 남자들의 학대에서 해방시켰습니다. 무맹인을 문명인으로, 온갖 우상숭배자들을 일등 문화인으로 만들어 놓았습니다. 오늘날 우리가 이 정도로 잘 살게 된 것은 하나님의 큰 은혜 때문입니다. 과거에 우리보다 더 잘 살았던 북한이 지금 왜 저렇게 가난하게 되었습니까 하나님을 거역했기 때문입니다. 전도자들을 핍박하고 교회를 폐쇄하고 하나님을 믿지 못하게

핍박하고 죽였기 때문에 저렇게 가련하고 황폐한 나라가 되어버렸습니다.

그러나 복음은 들어가는 곳마다 사람을 바꾸었습니다. 가정을 살려놓았습니다. 사람의 삶을 바꾸었습니다. 인격을 변화시켰습니다. 영국에서는 존 웨슬레의 부흥운동이 영국을 피의 혁명에서 구해낼 수 있었습니다. 독일은 마틴 루터의 종교개혁이 독일을 부흥 발전시켰습니다.

미국의 무디와 찰스 피니의 부흥운동이 그 나라를 최고 부강한 나라로 발전시켰습니다. 복음을 거역한 나라들은 공산주의로 망하든지, 가난한 미개의 나라가 되든지, 혁명으로 피 흘리는 나라가 되든지 모두 비극을 겪었습니다. 그러므로 나라와 민족을 살리기 위해서 우리가 할 일은 끝까지 전도하는 일입니다.

박용규 목사가 간증을 했는데, 목사님이 꿈에 천국에서 상 받은 사람들이 살고 있는 집들을 보았는데 그 중에도 요한 웨슬레와 무디와 최권능 목사의 집이 제일 크고 화려하고 아름답더라는 얘기를 하였습니다.

무디는 기독교 역사상 가장 위대한 부흥사로 생전에 100만 명이상을 회개시켜 예수 믿어 구원 받게 한 사람이었습니다.

웨슬레는 말을 타고 다니면서 전도를 했는데 그 거리를 계산하면 지구의 9바퀴 반이나 돌 정도가 된다고 합니다. 46,250km x 9.5=439,375km =110만 430리(우리나라 남북을 360번 다닌 거리)

최권능 목사님이 전도하여, 구원 받고 집사 된 사람들이 23,000명이나 되고, 목사된 사람이 320명, 교회를 개척하여 세운 곳이 76개나 되었다고 합니다.

이선희 집사 간증에 의하면 주님과 복음을 위해 살면 주님이 그 사람의 모든 것을 책임져 주십니다. 심한 디스크로 고생하는 한 신자가 이선희 집사와 함께 전도에 헌신을 했는데 그 남편이 20년 만에 회개하고 주님께 돌아오는 역사가 일어났습니다. 그 남편이 예수 믿고 난 후에 자기 아내가 전도한 사람들을 자기 차로 교회에 데려오고 태워주었으며, 아들은 전교생 240명 중에 120등 정도의 성적이었는데, 전도에 헌신한지 3개월 만에 전교 일등이 되었고, 가장 큰 기적은 그토록 고통스럽던 자신의 허리 디스크가 깨끗이 나았다는 것입니다.

송경호 집사는 담임 목사가 예배당 건축 후 예배당을 채우기 위해 장로, 장립집사, 권사는 30명씩 전도하되 못하면 책임지고 사표를 내는 것이 옳다고 설교하는 말씀을 듣고 큰 부담을 가졌습니다. 얼마 후 다른 교회 목사님이 간증집회를 하면서 300명 전도해 올 사람은 손들라고 할 때 자신이 무작정 손을 번쩍 들었는데 온 교인들이 보내는 박수갈채와 축하를 받고 보니 자신이 생각했던 30명이 아니라 300명 작정하였다는 사실을 깨닫고 깜짝 놀랐습니다.

이제 큰일이 났다는 생각이 들었습니다. 담임 목사님에게 30명인 줄 알고 손들었다고 해명을 하려고 몇 번이나 시도했으나, 큰 박수와 축하는 받아 놓았으니 어쩔 수 없어 고민하는 중에 300명을 해야 되겠다고 결심을 하고는 자신이 경영하는 인쇄업을 문을 닫고 열심히 전도를 하였다고 합니다.

어느 주일 전도 중간 발표를 하는데 세무서 다니는 윤 모 집사는 천명이 교회에 오겠다는 약속 승낙서를 받아 놓았다고 간증을 하자 또 큰 충격을 받았습니다. 그래서 부인과 함께 이왕이면 교회에서 1등하기로 마음먹고 열심히 전도한 결과 1,754명을 교회에 전도해 내었다고 합니다.

그가 전도하면서 500만원을 투자했는데 그 후로 그가 간증을 하러 다니는 중에 하나님께서 300배 이상을 채워 주셨고, 세계 곳곳에 다니면서 3,000번 이상 교회에 간증하는 축복을 누렸다는 것입니다.

윌리암 뿌드는 젊었을 때 열심히 전도하는 가운데 큰 중병을 얻게 되었는데 이런 몸으로 계속 전도생활을 하면 1년도 못 살게 된다고 의사가 심각하게 충고했습니다. 그 말을 듣고 깊이 고민한 끝에 죽음을 각오하고 더 열심히 계속 전도하기로 결심하고 계속한 결과 그 병을 이기게 되었고 그는 나중에 구세군이라는 교단을 만들었습니다. 그는 84세를 살고 고백하기를 "내가 젊었을 때 의사가 나를 버렸습니다. 그래서 나도 의사를 버렸습니다. 대신 나는 하나님만을 의지하였습니다. 그 하나님은 나를 지켜 주셨습니다"라고 간증을 하였습니다.

최상의 복은 하나님의 자녀가 되는 것입니다. 최고로 가치 있는 일은 전도하여 죽은 생명을 살려 하나님의 자녀가 되게하는 일입니다. 전도는 하나님의 사랑을 실천하는 최고의 신앙 행위입니다. 축복을 전해주는 은혜로운 일입니다.

(3) 성공적인 복음 전파의 요인들

① 교회의 일꾼이었습니다.(행 13:1)

안디옥교회에는 여러 일꾼들이 있었습니다. 그 중에 바나바라는 훌륭한 일꾼을 소개하려 합니다. 예루살렘 교회 사도들이 안디옥에 이방인 교회가 세워졌다는 말을 듣고 사역자로 파송한 자였습니다. 그 분에 관하여 성경은 다음과 같이 소개하고 있습니다.

㉠ 그는 신앙 인격이 고상한 성도였습니다.

"바나바는 착한 사람이요 성령과 믿음이 충만한 사람이라 이에 큰 무리가 주께 더하더라"(행11:24)

이러한 일꾼이 있는 한 부흥하지 않을 수 없는 것입니다.

㉡ 그는 궁핍한 성도들을 위하여 자신의 재산을 내어 놓았습니다.

"구브로에서 난 레위족인이 있으니 이름은 요셉이라 사도들이 일컬어 바나바(번역하면 권위자)라 하니 그가 밭이 있으매 팔아 값을 가지고 사도들의 발 앞에 두니라"(행4:36-37)

물질적으로도 크게 헌신하였습니다.

ⓒ 그는 좋은 별명을 가진 일꾼이었습니다.

그가 밭을 팔아 예루살렘교회에 헌금을 하였습니다. 이 헌금으로 가난한 자들을 도울 수 있었습니다. 아마 크게 칭송을 받을 수 있었을 것입니다. 그러나 그는 오히려 겸손하여 잘 섬기므로 본 이름 요셉 대신 바나바라는 좋은 별명을 얻어 본 이름을 대신하게 되었습니다. 바나바의 뜻을 성경에서는 '권위자' 로 번역을 하였는데 문자적으로는 '예언자 또는 선지자의 아들' 이라는 뜻입니다. 그러나 여기서는 '위로 혹은 권면의 아들' 혹은 '용기를 북돋아 주는 아들' 로 보는 것이 합당하다고 생각합니다.

자신이 드린 재산에 대해서는 무관심하고 오히려 성도들을 위로하고 권면하여 용기를 북돋아 주는 훌륭한 일꾼이었습니다. 이러한 일꾼으로 말미암아 교회가 부흥 성장하는 것입니다.

ⓓ 거부당한 회심자 사울을 적극 보증했습니다.(행9:26-28)

"사울이 예루살렘에 가서 제자들을 사귀고자 하나 다 두려워하여 그의 제자 됨을 믿지 아니하니 바나바가 데리고 사도들에게 가서 그가 길에서 어떻게 주를 본 것과 주께서 그에게 말씀하신 일과 다메섹에서 그가 어떻게 예수의 이름으로 담대히 말하던 것을 말하니라 사울이 제자들과 함께 있어 예루살렘에 출입하며 또 주 예수의 이름으로 담대히 말하고 헬라파 유대인들과 함께 말하며 변론하니 그 사람들이 죽이려고 힘쓰거늘"

사실 사울은 스데반의 순교를 마땅히 여겨 가편 투표를 하였으며, 그 이후 예루살렘과 온 유다에 심한 핍박을 가했고, 멀리 다메섹까지 원정 박해 길에 나설 정도였습니다. 그의 악명은 당시 모든 기독교인들에게 소문이 나 있을 정도였습니다. 그러한 자가 회개하고 예수님을 믿는다고 갑자기 예루살렘에 나타났을 때 사도들까지도 사울을 신뢰할 수 없었습니다.(행9:1-2)

이때 바나바가 나서서 사울을 찾아가 자세히 회심 경위를 듣고 진실함을 깨달아 그를 사도들에게 데리고 가서 적극적으로 소개시켜 주어 함께 동역하도록 주선했던 것입니다. 이러한 바나바의 중보는 초대 기독교 선교역사에 획기적인 전환점을 이루는 과업이 아닐 수 없었던 것입니다.

ⓜ 그는 교회의 지시에 잘 순종하는 지도자였습니다.(11:22,23)

안디옥에 이방인 교회가 설립되었다는 소문을 들은 예루살렘교회가 그 교회를 위하여 바나바를 480km 밖에 있는 이방 안디옥교회로 파송했을 때 잘 순종하였습니다. 순종 잘하는 일꾼이 얼마나 귀한 일꾼입니까?

ⓑ 유능한 인물을 잘 등용시키는 일꾼이었습니다.(11:25-26)

바나바가 예루살렘 교회의 파송을 받아 안디옥에서 사역을 할 때에 교회에 큰 무리가 더하는 부흥이 일어났습니다. 이때 바나바는 자신이 혼자 이 모든 일을 담당할 수 없음을 깨닫게 되었습니다. 그는 기도하는 가운데 다소에서 준비하며 때를 기다리고 있는 사울을 위험을 무릎쓰고 친히 가서 초빙하여 왔습니다. 그리고는 둘이서 일 년간 성경을 가르치는 가운데 놀라운 변화가 일어났던 것입니다. 불신자들이 안디옥 교인들이 변한 모습을 보고 '크리스티아누스'(Christian)라고 불렀습니다. 이 별명이 지금까지 기독교인들의 공식 명칭이 되어 온 것입니다. 이 별명은 멸시나 천대의 의미가 아니라 진작 예루살렘에서 받았어야 할 별명이지만 늦게나마 다행스럽게 안디옥에서 받게 된 것입니다. "비로소 그리스도인이라 일컬음을 받게 되었다"(행11:26)라는 말씀을 통해 확인 할 수 있습니다.

ⓢ 바울이 선교의 주도권을 잡는 것을 기꺼이 승락하였습니다.

바나바는 사도행전에서 얼마 동안 먼저 언급되었으나 비시디아 안디옥에서 바울이 설교하고 난 후부터 바울이 먼저 언급되었습니다.(행13:43) 그 후부터는 "두 사람" "두 사도"로 언급되었다가 예루살렘 공의회 이후로부터는 계속 바울이 먼저 언급되었습니다. 그리고 제2차 전도여행 때 바나바의 생질 마가의 문제로 바나바와 사울이 서로 헤어지면서 바나바는 자신의 지도력을 바울에게 양도하고 역사의 뒤안길로 사라졌습니다.

우리가 누구한테 공이 넘어 갈 것인지에 대해 개의치 않는다면 수많은 일들이 교회 역사상에 더 많이 이루질 수 있었을 것입니다. 당시 모든 사람들이 우러러 보았던 세례 요한도 예수님에 대해서 "그는 흥해야 하겠고 나는 쇠하여야 하리라"(요3:30)라고 말했던 것입니다. 그런 면에서 세례 요한의 위대성을 다시 한 번 평가를 할 수 있습니다.

② 교회의 선교의 열정이 있었습니다.

안디옥 교회는 성령의 충만으로 선교를 시작할 때부터 선교에 대한 뜨거운 열정이 있었습니다. 그들은 성공적인 1차 선교여행 보고를 받고 2차, 3차 선교여행 때까지 선교 후원을 꾸준히 하였습니다. 이것이 선교의 좋은 본보기인 것입니다.

선교는 현지에 가는 선교사와 보내는 선교사인 후원자가 있습니다. 이 둘이 잘 조화를 이룰 때 효과적인 선교를 할 수 있는 것입니다. 가는 선교사는 성령의 충만으로 일선에서 복음을 전하여 생명을 살리고 교회를 세우는 일을 부지런히 해야 합니다. 그러기 위해서는 언어와 문화를 잘 파악하고 이해해야 합니다. 그리고 전도의 전문 훈련을 받아 복음을 전하여 영접을 시키고, 양육과 훈련을 잘 시켜 재생산자로 기르는 경험이 있어야 합니다. 선교사는 자신이 선교하는 곳에 하나님의 교회를 세우는 사명이 있습니다. 그런 면에서 교회를 잘 알고 성공적인 목회 경험이 있어야 좋은 성과를 거둘 수 있는 것입니다.

후원하며 보내는 선교사(교회)는 기도와 물질의 후원을 끊임없이 공급해 주어야 합니다. 국내 개척 교회로 착각해서는 안됩니다. 어떤 교회는 몇 년을 기한하여 후원하기도 하고, 또 어떤 교회는 해마다 후원비를 조금씩 줄여 나가기도 합니다. 후원을 하다가 어떤 문제가 생겨 후원을 갑자기 끊어버려 선교사 가족이 당장 의식주 문제를 해결하지 못해 고민에 빠지는 경우도 있습니다. 선교는 교회를 개척하는 것이 아닙니다. 그곳의 교회를 통하여는 어떤 후원도 받을 수 없습니다. 경제적 후원이 끊어지면 선교지에서 선교사는 당장 굶을 수밖에 없습니다. 이러한 실수를 범하지 않아야 합니다. 한 번 작정을 했으면 지속적으로 끝날 때까지 약속한 대로 후원을 해야 합니다.

③ 선교의 걸림돌을 제거해야 합니다.

안디옥 교회는 제1차 선교여행을 한 이후에 중요한 문제가 발생했습니다. 그것은 유대로부터 어떤 형제들이 안디옥교회에 와서 "너희가 모세의 법대로 할례를 받지 아니하면 능히 구원을 받지 못하리라"(행15:1) 고 가르친 것입니다. 안디옥교회는 이방인들로 구성된 교회입니다. 그러므로 너희도 할례를 받아야 구원을 받을 수 있다는 주장이었습니다. 이 논리는 구원이 주예수를 믿으므로가 아니고 율법을 행하는 것을 통해 받게 된다는 것이었습니다. 다시 말하면 이방인이 구원을 받으려면 먼저 유대교로 개종할 것을 주장한 것입니다.

그러나 바울은 예수 그리스도의 십자가의 보혈의 공로는 유대인이나 헬라인이이나 누구를 막론하고 다 믿음으로 구원 받을 수 있다는 이신득의를 믿었고, 그 사실을 선교현장에서 보았고 경험하였기 때문에 유대인들의 주장을 받아들일 수 없었습니다. 그래서 그들 사이에 적지 아니한 다툼과 변론이 일어나게 된 것입니다.(행15:2)

이러한 중대한 문제를 예루살렘에 있는 사도들과 의논해서 해결하도록 안디옥교회가 주선을 하였습니다.(행15:2) 그런데 놀라운 사실은 예루살렘 교회에 개종한 바리세인이 더 강력한 율법주의자로 가라앉아 있었다는 것입니다. 바울일행이 이 문제를 제기할 때 그들은 기회가 왔다는 듯이

"바리새파 중에 믿는 어떤 사람들이 일어나 말하되 이방인에게 할례 주고 모세의 율법을 지키라 명하는 것이 마땅하다 하니라"(행15:5)

라고 강력히 주장하며 맞섰습니다.

그때 베드로가 말하기를 하나님은 이방인이나 우리나 차별하지 않으시고 주 예수를 믿는 믿음과 주님의 은혜로 구원 얻도록 하셨다(행15:6-11)는 것을 주장하였습니다. 바나바와 바울의 선교여행의 간증을 듣고 난 후에 당시 예루살렘 교회의 수장격인 야고보가 선지자들의 말씀을 인용하여 설명한 후에 결론 짓기를 이방인들이 하나님께로 돌아올 때에 괴롭게 하지 말고

"다만 우상의 더러운 것과 음행과 목매여 죽인 것과 피를 멀리하라고 편지하는 것이 옳으니"(행15:20)라고 하였습니다. 그리고 이 결정을 안디옥교회에 문서로 만들어 예루살렘 교회의 선지자 바나바와 유다와 실라를 증인으로 함께 보내어 선포하게 함으로써 온 교회의 중요한 문제를 깨끗이 매듭지었습니다.

선교할 때에 여러 문제들이 일어날 수 있습니다. 예를 들면 선교사의 자녀교육 문제라든지, 선교사끼리의 갈등, 여성 목사 안수문제, 안식년 문제 등. 이런 문제는 교단 선교부나 파송교회에서 명백히 해결해 주어야만 선교에 박차를 가할 수 있게 되는 것입니다. 이 일을 안디옥교회가 자도자들을 예루살렘 교회에 보내어 해결하게 함으로 초대 교회뿐만 아니라 오늘 우리

에게까지도 명백한 가이드라인을 제시한 것입니다.

안디옥 교회는 복음에 열정을 가지고 지역의 복음화만 아니라 세계 복음화에 선두 역할을 잘 이행하였고 선교의 좋은 모범을 보였습니다. 그들은 성령의 인도하심에 따라 기독교 교회사상 처음으로 팀 선교사를 3차례나 파송하여 세계 복음화의 교두보를 놓았습니다. 뿐만 아니라 세계 기독교 제1회 공의회를 개최케하여 중요한 기독교 교리를 다루어 당대 뿐만 아니라 오고 오는 후세 교회에 중요한 진리를 깨우쳐 주었습니다.

오늘날 교회들은 전도가 잘 안 된다, 교인 수가 준다, 성장이 하향선을 긋고 있다는 등의 문제로 염려 하지만 이럴수록 교회는 때를 얻든지 못 얻든지, 듣든지 아니 듣든지 만민에게 복음을 전하여야 할 것입니다.

"성령에 의지하여 정확한 복음을 열심히 전하고 그 결과는 하나님께 맡기자."

(5) 하나님을 잘 섬기는 교회

(행 13:2)

"주를 섬겨 금식할 때에 성령이 가라사대 내가 불러 시키는 일을 위하여 바나바와 사울을 따로 세우라 하시니"

인간은 원래 섬김의 존재로 지음을 받았습니다. 위로 하나님을 섬기고, 주위의 형제와 이웃을 섬기고, 아래로 만물은 다스리고 정복하고 개발하도록 하셨습니다. 우리의 사지백체가 다 섬기도록 창조되었습니다. 그러나 인간은 타락하여 하나님을 섬기는 것보다 다스리고 정복해야 할 만물을 섬기는 가련한 인생이 되어버렸습니다.

"하나님을 알되 하나님으로 영화롭게도 아니하며 감사치도 아니하고 오히려 그 생각이 허망하여지며 미련한 마음이 어두워졌나니 스스로 지혜 있다 하나 어리석게 되어 썩어지지 아니하는 하나님의 영광을 썩어질 사람과 새와 기어 다니는 동물 모양의 우상으로 바꾸었느니라"(롬1:21–23)고 하였습니다. 그러나 안디옥 교회는 하나님을 경외하고 이웃을 잘 섬기는 성도의 바른 삶을 살았습니다. 오늘은 위로 하나님을 경외하고 섬기는 안디옥교회를 살펴보는 가운데 함께 은혜를 받고자 합니다.

위로 하나님을 섬겼습니다(행 13:2)

어떻게 섬겼습니까? 2절에 "주를 섬겨 금식"하였다고 하였습니다. 금식기도를 하면서 하나님의 뜻을 찾아 하나님의 뜻대로 섬기려 하였습니다. 이것은 하나님이 가장 기뻐하시는 귀한 섬김입니다.

“조금 나아가사 얼굴을 땅에 대시고 엎드려 기도하여 가라사대 내 아버지여 만일 할만 하시거든 이 잔을 내게서 지나가게 하옵소서. 그러나 나의 원대로 마옵시고 아버지의 원대로 하옵소서”(마26:39)

기도하시면서 하나님을 섬겼습니다. 하나님의 뜻을 따라 섬기시므로 인류를 죄에서 구원하신 것입니다.

① 왜 하나님을 섬겨야 합니까?

“너희는 여호와께서 너희를 위하여 행하신 그 큰 일을 생각하여 오직 그를 경외하며 너희의 마음을 다하여 진실히 섬기라”(삼상12:24)

하나님께서 “우리들을 위하여 행하신 큰일을 생각하여” 라는 말씀의 큰일이 무엇입니까?

욥기에서는 하나님의 행하시는 큰일을 이렇게 말씀하고 있습니다.

“하나님은 헤아릴 수 없이 큰일을 행하시며 기이한 일을 셀 수 없이 행하시나니 비를 땅에 내리시고 물을 밭에 보내시며 낮은 자를 높이 드시고 애곡하는 자를 일으키사 구원에 이르게 하시느니라. 하나님은 교활한 자의 계교를 꺾으사 그들의 손이 성공하지 못하게 하시며 지혜로운 자가 자기의 계략에 빠지게 하시며 간교한 자의 계략을 무너뜨리시므로 그들은 낮에도 어두움을 만나고 대낮에도 더듬기를 밤과 같이 하느니라 하나님은 가난한 자를 강한 자의 칼과 그 입에서 또한 그들의 손에서, 구출하여 주시나니 그러므로 가난한 자가 희망이 있고 악행이 스스로 입을 다무느니라”(욥5:9-16)라고 하였습니다.

시126편에서는 하나님이 행하시는 큰일을 세 가지로 말씀하시는데 ①포로에서 해방시키시는 구원의 역사와 ②앞으로 구원 받을 백성들을 구원하실 일과 ③씨를 파종하여 가을에 추수하게 하시는 일들이 바로 그것입니다.

하나님이 행하시는 큰일들이 많이 있지만 그 중에 특히 중요한 것은 우리들을 구원하시는 하나님의 구원의 사역입니다. 독생하신 성자 하나님을 우리들을 구원하시기 위하여 이 세상에 보내시어 죄에 빠져 마귀의 종된 우리들을 건져주시는 것입니다.

이 일을 위하여 성부 하나님은 창세전에 계획하시고, 구원 받을 자들을 선택하시고, 수천 년 동안 선지자들과 왕들과 제사장들과 수많은 사건들을 통하여 예언하시고 보여주셨습니다.

그 때가 되었을 때 성자 하나님은 자신을 비우시고 사람의 몸을 입으신 예수로 베들레헴에서 탄생하셨습니다. 예수님은 33년 동안 인간이 죄로 말미암아 당하는 수많은 고뇌와 죽음을 친히 맛보시고 그 근본 원인인 죄를 친히 담당하셨으며 고난을 당하시고 십자가에 못 박혀 죽으심으로 우리의 모든 죄 값을 대속(代贖)하셨습니다.

이제 복음을 들을 때 성자 하나님이신 예수님이 우리들이 지은 모든 죄를 대신하여 십자가에 못 박혀 죽으심으로 우리의 모든 죄 값을 지불하신 이 사실을 성령 하나님이 믿게 하십니다. 그리고 믿는 자들에게 죄와 사탄과 지옥에서 구원하여 주시고 의롭다하시고 하나님의 자녀되는 신분을 주시며 천국시민권을 얻게 하여 주시는 것입니다. 이것 이상 더 큰 일이 어디에 다시 있겠습니까?

우리의 구원은 정말 귀중한 것입니다. 하나님께서 이 우주 만물은 6일 동안 말씀으로 창조하셨지만 타락한 우리 인간을 구원하시는 데는 수천 년이 걸렸으며, 특별히 창조주 하나님께서 사람이 되시어 친히 이 세상에 오셔서 온갖 고난과 수치와 고통을 몸소 당하시고, 마지막에는 십자가에 못 박혀 죽으심으로 우리의 구원을 이루셨습니다. 우리의 구원은 성부 하나님께서 계획하시고, 구원 받을 자들을 창세전에 선택하시고, 성자 하나님께서 친히 오셔서 십자가에 못박혀 죽으심으로 구원을 이루시고, 성령 하나님께서 복음을 듣는 가운데 믿도록 감동을 주시어 구원 받게 된 것입니다. 이러한 구원을 오직 믿음으로 말미암는 선물로 받게 하시니 얼마나 놀라운 은혜요, 축복입니까? 그러므로 우리의 구원은 삼위일체 하나님께서 이루신 가장 큰 걸작품임을 기억하시기 바랍니다.

② 이처럼 큰 일을 우리에게 행하신 하나님을 어떻게 섬기라고 하셨습니까?

우리의 구원은 우리 편에서는 아주 간단하게 믿기만 하면 되지만 하나님 편에서는 독생자 하나님이 친히 이 세상에 오셔서 십자가에 못 박혀 죽으시는 큰 희생의 값을 치르심으로 이루신 것입니다. 이 일을 행하신 하나님은 우리에게

"오직, 하나님을 경외하여, 마음을 다하여, 진실히 섬기라"(삼상 12:24).

"예수께서 가라사대 네 마음을 다하고 목숨을 다하고 뜻을 다하여 주 너의 하나님을 사랑하라 하셨으니"(마22:37)라고 명하셨습니다.

섬김에 있어서 좀 더 구체적으로 살펴봅시다. 하나님을 어떻게 섬겨야 합니까?

㉠ 예배로 섬겨야 합니다.

예배는 두 종류가 있는데 첫째로, 교회나 가정에서 함께 모여 드리는 예배가 있습니다.

"아버지께 참으로 예배하는 자들은 신령과 진정으로 예배할 때가 오나니 곧 이 때라 아버지께서는 이렇게 자기에게 예배하는 자들을 찾으시느니라 하나님은 영이시니 예배하는 자가 신령과 진정으로 예배할지니라"(요

4:23,24)

둘째로, 우리의 삶을 통하여 드리는 예배가 있습니다.

"그러므로 형제들아 내가 하나님의 모든 자비하심으로 너희를 권하노니 너희 몸을 하나님이 기뻐하시는 거룩한 산 제물로 드리라 이는 너희의 드릴 영적 예배니라"(롬12:1)

ⓛ 우리의 찬양으로 하나님을 섬겨야 합니다.

성경에는 하나님을 찬양하라는 말씀이 212번이나 나온다고 합니다. 찬양은 하나님께 드리는 우리 입술의 제물입니다. 이 찬양을 부르게 하기 위하여 우리를 창조하셨다고 하였습니다.

"이 백성은 내가 나를 위하여 지었나니 나의 찬송을 부르게 하려함이니라"(사43:21) 고 하였습니다. 그러나 우리는 범죄 타락하여 하나님보다 우상을 더 사랑하고 찬양하였습니다. 이제 예수 그리그도의 피로 구원 받아 새로운 피조물이 되었으니 잃어버렸던 찬송을 다시 불러야 할 것입니다.

존 웨슬리는 교회에서 찬송가를 부를 때 다음과 같은 규칙을 지키라고 권면했습니다.

• 리듬을 익혀라.
• 찬송가에 인쇄된 그대로 불러라.
• 처음부터 끝까지 전부 불러라. 비록 그것이 부담스러울 때일지라도 그래야 한다. 그럼으로써만 축복을 얻을 수 있다.
• 기쁜 마음으로 힘 있게 불러라.
• 진지하게 불러라.
• 한 목소리로 불러라 남들보다 앞지르지도 뒤쳐지지도 않게 불러라.
• 무엇보다도 영적으로 불러라.

우리가 부르는 찬송가 가사 속에서 하나님을 바라보아야 합니다. 찬송을 통하여 우리 자신이나 그 밖의 다른 피조물이 아닌, 오직 한 분 하나님만을 기쁘시게 하려고 노력해야 합니다. 그러기 위해서는 부르고 있는 찬송가의 의미를 깊이 이해해야 하며, 나아가 우리의 마음이 음악 속에 파묻혀 버리게 할 것이 아니라 계속 하나님께 드려지도록 주의해야 합니다.

"찬송하리로다 하나님 곧 우리 주 예수 그리스도의 아버지께서 그리스도 안에서 하늘에 속한 모든 신령한 복으로 우리에게 복 주시되 곧 창세 전에 그리스도 안에서 우리를 택하사 우리로 사랑 안에서 그 앞에 거룩하고 흠이 없게 하시려고 그 기쁘신 뜻대로 우리를 예정하사 예수 그리스도로 말미암아 자기의 아들들이 되게 하셨으니 이는 그의 사랑하시는 자 안에서 우리에게 거저 주시는 바 그의 은혜의 영광을 찬미하게 하려는 것이라"(엡1:3, 4)

"모든 일을 그 마음의 원대로 역사하시는 자의 뜻을 따라 우리가 예정을 입어 그 안에서 기업이 되었으니 이는 그리스도 안에서 전부터 바라던 우리로 그의 영광의 찬송이 되게 하려 하심이라"(엡1:11)

우리의 어두운 마음을 몰아내는 데는 하나님께 찬양을 드리는 것이 최고 좋은 방법 입니다.

전쟁 때문에 말을 제대로 할 수 없게 된 한 퇴역 군인이 있었습니다. 그는 폭탄 충격을 받은 사람입니다. 어느 주일 저녁 그는 예배에 참석했는데, 그 때 시편 100편의 찬양시가 낭독되었습니다. 퇴역 군인은 자신이 말할 수 없다는 사실을 잊어버린 채 하나님의 선하심을 찬양하기 시작했습니다. 놀랍게도 그 이후로 그는 다시 말을 할 수 있게 되었다고 합니다.(제임스 라이드)

ⓒ 우리의 삶을 통하여 하나님께서 영광을 받으시게 해 드려야 합니다.

"이같이 너희 빛을 사람 앞에 비취게 하여 저희로 너희 착한 행실을 보고 하늘에 계신 너희 아버지께 영광을 돌리게 하라"(마5:16)

파푸아 뉴기니에 존이라는 선교사가 여러 해 동안 성공적인 선교를 마치고 돌아왔습니다. 한 친구가 그에게 물었습니다. "존 파푸아 뉴기니에서 선교하면서 뭐 특기할 만한 것이라도 있니?"

"암, 있고 말고. 내가 정글 속의 호랑이 굴에 던져지더라도 파푸아 뉴기니에 도착했을 때보다 더 절망적이진 않았을 거야"

"그게 무슨 말인가?"

"그곳 원주민들은 완전히 미개한 족속들이라 도의심이라는 것을 조금도 찾아 볼 수가 없었네. 차라리 짐승이 그들보다는 나았을 걸세. 갓난아기가 있는 엄마의 경우 어떤지 아나? 아기가 심하게 울어 대면 그냥 개천에 집어 던져 죽게 만드는 거야. 또 다리가 부러져 걸을 수 없게 된 자기의 늙은 아버지를 길에 내버려 죽게 만드는 사람도 흔히 볼 수 있었다네. 그들에게는 도대체 동정심이라는 게 없었어. 아예 동정심이라는 것이 뭔지도 모르는 거야"

"그럼 그런 사람들을 위해서 자네는 어떻게 했나? 그들에게 설교를 어떻게 했는가?"

"설교라고? 천만에. 그냥 살았어"

"그냥 살았다고? 어떻게 살았다는 말인가?"

"울고 있는 아기를 보면 안아서 달래 주고, 다리가 부러진 사람들을 발견하면 치료해 주고 또 슬퍼하는 사람들이 있으면 이모저모로 보살펴 주면서 그렇게 산거야. 그랬더니 그들 중 한 두 사람들이 찾아오기 시작했고 내게 묻기를

"이렇게 하는 이유가 뭐냐! 무엇을 위해서 이러느냐? 라고 묻는 것이었

어. 그리하여 드디어 나는 기회를 잡았고 복음을 전했지"

"그래서 성공했는가?"

"내가 그곳을 떠나올 때 교회를 하나 세우고 왔으니깐"
라고 대답했다는 것입니다.

㉣ 하나님의 뜻을 받들어 수종 들어야 합니다.

"주를 섬겨 금식할 때에 성령이 이르시되 내가 불러 시키는 일을 위하여 바나바와 사울을 따로 세워라"(행13:2)
는 말씀에 순종하여 수종들므로 교회 역사상 최초로 선교사를 파송하는 놀라운 축복을 안디옥 교회가 누리게 된 것입니다. 하나님의 뜻을 받들어 섬기는 것이 가장 아름다운 봉사입니다. 예수님께서도

"조금 나아가사 얼굴을 땅에 대시고 엎드려 기도하여 가라사대 내 아버지여 만일 할만하시거든 이 잔을 내게서 지나가게 하옵소서 그러나 나의 원대로 마옵시고 아버지의 원대로 하옵소서"(마26:39)
라고 기도하시고 아버지의 뜻을 따라 순종하므로 섬겼던 것입니다.

"그러므로 형제들아 내가 하나님의 모든 자비하심으로 너희를 권하노니 너희 몸을 하나님이 기뻐하시는 거룩한 산제사로 드리라 이는 너희의 드릴 영적 예배니라 너희는 이 세대를 본받지 말고 오직 마음을 새롭게 함으로 변화를 받아 하나님의 선하시고 기뻐하시고 온전하신 뜻이 무엇인지 분별하도록 하라"(롬12:1,2)
고 하셨습니다. 우리가 어떤 봉사를 하든지 하나님께 기도하여 하나님의 뜻을 따라 섬길 때에 가장 아름다운 열매를 맺게 되는 것을 믿으시기 바랍니다.

㉤ 전도하므로 하나님을 섬겨야 합니다.

하나님의 가장 큰 관심은 잃어버린 자녀들을 찾는 일입니다. 죄와 허물로 죽은 자식을 복음으로 살려 하나님 아버지의 품에 안겨드리는 일입니다. 전도하여 예수 믿게 하는 일은 하나님께서 가장 기뻐하시는 일인 줄을 믿으시기 바랍니다.

"내가 너희에게 이르노니 이와 같이 죄인 하나가 회개하면 하늘에서는 회개할 것 없는 의인 아흔아홉을 인하여 기뻐하는 것보다 더하리라"(눅15:7)라고 하셨습니다.

㉥ 하나님이 섬기라고 주신 은사를 따라 섬겨야 합니다.

첫째, 하나님은 구원 받은 우리에게 하나님을 섬기라고 각종 은사들을 다 주셨습니다.

"각 사람에게 성령의 나타남을 주심은 유익하게 하려 하심이라 어떤 이에게는 성령으로 말미암아 지혜의 말씀을, 어떤 이에게는 같은 성령을 따라 지식의 말씀을, 다른 이에게는 같은 성령으로 믿음을, 어떤 이에게는 한 성령으로 병 고치는 은사를, 어떤 이에게는 능력 행함을, 어떤 이에게는 예언함을, 어떤 이에게는 영들 분별함을, 다른 이에게는 각종 방언 말함을, 어떤 이에게는 방언들 통역함을 주시나니 이 모든 일은 같은 한 성령이 행하사 그 뜻대로 각 사람에게 나눠 주시느니라"(고전12:7-11)고 하였습니다. 내가 하나님께 받은 은사가 무엇인가를 찾아 그 은사대로 섬기는 것이 가장 능동적이고 효률적인 섬김이 되는 줄로 믿습니다.

둘째, 하나님께서 우리에게 주신 직분도 섬기라고 주신 은사입니다.

"그가 어떤 사람은 사도로, 어떤 사람은 선지자로, 어떤 사람은 복음 전하는 자로, 어떤 사람은 목사와 교사로 삼으셨으니 이는 성도를 온전하게 하여

봉사의 일을 하게 하며 그리스도의 몸을 세우려 하심이라"(엡4:11)

"너와 네 아들들은 단과 장 안의 모든 일에 대하여 제사장의 직분을 지켜 섬기라 내가 제사장의 직분을 너희에게 선물로 주었은즉"(민18:7)

셋째, 우리에게 주신 모든 재물도 다 하나님이 주신 은사입니다.

"또 두렵건대 네가 마음에 이르기를 내 능과 내 손의 힘으로 내가 이 재물을 얻었다 할까 하노라 **네 하나님 여호와를 기억하라 그가 네게 재물 얻을 능을 주셨음이라** 이같이 하심은 네 열조에게 맹세하신 언약을 오늘과 같이 이루려 하심이니라"(신8:17,18)

"네 재물과 네 소산물의 처음 익은 열매로 여호와를 공경하라 그리하면 네 창고가 가득히 차고 네 즙 틀에 새 포도즙이 넘치리라"(잠3:9,10)

사랑하는 성도 여러분, 하나님의 은혜를 알고 감사하므로 기쁘게 섬기면 하나님께서 기뻐하시고 귀한 복을 주실 줄로 믿습니다.

"여호와를 경외하며 그의 길을 걷는 자마다 복이 있도다 네가 네 손이 수고한 대로 먹을 것이라 네가 복되고 형통하리로다 네 집 내실에 있는 네 아내는 결실한 포도나무 같으며 네 식탁에 둘려 앉은 자식들은 어린 감람나무 같으리로다 여호와를 경외하는 자는 이같이 복을 얻으리로다 여호와께서 시온에서 네게 복을 주실지어다 너는 평생에 예루살렘의 번영을 보며 네 자식의 자식을 볼지어다 이스라엘에게 평강이 있을지로다"(시128:1-6) 아멘

하나님을 잘 섬기므로 이러한 복을 다 받아 누리시기를 주님의 이름으로 축원합니다.

(6) 이웃을 잘 섬기는 교회

(행 11:27-30)

"그 때에 선지자들이 예루살렘에서 안디옥에 이르니 그 중에 아가보라 하는 한 사람이 일어나 성령으로 말하되 천하가 크게 흉년 들리라 하더니 글라우디오 때에 그렇게 되니라 제자들이 각각 그 힘대로 유대에 사는 형제들에게 부조를 보내기로 작정하고 이를 실행하여 바나바와 사울의 손으로 장로들에게 보내니라"

안디옥 교회가 이웃을 잘 섬긴 일에 대해 살펴보고, 우리도 이웃 섬김을 통해 하나님을 기쁘시게 할 수 있는 성도들이 다 되시기를 바랍니다.

성경에는 형제와 이웃을 구분 짓고 있습니다. 예수 믿어 한 피 받아 한 몸 이룬 우리 크리스찬은 국경을 초월하여 어떤 사람이든지 다 형제자매인 것입니다. 반면에 아무리 일가친척이라도 영적으로는 믿지 아니하면 형제자매라고 할 수 없습니다. 예수님을 만나려고 그 모친과 동생들이 찾아 왔을 때 한 사람이 예수님께 이 사실을 고하자 말씀하시기를

"누가 내 어머니며 동생들이냐 나의 어머니와 동생들을 보라 누구든지 하늘에 계신 내 아버지의 뜻대로 행하는 자가 내 형제요 자매요 어머니니라" (마13:48-50)고 하셨습니다. 가족이라 할지라도 불신자는 이 땅에서 잠깐 가족관계를 맺고 살지만 영원한 천국에서는 완전히 분리되기 때문에 만날 수도, 함께 살 수도 없습니다. 그렇기 때문에 형제나 자매가 될 수 없는 것입니다.

그러면 이웃은 누구입니까? '강도 만난 자' 비유를 통해 '자비를 베푼자' (눅10:37)가 이웃이라고 하셨고, '너도 가서 이와 같이 하라' 는 말씀을 통해 누구든지 도움이 필요한 자와 섬기는 자가 이웃이라고 강조하셨습니다.

'강도 만난 자' 비유를 통해 '자비를 베푼자' (눅10:37)가 이웃이라고 하

셨고, '너도 가서 이와 같이 하라' 라는 말씀을 통해 누구든지 도움이 필요한 자에게 자비를 베풀어 주는 자가 이웃이라고 강조 하셨습니다.

예수님은 우리가 사랑해야 할 대상은 위로는 하나님이시고 아래로는 모든 사람들이라고 구분하셨습니다. 네 마음을 다하고, 목숨을 다하고, 뜻을 다하여 사랑해야 할 하나님과 우리 자신처럼 사랑해야 할 이웃으로 구분하신 것입니다.(마22:37-40)

그래서 오늘날 이웃을 사랑하는 교회에서는 신불신간에 모든 사람들을 이웃으로 규정하고 잘 섬겨야 한다고 생각합니다.

안디옥은 당시 인구 50만으로 로마, 알렉산드리아와 함께 세계 3대 도시에 속하였습니다. 주의 복음이 예루살렘에서 시작되어 이 세계적인 도시에 전파되어 이방인 교회가 세워진 것입니다. 안디옥 교회는 예루살렘 교회 성도들에 의하여 세워진 교회요, 파송한 지도자들에 의하여 부흥 성장한 교회였습니다.

예루살렘 교회 집사 스데반이 이적들을 행하고,(행6:8) 복음을 전하다가 돌에 맞아 순교를 하게 되자 그 여세를 몰아 교회를 심히 핍박하기 시작하였습니다. 그때에 예루살렘에서는 사도들 외에는 다 유다와 사마리아, 모든 땅으로 흩어져 그들이 가는 곳마다 복음을 전하여 교회를 세우게 되었습니다.(행8:1,4) 그 흩어진 신자들 중에 구브로와 베니게 몇 사람들이 이곳 안디옥(예루살렘에서 480km)까지 와서 헬라인들에게 전도하여 세운 교회가 안디옥 교회였습니다. 예수님을 믿는 이방인 교회가 세워졌다는 소문을 예루살렘 교회가 듣고 바나바를 파송하여 교회를 가르치므로 교회가 크게 부흥하게 되었습니다. 사실 이 안디옥 교회는 예루살렘 교회가 개척하여 세웠다 해도 과언이 아닌 것입니다.

이 예루살렘 교회와 안디옥교회는 자주 왕래와 교류가 있었습니다. 마침 아가보라는 선지자가 안디옥에 와서 예언하기를 "천하에 큰 흉년이 들 것이라"(행11:28)고 예언을 했습니다. 그런데 그 예언대로 글라우디오(AD. 41-54) 황제가 통치할 때에 로마의 정치권 하에 있는 지중해 연안의 나라들이 다 큰 흉년을 만나게 되었습니다. 이 시기를 역사적으로 계산해 보면 주후 41년에서 44년 사이에 일어났던 대 흉년 때 였음을 알 수 있습니다.

이때 예루살렘에도 큰 흉년으로 굶주리고 있다는 소문을 안디옥 교회가 듣고 돕기 위하여 헌금을 하였습니다. "제자들이 각각 그 힘대로 유대에 사는 형제들에게 부조를 보내기로 작정하고 이를 실행하여 바나바와 사울의 손으로 장로들에게 보내니라"(행11:29)고 하였습니다.

그런데 놀라운 것은 안디옥교회가 구제를 한 것을 보아 그 어려운 흉년의 때에 안디옥은 흉년이 들지 않았다는 사실입니다. 하나님을 잘 섬길 때 사람뿐만 아니라 자연까지도 복을 받고, 잘 못 섬기면 사람뿐만 아니라 자연과 주위 환경도 저주를 받게 되는 것입니다. 이러한 증거는 성경에서 명백히 찾아 볼 수 있습니다.

에덴동산에서 아담 하와가 범죄하므로 땅이 저주를 받고, 가시덤불과 엉겅퀴를 낼 것을 말씀을 통해 알 수 있습니다.(창3:17,18) 롯이 살았던 소돔 고무라의 사람들이 크게 범죄 타락하므로 이로 인해 에덴동산 같았던 그곳이 유황불비로 완전히 초토화 되었던 사건이나,(창18:20, 19:24,25) 가나안 땅이 이스라엘의 범죄로 3년 6개월 동안 우로(雨露)가 그치므로 크게 황폐하게 된 사건(왕상 17:1, 눅 4:25) 우상숭배로 북쪽과 남쪽이 망하고 포로로 잡혀가 70년 동안 황야처럼 되어 젖과 꿀이 흐르던 그 땅이 지금은 대부분이 다 사막화되어 버린 것을 통해서도 알 수 있습니다. (렘25:11, 단 9:2)

우리나라도 휴전선 이남은 신앙의 자유와 더불어 일천만 성도가 있고, 수많은 선교사를 파송하는 등, 열심히 신앙생활을 한 결과 지금 세계 10위권에 들어가는 부국이 되었습니다. 그러나 이북은 동양의 예루살렘이라 불렸던 평양 조차도 무신론자들의 소굴이 되어 하나님을 거부하고 악랄한 공산주의로 기독교를 잔멸하고 박해하여 왔습니다. 60여년이 지나는 동안에 얼마나 많은 어린이와 청소년들이 굶어죽으며 가난해서 견디다 못해 주린 배를 채우기 위하여 목숨 걸고 압록강을 건너다가 잡혀 죽고, 처형을 당했습니까? 그 결과 하나님께서 진노 하사 계속적인 가뭄과 홍수 등으로 흉년이 계속되고 수 백만명이 굶어 죽어가고 있지 않습니까? 그곳을 다녀 온 분들을 통해 산야가 다 벌거숭이가 되고 토질이 산성화되어 회복되기가 어렵다는 말을 들었습니다. 인간으로 말미암아 자연과 땅까지도 저주를 받거나 복을 받게 된다는 것을 확실히 증거하는 사실 아니겠습니까?

안디옥교회는 하나님 앞에 아름다운 믿음의 삶과 순종을 통하여 복을 받아 근동지역이 큰 흉년으로 굶주려도 남을 도울 수 있는 축복의 도시가 되었습니다. 놀라운 축복이 아닐 수 없는 것입니다. 그러면 이처럼 복 받는 이웃 섬김을 우리는 어떤 방법으로 실천해야 합니까? 몇 가지를 찾아보려 합니다.

(1) 자신의 재능과 물질로 섬겨야 합니다.

카네기는 한 주일 동안 일하고 겨우 2불 40전을 받던 공장 직공으로부터 시작했습니다. 후에 그는 억만장자가 되었고 남을 잘 섬기는 모범적인 사람이었다고 합니다. 그가 그렇게 크게 성공한 이유를 알아내기 위하여 나폴레옹 힐이 세계 최대의 갑부, 73세 된 카네기를 만나 사흘 밤낮 동안 부의 철학을 듣고 20년 간 체계화해서 "카네기의 6가지 부의 철학"이라는 원리를 만들었다고 합니다.

이 부의 철학을 듣고 실천하여 크게 성공한 사람들은 자동차 왕 헨리포드, 백화점 왕 존 워나메이커, 루즈벨트 대통령, 코닥의 창립자 이스트멘,

CNN을 설립한 테드터너, 노만 필 박사, 리 아이아코카 등입니다. 카네기의 6가지의 부의 철학을 간단히 소개하면

첫째, 마음 속에 당신이 원하는 돈의 액수를 분명하게 정하라 돈을 무조건 많이 벌겠다는 식의 목표 설정은 무의미하다. 구체적으로 정하라.

둘째, 원하는 돈을 번 대가로 당신은 무엇을 지불할 것인지 결정하라. 이 세상에 대가를 요구하지 않는 보수는 아무 것도 없다.

셋째, 원하는 돈을 언제까지 얻고 싶은지 그 날짜를 정하라.

넷째, 소망을 이루기 위한 구체적인 계획을 세워라. 그리고 아직 준비가 되어 있지 않다고 해도 망설이지 말고 곧 행동에 옮겨라.

다섯째, 원하는 돈의 구체적인 액수, 돈을 얻기 위한 대가, 날짜, 구체적인 계획, 이상의 4가지를 종이에 자세히 적으라.

여섯째, 종이에 적은 내용을 하루에 2번, 아침에 일어났을 때와 잠자리에 들기 전에 큰 소리로 읽어라, 이때 당신은 그 소망이 이미 실현된 것처럼 생각하고 믿으라.

6가지 중에 특히 두 번째 "원하는 대로 돈을 번 대가로 무엇을 지불할 것인가를 결정하라" 돈을 번 다음에 어떻게 다른 사람들을 섬기고 도와줄 것인가를 반드시 기록하라는 것입니다. 그의 "12가지의 인생 교훈"이라는 글에서도 "부자인 채로 죽는 것은 부끄러운 일이다"는 말을 남기고 있습니다.

카네기는 자신이 고생하며 공부한 것을 생각하여 공부할 수 없는 가난한 학생들을 도왔고, 그늘진 수많은 사람들을 도와주었으며, 문화 사업과 사회 복지 사업에 많은 돈을 희사하였습니다. 그가 생애에 기증한 돈은, 공공도서관에 6,000만 불, 교육제도 개선을 위해 7,000만 불, 전자 오르간이 없는 교회에 오르간 7,000대 등 도합 3억 6천 5백만 달러(4,380억)라는 거액이었습

니다. 그는 "돈을 남기고 죽는 것은 수치다. 다 하나님과 이웃을 위해 쓰고 죽어야한다"고 공언했다고 합니다. 섬기는 사람의 훌륭한 모범을 볼 수 있습니다.

(2) 몸으로 섬겨야 합니다.

우리의 몸은 남을 섬기도록 창조되었습니다. 흔히 많은 사람들이 자녀들에게 "공부해서 남 주나?"라고 말을 합니다. 그러나 이 말은 잘못된 말입니다. 공부해서 남을 돕고 섬기기 위해서 공부하는 것입니다. 이 얼마나 창조원리에 맞고 하나님의 뜻에 맞는 일인 줄로 믿습니다.

하나님이 주신 은사도 남을 섬기도록 주신 것입니다. 우리가 남을 섬기는 것을 통해 하나님의 영광이 드러나게 되는 것입니다.

우리 주님도 섬기는 삶을 살았습니다.

"인자의 온 것은 섬김을 받으려 함이 아니라 도리어 섬기려 하고 자기 목숨을 많은 사람의 대속물로 주려 함이니라."(막10:45)

주께서 섬기신 가장 좋은 모범은 제자들의 발을 씻기신 일입니다. 발은 몸의 가장 불결한 부분입니다. 특히 유대인들은 포장되지 아니한 길에 슬리퍼와 같은 신을 싣고 다니기 때문에 발이 먼지나 더러운 오물들로 더럽혀져 집니다.

그래서 귀한 손님들이 오면 먼저 종들로 발을 씻기는 일을 하게 하였습니다. 주님은 하나님이시오, 스승이시지만 친히 제자들의 발을 씻어주신 후에

"옷을 입으시고 다시 앉아 저희에게 이르시되 내가 너희에게 행한 것을 너희가 아느냐 너희가 나를 선생이라 또는 주라 하니 너희 말이 옳도다 내가 그러하다 내가 주와 또는 선생이 되어 너희 발을 씻겼으니 너희도 서로 발을

씻기는 것이 옳으니라 내가 너희에게 행한 것같이 너희도 행하게 하려 하여 본을 보였노라 내가 진실로 진실로 너희에게 이르노니 종이 주인보다 크지 못하고 보냄을 받은 자가 보낸 자보다 크지 못하나니 너희가 이것을 알고 행하면 복이 있으리라"(요13:12-17)고 하였습니다.

세계 2차 대전 때 미국의 많은 젊은이들이 전쟁터의 이슬로 사라져 갔습니다. 병력이 부족하고 또 졸지에 일어난 전쟁이기 때문에 각 지방의 젊은 청년들은 영장을 받은 후 큰 도시로 집결해서 기차를 타고 훈련소로 갔습니다.

당시 국민들의 마음을 안정시키기 위하여 장정들을 태운 기차는 주로 밤 늦게 떠났습니다. 그래서 워싱톤에도 밤마다 유니온 기차역에 수백 명의 청년들이 몰려들었고 시민들이 나와서 그들의 편의를 도와주었습니다.

그때 밤마다, 늦게까지 다리를 절면서 뜨거운 코코아잔을 쟁반에 들고 젊은 장정들에게 봉사를 한 사람이 있었습니다. 어떤 때는 임시로 마련된 주방에서 코코아를 끓이기도 했습니다.

어느 한 군인이 자세히 살펴보았더니 그 사람은 분명히 대통령이었습니다. "각하, 루즈벨트 대통령이 아니십니까?" 루즈벨트 대통령은 육체적으로 장애가 있는 사람이었습니다. 육체의 불편을 무릅쓰고 밤마다 기차역에 나와 전쟁터로 떠나는 청년들에게 뜨거운 코코아를 들고 다니며 봉사했던 것입니다.

대통령이 친히 역에 나와서 나누어 주는 코코아를 마신 청년들의 사기는 대단했다고 합니다. 이처럼 섬기는 일에는 위 아래가 없는 법입니다.

이웃을 섬기는 것은 결코 손해를 보거나 낮아지는 것이 아닙니다. 오히려 주님은 "으뜸이 되고자 하는 사람은 모든 사람의 종이 되라(마 20:27)"고 말씀 하셨습니다. 이웃은 우리 자신이 섬겨야 할 대상임을 기억하고 섬길 때에 놀라운 기적이 일어나게 되는 줄을 믿으시기 바랍니다.

(3) 이웃을 기도로 섬겨야 합니다.

기도는 신자이면 누구나 다 할 수 있는 가장 큰 섬김입니다. 기도로 섬길 때에 하나님께서 역사하시는 것을 믿으시기 바랍니다. 그래서 바울은 나를 위하여 기도해 달라고 부탁 하였고, 사무엘은 "나는 너희를 위하여 기도하기를 쉬는 죄를 여호와 앞에 결단코 범치 아니하겠다"(삼상 12:23) 고 하였습니다.

(4) 전도함으로 섬겨야 합니다.

이 세상에서 가장 값지고, 가치 있고, 보람 있는 섬김은 전도하여 예수 믿게 하는 것입니다. 이 이상 더 가치 있는 섬김은 없을 것입니다.

서울 순복음 중앙교회에 모 구역장이 전도하여 교회에 나오는 구역원이 있었는데 아직 믿음이 없었습니다. 그는 아이 둘을 데리고 교회 나오다 보니 무척 힘이 들어서 그만 두기로 작정을 하고 교회에 가지 않았다고 합니다. 그 다음 주일부터 주일이면 구역장이 반드시 찾아와서 아이들을 데리고 가서 어쩔 도리가 없이 질질 끌려 교회를 다녔습니다. 아이를 핑계하니 아이를 업고 나서 안 갈 수도 없고, 일부러 빨래를 잔뜩 미뤄 두었다가 주일날 올 때가 되어 손빨래를 하고 있으면 구역장이 와서 보고는 두 말 하지 않고 소매를 걷어 부치고 함께 다 빨고 교회가자니 안 갈 수가 없었다고 합니다.

도저히 그 구역장의 손에서 빠져 나갈 길이 없어 몰래 이사를 갔다고 합니다. 그런데 그 다음 주일에 불쑥 찾아왔더랍니다. 어떻게 알고 왔느냐고 물어보니 동사무소에서 물어보고 왔다는 것입니다. 이래도 저래도 못한다 싶어 한숨을 내 쉬고 따라갔는데 그 후에 설교를 듣다가 큰 은혜로 받고 예수님을 구주로 영접하고 구원의 확신을 체험하게 되었습니다. 그가 너무 기뻐하면서 "구역장님이 저를 끈질기게 챙겨 주지 않았다면 영영 교회 가지 않았을 것이고 지옥에 갔을 터인데"하며 자신의 친정 어머니보다 더 귀하게 여기고 섬기게 되었다고 합니다.

전도보다 더 큰 섬김이 없고 보람된 일이 없음을 기억하시기 바랍니다. 불신부모에게 아무리 잘 해드려 효자효부 소리를 듣는다 해도 전도하여 예수 믿게 하지 않아 지옥가게 내버려둔다면 가장 큰 불효자가 될 것입니다.(눅16:19-31)

어떤 며느리는 불신 시부모님을 예수 믿게 하려 해도 안 되자 금식기도를 작정하고 기도하는 중 며칠 후에 이 사실을 알고 그 시아버지가 "애야 밥 먹어라 우리가 교회가면 되지. 다음 주일부터 교회가마"라고 약속하고 나가서 잘 믿었다고 합니다.

(5) 섬김으로 받는 축복

성경에서는 섬기는 자가 받는 여러 가지의 복을 말씀하고 있습니다.

① 원수에게서 구원을 받는다고 했습니다.

평소에 한 장로님이 가난하고 어려운 사람들을 돕고, 거지들을 따뜻이 대접하며 많이 섬겼다고 합니다. 해방이 되고 난 후에 이북에는 공산주의를 받아들이게 되자 지주들과 부자들, 예수 믿는 신자들을 숙청하기 시작하였습니다. 이 일은 머슴으로 살던 사람들과 부자와 권력자들에게 천대와 멸시를 받으며 좋지 않은 감정을 가진 사람들을 내세워 숙청을 시켰다고 합니다.

그때 이 장로님도 숙청의 대상이 되어 모든 재산을 몰수당하고 숙청을 당할 수밖에 없었습니다. 그런데 평소에 그 장로님에게 사랑을 받아 왔던 거지들과 가난한 사람들이 그 사실을 알고 단합하여 그 장로님을 보호하여 죽음의 위기에서 건져 내고 피신하도록 도와주었다고 합니다.

평소에 이웃을 잘 섬겼기 때문에 위기를 만났을 때에 도움을 받을 수 있었던 것입니다.

② 수백 배로 갚음을 받는다고 하였습니다.

"예수께서 가라사대 내가 진실로 너희에게 이르노니 나와 및 복음을 위하여 집이나 형제나 자매나 어미나 아비나 자식이나 전토를 버린 자는 금세에 있어 집과 형제와 자매와 모친과 자식과 전토를 백배나 받되 핍박을 겸하여 받고 내세에 영생을 받지 못할 자가 없느니라"(막10:29,30) 하였습니다.

메이요 병원의 원장 메이요 박사(Dr. Mayo)가 시골길을 가던 중 자동차 고장으로 애를 먹게 되었습니다. 그는 하는 수 없이 차를 세워두고, 도움을 청하고자 마을로 걸어 들어갔는데 여름의 햇볕이 어찌나 강하게 내리쬐든지 먼 길을 걸어 온 그는 지칠 수 밖에 없었습니다. 그때 마침 뜰에 나와 있던 한 중년 부인이 그의 지친 모습을 보고 이렇게 물었습니다. "멀리서 오신 모양이군요. 무슨 일이신지는 몰라도 우선 목이라도 축이시지요"하고는 시원한 우유 한잔을 가지고 나와 이 낯선 남자에게 건네주었습니다. 그 나그네는 고맙다는 인사를 하고는 사라졌습니다.

그로부터 3년 뒤, 시골마을의 그 중년 부인이 중병에 걸려 미네소타주 로체스터시의 한 유명한 병원에 입원하게 되었습니다. 수개월 동안 계속된 치료와 수술 끝에 몸이 회복된 그녀가 퇴원하는 날이 되었습니다. 그녀는 그간의 수술비와 치료비, 그리고 입원비로 염려를 하고 있었는데 무려 1,500불이라는 계산서를 받게 되었습니다.

그런데 이게 웬일입니까? 그 계산서 맨 끝에 다음과 같은 말이 쓰여져 있었답니다.

"1,500불의 치료비는 이미 지불되었음, 3년 전 우유 한 잔으로"

메이요 병원원장 메이요 박사.

"흩어 구제하여도 더욱 부하게 되는 일이 있나니 과도히 아껴도 가난하게 될 뿐이니라 구제를 좋아하는 자는 풍족하여질 것이요 남을 윤택하게 하는 자는 자기도 윤택하여지리라."(잠11:24,25)

우리가 어떻게 하는가에 따라서 우리를 대하는 타인의 태도가 달라지는 것입니다. 병원 치료비가 지난날의 우유 한잔으로 대신 될 줄이야 누가 알았겠는가! 그러나 이웃을 섬기면 하나님께서 갚아 주신다고 약속하셨습니다.

"형제 사랑하기를 계속하고 손님 대접하기를 잊지 말라 이로써 부지중에 천사들을 대접한 이들이 있었느니라"(히13:1,2)

③ 자손이 축복을 받습니다.

"마침 알렉산더와 루포의 아비인 구레네 사람 시몬이 시골로서 와서 지나가는데 저희가 그를 억지로 같이 가게 하여 예수의 십자가를 지우고 예수를 끌고 골고다라 하는 곳(번역하면 해골의 곳)에 이르러"(막15:21)

구레네 시몬은 유월절을 지키기 위하여 예루살렘에 왔다가 강제로 붙잡혀 예수님의 십자가를 대신 지고 갔습니다. 그는 루포와 알렉산더의 아버지로 알려져 있습니다. 그의 아들인 루포는 후에 로마에서 유명한 신앙 인물이 되었다고 성경학자들은 말하고 있습나다.

"주 안에서 택하심을 입은 루포와 그 어머니에게 문안하라 그 어머니는 곧 내 어머니니라"(롬16:13)

라고 바울이 말할 정도로 자손들이 영적인 복을 받았습니다. 시몬이 주님의 십자가를 억지로라도 지고 감으로 후에 유명한 인물이 되고, 바울은 그의 어머니를 자신의 어머니라고까지 하였습니다.

④ 교회가 부흥하게 됩니다.

"믿는 사람이 다 함께 있어 모든 물건을 서로 통용하고 또 재산과 소유를 팔아 각 사람의 필요를 따라 나눠 주고 ....하나님을 찬미하며 또 온 백성에게 칭송을 받으니 주께서 구원받는 사람을 날마다 더하게 하시니라"(행 2:44-47)

이웃을 도울 때에 신자나 불신자들이 잘했다고 칭찬을 하게 되는 것입니다. 교회나 성도들이 이웃사람들에게 칭찬을 받을 때에 마음문을 열고 믿을 마음을 가지게 되고 가족들이 교회 가는 것을 말리지 않게 되는 것입니다. 모든 성도들이 제각기 이웃들을 섬기므로 좋은 소문이 많이 나는 우리 성도들이 되시기를 주님의 이름으로 축원합니다.

⑤ 천국에서 반드시 상을 받게 되는 것입니다.

"너희를 영접하는 자는 나를 영접하는 것이요 나를 영접하는 자는 나 보내신 이를 영접하는 것이니라 선지자의 이름으로 선지자를 영접하는 자는 선지자의 상을 받을 것이요 의인의 이름으로 의인을 영접하는 자는 의인의 상을 받을 것이요 또 누구든지 제자의 이름으로 이 소자 중 하나에게 냉수 한 그릇이라도 주는 자는 내가 진실로 너희에게 이르노니 그 사람이 결단코 상을 잃지 아니하리라 하시니라"(마10:40-42)

소자 하나에게 하찮은 냉수 한 그릇이라도 대접한 자는 결단코 상을 잃지 아니하리라고 주님은 우리에게 약속하셨습니다. 믿고 열심히 섬기시기를 바랍니다.

노벨상을 받은 테레사 수녀를 가까이 하는 사람마다 그녀의 순수한 인격에 감동을 받았다고 합니다. 어느 날 테레사 수녀가 한 어린이의 고름이 든 상처를 치료하고 있을 때라고 합니다. 한 분이 다가가서 이런 질문을 했다고 합니다. "수녀님, 당신은 잘 사는 사람, 평안하게 살아가는 사람, 그리고 높은 자리에서 누리며 살아가는 그런 사람들을 바라볼 때에 시기심이 안 생깁니까?" "이런 삶으로 만족하십니까?" 그러자 테레사 수녀는

"허리를 굽히고 섬기는 사람들은 위를 쳐다볼 수 있는 시간이 없어요."라고 대답했습니다.

(7) 화목한 교회

(행 13:1-2)

"안디옥 교회에 선지자들과 교사들이 있으니 곧 바나바와 니게르라 하는 시므온과 구레네 사람 루기오와 분봉왕 헤롯의 젖동생 마나엔과 및 사울이라 주를 섬겨 금식할 때에 성령이 가라사대 내가 불러 시키는 일을 위하여 바나바와 사울을 따로 세우라 하시니 이에 금식하며 기도하고 두 사람에게 안수하여 보내니라"

오늘은 안디옥교회가 화목한 교회임을 배우면서 은혜를 함께 나누기를 원합니다. 가정이나 사회, 국가도 화목해야 무엇이든 잘 해 나갈 수 있고, 발전하고, 기쁨이 있기 마련입니다.

교회도 역시 마찬가지입니다. 교회에 성도끼리 화목이 있어야 하나님을 기쁘시게 할 수 있고, 예배가 바로 될 수 있고 부흥이 되는 것입니다.

잠17:1에 "마른 떡 한 조각만 있고도 화목하는 것이 제육이 집에 가득하고 다투는 것보다 나으니라"

잠15:17에는 "여간 채소를 먹으며 서로 사랑하는 것이 살진 소를 먹으며 서로 미워하는 것보다 나으니라"

그래서 잠17:14 "다투는 시작은 둑에서 물이 새는 것 같은즉 싸움이 일어

나기 전에 시비를 그칠 것이니라"고 하였습니다.

우리나라 격언에도 '家和萬事成' 이라는 말이 있습니다. 한 가족이 화목하게 지내면 만사가 다 이루어진다는 말입니다. 1858년에 **아브라함 링컨**은 스프링필드 시에서 열린 이리노이주 공화당 당 대회 상원의원 후보로 선발되어 연설하는 중에 **'조각난 집은 서 있을 수 없다'** 는 유명한 말을 하였습니다.

마귀는 하나가 되지 못하게 이간질을 하고, 미워하고, 싸우고, 흩어지게 만드는 것입니다. 이단 신천지가 교회를 파괴하는 최고의 방법은 교회에 분쟁을 일으키는 것이라고 합니다.

그런데 안디옥교회는 다국적 교회요, 여러 계층으로 구성된 교회 였으므로 사실 화목하기 어려운 상황이었지만 그 가운데서도 화목하였습니다.

행11:20에는 "그 중에 **구브로**와 **구레네** 몇 사람이 **안디옥**에 이르러 **헬라인**에게도 말하여 주 예수를 전파하니 주의 손이 그들과 함께 하시매 수많은 사람들이 주께 돌아오더라"고 하였습니다. 나중에 초청하여 온 사울은 **길리기아 다소** 사람이었습니다.

지중해 가운데 있는 구브로 섬사람과 아프리카 북단의 구레네 사람들이 헬라인에게 전도하여 수많은 헬라사람들이 믿고 주께로 돌아왔다고 하였으니, 안디옥 교회는 구브로, 구레네, 헬라사람들로 구성되어 있는 교회였고, 나중에는 사울도 왔으므로 소아시아의 길리기아 다소사람(터키 사람)도 있었습니다.

행13:1에 "안디옥 교회에 선지자들과 교사들이 있으니 곧 바나바와 니게르라 하는 시므온과 구레네 사람 루기오와 분봉왕 헤롯의 젖동생 마나엔과 및 사울이라" 안디옥 교회에 대표적 구성원들을 말씀하는 구절인데 시므온은 "니게르"(검다는 뜻)로 **아프리카 흑인**이었고, 루기오는 아프리카의 북단에 있는 **구레네 사람이었습니다.** 헤롯(헤롯 안디바)은 당시 갈릴리와 베뢰아를 통치한 분봉왕이었고 그의 젖동생 마나엔도 함께 있었습니다.(마14:1). **"헤롯의 젖동생"**이란 말은 같은 젖을 먹었다는 뜻으로도, 궁중 고관이란 뜻으로도, 어릴 때의 친구라는 뜻으로도 해석할 수 있습니다. 어느 뜻인지는 잘 모르나 분명한 것은 **왕궁에서 자란 고관**으로 훌륭한 인물이었음에 틀림이 없습니다. 그래서 안디옥 사람들까지 합하면 6개 나라 사람들로 구성된 교회가 안디옥 교회였습니다. 거기다가 유대인들과 헬라인, 유대교와 이방종교 출신들로 예수 믿어 기독교인이 된 사람들입니다.

또한 그들 중에는 유식한 바울 같은 사람과 배우지 못한 사람들도 함께 있었고, **왕족**과, **평민**이나 **노예** 출신도 있었습니다. 그리고 **황색인종**의 동양인에 속하는 유대인들, **흑인종인** 시므온과 구레네 사람 루기오 등 피부와 계층, 빈부차이, 학벌차이를 지닌 다양한 사람들로 이루어진 무지개같은 교회가 바로 안디옥 교회였습니다.

그런데 이러한 교회가 어떻게 기독교인의 영원한 대명사인 **크리스챤**이라는 별명을 불신자들로부터 받게 되었으며, 물질을 모아 흉년 만난 예루살렘 교회까지 친히 가서 구제를 하며, 예루살렘 교회도 하지 못하였던 **세계선교**를 시작하여 세 차례나 선교사를 파송할 수 있었으며, 선교에 있어서 큰 걸림돌이 되었던 이방인 신자들과 율법문제를 명확하게 해결짓는 '세계 제일회 공의회' 를 열 수 있었을까? 얼마나 아름답고 놀랍고 굉장한 교회가 아닙니까?

이러한 일들을 할 수 있었던 것은 그들이 피부색깔이 서로 다르고, 국적이 다르고, 출신이 다르고, 지식수준이 다르고 생활수준이 달랐지만 화목하였기 때문에 이런 큰일을 할 수 있었던 것입니다. 이처럼 화목이 얼마나 중요하다는 것을 다시 한 번 깨닫게 하지 않습니까?

(1) 화목(화평, 평화)이 얼마나 중요한가를 성경은 우리에게 다음과 같이 강력하게 말씀하고 있습니다.

① 화목은 하나님께서 주시는 지혜라고 하였습니다

"오직 위로부터 난 지혜는 첫째 성결하고 다음에 화평하고 관용하고 양순하며 긍휼과 선한 열매가 가득하고 편벽과 거짓이 없나니"(약3:17)

② 화목은 가정의 부유보다 더 중요하다고 하였습니다.

"마른 떡 한 조각만 있고도 화목하는 것이 육선(고기반찬, 진수성찬)이 집에 가득하고 다투는 것보다 나으니라"(잠17:1)

③ 화목은 예배보다 먼저 선행되어야 한다고 말씀하고 있습니다.

"예물을 제단 앞에 두고 먼저 가서 형제와 화목하고 그 후에 와서 예물을 드리라"(마5:24)

④ 성자 하나님이 십자가에 못 박혀 죽으신 것도 하나님과 우리와의 화목을 이루기 위해서 였습니다.

"이 예수를 하나님이 그의 피로 인하여 믿음으로 말미암는 화목 제물로 세우셨으니" 이는 하나님께서 길이 참으시는 중에 전에 지은 죄를 간과하심으로 자기의 의로우심을 나타내려 하심이니"(롬3:25, 골1:20, 요일4:10)

⑤ 심지어 화목이 없이는 하나님을 볼 수 없다고까지 말씀하고 있습니다.

"모든 사람으로 더불어 화평함과 거룩함을 좇으라. 이것이 없이는 아무도 주를 보지 못하리라"(히12:14)

⑥ 하나님과 화목해야 큰 일을 할 수 있기 때문입니다.

예수님께서 승천하시면서 성령님을 보내셔서 우리와 함께 하게 하심으로 우리 안에서 성령님이 일하시고 주님이 하신 일뿐 아니라 그보다 더 큰 일도 할 수 있게 된다고 하셨습니다. 이러한 일들은 성령 하나님과 화목하므로 이루어지는 결과인 것입니다.(요14:12, 16:7)

안디옥교회가 이처럼 놀라운 일들을 할 수 있게 된 것은 하나님과 화목하고 온 교회가 서로 화목하였기 때문인 줄로 믿습니다.

(2) 화목할 수 있는 비결은 무엇이었습니까?

① 성경 말씀을 열심히 배워 순종하므로 화목할 수 있습니다.

"바나바가 사울을 찾으러 다소에 가 만나매 안디옥에 데리고 와서 둘이 교회에 일 년간 모여 있어 큰 무리를 가르쳤고, 제자들이 안디옥에서 비로소 그리스도인이라 일컬음을 받게 되었더라"(행11:25.26)

"바울과 바나바는 안디옥에서 유하며 수다한 다른 사람들과 함께 주의 말씀을 가르치며, 전파하니라"(15:35) 고 하였습니다.

하나님의 말씀을 잘 배워 순종하는 말씀의 사람들이 되었기 때문입니다. 모든 생각과 사상과 페러다임은 다 하나님 안에서 하나로 통일되어있습니다. 그러므로 말씀 앞에서 인간적인 어떤 사상이나 주장이 없는 교회, 오직 말씀의 교회, 말씀이 하라고 하면 하고, 말씀이 하지 말라고 하면 하지 않는 교회, 말씀이 가라고 하면 가고 가지 말라고 하면 안 가는 교회, 말씀이 말하라고 하면 말하고 말하지 말라면 안 하는 교회가 안디옥교회였습니다.

지방색이나, 출신이나, 학연이나, 자신의 지식에 따르지 않고 오직 말씀에 순종하는 교회였던 것입니다. 그래서 화목한 교회가 되었던 것입니다.

② 성령의 충만을 받으면 어떤 사람들이라도 화목할 수 있습니다.

안디옥 교회는 성령 충만한 교회였습니다. 성령님은 어떤 분이십니까? "그의 위에 여호와의 영 곧 지혜와 총명의 영이요, 모략과 재능의 영이요, 지식과 여호와를 경외하는 영이 강림하시리니"(사11:2)라고 하였습니다.

성령님이 안디옥교회에 충만히 임하셨습니다. 행13:2에

"주를 섬겨 금식할 때에 성령이 이르시되 내가 불러 시키는 일을 위하여 바나바와 사울을 따로 세워 선교사로 보내라" 고할 때에 그대로 순종하였습니다. 선교사로 가는 자들도 성령님께 전적 순종하였습니다.

"두 사람이 성령의 보내심을 받아 실루기아로 내려갔다"(행13:4)고 하였으며 "바울도 성령이 충만하였다" 고 하였습니다(행13:9).

성령 충만이란 성령님이 그 사람의 인격을 온전히 주장하실 때에 전적 순종하는 것을 의미하는 것입니다. 그래서 사도행전에서 성령 충만한 사람들의 모습들을 이렇게 말씀하고 있습니다.

"그들이 다 **성령의 충만함을 받고 성령이 말하게 하심을 따라 다른 언어들로 말하기를** 시작하니"(행2:4)

"주의 사자가 빌립에게 말하여 일어나서 남쪽으로 향하여 예루살렘에서 가사로 내려가는 길까지 가라"(행8:26)

"성령이 빌립더러 이르시되 이 수레로 가까이 나아가라 하시거늘"(행8:29)

"둘이 물에서 올라올새 주의 영이 빌립을 이끌어 간지라"(행8:39)

"성령이 아시아에서 말씀을 전하지 못하게 하시거늘"(행16:6)

브루기아 →갈라디아 → 무시아 →비두니아로 **가고자 애쓰되 예수의 영이 허락하지 않는지라** →드로아로 갔는데 거기서 환상을 보고 마게도냐로 갔다.(행16:6-11)고 하였습니다.

빌립을 통해 성령님께 전적으로 순종하는 성령 충만함의 모습을 볼 수 있습니다. 우리도 그렇게 되기를 주님의 이름으로 축원합니다.

③ 죄를 회개하면 서로의 관계에 화목이 이루어지는 것입니다.

"그러므로 예물을 제단에 드리려다가 거기서 네 형제에게 원망 들을만한 일이 있는 것이 생각나거든 예물을 제단 앞에 두고 먼저 가서 형제와 화목하고 그 후에 와서 예물을 드리라"(마5:23,24)

서로의 관계에 있어서 걸림돌은 죄입니다. 죄를 지으면 그 상대방이 원망을 하게 됩니다. 원망은 불신을, 불신은 미움을, 미움은 결국 서로를 갈라지게 합니다. 무슨 물건의 사이가 벌어졌을 때 그것을 붙이려면 반드시 그 사이에 묻어있는 오물을 제거해야만 합니다. 그래야 접착제가 붙기 때문입니다. 자전거 투브가 펑크 났을 때 펑크 난 투브 부분을 사포로 싹싹 닦아서 오물을 제거한 다음 본드를 칠하고 그 후에 붙이면 잘 붙는 것을 통해 알 수 있습니다.

마찬가지로 우리와 하나님 사이, 우리 형제들 사이에 거리끼는 일, 원망들을만한 일, 죄가 있다면 그것을 먼저 하나님께 회개하고 그 다음에는 당사자와 만나 해결을 해야 화목이 이루어지고 하나가 될 수 있는 것입니다. 그렇지 않고서는 하나가 될 수 없는 것입니다.

원망들을 일과 죄를 그냥 두고서는 절대로 하나가 될 수 없습니다. 반드시 갈라지게 되는 것입니다. 이것이 하나님의 원리요 법입니다. 그래서 죄를 지으면 높은 담장을 쳐서 사회와 격리되는 교도소에 집어넣는 것입니다. 그것은 그 죄로 인해 그 사람과 더 이상 화목할 수 없기 때문입니다.

④ 피스메이커(Peacemaker)로 인하여 화목이 이루어지는 것입니다.

"화평하게 하는 자는 복이 있나니 그들이 하나님의 아들이라 일컬음을 받을 것임이요"(마5:9)

교회에서는 화목을 이루는 것이 성도의 본분인데도 불화를 일으키는 사람들이 많습니다. 작은 것도 크게 만들고, 안해야 할 말을 하고 다녀 불화를 조성하는 사람들이 있습니다. 심지어 이간질하는 사람들도 있습니다. 이러한 사람들은 하나님의 자녀의 신분에 합당하지 못한 행위를 하는 사람이요, 마귀의 자식들이 하는 짓을 하는 사람입니다. 하나님의 자녀라고 하면서 마귀의 일을 하여 마귀를 기쁘게 한다면 하나님을 노엽게 하는 죄를 범하게 되는 것입니다.

교회에는 화평을 만드는 하나님의 자녀들이 많아야 은혜롭고 믿음이 성장하며 교회가 부흥하게 되는 것입니다. 성경에는 화평을 만드는 자가 하나님의 아들이라 일컬음을 받는다고 하였습니다.(마5:9)

하나님의 자녀라는 엄청난 신분에 걸맞게 살아가는 우리 모두가 다 피스메이커가 됩시다. 하나님은 자녀들인 우리가 피스메이커가 되기를 원하십니다(마5:9). 그래서 하나님은 자녀인 우리 모두에게 이 화목하게 하는 직책을 주신 것입니다.

"모든 것이 하나님께로 났나니 저가 그리스도로 말미암아 우리를 자기와 화목하게 하시고 또 우리에게 "화목하게 하는 직책을 주셨으니"(고후5:18)라고 하셨습니다.

(3) 그러므로 우리에게 화목하라고 부탁하셨습니다.

"그의 십자가의 피로 화평을 이루사 만물 곧 땅에 있는 것들이나 하늘에 있는 것들을 그로 말미암아 자기와 화목케 되기를 기뻐하심이라"(골1:20)

① 먼저 하나님과 화목해야 합니다.

"이러므로 우리가 그리스도를 대신하여 사신이 되어 하나님이 우리로 너희를 권면하시는 것같이 그리스도를 대신하여 간구하노니 너희는 하나님과

화목하라" 고후(5:20)

② 형제끼리 화목해야 합니다.

"소금은 좋은 것이로되 만일 소금이 그 맛을 잃으면 무엇으로 이를 짜게 하리요 너희 속에 소금(변치 않음)을 두고 **서로 화목하라 하시니라**"(막9:50)

③ 모든 사람과 화목해야 합니다.

"할 수 있거든 너희로서는 모든 사람과 더불어 화목하라"(롬12:18)

그런데 하나님의 자녀들이 악인과 화목하는 일을 하나님은 엄하게 금지하고 있습니다. 악인과 화목할 때 어떻게 됩니까?

① 하나님이 진노하심으로 금하십니다.

"하나님의 아들 선견자 예후가 나가서 여호사밧 왕을 맞아 이르되 왕이 악한 자(아합왕)를 돕고 여호와를 미워하는 자들을 사랑하는 것이 옳으니이까 그러므로 여호와께로부터 진노하심이 왕에게 임하리이다"(대하19:2) 하실 때 악인을 돕는 일을 빨리 깨닫고 끊어야 하는 것입니다.

② 자신이 경영하는 일을 이루지 못하게 하십니다.

"유다 왕 여호사밧이 나중에 이스라엘 왕 아하시야와 교제하였는데 아하시야는 심히 악을 행하는 자였더라 두 왕이 서로 연합하고 배를 만들어 다시스로 보내고자 하여 에시온게벨에서 배를 만들더니" 하나님께서 선지자를 통하여 "왕이 악한 아하시야와 교제하므로 왕이 지은 배를 부시겠다"고 하였습니다. 그 말씀대로 그 배들이 부서져서 다시스로 가지 못하였다"고 말씀하고 있습니다(대하 20:35-37).

하나님과 화목하지 못한 자와는 동업도 하지 못하게 하신다는 것을 분명히 밝히는 말씀입니다.

③ 화가 미칩니다.

"메섹에 머물며 게달의 장막 중에 머무는 것이 내게 화로다 내가 화평을 미워하는 자들과 함께 오래 거주하였도다… 그들은 싸우려 하는도다"(시 120:5–7)

악인과 화목하면 결국 화를 당하게 된다는 말씀입니다.

④ 해를 받는다고 하였습니다.

"지혜로운 자와 동행하면 지혜를 얻고 미련한 자와 사귀면 해를 받느니라"(잠 13:20)

세상에서 가장 미련한 사람은 자신에게 미련한 자와 인생을 함께 하는 자입니다. 그런 사람은 결국 해를 받는다고 하였습니다. 하나님과 불화하는 자들과 사귀면 결국 해를 받게 되는 것입니다.

⑤ 궁핍하게 됩니다.

"자기의 토지를 경작하는 자는 먹을 것이 많으려니와 방탕을 따르는 자는 궁핍함이 많으리라"(잠 28:19)

⑥ 재물을 허비하게 됩니다.

"지혜를 사모하는 자는 아비를 즐겁게 하여도 창기와 사귀는 자는 재물을 잃느니라"(장 29:3)

⑦ 결국 생명을 잃게 됩니다.

"여러 가지 고운 말로 유혹하며 입술의 호리는 말로 꾀므로 젊은이가 곧 그를 따랐으니 소가 도수장으로 가는 것 같고 미련한 자가 벌을 받으려고 쇠사슬에 매이러 가는 것과 같도다... 그의 집은 스올의 길이라 사망의 방으로 내려가느니라"(잠7:21-27)

그러므로 선한 자와의 연합하기를 하나님은 원하시는 것입니다. 선한 자와 연합할 때 어떤 유익이 있습니까?

① 강하게 됩니다(출17:12) ② 힘든 일을 잘 극복하게 됩니다.(느 4:16,17) ③ 선하고 아름다운 일을 이룹니다.(시133:1) ④ 좋은 상을 얻게 됩니다(전4:9-12) ⑤ 실족하지 않게 됩니다.(전4:10) ⑥ 덕을 세웁니다(롬14:19) ⑦ 분쟁이 사라집니다."(고전1:10)

우선 보기에 누구라도 자신에게 유익이 될 만하게 느껴지면 연합하기 쉽습니다. 그러나 우리의 신분을 인식하고 하나님의 말씀에 귀를 기울여 믿음의 사람, 선한 사람과 연합하여 하나님의 은총을 많이 받아 누리시는 우리모두가 다 되시기 바랍니다.

(4) 화목(화평)이 주는 유익

① 평안을 줍니다.

"화평한 자의 결국은 평안이니라."(시37:37)

② 희락을 줍니다.

"화평을 논하는 자에게는 희락이 있다."(잠12:20)

③ 육신의 생명입니다.

"마음의 화평은 육신의 생명이다"(잠14:30)

④ 하나님의 아들이라 부름을 받습니다.

"화평케 하는 자는 하나님의 아들이라 일컬음을 받을 것이요"(마5:9)

⑤ 구원을 얻게 됩니다.

"곧 우리가 원수 되었을 때에 그 아들의 죽으심으로 말미암아 하나님으로 더불어 화목 되었은즉 화목된 자로서는 더욱 그의 살으심을 인하여 구원을 얻을 것이니라"(롬5:10)

그러므로 "우리가 믿음으로 의롭다 하심을 얻었은즉 우리 주 예수 그리스도로 말미암아 하나님으로 더불어 화평을 누리자"(롬5:1)
고 한 말씀처럼 우리가 섬기는 하나님 아버지는 화평의 하나님이십니다.(고전14:33). 우리의 구세주 예수님도 우리의 화평이십니다.(엡2:14). 우리에게 오셔서 항상 함께 하시는 성령 하나님도 우리에게 화평을 주십니다(요16:33).

그러므로 우리는 마귀처럼 화평을 깨뜨리지 말고(계6:4) 삼위일체 하나님께서 우리에게 주시기를 원하시는 화평을 받아 누리면서 비록 얼굴이 다르고, 성품이 다르고, 출신이 달라도 하나님 안에서 서로 인정하고 용납하는 가운데 화평을 구하고 따르므로(벧전3:11) 하나님의 자녀로서 신분에 걸맞는 피스메이커들이 다 되시기를 주님의 이름으로 축원합니다.

(8) 순종 잘하는 교회

(행 13:2-3)

"안디옥 교회에 선지자들과 교사들이 있으니 곧 바나바와 니게르라 하는 시므온과 구레네 사람 루기오와 분봉왕 헤롯의 젖동생 마나엔과 및 사울이라 주를 섬겨 금식할 때에 성령이 가라사대 내가 불러 시키는 일을 위하여 바나바와 사울을 따로 세우라 하시니 이에 금식하며 기도하고 두 사람에게 안수하여 보내니라 두 사람이 성령의 보내심을 받아 실루기아에 내려가 거기서 배 타고 구브로에 가서 살라미에 이르러 하나님의 말씀을 유대인의 여러 회당에서 전할새 요한을 수종자로 두었더라"

안디옥교회는 순종하는 교회였습니다. 오늘 봉독한 말씀에 보면 안디옥교회가 성령 하나님이 시키는 일, 선교에 순종하는 모습을 볼 수 있습니다.

이외에도 우리가 추측을 해 보면 사울을 모시고 와서 말씀을 배우도록 광고를 할 때에 교회가 순종하여 일 년간 말씀을 배운 일라든가, 배운 말씀에 순종하므로 "그리스도인"(Christian)이라는 기독교인의 영광스러운 대명사를 처음으로 얻게 된 일이라든가, 흉년이 왔을 때 예루살렘 교회에 구제하자고 할 때에 다 함께 순종하여 구제한 일, 원목사와 부목사를 다 선교사로 보내라는 성령님의 명령에 전적으로 순종하여 최초로 선교사를 파송하는 일에 순종한 것들을 통해 참으로 하나님을 기쁘시게 하는 교회였다는 것을 알 수 있습니다.

순종할 때에 역사가 일어나게 되는 것입니다. 인류의 구원의 역사도 예수님께서 하나님의 뜻에 순종함으로 이루어진 것입니다. 세계 복음화도 하나님께 순종하므로 성취되어지는 것입니다. 순종에 대해 구체적으로 살펴 보는 가운데 성령님께서 은혜 베풀어 주시기를 기원합니다.

(1) 우리가 꼭 순종해야 할 대상이 누구입니까?

수천년 전에 에게해 연안 언덕에 견고한 성을 쌓고 번영을 누리던 트로이라는 한 도시 국가가 있었습니다. 이 성의 왕자 파리스가 세계 제일의 미녀로 소문난 스파르타의 왕비 헬레네를 납치하여 자신의 아내로 삼은 것이 화근이 되어 트로이와 그리스 연합군 사이에 격렬한 전쟁이 벌어졌습니다.

기라성같은 영웅들과 수많은 군병으로 무장된 그리스 연합군이 트로이를 단숨에 함락시킬 수 있을 것이라 장담했으나 무려 9년 동안이나 끄떡하지 않았습니다. 이렇게 되자 그리스 연합군 사이에서 서로 불평, 불만이 고조되어 갔고 군사들의 사기 또한 형편없이 저하되어 가고 있었습니다. 자칫 잘못하면 자중지난으로 파멸할 위기에 처했습니다.

이에 그리스군은 오디세우스의 창안으로 거대한 목마 하나를 헬레스폰트 해변에 남겨두고 전 병사들이 숨어버렸습니다. 적이 없는 해변에 우뚝 선 한 필의 큰 목마에 트로이 사람들의 관심이 집중되었습니다. 그 때 그리스 연합군에서 도망친 한 병사가 붙들렸는데 그는 만약 저 목마를 성으로 끌어 들이면 트로이성은 신의 가호를 받아 영원히 함락되지 않고 행복과 번영을 끝없이 누리게 될 것이라고 말했습니다. 사실 그는 그리스의 첩자였습니다. 이 말에 유혹을 받은 트로이는 목마를 성안으로 끌어들이려고 했습니다.

그때 예언가 라오콘이 흉악한 그리스 사람들이 우리에게 유리한 물건을 남겨두고 갈 이유가 없으니 저 목마를 바다에 쳐 넣든지 아니면 불태워 버려야 한다고 외쳤습니다. 그러나 전쟁에 승리했다고 생각하고 잔뜩 자만에 빠진 트로이 사람들은 목이 터지게 부르짖는 그의 말을 외면하고 스파이의 감언이설에 속아 성문을 열고 목마를 성안으로 옮겼습니다. 9년 동안이나 굳게 닫혔던 성문이 그들의 손에 의해 열려 졌던 것입니다. 목마를 성안으로 옮겨놓고 축제를 벌이던 바로 그때였습니다. 성안에 들어온 목마의 뱃속에서 오디세우스, 메넬라오스 등 희대의 영웅들과 함께 100명의 용사가 튀어 나왔고, 아울러 미리 약속된 군호에 의해 바다에 대기하던 그리스 군대와 합세하여 트로이를 완전히 멸망시켜 버리고 말았습니다.

어느 시대나 국가를 막론하고 꼭 듣고 순종해야 할 참된 말, 옳은 말, 진리에 순종하지 않았기 때문에 멸망을 당하는 것입니다. 하나님의 선지자 예레미야는

"너희가 여호와께 범죄하고 그 목소리를 청종치 아니하였으므로 망해가고 있다"(렘40:3) 라고 이스라엘을 향하여 외치고 또 외쳤지만 그들이 듣지도, 순종치도 않으므로 결국 바벨론에 정복당하여 다 빼앗기고, 죽임을 당하고, 70년의 포로 생활을 겪어야만 했던 것입니다.

우리가 듣고 꼭 순종해야 하는 말을 하는 분들이 있습니다. 어떤 일이 있더라도 그분들의 말은 꼭 순종하여야 하는 것입니다. 그 분들이 어떤 분들입니까?

① 하나님입니다.

그 분은 우주와 우리들을 만드신 창조주 하나님이십니다, 죄에 빠져 마귀의 종이 되고, 저주와 불행 가운데 살다가 죽어 영원한 지옥에 들어가야 할 우리들을 독생자 예수님의 피로 구원해 주시고 지극히 사랑해 주시는 분이십니다. 우리가 그 분께 순종하는 것은 너무나 당연한 일이 아닐 수 없는 것입니다.

하나님은 우리에게 요구하시는 것과 원하시는 것을 성경을 통하여 말씀하시고 예배 때마다 설교자들을 통해 말씀해 주시는 것입니다.

"너희는 너희 하나님 여호와를 순종하며 그를 경외하며 그 명령을 지키며 그 목소리를 청종하며 그를 섬기며 그에게 부종하라"(신13:4)고 하였습니다.

"사무엘이 가로되 여호와께서 번제와 다른 제사를 그 목소리 순종하는 것을 좋아하심 같이 좋아 하시겠나이까 순종이 제사보다 낫고 듣는 것이 수양의 기름보다 낫다"(삼상 15:22)고도 하였습니다.

때로 인간의 말은 잘못 될 수도 있고, 들었다가 실패할 수도 있습니다. 그러나 하나님의 말씀은 일점일획도 잘못이나 실수가 없으십니다. 그러므로 듣고 순종해야 하는 것입니다.

하나님은 신구약 66권이 완성되기 전에는 직접 말씀으로, 꿈으로, 우림과 둠밈 으로도 말씀하셨지만 지금은 완벽하게 다 계시하셨기 때문에 신구약 성경으로 말씀하시고 또 목사를 세우시고 설교를 통하여 말씀하시는 것입니다. 그러므로 우리는 성경뿐만 아니라 본 교회 목사의 설교를 통하여 주시는 하나님의 말씀을 듣고 순종하므로 큰 은혜와 복을 누릴 수 있습니다.

② 부모님입니다.

"자녀들아 너희 부모를 주 안에서 순종하라 이것이 옳으니라 네 아버지와 어머니를 공경하라 이것이 약속 있는 첫 계명이니 이는 네가 잘 되고 땅에서 장수하리라"(엡6:1,2)

부모님은 하나님이 출생의 통로로 양육자로, 보호자로, 스승으로 하나님의 대리인으로 세워주신 분이십니다. 그러므로 꼭 순종해야 하는 것입니다. 하나님이신 우리 예수님도 이 세상에 계실 때 성부 하나님께 순종하심으로 부모 순종의 본을 우리에게 보여 주신 것입니다.

"예수께서 함께 내려가사 나사렛에 이르러 순종하여 받드시더라"

(눅2:51)라고 하였습니다.

특히 "아비를 조롱하며 어미 순종하기를 싫어하는 자의 눈은 골짜기의 까마귀에게 쪼이고 독수리 새끼에게 먹히리라"(잠30:17)라고 하셨는데 까마귀는 검고 그 소리 또한 흉하여 흉조(凶鳥)로 알려져 오고 있지만 까마귀는 늙은 어미에게 먹이를 물어 먹인다하여 반포효조(反哺孝鳥-받아 먹은 것을 되돌려 갚는 효도의 새)라고도 합니다.

미물인 까마귀는 늙은 어미에게 효도를 하는데 만물의 영장이요 하나님의 형상을 입고 태어난 인간이 효도를 하지 않는다는 것은 말이 안되는 것입니다.

조선후기 시인 박효관은 '교훈가' 라는 시조에서 "그 누가 까마귀를 검고 흉하다 했는가 / 반포보은이 이 아니 아름다운가 / 사람이 저 새만 못함을 못내 슬퍼 하노라"고 불효에 대한 한탄을 하였다고 합니다.

"사람에게 완악하고 패역한 아들이 있어 그 아비의 말이나 그 어미의 말을 순종치 아니하고 부모가 징책 하여도 듣지 아니하거든 그 성읍 장로들에게 말하기를 우리의 이 자식은 완악하고 패역하여 우리 말을 순종하지 않고 부모가 징계하여도 순종하지 아니하거든... 방탕하며 술에 잠긴 자라 하면 그 성읍의 모든 사람들이 그를 돌로 쳐 죽일지니 이같이 네가 너의 중에 악을 제하라 그리하면 온 이스라엘이 듣고 두려워하리라"(신21:18-21) 고 까지 하였습니다.

부모에게 불순종하고 패역한 불효자는 가장 큰 사랑과 은혜를 입고도 배은하는 자가 되는 것입니다. 그는 근본적이고 기본적인 순종의 자세가 안 된 사람이므로 결국 하나님께도 불순종의 사람이 될 것이니 마땅히 중형을 받아야 한다는 것입니다. 옛말에 "충신은 효자의 가문에서 찾는다"는 말이 있습니다. 보이는 부모에게 불효하는 자가 보이지 않는 하나님을 사랑한다는 것은 거짓말이 될 것입니다. 가장 기본적인 효를 행하는 우리 기독교인들이 되어 오늘 불효가 만연한 이 세상에서 빛이 되고 소금이 되어 하나님께 영광을 돌려드려야 할 것입니다.

③ 하나님이 세우신 권위에 순종해야 합니다.

"너는 저희로 하여금 정사와 권세 잡은 자들에게 복종하며 순종하며 모든 선한 일 행하기를 예비하게 하며"(딛3:1)라고 하므로 우리 기독교인들이 하나님이 세우신 권위 즉 대통령, 단체의 대표, 기업의 우두머리, 기관의 장과 같은 직책을 가진 자들에게 복종하고 순종하라고 하였습니다.

히 13:17에는 교회의 지도자들에게 다음과 같이 말씀하고 있습니다. "너희를 인도하는 자들에게 순종하고 복종하라 저희는 너희 영혼을 위하여 경성하기를 자기가 회계할 자인 것같이 하느니라 저희로 하여금 즐거움으로 이것을 하게 하고 근심으로 하게 말라 그렇지 않으면 너희에게 유익이 없느니라"고 하였습니다.

엡 6:5에는 노사관계에 대해 명하기를 "종들아 두려워하고 떨며 성실한 마음으로 육체의 상전에게 순종하기를 그리스도께 하듯 하라"고 하였고 딛 2:9에는 "종들로는 자기 상전들에게 범사에 순종하여 기쁘게 하고 거스려 말하지 말며"라고 하였습니다.

가정에서는 가정에 머리로 세움을 받은 남편에게 대하여 "아내들이여 자기 남편에게 복종하기를 주께 하듯 하라 이는 남편이 아내의 머리 됨이 그리스도께서 교회의 머리 됨과 같음이니 그가 친히 몸의 구주시니라 그러므로 교회가 그리스도에게 하듯 아내들도 범사에 그 남편에게 복종할지니라"(엡 5:2-24)고 하였습니다.

그러면 머리로 세움을 받은 사람들은 어떻게 해야 합니까? 그들은 머리로써 하나님이 제시하신 명령을 더 중한 책임과 의무로 순종하여 지키라고 명하고 있습니다. 그래서 기독교의 윤리는 지체에게만 의무를 명한 것이 아니라 머리에게도 의무와 책임이 부여된 것입니다.

예를 들면 아내에게 순종을 명하신 반면에 남편에게는 아가페의 사랑을 베풀 것을 명하셨고(엡5:22-33), 사원이 사장에게 눈가림으로만 하지 말고 두려움과 성실함과 기쁜 마음으로 섬기기를 주님께 하듯 하라고 하시면서, 사장들도 사원들이 하는 것처럼 하되, 위협을 그치고 사람을 외모로 취급하시지 않는 너희 상전인 하나님이 계신 줄을 알고 행하라고 하셨습니다(엡6:5-9). 쌍방이 의무와 책임을 잘 지켜 나가야 할 것입니다.

오늘날 가정과 사회와 국가의 질서가 무너지고 혼란이 오고 범죄가 급증하는 것은 하나님께서 질서와 안녕을 위하여 우리에게 주신 법도를 순종하지 않기 때문입니다. 교통질서를 지키지 아니하면 큰 사고가 나서 인명피해와 큰 재산 손실을 가져오는 것처럼 하나님께서 세우신 법을 지키지 아니하면 큰 혼란이 와서 망하게 되는 것입니다. 그러므로 우리는 우리의 행복을 위하여 주신 하나님의 법들을 잘 지켜 나감으로 아름답고 행복한 공동체를 이루어 나가야 할 것입니다.(신10:13)

(2) 순종함으로 얻는 축복

① 물질과 명성의 복을 주시겠다고 하였습니다.

하나님께서 우리에게 하라고 주신 명령에는 반드시 보상이 따름을 기억해야 합니다. 신28:1-14 말씀을 보면 하나님의 말씀을 듣고 지켜 순종하면 하늘의 보배창고를 열어 물질의 축복과 원수에게서 보호 받으며 만민의 머리가 되고 꼬리가 되지 아니하고, 위에 있고 아래에 있지 않게 해 주시겠다고 하였습니다(신8:1, 사1:19).

부모 공경에는 땅에서의 잘 됨과 장수의 약속(출20:12, 엡6:1-3), 주일성수에는 영적 양식의 공급과 쉼과 건강의 복을(출20:8-11), 온전한 십일조에는 물질과 땅의 복과 이방인의 칭송을(말3:8-12), 그리고 하나님을 사랑하고 그의 말씀들을 순종할 때에 행복을 약속하셨습니다.(신10:13) 이를 모두 잘 지켜 행하므로 모두가 행복을 누리시기를 소원합니다.

② 자손의 축복과 축복의 통로가 됩니다.

"이 땅에 유하면 내가 너와 함께 있어 네게 복을 주고 내가 이 모든 땅을 너와 네 자손에게 주리라 내가 네 아비 아브라함에게 맹세한 것을 이루어 네 자손을 하늘의 별과 같이 번성케 하며 이 모든 땅을 네 자손에게 주리니 네 자손을 인하여 천하 만민이 복을 받으리라 이는 아브라함이 내 말을 순종하고 내 명령과 내 계명과 내 율례와 내 법도를 지켰음이니라 하시니라"(창 26:5,6)

하나님을 알지 못하는 사람들도 할아버지의 선행은 손자의 거름이 된다는 말을 하지 않습니까? 우리가 하나님의 말씀을 잘 지켜 행하면 자손들에게 축복의 통로가 되는 것입니다. 이것은 우리의 주위에서 많이 찾아볼 수 있는 일들인 것입니다.

③ 축복의 땅 가나안을 유업으로 받았습니다.

"애굽에서 나온 자들의 이십세 이상으로는 한 사람도 내가 아브라함과 이삭과 야곱에게 맹세한 땅을 정녕히 보지 못하리니 이는 그들이 나를 온전히 순종치 아니하였음이니라 다만 그나스 사람 여분네의 아들 갈렙과 눈의 아들 여호수아는 볼 것은 여호와를 온전히 순종하였음이니라 하시고"(민 32:11,12)

이 말씀을 오늘 우리들에게 적용해보면 하나님이 우리들에게 약속하신 것들을 당대에 이루지 못한다 하더라도 후대에 반드시 이루게 된다고 약속하셨습니다.

한 예를 들면 연세대에 세워진 백낙준 박사(1895-1985)의 동상아래에 그분에 대해 "교육과 학문, 민족봉사와 자유정신의 구현에 뜻을 두시고 연세와 민족을 붙들고 키운 연세의 정신적 지주이시며, 민족 교육의 스승이시며, 겨레의 지도자이시고, 하나님의 종이시다"고 소개하고 있습니다.

그러나 그는 그리 좋은 환경에서 태어나지는 않았다고 합니다. 그의 아버지는 길거리에 관상을 봐 주는 점장이었는데, 어느 날 지나가던 한 신자가 "여보시오, 그 상을 빨리 집어치우고 예수를 믿으시오. 그렇지 않으면 당신도 망하고 당신 자식도 망하게 될 것이요" 라는 말을 했다고 합니다. 그 말을 들은 후, 그 말이 계속 귀에 맴돌아 큰 고민을 하다가 예수님을 믿었고, 최선을 다하여 헌신하고 논을 팔아 건축 헌금을 하고, 교회 사찰로 섬기겠다고 합니다. 이에 선교사가 감동을 받아 그의 아들을 미국 유학을 보내 주었다고 합니다.

백낙준은 파크 대학, 프린스턴 신학교와 동 대학원을 졸업하고, 예일 대학에서 철학 박사, 파크 대학에서 신학 박사, 스프링필드 대학에서 인문학 박사, 디포 대학에서 법학 박사, 연세 대학에서 문학 박사 등 다섯 개의 박사 학위를 받았습니다. 그는 귀국하여 연희 전문대(현, 연세대학)교수, 영국 왕립 역사학 회원, 연희 대학 총장, 문교부 장관, 서울시 교육회장, 대한 교육연합회장, 참의원 의장 등을 지냈습니다. 연세 대학교 명예 총장(1961년), 통일원 고문(1969년), 국정 자문 위원(1980년)으로 활약하였으며, 국민 훈장 무궁화장(1970년)을 받은 위대한 학자로 연세대 총장이 되었고 100세까지 장수하였습니다.

그는 고백하기를 "나는 일찍이 소년 시절에 기독교를 믿는 사람들이 새 사람이 되는 것을 보아 왔다. 전에 게으르던 사람들이 부지런해 지고, 거짓되게 살던 이가 참 되어지고, 자기 밖에 모르던 이가 남을 생각하고 도와주는 것을 보고 기독교를 통해 한민족을 새롭게 만들 수 있다고 생각하여 기독교를 전파하게 되었다"고 하였습니다. 그 후에 "내가 교육계에 들어오면서 사람을 새롭게 하는 힘이 기독교 안에 있으며 이 기독교 신앙으로 우리 민족을 다시 새롭게 할 수 있다고 믿었고 지금도 그렇게 믿고 있다"고 고백한 훌륭한 교육가, 종교인, 애국자가 된 것은 그의 아버지가 개종과 더불어 하나님께 순종하여 헌신한 데 있었던 것입니다.

④ 성경의 약속들을 받아 누리게 됩니다.

"네 하나님 여호와를 사랑하고 그 말씀을 순종하며 또 그를 의지하라 그는 네 생명이시요 네 장수시니 여호와께서 네 조상 아브라함과 이삭과 야곱에게 주리라고 맹세하신 땅에 네가 거하리라"(신30:20)

"왕이 자기 처소에 서서 여호와 앞에서 언약을 세우되 마음을 다하고 성품을 다하여 여호와를 순종하고 그 계명과 법도와 율례를 지켜 이 책에 기록된 언약의 말씀을 이루리라"(대하34:31)하였습니다. 우리가 하나님의 말씀을 잘 순종하면 우리가 구하지도, 생각지도 않은 약속된 많은 복을 받아 누릴 줄로 믿습니다.

⑤ 성령의 충만을 받습니다.

"우리는 이 일에 증인이요 하나님이 자기를 순종하는 사람들에게 주신 성령도 그러하니라 하더라"(행5:32)
고 하였습니다. 성령 충만은 성령님께 전적 쓰임을 받는 일인데 순종의 사람이 아니면 그 일을 감당할 수 없는 것입니다. 순종하는 자에게 성령의 충만을 주시는 것이 확실한 줄로 믿기를 바랍니다.

⑥ 영혼이 깨끗해집니다.

"너희가 진리를 순종함으로 너희 영혼을 깨끗하게 하여 거짓이 없이 형제를 사랑하기에 이르렀으니 마음으로 뜨겁게 피차 사랑하라"(벧전 1:22)

⑦ 남을 유익케 합니다.

"한 사람의 순종치 아니함으로 많은 사람이 죄인된 것같이 한 사람의 순종하심으로 많은 사람이 의인이 되리라"(롬5:19)

나 한 사람이 순종하므로 많은 사람들을 유익하게 하는 일들이 얼마나 많습니까? 예수님 한 분의 순종으로 말미암아 그리스도안에서 모든 사람들이 다 구원 받는 놀라운 복을 받아 누리게 되었지 않습니까?

국가나 사회나 가정에 한 사람의 믿음과 순종으로 모두가 다 덕을 보고 유익을 누리는 것을 얼마나 많이 봅니까? 나의 순종이 가족과 교회와 사회에 크게 유익을 누리게 될 수 있다는 것을 잊지 마시기 바랍니다.

(3) 불순종의 결과

① 하나님이 주신 좋은 것들을 빼앗깁니다.

"사무엘이 가로되 여호와께서 번제와 다른 제사를 그 목소리 순종하는 것을 좋아하심 같이 좋아하시겠나이까 순종이 제사보다 낫고 듣는것이 수양의 기름보다 나으니 이는 거역하는 것은 사술의 죄와 같고 완고한 것은 사신우상에게 절하는 죄와 같음이라 왕이 여호와의 말씀을 버렸으므로 여호와께서도 왕을 버려 왕이 되지 못하게 하셨나이다"(삼상15:22-23)

② 자기보다 못한 자들에게 멸시와 조롱을 당합니다.

"아비를 조롱하며 어미 순종하기를 싫어하는 자의 눈은 골짜기의 까마귀에게 쪼이고 독수리 새끼에게 먹히리라"(잠 30:17)

③ 죽임을 당하게 되는 것입니다.

"사람에게 완악하고 패역한 아들이 있어 그 아비의 말이나 그 어미의 말을 순종치 아니하고 부모가 징책하여도 듣지 아니하거든 그 부모가 그를 잡아가지고 성문에 이르러 그 성읍 장로들에게 나아가서 그 성읍 장로들에게 말하기를 우리의 이 자식은 완악하고 패역하여 우리 말을 순종치 아니하고 방탕하며 술에 잠긴 자라 하거든 그 성읍의 모든 사람들이 그를 돌로 쳐 죽일지니 이같이 네가 너의 중에 악을 제하라 그리하면 온 이스라엘이 듣고 두려워하리라"(신 21:18, 21)

사랑하는 성도 여러분, 우리에게는 아직도 죄의 근성이 있어서 순종보다는 불순종이 더 힘이 있는 것 같고 남에게 인정을 받으며 위대해 지는 것 같은 잘못된 생각을 갖기 쉽습니다. 이것은 악한 사단의 생각입니다.(요8:44) 우리가 다음의 말씀을 항상 기억하고 살아간다면 우리의 앞날 뿐만 아니라 자손 만대에 복이 될 줄로 믿습니다.

"여호와께서 번제와 다른 제사를 그 목소리 순종하는 것을 좋아하심 같이 좋아하시겠나이까 순종이 제사보다 낫고 듣는 것이 수양의 기름보다 나으니 이는 거역하는 것은 사술의 죄와 같고 완고한 것은 사신 우상에게 절하는 죄와 같음이라 왕이 여호와의 말씀을 버렸으므로 여호와께서도 왕을 버려 왕이 되지 못하게 하셨나이다"

PART 2

신앙생활의 지름길

신앙생활의 지름길

(엡 4:13-16)

"그 안에서 너희도 진리의 말씀 곧 너희의 구원의 복음을 듣고 그 안에서 또한 믿어 약속의 성령으로 인치심을 받았으니 이는 우리의 기업의 보증이 되사 그 얻으신 것을 속량하시고 그의 영광을 찬송하게 하려 하심이라 이로 말미암아 주 예수 안에서 너희 믿음과 모든 성도를 향한 사랑을 나도 듣고 내가 기도할 때에 기억하며 너희로 말미암아 감사하기를 그치지 아니하고"

세상 사람들은 '뭐니 뭐니 해도 머니(Money)' 가 최고다 하지만, '뭐니 뭐니 해도 믿음이 최고' 인 것입니다. 믿음이 없이는 하나님을 기쁘시게 할 수 없으며, 믿음이 없이는 기도의 응답을 받을 수도 없고, 더욱이 하나님의 나라 천국에 들어가기는커녕 볼 수도 없는 것입니다.

히11장에 아벨, 에녹, 노아, 아브라함, 요셉, 모세, 라합 같은 위대한 발자취를 남긴 인물들이 나옵니다. 이들은 다 믿음으로 위대한 업적들을 남긴 사람들입니다.

믿음 중에도 겨우 자신의 구원을 이룬 한편 강도와 같은 믿음이 아니라, 인류 역사의 큰 획을 긋는 큰 믿음의 사람들이 필요한 것입니다. 주님은 믿

음이 적은 제자들을 책망하셨고, 큰 믿음의 사람 백부장을 크게 칭찬하셨습니다.(눅7:1-10)

같은 목적지라도 **둘러가는 길이 있는가 하면 지름길이 있듯이 인생의 길도 지름길이 있습니다. 마찬가지로 큰 믿음으로 성장하는 좋은 지름길이 있는데도 괜히 지름길을 버리고 빙빙 둘러 갈 필요는 없는 것입니다.**

1934년에 네비게이토 선교회를 창설한 도슨 트로트맨(Dawson Trotman)은 이러한 원리를 쉽게 이해하고 잘 기억할 수 있도록 수레바퀴를 가지고 잘 설명하였습니다.

수레바퀴 중심에는 축이 있고, 축을 중심으로 바퀴에 연결되는 6개의 살이 있고, 6개의 살을 이어주는 둥근 바퀴의 태가 있듯이 그리스도인들이 신앙생활의 지름길의 삶을 살려면 바퀴의 중심축이 되는 예수 그리스도가 계시고, 바퀴와 축을 연결하는 6개의 살은 예배, 말씀, 교제, 섬김, 기도, 증거가 있어야 하고, 밖에 둥근 바퀴는 그리스도인의 순종하는 삶이라고 하였습니다. 이 예화는 각 캠퍼스와 해외선교지, 지역교회와 직장에 이르기까지 그리스도인들이 큰 믿음으로의 성장이 필수요소가 무엇인지를 이해하고 기억하는데 아주 유익하게 사용되고 있습니다. 이 선교단체는 처음에는 150명의 적은 간사들로 시작을 하였지만 지금은 101개국에 36,000명의 간사가 학원복음화에 열정을 쏟고 있습니다.

이 도슨 트로트맨의 수레바퀴를 참고하여 큰 믿음의 지름길 몇 가지를 나누면서 우리의 믿음이 큰 믿음으로 성장되어지기를 주님의 이름으로 축원합니다.

영접하는 자가 받는 복

(요 1:10-14)

"그가 세상에 계셨으며 세상은 그로 말미암아 지은 바 되었으되 세상이 그를 알지 못하였고 자기 땅에 오매 자기 백성이 영접하지 아니하였으나 영접하는 자 곧 그 이름을 믿는 자들에게는 하나님의 자녀가 되는 권세를 주셨으니 이는 혈통으로나 육정으로나 사람의 뜻으로 나지 아니하고 오직 하나님께로부터 난 자들이니라 말씀이 육신이 되어 우리 가운데 거하시매 우리가 그의 영광을 보니 아버지의 독생자의 영광이요 은혜와 진리가 충만하더라"

인간은 세 종류가 있습니다. 범죄이전인 원시상태의 인간이 있었고, 범죄하므로 하나님으로부터 축출을 당한 범죄한 인간이 있으며, 예수 그리스도를 믿음으로 새로운 피조물로 지음을 받은 중생한 인간이 있는 것입니다. 믿기 전의 인간을 우리는 타락한 인간 또는 사탄의 종인 인간으로 죄와 허물로 죽어버린 인간이라 부르고, 회개하여 예수님을 구주로 영접한 인간을 중생한 인간이라고 부르는 것입니다. 조금 더 자세히 살펴보기로 하겠습니다.

(1) 예수님을 믿기 이전의 상태

① 죄와 허물로 죽은 상태(엡2:1)입니다.

엡2:1 "너희의 허물과 죄로 죽었던 너희를 살리셨도다"

사람은 누구나 다 허물이 있고 죄가 있습니다. 하나님은 우리가 마음에 악한 마음을 품어도 벌써 그 죄를 범한 자가 된다고 하셨고, 사람들을 미워만 해도 살인죄가 된다고 하였습니다.

특히 하나님을 안 믿는 죄는 용서받을 수 없는 가장 큰 죄가 되는 것입니다. 하나님의 피조물인 인간이하나님의 것을 먹고 사용하고 쓰면서 하나님을 안 믿는 것은 죄가 될 수밖에 없는 것입니다.

더욱이 하나님은 죄에 빠진 우리들을 구원하기 위하여 한분밖에 없는 외아들을 이 세상에 보내시어 우리들의 모든 죄를 다 담당하시고 그 죄값을 지불하시기 위하여 33년간 온갖 고난을 다 받으시고 마지막에는 처절하게 십자가에 못박혀 한방울의 물과 피를 남김없이 흘리심으로 우리들의 모든 죄값을 지불하시고 3일만에 부활하셔서 지금도 하나님 아버지의 우편에서 우리들을 향하여

"내가 너의 죄를 위하여 대신 벌을 받았으니 내가 이 일을 한 것을 믿기만 하라 그리하면 너의 모든 죄를 다 용서받게 하여 주고 구원얻게 하여 주마"고 부르고 계시는 것입니다.

그럼에도 불구하고 예수님의 이 엄청난 사랑과 그 사실을 거부하면서 "나는 그 사실을 못믿겠습니다"하고 안 믿는 것은 용서받을 수 없는 가장 큰 죄라는 것입니다.

2차 대전 말기에 독일의 아헨이라는 도시가 미군에 포위되어 있었습니다. 이때 히틀러는 나치 사령관에게 그 도시를 사수하고 거기에 뼈를 묻으라고 명령을 하였습니다. 이때에 미육군 중장 커트니 H 허지스는 독일군 사령

관과 165,000시민의 생명을 책임지고 있는 시장에게 최후의 통첩을 보냈습니다. 그리고 수천장의 전단을 그 도시에 뿌렸습니다.

"아헨은 포위되어 있습니다. 미군은 이 도시를 겹겹이 둘러 싸 있고 독일군은 여러분들을 결코 구원할 수 없습니다. 아헨 시민여러분, 이제는 명예롭게 항복할 시간입니다. 우리 미군은 무고한 시민 여러분과의 전쟁을 원하지 않습니다. 그러나 독일군과 시의 책임자들이 끝까지 항전을 고집한다면 우리도 어쩔수 없이 여러분들의 도시를 공격할 수밖에 없습니다. 더 이상 지체할 시간이 없습니다. 미폭격기들은 이륙할 만반의 준비를 갖추고 마지막 출격의 명령만을 기다기고 있습니다. 포병부대는 이미 도시를 둘러싸고 포격준비를 완료한 상태입니다.

아헨시민 여러분, 서둘러 행동을 취하십시오. 내일이면 너무 늦습니다. 단 오직 하나의 선택만이 있을 뿐입니다. 즉각적인 항복, 아니면 완전한 파괴 둘 중의 하나입니다"

그러나 독일군은 끝까지 항복하지 않음으로 그 도시는 초토화되고 말았습니다.

요3:17-18 "하나님이 그 아들을 세상에 보내신 것은 세상을 심판하려 하심이 아니요 저로 말미암아 세상이 구원을 받게 하려 하심이라 저를 믿는 자는 심판을 받지 아니하는 것이요 믿지 아니하는 자는 하나님의 독생자의 이름을 믿지 아니하므로 벌써 심판을 받은 것이니라"

벧후3:9-11 "주의 약속은 어떤 이의 더디다고 생각하는 것같이 더딘 것이 아니라 오직 너희를 대하여 오래 참으사 아무도 멸망치 않고 다 회개하기에 이르기를 원하시느니라 그러나 주의 날이 도적같이 오리니 그 날에는 하늘이 큰 소리로 떠나가고 체질이 뜨거운 불에 풀어지고 땅과 그 중에 있는 모든 일이 드러나리로다 이 모든 것이 이렇게 풀어지리니 너희가 어떠한 사람이 되어야 마땅하뇨"

하나님의 용서의 사랑을 받아 들여 믿으면 영원히 살고, 받아들이지 아니하면 하나님의 무서운 심판을 받아 영원한 죽음 지옥의 형벌을 받게 될 것입니다.

아니 예수 안 믿는 사람들도 살아있지 않느냐? 살아있는데 왜 죽었다고 하지? 숨도 쉬고, 움직이고, 일도 하고, 공부도 하고 연구도 하고 다 살아움직이지 않느냐?는 것입니다. 옳습니다. 그렇습니다. 그런데 죽음이 무엇인지 바르게 이해하지 못하게 되면 이러한 말을 하게 되는 것입니다.

죽음이란 분리되는 상태를 의미하는 것입니다. 나무가지가 원둥치에서 끊어져도 살아있는 것처럼 보입니다. 잎사귀도 푸르고, 꽃도 피는 것같지만 그 가지가 원둥치에서 잘린 순간 그 가지는 죽은 것입니다. 죽음은 잘려나가는 것 즉 분리되는 것이 죽음입니다.

사람에게는 3가지의 죽음이 있습니다.

첫째는 육적인 죽음입니다. 우리안에 있는 영혼이 육체를 떠나 분리되는 것을 가리켜 육적인 죽음이라고 합니다. 보통 사람은 이것만 죽음이라고 생각합니다.

둘째는 영적인 죽음이 있습니다. 죄 때문에 우리의 영혼이 하나님을 떠나 분리된 상태를 영적인 죽음이라고 하는 것입니다. 이러한 영적인 죽음을 죽은 사람은 죽었기 때문에 영적인 것에 대하여 전혀 모르고 무감각합니다.

자신에게 영혼이 있는지 없는지도 모르고, 그래서 자신의 영혼이 죽었는지 살았는지도 모르고 있습니다. 천사와 마귀가 있는지 없는지도 모릅니다.

육신이 죽은 다음에 천국아니면 지옥에 반드시 가게 되는데 그것도 전혀 모릅니다. 더욱이 하나님이 살아계시지만 하나님이 살아계시는 것조차도 모르고 있습니다. 이것이 영적으로 죽은 자의 특징입니다.

셋째는 영원한 죽음이 있습니다. 이 죽음은 예수님께서 재림하실 때에 우리의 육체와 영혼이 다시 합하여 살아나게 되는데 그때에 하나님을 떠나 영원한 지옥불 못에 던짐을 받게 되는데 이 죽음이 둘째 죽음인 영원한 죽음인 것입니다.

예수믿어 자신의 허물과 죄를 용서받지 아니하면 이 세가지의 죽음을 다 죽게 되는 것입니다. 그러나 믿기만 하면 육신의 죽음은 죽으나 영적인 죽음과 영원한 죽음에서 벗어나 영원한 생명을 얻어 영생의 복을 누리게 되는 것입니다. 그러므로 우리의 죄를 용서해 주시기 위하여 참고 기다리시는 우리 주 예수 그리스도를 믿는 것이 최고의 축복이 되는 것입니다.

② 세상 풍속을 쫓고 공중의 권세 잡은 자를 따름(엡2:2)입니다.

엡2:2 "그 때에 너희가 그 가운데서 행하여 이 세상 풍속을 좇고 공중의 권세 잡은 자를 따랐으니 곧 지금 불순종의 아들들 가운데서 역사하는 영이라"

"세상풍속"이라는 말씀은 세상의 더럽고 악한 풍속들, 유행들을 의미하는 말입니다. 믿기 전에는 이 세상의 모든 악한 것들을 다 따라하게 됩니다. 안 좋은 것은 얼마나 잘 따라하는지, 어느 나라에서 유행한다하면 삽시간에 전세계적으로 퍼져 나가고 따라 하게 되는 것입니다.

공중의 권세 잡은 자를 따랐다는 말씀은 악하고 더럽고 거짓말쟁이 마귀를 따라다니며, 마귀가 시키는 악한 일을 한다는 것입니다. 이 마귀는 안 믿는 불신자의 마음속에서 불신자들을 조종하는 것입니다. 마음속에 온갖 죄지를 생각을 일으키는 것입니다.

마15:19 "마음에서 나오는 것은 악한 생각과 살인과 간음과 음란과 도적질과 거짓 증거와 훼방이라"고 하였습니다.

그리고 악한 마귀는 하나님께서 가장 미워하시는 우상숭배를 하게 하여 자신과 사회와 국가가 망하게 합니다. 또 미신과 사주팔자에 얽매이게 하여 사람을 어리석게 만들고, 운명에 매여서 꼼짝 달삭을 못하게 만듭니다.

육체의 욕심을 따라 살게 합니다.

동물을 연구하는 사람들에 의하면 돼지가 많이 먹는것처럼 보이고 소가 항상 꾹꾹씹고 있는것처럼 보여도 많이 먹는 것이 아니고 평생에 과식하지 않는다고 합니다. 사람들은 질병의 90%가 너무 많이 먹어서 병을 얻는다고 합니다. 당료병, 비만, 고혈압, 동맥경화 등 현대병들이 다 과식에서 온다고 합니다. 미국은 70%가 비만인데 이는 과식에서 온다는 것입니다.

또 개미는 일년 양식을 준비하는데 사람은 평생먹을 양식도 모자라 자녀손자가 쓰고 남고 동해물과 백두산이 마르고 닳도록 먹고도 남을 만큼 마련하고도 도적질하고 거짓말하면서 눈을 크게 뜨고 설치고 있는 것입니다. 이것 때문에 자신의 영혼이 영양실조에 걸려있고, 병들고, 죽어가고 있는 것입니다. 욕심은 마귀의 작전임을 알아야 합니다.

"욕심이 잉태한 즉 죄를 낳고 죄가 장성한 즉 사망을 낳는다"고 하셨습니다.(약 1:15)

하나님 안 믿는 사람은 마귀의 자식이요(요8:44), 마귀의 종이기 때문에 그 마귀에게 항상 눌려 욕심을 부리는 것입니다.(행10:38)

③ 본질상 진노의 자녀이다(엡2:3)

인간은 하나님을 대적하는 악한 마귀를 따라다니며 시키는 일들을 하지요, 하나님이 가장 미워하시는 우상숭배, 미신 사주팔자에 얽매이므로 하나님의 진노를 받을 수밖에 없는 것입니다.

④ 저주된 삶과 지옥 형벌을 받게 되는 것입니다.

마25:41 "또 왼편에 있는 자들에게 이르시되 저주를 받은 자들아 나를 떠나 마귀와 그 사자들을 위하여 예비된 영영한 불에 들어가라"고 하였습니다.

(2) 그러면 예수님을 믿는다는 것은 무엇을 의미합니까?

예수님께서 말씀하셨습니다. "볼지어다 내가 문 밖에 서서 두드리노니 누구든지 내 음성을 듣고 문을 열면 내가 그에게로 들어가 그로 더불어 먹고 그는 나로 더불어 먹으리라"(계3:20)

이 말씀은 우리가 예수님을 믿는다는 것이 무엇인가를 가장 잘 말씀해 주시는 말씀입니다. 예수님은 지금 이시간에도 성경말씀이나 설교를 통하여 우리의 마음 문을 두드리고 계십니다. 때로는 방송이나 전도지를 통하여, 예수믿는 가족이나 신자들을 통하여 마음의 문을 두드립니다.

전도를 듣고 믿는다는 것은 마음의 문을 열어 예수님을 모셔 드리는 것입니다. 모셔 드릴려면 예수님이 누구시며, 그 분이 나를 위하여 어떤 일들을 행하신 분이시며, 또 어떻게 해 주실 것인가를 알고, 동의하고, 그 분을 나의 마음에 왕으로 모셔드리는 것을 의미하는 것입니다.

예수님을 믿는다는 말은 성경이 말씀하신 대로 그 분이 영원전부터 계시는 하나님의 독생자이시오, 이 우주만물과 우리 인간을 창조하신 전능하신 하나님이시오, 특히 그 분은 우리를 죄와 마귀와 지옥에서 구원키 위하여 사람의 몸을 입으시고 이 세상에 오셔서 십자가에 못박혀 죽으시고 다시 살아나심으로 우리들의 모든 죄값을 지불해 주신 구세주이심을 알고 우리 마음속에 모셔드리는 것이 예수님을 믿는 일이요 영접하는 일입니다.

요1:12 "예수님을 영접하는 자 곧 그 이름을 믿는 자들에게는 하나님의 자녀가 되는 권세를 주셨으니"하였습니다. 한마디로 예수믿는다는 것은 예수님만이 나를 죄와 마귀와 지옥에서 건져내어 영원한 천국에 갈 수 있게 하시는 구세주라는 사실을 마음에 믿고 그분을 자신의 마음속에 왕으로 모셔드리는 일을 가리켜 예수믿는다고 하는 것입니다.

그러면 예수님은 우리의 마음속에 들어와 우리와 함께 먹는다고 하셨는데 이는 한 가족이 된다는 의미요, 먹고 마시는 기쁨을 충만케 해 주신다는 의미요, 영원히 함께 해 주신다는 의미인 것입니다.

예수님을 마음에 모셔 드리면 함께 먹는 놀라운 복을 받게 되는데 그 받는 복의 구체적인 것은 다음 주일에 말씀을 드리고자 합니다.

예수님을 나의 삶의 왕좌에

(마 16:15,16)

"이르시되 너희는 나를 누구라 하느냐 시몬 베드로가 대답하여 이르시되 주는 그리스도시오 살아계신 하나님의 아들이시니이다"

바퀴가 돌아가기 위해서는 중심 되는 축이 가장 중요합니다. 축이 바른 위치에 단단히 붙어있지 않으면 그 바퀴는 아무 쓸모가 없게 되는 것입니다. 우리의 신앙생활에도 믿음의 중심축이 되시는 예수 그리스도를 바로 모시지 못하면 그 믿음은 곧 무너지든지 아니면 잘못된 이단으로 빠져 수많은 생명을 망하게 만들게 되는 것입니다.

우리는 우리의 신앙의 가장 중요한 축이 되시는 예수 그리스도를 바로 알고 믿고 모셔야 합니다. 확고한 믿음, 성장하는 믿음, 큰 믿음의 사람이 되려면 먼저 믿음의 중심이 되시는 예수 그리스도가 누구신지를 바로 알고 믿고 마음의 왕좌에 모셔야 하는 것입니다. 예수님은 누구십니까?

(1) 예수님은 전지전능하신 창조주 하나님이십니다.

"태초에 말씀이 계시니라 이 말씀이 하나님과 함께 계셨으니 이 말씀은 곧 하나님이시니라 그가 태초에 하나님과 함께 계셨고 만물이 그로 말미암

아 지은 바 되었으니 지은 것이 하나도 그가 없이는 된 것이 없느니라"(요 1:1-3)

"우리 주는 위대하시며 능력이 많으시며 그의 지혜가 무궁하시도다"(시 147:5)

"우리 가운데서 역사하시는 능력대로 우리가 구하거나 생각하는 모든 것에 더 넘치도록 능히 하실 이에게"(엡3:20)라고 하였습니다. 우리 예수님은 전능하신 창조주 하나님이십니다.

신자와 불신자의 가장 크고 중요한 차이가 무엇입니까? 예수님을 하나님으로 믿는 일에 차이가 나고, 그 분이 천지만물을 창조하신 하나님이라는 사실을 믿고 안 믿는 일에 차이가 나는 것입니다. 우리는 예수님이 분명히 천지만물을 창조하신 성자하나님이심을 믿고 우리의 믿음의 센터가 되는 마음의 왕좌에 하나님으로 모셔야 합니다.

(2) 지혜와 지식의 하나님이십니다.

"그의 위에 여호와의 영 곧 지혜와 총명의 영이요 모략과 재능의 영이요 지식과 여호와를 경외하는 영이 강림하시리니"(사11:2)

우리가 생각하는 것이 '슈퍼' 라면 예수님이 생각하시는 것은 '메가마트' 입니다. 이러한 분이 우리 인생의 중심축이 되신다면 우리가 얼마나 능력있는 삶을 살아갈 수가 있을까요?

(3) 우리들을 구원하시기 위하여 이 세상에 친히 오셔서 우리의 구주가 되어 주셨습니다.

우리가 믿는 예수님은 성자하나님으로 천지만물을 창조하신 전능하신 분이시요, 지혜와 지식이 무궁무진하신 하나님이십니다. 그 분은 우리들을 죄와 악한 사탄에게서 건져내시기 위하여 이 세상에 오셨습니다. 오시되 우리들의 죄값을 지불하시기 위하여 하나님의 모든 속성을 다 비우시고, 사람이 되셔서 이 세상에 오셨습니다. 특히 그 분은 종의 모습으로 오셨습니다.

"그는 멸시를 받아 사람들에게 버림 받았으며 간고를 많이 겪었으며 질고를 아는 자라 마치 사람들이 그에게서 얼굴을 가리는 것 같이 멸시를 당하였고 우리도 그를 귀히 여기지 아니하였도다 그는 실로 우리의 질고를 지고 우리의 슬픔을 당하였거늘 우리는 생각하기를 그는 징벌을 받아 하나님께 맞으며 고난을 당한다 하였노라 그가 찔림은 우리의 허물 때문이요 그가 상함은 우리의 죄악 때문이라 그가 징계를 받으므로 우리는 평화를 누리고 그가 채찍에 맞으므로 우리는 나음을 받았도다 우리는 다 양 같아서 그릇 행하여 각기 제 길로 갔거늘 여호와께서는 우리 모두의 죄악을 그에게 담당시키셨도다"(사53:4-6)

라고 하셨습니다. 그 분은 우리의 모든 불행의 근본 원인인 죄를 다 짊어지시고 대신 십자가에 못 박혀 죽으심으로 우리의 구주가 되셨습니다. 이것이 가장 중요한 것입니다. 예수님만이 나의 유일하신 구주이심을 믿으시기 바랍니다.

(4) 그 분은 우리의 주인이십니다.

예수님이 우리의 죄 값을 대신 지불하심으로 우리들을 죄와 사망에서 사내신 것입니다. 이를 우리는 대속(代贖)이라 부릅니다. 성자 하나님이 친히 십자가에 못 박혀 피 흘려 죽으심으로 '죄의 값은 사망'(롬6:23)이라는 하나님의 법을 만족하게 하셨다는 것입니다.(롬6:23) 다시 말하면 우리의 죄 값을 당신의 생명(피)을 대신 지불하심으로 우리를 살려 내어 당신의 것으로 삼으신 것입니다. 그래서 예수님은 우리의 주인이 되신 것입니다.

"야곱아 너를 창조하신 여호와께서 지금 말씀하시느니라 이스라엘아 너를 지으신 이가 말씀하시느니라 너는 두려워하지 말라 내가 너를 구속하였고 내가 너를 지명하여 불렀나니 너는 내 것이라"(사43:1)고 하셨고,

"죄와 허물로 죽었던 너희를 살리셨도다"(엡2:1)고 하셨고

"너희가 그 은혜를 인하여 믿음으로 말미암아 구원을 얻었나니 이것이 너희에게서 난 것이 아니요 하나님의 선물이라 행위에서 난 것이 아니니 이는 누구든지 자랑치 못하게 함이니라"(엡2:8,9)고 하셨습니다.

(5) 우리들을 지극히 사랑하시는 분이십니다.

당신의 피로 값 주시고 우리들을 구원하신 주님은 우리를 가장 사랑하십니다. 왜 ? 값으로 따질 수 없는 창조주 하나님 자신의 생명을 지불하시고 우리들을 구속하셨기 때문입니다. 우리도 소유물 중에 가장 많은 값을 지불하고 산 것을 가장 값지고 귀한 보배로 여기지 않습니까? 그래서 우리 성자 하나님은 우리들을 가장 소중한 보화로 여기시는 것입니다.

"네가 내 눈에 보배롭고 존귀하며 내가 너를 사랑하였은즉 내가 네 대신 사람들을 내어 주며 백성들이 네 생명을 대신하리니 두려워하지 말라"(사43:4)고 하신 것입니다.

(6) 예수님은 약속하신 것을 반드시 이루시는 하나님이십니다.

"하나님은 사람이 아니시니 거짓말을 하지 않으시고 인생이 아니시니 후회가 없으시도다 어찌 그 말씀하신 바를 행하지 않으시며 하신 말씀을 실행하지 않으시랴"(민23:19)

"온갖 좋은 은사와 온전한 선물이 다 위로부터 빛들의 아버지께로부터 내려오나니 그는 변함도 없으시고 회전하는 그림자도 없으시니라"(약1:17)

"예수 그리스도는 어제나 오늘이나 영원토록 동일하시느니라"(히13:8)

라고 하셨습니다. 변치 않으시는 하나님께서는 한 번 약속하시면 반드시 이루십니다.

이것을 믿을 때에 하나님이 기뻐하시는 것입니다. 믿음의 조상 아브라함을 보십시오.

"그가 백세나 되어 자기 몸의 죽은 것 같음과 사라의 태의 죽은 것 같음을 알고도 믿음이 약하여지지 아니하고 믿음이 없어 하나님의 약속을 의심치 않고 믿음에 견고하여져서 하나님께 영광을 돌리며 약속하신 그것을 또한 능히 이루실 줄을 확신하였으니 그러므로 이것을 저에게 의로 여기셨느니라"(롬4:19-22)

믿으시기 바랍니다.

(7) 죽으신지 삼일 만에 부활하셔서 우리와 동행하시는 분이십니다.

예수님은 우리의 죄를 대속하시고 삼 일만에 다시 사실 것을 예언하셨습니다.

"이때로부터 예수 그리스도께서 자기가 예루살렘에 올라가 장로들과 대제사장들과 서기관들에게 많은 고난을 받고 죽임을 당하고 제 삼일에 살아나야 할 것을 제자들에게 비로소 가르치시니"(마16:21, 시16:10, 마26:32, 막9:9, 행26:23, 요2:19, 고전15장참조)

부활하실 것을 여러 차례나 말씀하셨습니다. 말씀하신 그대로 다시 살아나셔서 여러 상황 가운데서 제자들에게 보여 주셨습니다. 무덤에서 마리아와 다른 여성들에게,(마29:9,10) 갈릴리 바다가에서 일곱제자에게,(요21:1)

다멕섹 길에서 사울에게,(행9:3-6) 여러 제자들과 500여명에게(요20:19, 눅24:15, 36, 고전15:6) 나타나셨습니다. 그리고 약속하신 대로 세상 끝날 까지 항상 우리와 함께 하십니다.(마28:20)

(8) 지금도 우리들을 위하여 기도하시고 계십니다.

"누가 정죄하리요 죽으실 뿐 아니라 다시 살아나신 이는 그리스도 예수시니 그는 하나님 우편에 계신 자요 우리를 위하여 간구하시는 자시니라"(롬8:34)

우리를 눈동자처럼 지키시고, 위하여 간절히 기도하시고 계시는 분이십니다.

(9) 장차 재림하셔서 영원한 천국으로 인도하셔서 그곳에서 함께 영생을 누리게 하시는 분이십니다.

"너희는 마음에 근심하지 말라 하나님을 믿으니 또 나를 믿으라 내 아버지 집에 거할 곳이 많도다 그렇지 않으면 너희에게 일렀으리라 내가 너희를 위하여 처소를 예비하러 가노니 가서 너희를 위하여 처소를 예비하면 내가 다시 와서 너희를 내게로 영접하여 나 있는 곳에 너희도 있게 하리라"(요14:1-3) 하셨습니다. 이런 분을 우리마음의 왕좌에 모시고 사는 것이 얼마나 행복한 일이겠습니까?

이러하신 예수님을 나의 마음 중심에 모시고 섬겨야 할 분이십니다. 이제 나는 마음의 왕좌에서 내려앉고 대신 예수님을 왕좌에 모셔야 합니다. 그 분을 섬기고, 순종하며, 영광과 존귀를 올려 드려야 합니다. 모든 일의 계획이나 시작이나 진행을 기도로 아뢰며 도움을 받아야 합니다. 기쁘고 좋은 일에는 영광과 존귀와 감사를 돌려드려야 합니다. 우리의 삶 가운데 어렵고 힘들고 실패의 삶에서도 범사에 감사를 올려드려야 합니다. 왜냐하면 그분은 하나님의 자녀된 우리의 모든 것들이 합력하여 선하게 해 주시는 분이시기 때문입니다. 할렐루야!

주 예수그리스도

(요 20:28)

"도마가 대답하여 이르되 나의 주님이시오 나의 하나님이시니이다"

앞에서 예수님이 어떤 분이신가를 살펴보았습니다. 그분은 전지전능하신 창조주 하나님이십니다. 지혜와 지식이 무한하신 분이시며, 우리들을 죄와 사망과 마귀에게서 구원하시기 위하여 이 세상에 친히 오신 분이시다. 그분은 우리의 주인이시며, 지극히 사랑하시는 분이십니다. 한 번 약속하시면 반드시 이루시는 분이시며, 우리를 구원하시기 위하여 대속의 죽음을 죽으시고 삼일 만에 부활하셔서 우리와 항상 동행하시는 분이십니다. 지금도 우리들을 위하여 기도하시고, 장차 재림하셔서 우리를 위하여 예비하신 영원한 천국으로 인도하셔서 그곳에서 영생을 함께 누리실 주님이십니다.

이 분을 나의 마음에 모셔야 하는 것입니다. 모시되 나는 마음의 왕좌에서 내려오고 예수님을 나의 주인으로, 왕으로 왕좌에 모셔야 하는 것입니다. (요1:12, 계3:20) 그리고 나는 그 분을 경외하며 그 분의 발아래 앉아 그분께 기도하며 그 분의 말씀을 듣고 순종하는 삶을 살아야 하는 것입니다. 이것이 예수님을 믿는 믿음이요, 믿음의 삶인 것입니다.

그러면 우리가 어떻게 주인이시고 왕이신 그 분의 뜻과 음성을 듣고 깨달아 순종할 수 있습니까?

(1) 성경말씀을 통하여 말씀하여 주십니다.

구약시대나 신약시대에는 선지자나 사도들과 경건한 성도들에게 직접 말씀도 하시고, 꿈과 환상을 통하여 보여주시기도 하시고, 우림과 둠밈으로 뜻을 보여주시기도 하였습니다.

이제 하나님께서 우리에게 필요한 말씀 즉 믿어 구원 받는 구원의 말씀이나, 우리의 삶을 통하여 하나님을 섬기고 우리가 어떻게 살아야 할 것인가에 대한 필요한 모든 말씀을 성경에 다 계시하여 주셨습니다. 이제 우리가 어떻게 믿을 것인지와 하나님의 자녀로서 어떻게 살아야 할 것인지에 대해서 신구약성경에 부족함이 없이 충족하게 말씀하여 주셨습니다. 성경 66권으로 믿음과 삶에 대한 말씀을 완벽하게 다 계시하여 주셨습니다.

그래서 성경의 마지막에 다음과 같이 마무리 말씀을 하셨습니다.

"내가 이 책의 예언의 말씀을 듣는 각인에게 증거하노니 만일 누구든지 이것들 외에 더하면 하나님이 이 책에 기록된 재앙들을 그에게 더하실 터이요 만일 누구든지 이 책의 예언의 말씀에서 제하여 버리면 하나님이 이 책에 기록된 생명 나무와 및 거룩한 성에 참예함을 제하여 버리시리라"(계 22:18,19)라고 인을 치셨습니다.

하나님은 지금도 성경말씀을 통하여 우리에게 말씀하여 주신다는 사실을 확신하시기 바랍니다. 그러므로 성경을 읽을 때 하나님이 지금 이 시간에 성경말씀을 통하여 나에게 말씀하신다는 것을 믿고 읽고 들어야 하는 것입니다. 많이 읽는 것도 중요하지만 그 말씀을 하나님이 지금 나에게 주시는 말씀이라는 마음자세로 말씀의 뜻을 생각하면서 읽고 묵상하고 적용하는 것이 더 중요한 것입니다.

(2) 설교말씀을 통하여 말씀하십니다.

검증된 교역자가 강단에서 하는 설교는 하나님의 말씀을 선포하는 일입니다. 그러므로 설교를 들을 때에 저 설교자의 생각이나 사상을 말하는 것이 아니라 하나님께서 저 설교자를 통하여 지금 나에게 주시는 말씀으로 받아야 하는 것입니다.

요즘은 설교 홍수시대입니다. 본 교회에서 잘 하면 일주일에 11번의 설교를 들을 수 있습니다. 외에도 라디오, TV방송설교 등 언론매체를 통해서 언제나 들을 수 있습니다. 얼마나 많이 자주 듣는가가 문제가 아니라 어떠한 자세로 듣는가가 중요한 것입니다.

데살로니가 교인들은 모범적인 자세로 말씀을 잘 받았습니다. 살전2:13에 "이러므로 우리가 하나님께 끊임없이 감사함은 너희가 우리에게 들은바 하나님의 말씀을 받을 때에 사람의 말로 받지 아니하고 하나님의 말씀으로 받음이니 진실로 그러하도다 이 말씀이 또한 너희 믿는 자 가운데서 역사하느니라" 라고 하였습니다. 바울과 그 일행들이 전해주는 설교말씀을 하나님의 말씀으로 받아 들였다는 것입니다. 그 결과 어떤 역사가 일어났습니까?

"믿음의 역사와 사랑의 수고와 우리 주 예수 그리스도에 대한 소망의 인내"가 있는 신실한 교회가 되었습니다.(살전1:3) 그들은 역동적인 진실한 믿음, 사랑, 소망이 있으므로 많은 환란 가운데서도 성령의 기쁨으로 사도들과 주님을 본받는 자들이 되어 마게도냐와 아가야 모든 믿는 자들의 본이 되고 각처에 좋은 소문을 내는 교회가 되었던 것입니다.(살전1:6-8)

설교자는 하나님이 우리에게 주신 말씀인 성경을 잘 알 수 있도록 해석하여 약속들을 믿게 하고 우리의 삶에 적용하여 하나님의 자녀로서 천국시민으로서 소금과 빛된 삶을 살아가게 하는 것입니다. 이 말씀사역을 잘하는 자는 훌륭한 목사인 것입니다.

말씀을 잘 설교하는 목사를 배로 존경하고 그 말씀에 귀를 기울여 하나님의 말씀대로 잘 믿고 잘 순종하는 삶을 살아가는 성도가 일등 성도인 것입니다.

(3) 기도하는 가운데 성경말씀을 통하여 우리에게 말씀하시는 것입니다.

우리가 어떤 일로 하나님께 간절히 기도할 때에 때로는 우리의 마음에 성경말씀으로 하나님의 음성을 듣게 하십니다. 이 말씀을 들을 때에 마음에 확신과 평강과 기쁨이 넘치는 것을 경험하게 되는 것입니다. 주의해야 할 것은 내 자신의 마음에 어떤 선입관념을 버리고 하나님의 인도를 받겠다는 마음으로 기도해야 한다는 것입니다.

특히 기도만 하는 신자들이 있는데 반드시 기도하기 전에 성경을 읽고 묵상한 다음에 기도하는 것이 가장 바람직한 일이 아닐 수 없는 것입니다.

(4) 세상에 일어나고 있는 여러 징조들을 말씀의 프리즘으로 바라볼 때에 하나님의 음성을 들을 수 있는 것입니다.

예를 들면 성경말씀에 말세에 대한 경고와 신자들의 자세에 대해서 말씀을 많이 하고 있습니다. 성경만 읽어서는 지금이 말세인지 아닌지를 잘 알 수 없는 것입니다. 현실에 일어나는 사회상을 바라보고 세계의 타락상과 세계 곳곳에 일어나는 기상이변들을 성경말씀의 프리즘으로 통해 볼 때에 말세를 직감하고 말세에 대한 우리의 삶을 바르게 잘 살아갈 수 있게 되는 것입니다.

하나님의 음성은 성경말씀과 그 원리와는 반대되거나 어긋나지 않는다는 것을 명심해야 합니다. 예를 들면 나에게 어떤 손해를 입힌 미운 사람이 있는데 기도하는 중에 그에게 골탕을 한번 먹이라는 강력한 마음이 들었다고 합시다. 때마침 좋은 기회가 왔다고 합시다. 이것도 하나님의 말씀이라고 생각하십니까? 그렇게 생각한다면 큰 착각입니다. 이것은 분명히 사탄의 장난인 줄로 믿고 그 생각을 떨쳐 버려야 합니다. 하나님은 원수를 사랑하고, 어려울 때에 적극 도와주라고 하셨기 때문입니다.(롬12:17-21, 마5:43-48)

그런데 하나님의 뜻인지, 제 생각인지, 사탄의 장난인지가 확실해 보이지 않는다면 말씀과 기도로 무장된 본 교회 담임목사에게 찾아가 신앙상담을 해 보는 것이 가장 좋은 방법이라고 생각됩니다.

주님을 내 마음의 왕좌에 왕으로 모시고 삶의 축이 되게 하여야 할 것입니다. 그리고 기도와 말씀 중에 하나님의 음성을 잘 분별하여 확실한 말씀일 때에는 그대로 순종하는 것이 주님을 왕으로 모신 자요, 삶의 축으로 모신 성도의 복된 삶인 줄로 믿습니다. 그때에 믿음이 일취월장 성장을 거듭하게 될 것입니다. 이것이 가장 중요한 신앙생활의 기본기 중에 기본기가 될 것입니다.

우리나라의 축구가 일본에게는 거의 승리를 하지만 세계의 무대에서는 항상 명암도 내 놓을 수 없었습니다. 그래서 2002년 월드컵을 앞두고 거스 히딩크 감독을 고용하여 8강을 목표로 했지만 놀랍게도 4강까지 진출한 성과를 일궈냈던 것입니다. 그는 하이파이브라는 전략을 가지고 훈련을 시켰는데 곧 꿋꿋함과 소신, 공정성, 기본기 강조(스피드와 체력), 혁신과 추구, 가치의 공유, 전문지식의 활용 등이었다. 그런데 가장 중요한 것은 축구의 기본기인 스피드와 체력이었다고 합니다. 그것은 곧 전술, 기술, 체력, 정신력 4가지라고 합니다. 이것이 결국 우리 축구계에서는 상상도 하지 못했던 성적인 4강까지 끌어 올릴 수 있었던 것입니다.

운동뿐만 아니라 공부도 사업도 모든 것이 기본기가 안 되어 있으면 얼마 동안은 잘 되는 것처럼 보이지만 어느 정도까지 발전하면 그 이상 더 진전이 없거나 아니면 곧 도태되어 버리고 마는 것입니다. 그 만큼 기본기가 중요합니다. 우리 신앙생활의 기본기도 잘 배우고 익혀 실천하므로 주님이 기뻐하시고 칭찬하실 수 있는 큰 믿음의 거성(巨星)들이 다 되시기를 주님의 이름으로 축원합니다.

예배의 삶

(요 4:23)

"아버지께 참으로 예배하는 자들은 신령과 진정으로 예배할 때가 오나니 곧 이 때라 아버지께서는 이렇게 자기에게 예배하는 자들을 찾으시느니라 하나님은 영이시니 예배하는 자가 영과 진리로 예배할지니라"

주님을 나의 마음의 왕좌에 왕으로 모신 성도는 가장 먼저 해야 할 일이 있는데 그것은 하나님을 기쁘시게 해 드리는 예배를 잘 드리는 것입니다. 하나님께서 영과 진리로 예배드리는 자들을 찾으시며, 예배가 바로 드려질 때에 우리의 믿음이 성장하고 내가 성장하고, 삶이 풍성하게 되어지기 때문입니다.

(1) 예배의 정의

그러면 예배가 무엇입니까? 예배란 '신을 신앙하고 경외하면서 그 분을 숭배하는 행위와 그 양식' 이라고 사전에서 정의하고 있습니다. 그런데 성경에서는 여러 용어로 표현하고 있는데

① '아바드' 라는 말입니다. 봉사, 섬김이라는 뜻으로 영어에서는 service 라고 번역하고 있습니다. 예배는 하나님께 봉사하고 섬기는 것입니다.

② '샤하이' 라고도 하는데 '굴복하는 것' '자신을 엎드리는 것' 을 의미하는 말입니다. 즉 숭배, 순종, 봉사의 뜻이 있습니다. 예배라는 것은 하나님께 마음과 몸을 최대한 엎드려 존경하는 태도를 보이는 것을 의미하는 것입니다. 그러므로 예배는 하나님께 최고로 존경하는 자세로 드려야 한다는 것을 보여주는 것입니다. 동방박사들이 아기 예수께 '엎드려 경배하고' (마2:11) 라고 했습니다. 구약에서도 '엎드려 경배했다' '머리를 숙여 경배했다' 는 말로 표현하고 있는 것입니다. 아브라함의 종 엘리에셀은 주인의 아들의 신부감을 찾은 뒤 먼저 하나님께 '머리를 숙여 여호와께 경배하고........하나님 여호와를 찬양했다' 고 하였습니다.(창24:26, 출4:31) 예배는 예배의 대상자를 이처럼 자신의 마음과 몸이 함께 하나님을 최고로 높여 경배하는 자세가 되어야 하는 것입니다.

③ '프로수퀴네오' 라는 용어로 신약에서 사용하였습니다. 사탄이 예수님께 '엎드려 경배하면 천하만국을 주겠다' 며 자신을 하나님으로 예배할 것을 요구했습니다. 이 때 예수님은 '주 너희 하나님께 경배하고 다만 그를 섬기라' 고 예배의 대상자를 똑바로 가르쳐 주셨습니다. 이 말씀에서 '경배하면' 이라는 말씀이 '프로수쿠네오' 로 그 뜻은 최고로 존귀한 분에게 존경의 표시로 '절하다' '굽어 엎드리다' '입맞추다' 는 뜻입니다. 예배가 이러한 의미를 가지고 있습니다. 요즘 우리의 예배의 자세에서 생각해 봐야 할 대목입니다. 예배를 하나님 중심으로 드려야 하지 사람중심, 청중위주로 드려서는 안된다는 것입니다.

④ '라트레이아' 라는 용어는 예수께서 사탄에게 '다만 그를 섬기라' 는 뜻입니다. 그 의미는 노예가 자신의 상전을 섬김에 있어 자신의 상전만을 섬기겠다는 뜻입니다.

⑤ 영어로는 'worship' 이라는 말로 번역하여 사용하고 있는데, 'worship' 은 'worth' (가치)라는 말과 'ship' (신분)이라는 말의 합성어입니

다. 예배를 받으시는 분이 '존귀와 존경을 받을 가치가 있는 분' 이라는 뜻입니다. 이 말을 예배에 사용할 때에는 '하나님께 최고의 가치를 돌려 드리는 것' 이라는 뜻입니다.

다윗은 '여호와의 이름에 합당한 영광을 돌리며 거룩한 옷을 입고 여호와께 경배할지어다' (시29:2)하였고, 하늘 보좌에 둘러선 수많은 천사들이 외치기를 '죽임을 당하신 어린양은 능력과 부와 지혜와 힘과 존귀와 영광과 찬송을 받으시기에 합당하도다' (계5:12)고 하므로 우리 주님께 최고의 가치를 돌려드리는 찬양을 불렀던 것입니다.

이러한 용어들이 하나님께 올려드리는 예배를 설명하는 것이라면 우리가 어떠한 심신의 자세로 예배를 드려야 할지에 대해 다시 한번 깊이 생각해 봐야 할 것입니다.

(2) 예배의 대상

우리는 예배를 누구에게 드리는가를 분명히 알고 드려야 할 것입니다. 예배는 천사나 마리아도, 목사에게나 예배에 참석한 어느 누구에게도 드리는 것이 아닙니다. 죄와 허물로 죽었던 우리들, 그리스도의 피로 우리들을 구원 받은 성도들이 하나님께 드리는 것이 예배입니다. 구원 받은 하나님의 자녀들이 구원해 주신 우리 성삼위 하나님께 드리는 것이 예배입니다. 왜 하나님께 드려야 합니까?

죄와 사망과 영원한 지옥불에서 독생자 예수님의 피로 우리들을 구원해 주셨기 때문입니다. 예수 믿어 구원 받은 우리들에게 속죄의 은총을 주실 뿐만 아니라 의롭다하시고, 새생명을 부여해 주시고, 하나님의 자녀 삼아 주시고, 천국의 시민권을 주시고, 온갖 언약들을 이루어 주시고, 새 하늘과 새 땅을 우리의 기업으로 주시며, 보혜사 성령님까지 보내주셔서 항상 함께 하시고, 기도의 응답을 주신 우리 하나님 아버지께 영광을 돌려 드리며 감사와 찬송으로 예배를 드리지 않을 수 없는 것입니다.

로버트 레이번 교수는 '예배'의 뜻을 다음 두 가지로 요약하였습니다.

첫째는 기독교 예배는 신실한 신앙이니 하나님의 영화로우신 존엄성을 인식하고 살아계신 하나님 앞에 자신을 굽혀 드리는 것이어야 합니다. 그래야 비로소 인간은 하나님께 경의와 찬양과 감사와 존귀를 드릴 수 있다고 하였습니다.

둘째는 예배를 드리는 자들은 예수 그리스도가 보여주신 대로 하나님께 전적 순종하는 자세로 하나님께 자신을 내어놓아야 한다고 했습니다.

하나님 앞에 예배드리는 자는 자신이 사회적으로 어떤 권력이나 재물이나 명예나 신분 등을 가졌다해도 우리 자신은 그분으로부터 지음을 받은 피조물이요, 멸망 받을 죄인이었던 자임을 기억하고 겸손과 전적 순종의 자세를 가져야 마땅한 것입니다.

그러므로 우리는 예배를 드릴 때에 예배를 받으시는 분이 나와 우리 모두를 위하여 어떤 일을 하셨으며, 지금은 무엇을 하고 계시며, 또 앞으로 어떤 일을 하실 것인지를 알아야 합니다. 그러면 어떤 희생도 주님을 위하여 스스로 감수할 수 있게 될 것입니다.

그러므로 예배를 하나님께 합당하게 드리려면 다음 몇 가지를 꼭 알고 믿어야 합니다.

① 우리의 예배를 받으시는 분은 천지만물을 창조하신 분이시며, 나를 지으셨고 타락하였을 때 독생자의 피(생명)로 구속하여 주신 구원의 하나님이심을 믿어야 합니다.

② 인간의 생사화복과 나라의 흥망성쇠가 하나님의 손에 달려 있음을 믿

어야 합니다.

③ 예수님이 성자 하나님이시며, 그 분이 나를 구원하시기 위하여 모든 것을 다 포기하시고 사람이 되어 이 땅에 오셔서 십자가를 지시고 피 흘려 죽으시므로 나의 유일한 구세주가 되심을 믿어야 합니다.

④ 복음을 들을 때에 나를 감화하사 예수님을 나의 구세주로 믿고 영접하도록 역사하신 분이 성령 하나님이심을 믿음으로 예배를 드려야 합니다. 그리고 지금 내 안에서 보혜사로써 나를 감화하사 말씀을 깨닫게 하시고, 가르쳐주시고, 생각나게 하시며, 위험에서 건져주시고, 보호하시는 분이심을 믿고 삼위일체이신 하나님께 영광과 존귀를 드리며 감사하므로 예배를 드려야 합니다.

⑤ 함께 예배를 드리는 모든 지체들이 다 한 가족임을 믿고 예배를 드려야 하는 것입니다.

⑥ 우리에게 비전과 사명을 주셔서 하나님의 거룩한 포도원에 일꾼 삼아주신 하나님께 감사하므로 예배를 드려야 할 것입니다.

이러한 마음가짐으로 성삼위 일체이신 하나님께 예배를 드린다면 분명히 하나님께서 큰 영광을 받으시고 우리에게 큰 은혜와 복을 주실 줄로 믿습니다.

(3) 예배에는 두 종류가 있습니다.

우리는 하나님께서 받으시는 예배에 두 종류가 있음을 기억해야 할 것입니다.

1) 함께 모여 드리는 축제적인 예배입니다.

“아버지께 참으로 예배하는 자들은 신령과 진정으로 예배할 때가 오나니 곧 이때라 아버지께서는 이렇게 자기에게 예배하는 자들을 찾으시느니라 하나님은 영이시니 예배하는 자가 신령과 진정으로 예배할지니라"(요 4:23,24)

우리 성도가 주일과 공적예배에 각자가 흩어진 삶의 터전에서 부름을 받아 영육을 함께 묶어 구원의 하나님께 영광과 존귀와 찬양으로 드리는 예배가 있습니다. 이 예배는 우리의 물질도 정성으로 준비하여 드려야 합니다. 빈손으로 예배에 나오지 말라고 하셨습니다.(출23:15, 34:20) 우리의 구원뿐만 아니라 물질도 하나님께서 우리에게 주셨음을 인정하는 예배입니다.(신8:18)

이 예배는 외형적인 형식(장소나 건물 등)에 집착해서는 안 됩니다. 오직 성령의 인도를 받아 하나님과의 영적인 교제 가운데서 영과 진리로 드려야 하는 것입니다. 이 예배를 하나님이 가장 기뻐 받으시는 것입니다. 이 예배는 사실 믿는 성도만이 드릴 수 있는 특권적인 예배입니다.

2) 우리의 생활을 통하여 드리는 삶의 예배입니다.(롬12:1,2)

이 예배는 구원 받은 자가 하나님의 영광을 위하여 몸으로, 삶으로 드리는 예배입니다. 우리가 먹든지 마시든지 무엇을 하든지 구원의 하나님께 영광을 돌려드리는 것이 하나님께 드리는 삶의 예배입니다.

주일에 교회 안에서만 드리는 예배만 예배가 아닙니다. 우리의 가정과 직장과 이웃과의 삶의 현장에서 하나님께 돌려드리는 모든 아름다운 행위가 다 하나님께 드리는 산 제물이 되는 것입니다. 그러므로 우리 성도는 공적으로 모여 드리는 축제적인 예배 뿐만 아니라 생활 현장에서 드리는 삶의 예배도 잘 드려야 하나님이 기뻐하시는 것입니다.

하나님은 은혜로 구원 받아 하나님의 자녀 된 우리들이 영과 진리로 드리

는 예배와 삶의 현장에서 생활로 드리는 예배를 기뻐하시고 찾으신다고 하였습니다.(요4:23)

예배에 성공해야 삶의 현장에서도 성공할 수 있다는 말을 기억하시기 바랍니다. 우리는 "내게 주신 모든 은혜를 내가 여호와께 무엇으로 보답할까"(시116:12)하는 심정으로 언제 어느 곳에서나 우리의 몸과 영과 힘을 다하여 감사하므로 드리며 영광과 존귀를 받으시도록 살아가는 것이 큰 믿음의 지름길임을 기억하시기 바랍니다.

하나님의 말씀인 성경

(딤후 3:16-17)

"모든 성경은 하나님의 감동으로 된 것으로 교훈과 책망과 바르게 함과 의로 교육하기에 유익하니 이는 하나님의 사람으로 온전하게 하며 모든 선한 일을 행할 능력을 갖추게 하려 함이라"

성경은 신구약 66권(구약39권, 신약27권)으로 된 "기록된 하나님의 말씀"입니다. 저자는 약 36명 정도로 추정되고 있습니다. 이들 중에는 왕, 목자, 어부, 농부, 세무직원 등 여러 부류의 사람들이 기록하였고 기록한 기한은 1600년간(B.C 1500년-A.D 100년)입니다.

그런데 성경은 저자 자신의 생각이나 사상 또는 철학을 기록한 것이 아니라 성령 하나님의 감동을 받아 영감으로 계시해 주시는 말씀을 기록한 것입니다.

"먼저 알 것을 성경의 모든 예언은 사사로이.... 오직 성령의 감동하심을 받은 사람들이 하나님께 받아 말한 것임이라"(벧후1:20-21)고 하였고

"모든 성경은 하나님의 감동으로 된 것으로 교훈과 책망과 바르게 함과 의로 교육하기에 유익하니 이는 하나님의 사람으로 온전케 하며 모든 선한 일을 행하기에 온전케 하려 함이니라"(딤후3:16-17)고 하였습니다.

성경말씀은 기록된 하나님의 말씀입니다. 이 말씀은 사람이 자신의 어떤 생각이나 사상이나 철학을 기록한 것이 아닙니다. 벧후1:21에

"예언은 언제든지 사람의 뜻으로 낸 것이 아니요 오직 성령의 감동하심을 입은 사람들이 하나님께 받아 말한 것이니라"고 하였습니다.

우리가 큰 믿음의 지름길로 인도 받으려면 다음과 같은 것을 하나님의 말씀인 성경에서 발견해야 합니다.

"예수께서 제자들 앞에서 이 책에 기록되지 아니한 다른 표적도 많이 행하셨으나 오직 이것을 기록함은 너희로 예수께서 하나님의 아들 그리스도이심을 믿게 하려 함이요 또 너희로 믿고 그 이름을 힘입어 생명을 얻게 하려 함이니라"(요20:30,31)

고 하였습니다.

(1) 우리는 성경말씀에서 구원의 길을 발견해야 합니다.

성경말씀을 기록하신 제일의 목적은 구원을 얻게 하기 위함입니다. 성경에서 하나님을 바로 알고, 나 자신이 멸망받을 죄인임을 바로 깨달아 예수 그리스도를 믿어 구원을 얻게 하기 위함입니다. 이 세상에 책들이 얼마나 많은지 모릅니다. 그러나 그 어떤 고전이나 명작이라 할지라도 구원의 길을 바로 가르쳐 주는 책은 한 권도 없습니다. 이 세상에 영웅호걸, 성인과 교주들이 많아도 죄인 된 우리들을 구원해 줄 자는 한 사람도 없는 것입니다.

"다른이로써는 구원을 얻을 수 없나니 천하 사람 중에 구원을 받을 만한 다른 이름을 우리에게 주신 일이 없음이라 하였더라"(행4:12)

고 하였습니다.

"또 어려서부터 성경을 알았나니 성경은 능히 너로 하여금 그리스도 예수 안에 있는 믿음으로 말미암아 구원에 이르는 지혜가 있느니라"(딤후3:15)
라고 하였습니다. 오직 성경만이 구원자 예수님을 가르쳐 주십니다. 오직 그 분을 믿을 때 구원을 받는 지혜가 있음을 믿으시기 바랍니다.(딤후3:15) 그러므로 성경에서 구원의 길을 찾아야 합니다.

(2) 선한 삶을 살아갈 수 있는 인격자의 길을 발견해야 합니다.

"모든 성경은 하나님의 감동으로 된 것으로 교훈과 책망과 바르게 함과 의로 교육하기에 유익하니 이는 하나님의 사람으로 온전케 하며 모든 선한 일을 행하기에 온전케 하려 함이니라"(딤후3:16)"라고 하였습니다.

성경말씀은 마치 병든 사람을 수술하여 건강한 사람으로 고치는 메스와 같아서 "좌우의 날선 검"이라고 하였습니다.(히4:12) 사람을 온전한 인격자로 변화시키는 것은 성경 말씀으로만 가능한 것입니다. 설교를 듣고 성경을 읽다가 변화된 사람은 부지기수인 것입니다. 그리스도를 믿음으로 구원 받게 함이요, 다른 하나는 구원 받은 신자들이 이 세상을 살아가는 데 필요한 삶의 길을 가르쳐 주고자 하는 것입니다. 그리스도인이라면 성경을 배우고 삶에 적용시켜 순종하는 태도를 당연히 배워야 하는 것입니다.

(3) 신앙의 성숙을 위한 방법을 성경에서 발견해야 합니다.

"갓난 아이들 같이 순전하고 신령한 젖을 사모하라 이는 이로 말미암아 너희로 구원에 이르도록 자라게 하려 함이라"(벧전2:2)
고 하였습니다. 성경을 '순전하고 신령한 젖' 이라고 하였습니다. 젖은 완전 식품입니다. 어린아이들은 젖만 먹어도 육체가 자라 가는데 필요한 모든 영양소가 다 공급됩니다. 마찬가지로 신자에게는 하나님의 말씀인 성경말씀이 젖과 같아서 온전히 자라가게 하는 것입니다.

바울은 영적 아들인 디모데에게 다음과 같이 권면합니다. "네가 이것으로 형제를 깨우치면 그리스도 예수의 선한 일군이 되어 믿음의 말씀과 네가 좇는 선한 교훈으로 양육을 받으리라.............경건은 범사에 유익하니 금생과 내생에 약속이 있느니라 미쁘다 이 말이여 모든 사람들이 받을 만하도다" (딤전4:6–9)라고 하였습니다.

성경은 수많은 사람들을 훌륭한 사람들로 변화를 시켰으며 큰 인물로 만들었습니다. 미국의 역대 대통령들의 성경에 대한 명언들을 예를 들어 봅시다.

제임스 먼로는 1817년 12월 12일 첫 연두교서에서 '볼테르는 성경이 단명할 책' 이라고 말했다. 그는 백년 이내에 사람들이 성경을 더 이상 일상생활에서 사용하지 않게 될 것이라고 말했다. 그러나 오늘날 소수의 사람들만 볼테르의 책을 읽지만 그의 집은 성경공회의 창고가 되어 성경책으로 가득차 있다. 성경이 지금처럼 귀한 자리에 놓이게 된 것은 성경이 그 자리에 놓일만한 가치가 있기 때문이다............. 하나님께서 우리에게 주신 유익이 매우 많고 가장 중요하기 때문에 이 모든 것을 허락하신 하나님을 감사한 마음으로 인정하고, 끊임없는 기도로 그가 우리에게 주신 이 모든 것들을 보존하고 우리의 다음 세대에 가장 정결한 모습으로 물려줄 수 있도록 우리에게 지혜와 능력을 주시기를 힘 모아 간구하는 것이 우리의 의무"라고 하였습니다.

토마스 제퍼슨은 "나는 지금까지 성경을 정독하면 더 좋은 국민, 더 좋은 아버지, 더 좋은 남편이 된다고 말해왔고, 앞으로도 언제나 그렇게 말할 것이다. 성경은 세상에서 가장 훌륭한 국민을 만든다."

링컨은 "내가 대통령이 된 것은 어머니가 주신 성경책 때문이다"

존 에덤스는 "아들아, 네가 인생에서 참 평안을 누리고 주위 사람들에게 유익한 사람이 되기 원한다면, 네 자신의 행동과 기질. 감정을 관리하는데 반드시 특정한 규칙과 원칙이 있어야 한다. 그러한 규칙과 원칙은 성경에 담겨 있다 너는 성경으로부터 그것들을 배우고, 어떻게 실전에 옮길 수 있는지를 알아가야 한다. 이는 하나님에 대한, 네 주위 사람들에 대한, 그리고 네 자신에 대한 의무이다. 성경은 세계에서 가장 훌륭한 책이다. 거기에는 온 세계의 도서관보다도 더 많은 내용이 담겨 있다."

조지 워싱톤은 "우리를 정치적인 번영으로 이끈 모든 기질과 습성들 중에 종교와 도덕심은 빼놓을 수 없는 후원자였다. 하나님과 성경 없이 세계를 바르게 통치한다는 것은 불가능한 일이다"

13년간 4선 대통령을 지낸 프랭클린 루스벨트는 "우리는 이 나라의 발전을 이룩하는데 성경이 차지한 위치에 대한 고려 없이는, 한 국가로서 우리의 성장과 발전에 대한 역사를 제대로 읽을 수 없습니다. 역사를 살펴보면 진실함과 일관성으로 성경의 원리들을 충실히 지켜나갔을 때 우리는 가장 큰 만족과 번영을 누렸습니다."

드와이트 D. 아이젠하워는 "인간의 영혼은 단순한 육체적 힘보다 더 중요합니다. 그리고 한 나라의 영적인 힘이 그 나라의 부(富)보다 더 중요합니다. 성경은 모든 시대에 걸쳐 그 영성이 입증됐습니다. 우리의 문명은 하나님의 말씀에 기초해 세워졌습니다. 이 세상의 그 어떤 다른 책도 성경만큼 지혜와 진리와 소망으로 영감 받지 못했습니다"

라고 성경의 위대함을 증언했습니다. 왜 그렇습니까? 성경은 인간의 사상이나 생각과 경험에서 나온 것이 아니라 전능하신 창조주 하나님의 말씀이기 때문입니다.

아프리카의 선교사 리빙스턴은(David Livingstone) 정글의 한 마을에 억류되어 있는 동안 성경을 연속적으로 4번이나 읽었다고 합니다. 그는 스펄젼 목사님이 말한 "성경책이 너덜너덜해지도록 읽은 사람의 인생은 너덜너덜하지 않기 마련이다" 라는 명언을 실천한 사람이었습니다.

빌리 그래함은 의료 선교사인 그의 장인 넬슨 벨(Nelson Bell)에 대하여 말하기를, "장인은 매일 아침 4시 30분에 일어나서 두 시간 내지 세 시간 동안 성경을 읽었다. 그는 그 시간을 주석을 쓰거나 글을 쓰는 일에도 보내지 않았다. 매일 아침 그는 성경을 읽는 일에만 몰두했다. 그는 걸어 다니는 성경백과였다. 사람들은 그의 삶의 거룩함과 위대함에 경탄했다"고 했습니다.

유명한 설교가였던 스펄젼(Spurgeon)은 "우리의 핏줄 자체가 '성경 말씀이 흐르는 관' 이 되어야 한다"고 했고, 기도응답을 5만번이나 받으며 수천 명의 고아들을 기른 고아의 아버지 죠지 뮬러(George Mueller)는 성경을 200번이나 읽었다고 합니다.

(4) 하나님의 기뻐하시는 뜻을 발견해야 합니다.

하나님의 기쁘신 뜻을 찾는 것은 대단히 중요합니다. 그 이유는 하나님의 뜻을 이루어 드리는데 필수적인 일이요. 하나님을 기쁘시게 하는 일이기 때문입니다. 인생의 성공길은 자신의 상사나 최고 경영자의 마음을 읽고, 그 뜻을 알아 행할 수만 있다면 그 사람은 반드시 성공할 것입니다. 그렇다면 모든 주권과 생사화복을 쥐고 계신 하나님의 뜻을 알아 행한다면 그는 반드시 크게 쓰임을 받으며 복을 받을 것입니다.

한나는 그의 기도 가운데 "여호와는 죽이기는... 자기의 기름 부음을 받은 자의 뿔을 높이시리로다"(삼상2:7-10)라고 고백하였습니다.

그러면 성경에 나타난 하나님의 뜻이 무엇입니까? 그 뜻은 성경에 가장 명백하고 확실하게 나타나 있습니다. 예를들면 "항상 기뻐하라. 쉬지말고 기도하라. 범사에 감사하라 이것이 예수그리스도 안에서 너희를 향하신 하나님의 뜻이니라"(살전5:16-18)고 하였습니다. 어떤 때에는 "오직 성령이 너희에게 임하시면 너희가 권능을 받고... 예루살렘과 온 유대와 사마리아와 땅끝까지 내 증인이 되리라"(행1:8)와 같은 명령형이 하나님의 뜻일 수도 있습니다.

하나님의 뜻을 발견하는데는 성경말씀이 제일 잘 가르쳐 주고 있는 것입니다. 그러므로 성경을 부지런히 읽고 묵상하는 가운데 하나님의 뜻을 잘 발견하는 성도들이 다 되시기를 바랍니다. 순종하므로 하나님의 큰 사랑과 복을 받으시기를 바랍니다.

성경을 읽지 않고 배우지 않아 무지하게 된 기독교인들의 현실을 다음과 같이 비꼬는 유머가 있습니다.

어느 교회 목사가 어린이들이 교회에 나오는 것이 너무 귀여워 한 주일학생에게 물었습니다.

"네 이름이 뭐지?"

"예, 요셉입니다"

"너 참 귀엽구나, 그런데 얘야, 여리고성은 누가 무너뜨렸지?"

라고 했더니 그 어린이가 안색이 변하며 아주 당황해 하면서

"저는 절대로 안 무너뜨렸습니다."

며 황급히 도망을 치더라는 것입니다. 하도 어이가 없어 주일학교 교사를 만나 그 이야기를 했더니 그 선생님은 아주 당당하게

"목사님, 우리교회 학생들은 아주 순진해서 그런 짓을 할 아이들이 아닙니다. 목사님이 잘못 알고 물으신 것 같습니다. 잘 알아보시지요"

하더랍니다. 목사님이 더 어이가 없어 주일학교 담당 장로님을 불러

"장로님, 저가 오늘 주일학생을 만나 여리고성을 누가 무너뜨렸느냐고 물었더니 '제가 절대로 안 무너뜨렸다' 며 도망을 쳐서, 교사선생님을 만나 그 사실을 이야기 했더니 '우리주일학생들은 얌전해서 절대로 그런 아이들이 아닙니다. 목사님이 잘 못 아신 모양이니 잘 알아보라' 는데 어찌 된 일입니까?"

하고 물었더니 그 장로님 대답이 걸작입니다.

"목사님, 뭐 그런 것 가지고 염려를 하십니까? 그것을 바로 세우는데 비용이 얼마나 드는지 견적을 내 주시면 저가 당장 복구를 하겠습니다. 목사님 염려하지 마세요"라며 위로를 하더랍니다.

성경은 이제 기독교인들에게 하나의 악세사리가 되어 버린지 오랜 것 같습니다. 바쁘다는 핑계로 교회에 오갈 때 들고 다니는 장식품처럼 되었고, 심지어는 아예 들고 다니지도 않는 교인들이 많아졌다고 합니다. 교회에 가면 찬송성경을 다 스크린에 띄워 주니 괜히 들고 다닐 필요가 없다는 것입니다. 전에는 일주일에 한 번씩이라도 먼지를 털었지만 지금은 아예 책장에 잠재워 놓고 있는 형편입니다. 아무리 귀중한 보물이라고 해도 사용하지 않고 금고에 넣어놓으면 진가를 발휘하지 못 하듯이 성경도 읽고 배우고 가지고 다니지 아니하면 쓸모 없어져 금고에 넣어 놓은 것이나 다름 없는 것입니다.

하나님의 온갖 지혜와 지식과 보화가 가득 담긴 성경을 읽고 배우고 믿고 순종하며 살아갑시다. 자녀들에게 성경책을 유산으로 넘겨주는 것이 아니

라 부모가 성경을 얼마나 애독하고, 묵상하고, 사랑하고, 순종하는지의 그 정신을 유산으로 물려줍시다.

성경말씀은 하나님께서 자기 백성들을 사랑하셔서 주신 귀중한 보물입니다. 그 속에는 구원의 길이 있고, 가장 성공적이고 값진 삶의 지혜와 지식이 있으며, 행복의 설계도가 숨겨져 있습니다. 영원한 천국으로 들어가 영생을 누리는 길을 안내하는 나침판입니다.

이 말씀을 읽고 배우고 순종하면 우리인생은 안정되고 행복하게 살아가게 될 것이며, 개인에게는 구원과 변화를 선물하며, 모든 인류에게 위로는 하나님 사랑, 아래로는 이웃 사랑을 실천하여 평화로움과 안전을 도모케 하며, 바람직한 개발과 문화를 이룩하게 될 것입니다. 금생내세에 웰빙의 삶을 안내하는 유일의 말씀임을 기억하시고 말씀을 애독하고, 묵상하고, 믿고, 실천하는 말씀의 신자들이 다 되시기를 주님의 이름으로 축원합니다.

기도생활

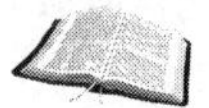

(빌 4:6,7)

"아무 것도 염려하지 말고 오직 모든 일에 기도와 간구로, 너희 구할 것을 감사함으로 하나님께 아뢰라 그리하면 모든 지각에 뛰어난 하나님의 평강이 그리스도 예수 안에서 너희 마음과 생각을 지키시리라"

성경에는 기도에 대한 말씀이 많이 나옵니다. 기도는 쉬지 말고 해야 할 영혼의 호흡과 같고, 감사함으로 기도하라고 하심으로 기도하면 반드시 이루어 주신다고 약속하셨고, 신구약에 위대한 하나님의 사람들이 다 기도의 사람들이었으며, 예수님까지도 기도하시되 제자 선택 등 중요한 일들을 앞두면 밤새워 기도하셨고, 성역 초두에는 40일 동안 금식하시며 기도 하셨습니다. 특히 말세에 살고 있는 우리들에게는 "깨어 있어 기도하라 너희 대적 마귀가 우는 사자같이 두루 다니며 삼킬 자를 찾는다"고 말씀하셨습니다.

(1) 기도가 무엇입니까?

① 하나님의 긍휼과 은혜를 얻기 위하여 하나님 아버지 앞에 나아가는 것입니다.

기도는 자신의 무력함을 인식하는데서부터 출발하게 되는 것입니다. 기도는 자신이 아닌 하나님을 의지 하는 행위이기 때문입니다. 매 순간 몰려오는 고민과 염려를 해결하는 길은 오직 하나님 아버지께만 있는 것입니다.

히4:14-16 '그러므로 우리에게 큰 대제사장이 계시니 승천하신 이 곧 하나님의 아들 예수시라 우리가 믿는 도리를 굳게 잡을지어다 우리에게 있는 대제사장은 우리의 연약함을 동정하지 못하실 이가 아니요 모든 일에 우리와 똑같이 시험을 받으신 이로되 죄는 없으시니라 그러므로 우리는 긍휼하심을 받고 때를 따라 돕는 은혜를 얻기 위하여 은혜의 보좌 앞에 담대히 나아갈 것이니라'

멀리 나가 자녀가 무엇이 필요할 때마다 집에 계시는 부모에게 전화를 걸어 무엇을 달라고 하는 것처럼 이 세상에 있는 우리는 우리 아버지 하나님께 무엇을 구하기 위하여 기도하는 것입니다. "너희가 얻지 못함은 구하지 아니하기 때문이요"(약4:2)라고 하였습니다.

② 하나님 아버지와의 대화입니다.

대화는 서로가 마주 대하여 직접 주고받으며 이야기하는 것을 말합니다.

기도는 천지만물을 창조하신 전능하신 우리 하나님 아버지, 우리를 지극히 사랑하시는 만복의 근원이신 하나님과의 대화입니다.

하나님 아버지께서는 성경말씀을 통하여 우리에게 말씀하시고 우리는 기도로 하나님께 아뢰므로 응답받는 것입니다. 기도로 하나님께 감사와 기쁨을 드리며, 영광을 올려 드립니다. 그러므로 올바른 기도는 성경을 읽고 성경 말씀에 따라 기도하는 것입니다. 그래서 기도하기 전에 성경을 읽거나 설교를 들은 다음에 말씀을 생각하면서 기도하는 것이 가장 바람직한 기도입니다.

물론 다급하거나 급한 일을 만났을 때에는 성경을 찾아 읽고 기도할 수는 없습니다. 그때는 '하나님 아버지여, 날 살려 주십시오, 이 위기에서 생명을 살려 주십시오' 라고 기도할 수 있는 것입니다.

③ 기도는 성도의 영적 호흡이다.

살전5:17 '쉬지 말고 기도하라' 는 말씀은 기도는 영적 호흡이라는 뜻입니다. 숨을 쉬지 않으면 죽는 것 같이 기도하지 않으면 영적 죽음에 이르게 되는 것입니다. 말틴 루터는 "기도없이 크리스천이 되려는 것은 호흡없이 살려는 것만큼이나 불가능한 일이다."라고 하였습니다. 숨을 쉬지 않는 사람이 일어나 거동을 하거나, 일을 하거나 돈을 벌 수 없듯이, 기도하지 않고는 영적인 일은 고사하고 가족과 남에게 큰 짐이 될 수 있습니다. 중환자실에 산소호흡기를 끼고 누워있는 환자들을 종종 보게 됩니다. 가족들과 친지들에게 얼마나 염려거리가 되고, 경제적인 부담을 지우게 됩니까?

기도하지 않는 신자는 마치 산소호흡기를 낀 환자처럼 가족과 성도들의 기도 덕분에 그마나 생명이 부지된다고 생각해야 합니다. 밤마다 교회에서 기도하는 분들이 있기에 영적 생명을 부지하는 성도들이 많다는 것을 기억해야 할 것입니다. 기도하지 않는 신자들은 많은 사람들에게 염려를 끼치는 사람이 됩니다.

영적 일은 고사하고 자신의 영적 생명마저 위태롭다는 것을 기억해야 할 것입니다. 영적 호흡인 기도에 열심을 다하는 성도들이 다 되어야 할 것입니다.

④ 기도는 하나님 아버지에게 우리의 필요한 것을 청구하는 것입니다.

요 16:24 '지금까지는 너희가 내 이름으로 아무것도 구하지 아니하였으나 구하라 그리하면 받으리니 너희 기쁨이 충만하리라'

요 15:7 '너희가 내 안에 거하고 내 말이 너희 안에 거하면 무엇이든지 원하는 대로 구하라 그리하면 이루리라'

기도의 용장으로 평생 5만번을 응답 받은 죠지뮬러는 이러한 기도의 비밀을 누구보다도 잘 알고 누린 사람입니다. 조지 뮬러는 1500명의 고아를 기르면서도 한번도 누구에게 돈이나 무엇을 청구한 일이 없다고 합니다. 하루는 점심거리가 없다고 총무가 그에게 말하자 "지금 몇 시나 되었소?"라고 물었습니다. 총무는 "11시입니다"라고 대답하였습니다.

'그러면 12시까지 가서 기다리시오"라는 말을 하고 뮬러는 곧장 골방에 들어가 어린이들의 점심밥을 보내 달라고 기도하였습니다. 그런데 정말 12시가 되자 어디서인지 빵 한 수레가 덜커덩 거리며 고아원에 들어오는 소리가 났습니다.

이 빵이 어떻게 고아원에 오게 되었나 알아보니 때마침 빵굽는 집 옆에서 화재가 나서 구워 놓은 빵을 다 태울 지경이었습니다. 그 때 빵을 속히 꺼내어 어떻게 처리할까 고심하는 중에 고아원이 떠올라 가져왔다고 하는 것이었습니다. 그는 일생을 기도만 가지고 수만 번의 응답을 받았다고 합니다.

이처럼 하나님은 우리의 모든 기도에 응답하시는 분이십니다. 하나님이 살아계신 증거인 기도응답, 우리 역시 죠지 뮬러처럼 응답의 확신을 가지고 기도하여 날마다 풍성하신 하나님의 축복을 누리며 살아야 할 것입니다.

⑤ 기도는 하나님의 능력을 얻는 도구입니다.

성경에 나오는 믿음의 사람들뿐만 아니라 기독교 역사에 수많은 주의 종들이 기도하여 능력을 얻었습니다. 기도는 하나님의 능력을 얻는 도구가 되는 것입니다.

1517년 말틴 루터는 비텐베르크 교회 문에 95개조항의 '개혁선언문'을 붙여 종교개혁의 포문을 열었습니다. 당시 평범했던 그가 어떻게 절대 권력인 교황의 세력과 맞설 수 있었을까요? 루터는 그것이 기도 덕분이라고 말했습니다. "만일 내가 새벽에 두 시간 이상을 기도하지 않았다면 그날의 승리는 마귀에게 돌아갔을 것이다. 너무나 할 일이 많았다. 그러나 날마다 세 시간 이상 기도하는 것보다 더 중요한 일은 없었다. 그 기도가 모든 일을 지탱해 나가게 하는 힘이 되었던 것이다"라고 하였습니다.

교회교육관 건축을 하면서 저는 기도가 얼마나 중요한가를 절실히 느꼈습니다. 설계가 잘 되고, 자금이 준비되고, 건축회사가 정해지고 감독이 세워지고 준비할 것은 다 했습니다. 그러나 많은 시련을 당했습니다. 회의를 하면서 서로 고성이 오가고 이런저런 어려움이 있었습니다. 처음 계약한 회사와 타절을 하고 다른 회사를 정하고 하는 가운데 어렵고 힘든 일들이 많았습니다.

얼마 전에 들은 이야기입니다. 저의 친구가 시무하는 서울 모 교회가 건축을 하는데 철골작업을 하면서 불똥이 튀어 불이 나는 바람에 옆에 있는 아파트 4가구가 전소되고 옆집이 불타는 어려움을 당하였다는 것입니다. 그때에 전 교인들이 정신을 바짝 차리고 열심히 기도하는 가운데 큰 어려움 없이 완공이 잘 되었다는 말을 들었습니다.

열심히 기도합시다. 특별히 교회 중직을 맡은 분들의 직무가운데 분명히 '교인을 위해 기도하고 전도해야 한다.'는 의무조항이 명시되어 있습니다. 초신자들, 중노동하는 분들도 새벽에 나와서 기도하는데 기도해야 할 중직자들이 잠들어 있다면 어떻게 되겠습니까? 힘들어도 나와서 기도하면 하나님이 크게 기뻐하셔서 힘주시고, 능력 주시며, 덤으로 더 큰 은혜와 복을 주실 줄로 믿습니다.

(2) 하나님은 왜 우리의 기도를 들으시고 응답하십니까?

① 우리는 그의 자녀들이기 때문입니다.

요1:12 "영접하는 자 곧 그 이름을 믿는 자들에게는 하나님의 자녀가 되는 권세를 주셨으니"

하나님의 자녀인 것을 믿습니까? 그렇다면 "나는 하나님의 자녀다"라는 믿음을 절대로 의심하지 마시기 바랍니다. 자녀도 서자가 아니고 사랑받는 자녀, 하나님 아버지앞에서는 보배롭고, 존귀히 여김을 받으며, 사랑 받는 자녀임을 믿으시기 바랍니다. 그러므로 기도할 때 들으시고 응답하시는 것입니다.

② 기도응답을 해 주시겠다고 약속하셨기 때문입니다.

마7:7-11 "구하라 그리하면 너희에게 주실 것이요 찾으라 그리하면 찾아낼 것이요 문을 두드리라 그리하면 너희에게 열릴 것이니 구하는 이마다 받을 것이요 찾는 이는 찾아낼 것이요 두드리는 이에게는 열릴 것이니라 너희 중에 누가 아들이 떡을 달라 하는데 돌을 주며 생선을 달라 하는데 뱀을 줄 사람이 있겠느냐"

빌4:6,7 "아무 것도 염려하지 말고 다만 모든 일에 기도와 간구로, 너희 구할 것을 감사함으로 하나님께 아뢰라 그리하면 모든 지각에 뛰어난 하나님의 평강이 그리스도 예수 안에서 너희 마음과 생각을 지키시리라"

약1:5 "너희 중에 누구든지 지혜가 부족하거든 모든 사람에게 후히 주시고 꾸짖지 아니하시는 하나님께 구하라 그리하면 주시리라 오직 믿음으로 구하고 조금도 의심하지 말라 의심하는 자는 마치 바람에 밀려 요동하는 바다 물결 같으니 이런 사람은 무엇이든지 주께 얻기를 생각하지 말라"고 약속하셨습니다. 하나님은 한 번 약속하시면 반드시 지키시는 우리 아버지 이십니다.

"하나님은 사람이 아니시니 거짓말을 하지 않으시고 인생이 아니시니 후회가 없으시도다 어찌 그 말씀하신 바를 행하지 않으시며 말씀을 실행지 않으시랴"(민23:19, 삼상15:29)고 하셨습니다.

③ 좋으신 분이기 때문입니다.

"너희가 악한 자라도 좋은 것으로 자식에게 줄 줄 알거든 하물며 하늘에 계신 너희 아버지께서 구하는 자에게 좋은 것으로 주시지 않겠느냐"(마7:11)

"자기 아들을 아끼지 아니하시고 우리 모든 사람을 위하여 내주신 이가 어찌 그 아들과 함께 모든 것을 우리에게 주시지 아니하겠느냐"(롬8:27)

"도둑이 오는 것은 도둑질하고 죽이고 멸망시키려는 것뿐이요 내가 온 것은 양으로 생명을 얻게 하고 더 풍성히 얻게 하려는 것이라"(요10:10)

우리를 구원하시기 위하여 친히 이 세상에 오셔서 생명까지 주신 참 좋으신 전능하신 하나님께서 약속을 지키시지 않으시랴?

④ 성자 하나님과 성령 하나님께서 우리의 생각을 아시고 계속 기도해 주시고 계시기 때문입니다.

롬8:26-27에 "이와 같이 성령도 우리의 연약함을 도우시나니 우리는 마땅히 기도할 바를 알지 못하나 오직 성령이 말할 수 없는 탄식으로 우리를 위하여 친히 간구하시느니라 마음을 살피시는 이가 성령의 생각을 아시나니 이는 성령이 하나님의 뜻대로 성도를 위하여 간구하심이니라"

롬8:34에도 "누가 정죄하리요 죽으실 뿐 아니라 다시 살아나신 이는 그리스도 예수시니 그는 하나님 우편에 계신 자요 우리를 위하여 간구하시는 자시니라"

라고 하셨습니다. 그럼에도 불구하고 우리가 잠자고 기도하지 않는다면 하나님께서 얼마나 섭섭하게 여기시며, 슬퍼하시겠습니까? 우리도 삼위 하나님께 감사하며 열심히 기도합시다. 반드시 이루어 주실 것입니다.

그러면 우리가 기도해도 왜 응답을 받지 못합니까?

먼저 하나님은 우리의 기도를 들으시고 응답하시되 몇 가지 방법으로 응답하십니다.

① 기도하면 즉시 응답하십니다.(Yes)

② 그 기도대로 응답해 주신다면 본인에게 유익이 되지 않을 때에는 응답하시지 않습니다.(No)

③ 구하는 것보다 더 좋은 것으로 바꾸어 주십니다.(Change)

④ 때로는 유익을 위하여 기다리라고 하십니다.(Delay)

(3) 하나님께서 응답해 주시지 않는 경우가 있습니다.

① 잘못된 생각만 하고 진심으로 기도하지 않기 때문입니다.

"너희는 욕심을 내어도 얻지 못하여 살인하며 시기하여도 능히 취하지 못하므로 다투고 싸우는도다 너희가 얻지 못함은 구하지 아니하기 때문이라"고 하였습니다. (약4:2,3)

② 정욕으로 쓰려고 잘못 구하기 때문입니다.

"구하여도 받지 못함은 정욕으로 쓰려고 잘못 구하기 때문이라"고 하였습니다. 나의 계획이나 뜻이 아니라 하나님의 선하신 뜻에 따라 기도해야 합니다.(약4:3)

③ 믿음으로 구하지 않기 때문입니다.

"오직 믿음으로 구하고 조금도 의심하지 말라 의심하는 자는 마치 바람에 밀려 요동하는 바다 물결 같으니 이런 사람은 무엇이든지 주께 얻기를 생각하지 말라 두 마음을 품어 모든 일에 정함이 없는 자로다"(약1:6-7)

기도할 때는 반드시 하나님 아버지의 전능하심을 믿고, 구하는 자녀의 기도에 응답해 주실 것을 확실히 믿고 기도해야 응답 받습니다.

④ 회개하지 않은 죄악 때문입니다.

"내가 나의 마음에 죄악을 품었더라면 주께서 듣지 아니하시리라"(시66:18)

"여호와의 손이 짧아 구원하지 못하심도 아니요 귀가 둔하여 듣지 못하심도 아니라 오직 너희 죄악이 너희와 너희 하나님 사이를 갈라 놓았고 너희 죄가 그의 얼굴을 가리어서 너희에게서 듣지 않으시게 함이니라 이는 너희 손이 피에, 너희 손가락이 죄악에 더러워졌으며 너희 입술은 거짓을 말하며 너희 혀는 악독을 냄이라"(사59:1-3)

⑤ 얻을 때까지, 믿음으로 기도하지 않기 때문입니다.

"예수께서 그들에게 항상 기도하고 낙심하지 말아야 할 것을 비유로 말씀하여 이르시되 어떤 도시에 하나님을 두려워하지 않고 사람을 무시하는 한 재판장이 있는데 도시에 한 과부가 있어 자주 그에게 가서 내 원수에 대한 나의 원한을 풀어 주소서 하되 그가 얼마 동안 듣지 아니하다가 후에 속으로 생각하되 내가 하나님을 두려워하지 않고 사람을 무시하나 이 과부가 나를 번거롭게 하니 내가 그 원한을 풀어 주리라 그렇지 않으면 늘 와서 나를 괴롭게 하리라 하였느니라 주께서 또 이르시되 불의한 재판장이 말한 것을 들으라 하물며 하나님께서 그 밤낮 부르짖는 택하신 자들의 원한을 풀어 주지 아니하시겠느냐 그들에게 오래 참으시겠느냐 내가 너희에게 이르노니 속히 그 원한을 풀어 주시리라 그러나 인자가 올 때에 세상에서 믿음을 보겠느냐 하시니라"(눅18:1-8)

⑥ 약속 붙들고 기도해야 합니다.

하나님이 우리에게 기도하면 들어주시겠다고 약속하신 말씀들이 성경에 가득합니다. 그 약속을 붙잡고 간절히 기도할 때에 하나님은 그 기도를 들어주시는 줄을 믿으시기 바랍니다.

"구하라 그리하면 주실 것이요 찾으라 그리하면 찾아낼 것이요 문을 두드리라 그리하면 너희에게 열릴 것이니 구하는 이마다 받을 것이요 찾는 이가 찾아 낼 것이요 두드리는 이에게 열릴 것이니라"(마7:7-8)
라고 약속 하셨습니다.

(4) 하나님의 능력은 기도하는 사람에게 주어집니다.

기도의 사람 모세가 기도할때에 하나님의 백성들을 노예로 잡아 괴롭히는 애굽 사람들에게 재앙을 내리시고 이스라엘 백성들이 해방을 얻어 자유의 시민이 되는 놀라운 역사가 일어났습니다. 광야 40년동안 반석에서 생수가 솟아나고, 강적 아말렉을 무찌르고, 대적하는 자들을 물리치는 놀라운 능력들이 다 모세의 기도로 일어났던 것입니다.

기도의 사람 히스기야가 기도하므로 앗수르의 산헤립 군대 십팔만오천명이 하룻 밤 사이에 진멸을 당하고, 기고만장하여 하나님을 모욕하고 이스라엘 백성들을 업신 여긴 그가 고국에 돌아가 자기 아들에게 죽임을 당하므로 유다는 큰 위기에서 벗어나게 되었습니다.

기도의 사람 다니엘을 모함하여 사자굴에 던져 넣으려던 바벨론의 총리들이 오히려 그 가족들과 함께 사자의 밥이 되고, 다니엘은 더욱 높은 지위에 오르게 된 것입니다.

우리 예수님은 겟세마네의 간절한 기도로 인류를 구원하시는 놀라운 역사를 이루셨습니다.

말틴 루터의 간절한 기도로 천주교의 절대 세력을 꺾고, 유럽 전역에 종교개혁운동이 폭발하였습니다.

메리여왕은 스코틀란드의 모든 군대보다 존 낙스의 기도가 더 무섭다고 떨던 대로 그의 기도로 영국은 복음화되었습니다. 존 웨슬레의 기도로 프랑스와 같은 대혁명을 겪지 않고도 술과 노름과 도둑으로 혼란에 빠졌던 영국은 대 부흥과 변화의 역사가 일어났으며, 조나단 에드워드의 기도로 아메리카 전역에 부흥이 불길처럼 번져 나갔습니다.

미국의 남북 전쟁이나 세계 1,2차 대전 역시 전세가 불리했던 연합국들이 열심히 기도하므로 하나님께서 역사하셔서 승리를 가져다 주었습니다.

우리나라가 공산주의자들의 입안에 온전히 삼켜질 찰라에 당시 이승만 대통령의 요청으로 부산 삼일교회에서 목사 장로들이 모여 금식하며 기도하므로 낙동강 전선에서 승리를 거두었으며, 멕아더 장군의 간절한 기도로 승산이 극히 희박한 인천상륙작전이 승리를 거두게 되었습니다.

경건한 그리스도인인 맥아더는 최 일선에서 전쟁을 치르면서도 하루에 성경을 한 장씩 꼭 읽었다고 합니다. 그는 참전한 전쟁사 중 가장 위대한 작전으로 꼽히고 있는 인천상륙작전을 준비하면서도 매일 저녁 함상에서 기도했다고 합니다.

당시 어려운 환경 속에서도 우리군 3만 8천명을 일본에 보내 훈련시키도록 한 결정도 기도로 준비하는 과정에서 내려진 것입니다. 후에 이러한 결정들이 독실한 신앙과 기도의 응답이었음이 그의 회고록에서 밝혀지기도 했으며 1950년 9월 29일 서울을 수복한 기념 연설에서도 다음과 같이 잘 나타나고 있습니다.

"하나님의 은총을 입어 우리부대는 한국의 옛 서울을 해방시켰습니다. 이 거리는 잔학무도한 공산주의 압제에서 해방되었으며 시민들은 다시 자유와 인간의 존엄을 누리게 되었습니다. 이 결정적인 승리를 우리에게 되찾게 해 주신 전능하신 하나님께 감사를 드립니다. 우리 다같이 이런 하나님을 위해 나와 함께 주기도문을 외우도록 합시다"〈1993년 출판, 일신서적 '맥아더 회고록' 202~203쪽〉

사람들은 일제히 일어섰고 장병들은 흙으로 얼룩진 전투모를 벗고 함께 주기도문을 외웠다. "나라와 권세와 영광이 하나님께 영원히 있사옵니다. 아멘." 이 구절이 끝나자 이승만 대통령은 맥아더의 두 손을 꼭 잡고 감격의 눈물을 흘리며 "하나님이 이 민족을 구하기 위해 보내주신 당신을 사랑합니다"라고 말했습니다.

그는 전선에서 어려움이 있을 때마다 "나는 부활이요 생명이니 나를 믿는 자는 죽어도 살 것이며 살아서 나를 믿는 자들은 영원히 죽지 아니하리라"는 요한복음의 구절을 암송하며 죽음의 위기에서 벗어났다고 합니다.

맥아더는 52년간의 군 생활을 마감하며 다음과 같이 고백하였습니다.

"하나님의 계시에 따라 자기의 임무를 완수하기 위해 노력했던 한 노병은 이제 물러갑니다"〈맥아더 회고록에서〉 이 고백 속에서 우리는 그의 삶을 이끈 가치관이 무엇인지 발견하게 되며 6 · 25 전란 가운데 보여준 기도하는 그의 무릎이 오늘의 한국을 있게 만든 한 요인임을 새삼 깨닫게 됩니다.

오직 예수님만이

(행 4:12)

"다른 이로써는 구원을 얻을 수 없나니 천하 사람 중에 구원을 얻을만한 다른 이름을 우리에게 주신 일이 없음이라 하셨더라"

갈리리 젊은 어부로 예수님의 제자가 된 베드로는 예수님의 가장 신임 받는 제자였습니다. 그는 예수님이 그리스도이심을 믿고 신앙을 고백하였고, 주님 위해 죽을 각오가 되어있었고, 자신이 가장 예수님을 사랑한다는 것을 고백하기까지 하였습니다.

그러나 그는 깨어서 기도했어야 할 때에 잠에 빠졌으며, 주님이 심문을 받는 그 순간에 예수님을 모른다고 3번이나 부인하기까지 하였습니다. 그러나 그는 주님의 사랑의 눈빛과 마주치면서 주님의 말씀을 기억하고, 애통하며 회개하였고, 후에 부활의 주님을 뵈옵고 약속하신 성령의 충만을 받음으로 완전히 예수님의 제자로 변화되었습니다.

성령충만을 받은 그는 유대의 최고 의결기관인 산해드린 공의회에서 조금도 위축되지 아니하고 외치기를

"다른 이로서는 구원을 받을 수 없나니 천하 사람 중에 구원을 얻을 만한 다른 이름을 우리에게 주신 일이 없음이니라"고 하였습니다.

이 말씀은 사도들뿐만 아니라 베드로 이후 모든 신자들이 믿고 전하는 신앙의 근본이요, 신앙고백인 것입니다. 오늘 저는 이 말씀을 가지고 "**오직 예수님만이**"라는 말씀 제목으로 함께 은혜를 나누고자 합니다.

(1) 오직 예수님만이 모든 인간의 유일하신 구원자이십니다.

"구원"이라는 말은 예수 믿음으로 죄와 사망과 마귀에게서 해방 받아 영생을 얻는 것을 말합니다. 뿐만 아니라 불치의 병에서 고침 받거나, 어떤 위험에서 건짐을 받거나, 죽음에서 살림을 받아 안전하게 보존되는 것도 구원 받았다고 말합니다. 더 넓은 의미로는 정신적인 갈등과 피해에서 벗어나게 되는 것도, 고통, 질병, 위험에서 건짐 받는 것도, 나쁜 주위 환경에서 안전하게 보호되는 것들도 다 구원 받았다는 말을 사용하는 것입니다.

그러나 우리는 구원이라는 말을 주로 죄로 멸망 받을 인생들을 건져 지옥가지 아니하고 천국가게 하는 것을 구원 받았다고 말합니다. 요3:16에 "하나님이 세상을 이처럼 사랑하사 독생자를 주셨으니 이는 저를 믿는 자마다 **멸망하지 않고 영생을 얻게 하려 하심이라**"고 하셨습니다.

인간의 구원은 오직 예수 그리스도만이 하실 수 있는 것입니다. 이 세상의 그 어떤 사람이나 어떤 행위로나 법으로도 구원받을 수 없는 것입니다. 오직 예수 그리스도만이 우리 인간의 유일한 구원자이십니다.

"다른 이로서는 구원을 받을 수 없나니 천하사람 중에 구원을 얻을 만한 다른 이름을 우리에게 주신 일이 없음이니라"는 말씀은 예수님만이 우리의 유일하신 구원자이심을 말씀하신 것입니다.

예수님만이 유일하신 구원자이시다는 말씀은 율법을 지켜야 구원을 얻는다고 믿고 있는 유대인들에게나, 착하게 살고 선을 행하고 적선을 함으로 구원을 받는다고 믿는 불교인들에게나, 지혜를 얻으므로 구원을 얻는다는 당시 헬라인들이 결코 받아 드릴 수 없는 괴변이었고, 엄청난 선전포고였으며, 큰 타격을 주는 폭탄선언이었습니다.

지금도 이 세상에 수많은 종교가 있습니다. 그들 중에 이 말씀을 받아드리는 사람들은 거의 없는 것입니다. 심지어 예수님을 믿는다고 고백하는 사람들 중에도 "다른 이로서는 구원을 받을 수 없나니 천하 사람 중에 구원을 얻을 만한 다른 이름을 우리에게 주신 일이 없음이라"는 오직 예수님만이 우리의 유일한 구원자라는 것을 받아드리지 않고 있다는 것입니다.

예수님의 십자가의 공로 50%, 자신의 공로 50%를 합하여 구원을 얻는다는 천주교도 오직 예수님을 믿음으로만 구원 받는다는 것을 받아드리지 않고 있는 것입니다. 이 세상에는 인간이 노력하면 하나님이 될 수 있다는 뉴에이지들도 이 말씀은 받아 드릴 수 없는 기독교의 독선적인 주장으로만 보는 것입니다.

이러한 모든 자들은 "교회밖에도 구원이 있다"는 즉 예수 안 믿어도 불교나 유교, 모슬렘, 남무 호랑겡교를 믿어도 종국에는 다 구원을 받을 수 있다는 **종교다원주의자**들입니다.

그러나 우리가 믿는 성경말씀은 분명히 "**다른 이로서는 구원을 받을 수 없나니 천하 사람에 구원을 받을 만한 다른 이름을 우리에게 주신 일이 없음이니라**"고 말씀하고 있는 것입니다. 이 말씀은 만고불변의 진리입니다. 하나님께서 죄에 빠져 멸망 받을 우리 인간들을 예수 그리스도를 유일한 구원자로 우리에게 보내어 주셨다는 사실을 믿으시기 바랍니다.

요3:16에 "하나님이 세상을 이처럼 사랑하사 **독생자(獨生子)를 주셨으니**

이는 그를 믿는 자마다 멸망치 않고 영생을 얻게 하려 하심이니라 **하나님이 그 아들을 세상에 보내신 것은** 세상을 심판하려 하심이 아니요 그로 말미암아 세상이 구원을 받게하려 하심이라"

그래서 예수님께서도 **"내가 곧 길이요 진리요 생명이니 나로 말미암지 않고는 아버지께로 올 자가 없느니라"**(요14:6) 말씀하신 것입니다.

바울과 실라가 갇혀있는 빌립보 감옥에 한 밤중에 갑자기 큰 지진이 나며, 옥터가 움직이고, 문이 곧 다 열리고, 모든 사람의 매인 것이 다 벗겨진 것을 본 빌립보 간수가 바울과 실라 앞에 떨며 엎드려 **"선생들이여 내가 어떻게 하여야 구원을 받으리이까?"** 라고 물을 때 **"주 예수를 믿으라 그리하면 너와 네 집이 구원을 받으리라"**고 대답하였던 것입니다.

초대교회의 사도들과 제자들과 신자들이 다 **예수님만이 유일하신 구원자**이심을 확실히 믿었기에 그들은 생명을 걸고 예수님을 믿었고, 예수님을 전하는 일에 자신의 생명을 받쳐 복음을 전하였습니다.

바울은 유대인들이 구원 받는 길이 율법이 아니라 왜 오직 예수님을 믿음으로만 구원받는지를 가르치고 있습니다. 유대인들은 율법 중심의 유대종교 속에 자라왔기 때문에 자신이 하나님이라고 말하는 신성모독자 예수를 믿음으로 구원 받을 수 있다는 복음을 결코 받아들일 수 없었던 것입니다. 때문에 십자가에 못 박혀 죽으신 예수님은 하나님이 보내신 우리의 유일하신 구원자라는 것을 믿는 초대 교회는 유대교로부터 심한 핍박을 받게 되었습니다.

바울도 예수님을 만나기 전에는 누구보다도 앞장서서 유대인 기독교인들을 잡아 죽이는데 앞장섰던 골수 바리세파 유대인이요 박해자였던 것입니다. 그러나 그가 직접 부활하신 예수님을 만나고 믿은 이후부터는 유대인 너희들도 율법이 아니라 예수님을 믿음으로만 구원 받을 수 있다고 강력히 설교하였던 것입니다.

그는 로마서, 고린도전후서, 에베소서, 갈라디아서, 디모데전후서 등을 통하여 크게 두 가지 이유로 예수 믿음으로만 구원 받을 수 있는 당위성을 설명하고 있습니다.

첫째로 바울은 율법을 지키는 행위로는 어떠한 인간도 구원을 받을 수 없다는 것입니다.

그 이유는 너희들이 믿고 의지하는 율법이 불완전하고 무능해서가 아니라, 인간이 하나님을 불순종하여 죄를 지어 타락해 버렸다는 것입니다. 죄의 댓가는 하나님의 심판을 받아 반드시 영원한 형벌을 받을 수 밖에 없는 운명에 처해 있기 때문이라는 것입니다.

그래서 범죄한 인간은 마귀가 시키는 대로 종노릇하는 마귀의 종이요, 하나님을 대적하는 자요 원수 된 자입니다. 본성이 악하기(원죄) 때문에 율법을 지키려고 애를 써도 절대로 지킬 수 없는 존재라는 것입니다. 뿐만 아니라 근본적으로 율법은 인간이 죄인이라는 사실을 깨닫게 하고 정죄하는 거울의 역할만 하는 것이지, 결코 죄를 씻어 구원을 얻게 할 수는 없다는 것입니다.

둘째로 예수님만 유일하신 구원자가 되심은 인간 스스로 구원을 이룰 수 없는 존재라는 것입니다.

마치 깊은 바다에 빠져 허우적거리는 사람이 자신의 힘으로는 도저히 살아날 수 없는 것과 같은 것입니다. 누가 찾아가서 건져주어야 하는 것입니다. 우리가 지은 죄를 용서 받으려면 자신의 그 어떤 행위로도 죄를 용서받을 수 없고 다만 죽어 지옥가는 길밖에 다른 방법이 전혀 없다는 것입니다.

즉 인간이 죄에서 구원 받는다는 것은 감히 꿈꿀 수도 없는 그림에 떡과 같은 것이라는 것입니다. 그래서 하나님께서 독생자이신 예수님을 구원자로 이 세상에 보내어 주셨다는 것입니다.

마치 물에 빠져 허우적거리며 물속으로 내려갔다 올라왔다 하는 죽음 직전에 있는 자에게 수영을 잘 하는 선수를 보내주어 건져내게 하는 것처럼 죄로 말미암아 죽어버린 우리 인간들을 구원하시기 위하여 하나님께서 한 분을 이 세상에 보내 주셨는데 그 분이 곧 예수 그리스도라는 것입니다. 그 분이 죄악에 빠져 죽어버린 우리 인간들을 건져내어 다시 살려 주셨다는 것입니다.

그러므로 물에서 결코 구원을 받아 살아나려면 자신은 가만히 있어야지 제가 힘쓰고 살려고 바둥거리면 오히려 건지려 간 사람이 건저주지 않는 것입니다. 왜 자신도 그에게 붙잡혀 죽을 수 있기 때문입니다.

마찬가지로 우리 인간도 하나님께서 보내어 주신 하나님의 아들이신 예수 그리스도에게 모든 것을 다 맡기고 믿어야지, 자신이 스스로 구원을 받아야 된다고 발부둥을 치거나, 예수님이 살려준다고 해도 그래도 반쯤은 내가 노력하고 힘을 쓰야지 하며 기를 쓰면 결코 구원을 받지 못하는 것입니다.

더욱이 하나님이 다른 여러사람들을 보내어 우리들을 구원 받게 하신 것이 아니라는 것입니다. 오직 하나님의 독생자이신 한 분 예수님만 우리의 구원을 위하여 보내주신 유일하신 구원자란 사실입니다. 믿으시기 바랍니다.

그러므로 우리의 구원은 전적 하나님의 계획과 역사로 되어 진 것이지 인간의 것이거나 하나님과 인간이 합동작전으로 만들어진 작품이 아니라는 것입니다.

그래서 바울은 우리의 구원은 하나님께서 인간들이 구원을 얻을 수 있도록 완전 작품을 만들어 주신 하나님의 선물임을 강조하셨습니다.

"너희는 그 은혜에 의하여 믿음으로 말미암아 구원을 받았으니 이것이 너희에게서 난 것이 아니요 하나님의 선물이라 행위에서 난 것이 아니니 이는 누구든지 자랑하지 못하게 함이라"(엡2:8,9)

즉 하나님께서 그의 아들 예수 그리스도를 이 땅에 보내셔서 그로 하여금 인류의 죄를 위해 십자가에서 대신 죽게 하시고, 삼일 만에 다시 부활하게 하셔서 우리의 구원자가 되게 하신 것입니다. 그러므로 누구든지 예수님을 구원자로 믿는 자에게 구원 받게 해 주신다는 것이 기독교의 핵심적인 구원 교리입니다.

다시 말하면 베드로는 너희들이 십자가에서 못 박아 죽인 그 예수님을 너희들이 기대하고 고대했던 메시야로 인정하느냐? 아니면 거부하고 믿지 않느냐? 하는 문제였습니다. 왜냐하면 유대인들은 자신들을 구원해 줄 메시야가 오실 것을 기다리는 메시아 사상을이미 수천 년 전부터 믿어왔기 때문입니다.

그러니 베드로는 담대히 외쳤습니다. 너희가 십자가에 못 박고 하나님이 죽은 자가운데서 살리신 나사렛 예수만이 우리의 유일하신 구세주이시다. 그러므로

"다른이로써는 구원을 받을 수 없나니 천하사람 중에 구원을 받을만한 다른 이름을 우리에게 주신 일이 없다"

고 외치신 것입니다.

바울도 "주 예수를 믿으라 그리하면 너와 네 집이 구원을 얻으리라"고 외치신 것입니다. 하나님이 우리들을 사랑하사 유일하신 구원자를 보내주셨

는데 그 분이 바로 **예수님이심을 믿으시기 바랍니다. 믿으시면 아멘이라고 크게 말하시기 바랍니다.**

그런데 이 세상에는 내가 그리스도라고 사기치는 사람들이 한 두 사람이 아닙니다. 지금 발광을 하고 있는 이만희, 죽었지만 박태선, 문선명, 마호메트 등 수없이 많은 이단들이 거짓말로 자신이 구원자라고 사기치고 있다는 것입니다. 구원자는 오직 예수 그리스도뿐이심을 믿으시고 영원한 구원을 선물로 받아 누리시기 바랍니다.

그래서 이 믿음으로 구원을 받은 확실한 신자들은 "믿음으로 나라들을 이기기도 하며 의를 행하기도 하며 약속을 받기도 하며 사자들의 입을 막기도 하며, 불의 세력을 멸하기도 하며, 칼날을 피하기도 하며 연약한 가운데서 강하게 되기도 하며, 전쟁에 용감하게 되어 이방 사람들의 진을 물리치기도 하며, 여자들은 자기의 죽은 자들을 부활로 받아들이기도 하며, 또 어떤 이들은 더 좋은 부활을 얻고자 하여 심한 고문을 받되 구차히 풀려나기를 원하지 아니하였으며, 또 어떤 이들은 조롱과 채찍질뿐 아니라 결박과 옥에 갇히는 시련도 받았으며, 돌로 치는 것과, 톱으로 켜는 것과, 시험과 칼로 죽임을 당하고, 양과 염소의 가죽을 입고, 유리하여 궁핍과 환난과 학대를 받았으니, 이런 사람은 세상이 감당하지 못하느니라. 그들이 광야와 산과 동굴과 토굴에 유리하였느니라. 이 사람들은 다 믿음으로 말미암아 증거를 받았으나. 약속된 것을 받지 못하였으니 이는 하나님이 우리를 위하여 더 좋은 것을 예비하셨은 즉 우리가 아니면 그들로 온전함을 이루지 못하게 하려 하심이라"(히11:33-40)
라고 하였습니다.

(2) 오직 예수 그리스도만이 새로운 사람으로 변화 시키시는 유일한 분이십니다.

"그런즉 누구든지 그리스도 안에 있으면(예수믿으면) 새로운 피조물이라 이전 것은 지나갔으니 보라 새 것이 되었도다"(고후5:17)

이 세상의 고등 종교들을 통하여도 인격의 변화를 기대하고 어느 정도의 변화를 볼 수도 있습니다. 그러나 예수 그리스도만이 온전한 인격의 변화 영혼의 변화 즉 새로운 피조물로 변화시킬 수 있는 줄을 믿으시기 바랍니다.

기독교의 신비한 이적 두 가지가 있는데 그것은 죽음에서 다시 살아나신 예수 그리스도와 대 박해자 사울이 대 전도자 바울로 변화된 사건입니다. 그는 신자들을 체포하여 가두고 죽이는 일에 앞장섰던 대박해자였습니다.

"내가 전에는 비방자요 박해자요 폭행자였으나 도리어 긍휼을 입은 것은 내가 믿지 아니할 때에 알지 못하고 행하였음이라 우리 주의 은혜가 그리스도 예수 안에 있는 믿음과 사랑과 함께 넘치도록 풍성하였도다 미쁘다 모든 사람이 받을 만한 이 말이여 그리스도 예수께서 죄인을 구원하시려고 세상에 임하셨다 하였도다 죄인 중에 내가 괴수니라"(딤전1:13).

고 하였습니다.

그는 아그립바 왕앞에서 **자신의 과거를 고백하기를**

"나도 나사렛 예수의 이름을 대적하여 많은 일을 행하여야 될 줄 스스로 생각하고 예루살렘에서 이런 일을 행하여 대제사장들에게서 권한을 받아 가지고 많은 성도를 옥에 가두며 또 죽일 때에 내가 찬성 투표를 하였고 또 모든 회당에서 여러 번 형벌하여 강제로 모독하는 말을 하게 하고 그들에 대하여 심히 격분하여 외국 성에까지 가서 박해하였고 그 일로 대제사장들의 권한과 위임을 받고 다메섹으로 갔나이다 왕이여 정오가 되어 길에서 보니 하늘로부터 해보다 더 밝은 빛이 나와 내 동행들을 둘러 비추는지라 우리가 다 땅에 엎드러지매 내가 소리를 들으니 히브리 말로 이르되 사울아 사울아 네가 어찌하여 나를 박해하느냐 가시채를 뒷발질하기가 네게 고생이니라 내가 대답하되 주님 누구시니이까 주께서 이르시되 나는 네가 박해하는 예수라"(행26:9-14)

사울이 이처럼 예수 믿어 사랑의 대 전도자가 되어 생명을 살리는 사람이 된 사실이나, 인생의 삶의 방향을 바로잡지 못하여 방황하며 방탕에 빠져있던 탕아 어거스틴이 성자 어거스틴으로 변화된 것이나, 잔인한 노예선 선장 죤뉴톤이 예수 믿어 전도자로 변화된 사실이나, 깡패 김익두가 한국 강산을 누비며 능력을 행하며 복음 전도자가 된 것이라든지, 식인종이 사랑의 사람들로 변화되는 등 이루 말할 수 없는 변화가 예수 그리스도로 말미암아 일어났다는 것입니다.

왜 그렇습니까? "그런즉 누구든지 그리스도 안에 있으면 새로운 피조물이라 이전 것은 지나갔으니 보라 새것이 되었도다"(고후5:17)고 하였습니다. 예수 그리스도의 영으로 새 사람이 되는 놀라운 역사가 일어나기 때문입니다.

기독교를 반대하고 핍박하던 힌두교도 산다싱이 기독교로 개종하여 놀라운 변화를 한 이후에 영국에 갔을 때에 어떤 신학교수가 그에게 질문하기를

"당신은 힌두교에서 기독교로 개종하였는데, 기독교에 비해 힌두교에 없는 것이 무엇인가?

"그것은 바로 예수 그리스도입니다"

"기독교가 이전에 믿었던 종교와는 다르게 특별한 가르침이나 교리가 있

을 텐데 그것이 무엇입니까?

"그것은 가르침이나 교리가 있는 것이 아니라 나를 개종시킨 것은 바로 살아 계신 예수 그리스도입니다"

"당신이 이해를 못한 것 같은데 기독교 가운데 힌두교와 다른 철학, 다시 말하면 당신를 기독교로 개종하도록 만든 어떤 사상이나 철학이 있느냐는 말입니다"

"그것은 예수 그리스도입니다."

그는 자신을 변화시킨 것은 어떤 종교나 교리나 철학이 아니라 오직 예수 그리스도라고 대답을 하였다고 합니다.

학교 교육이나 어떤 종교가 사람들을 변화시키고 교도소가 사람들을 교화시킨다고 생각하여 왔습니다. 이러한 것으로 유토피아가 이 세상에 올 것이라고 내다보았습니다. 그러나 성경말씀은 이러한 발전과 발달에도 불구하고 갈수로 더 악하여져서 말세에는 "고통하는 때가 올 것"이라고 이미 2천년 전에 말씀하고 있습니다(딤후3장). 우리가 너무나 잘 알다 싶이 인간 교육은 더 지능적이고 영악한 약삭빠른 사기꾼으로 만들고 있으며, 교도소의 교화는 오히려 재범과 3범 4범으로 몰고 가는 범죄 교육장으로 변하여 가고 있음을 우리는 부인할 수 없게 된 것입니다.

진정한 인간의 변화는 오직 예수 그리스도밖에 다른 길이 없음을 믿으시기를 바랍니다.

(3) 오직 예수님만이 일반 은총의 축복도 받아 누릴 수 있는 것입니다.

바울을 실은 배가 서쪽으로 향하지 않고 동쪽으로 향하였더라면 문화의 판도가 완전히 달라졌을 것이라는 말이 있습니다.

일반 은총인 물질이나 건강이나 문화의 은총도 역시 예수 그리스도입니다. 어떤 철학이나 주의가 아닙니다. 70년 전에 공산주의를 시작하였던 사람들은 공산주의가 실현되면 이 세상의 모든 사람들은 다 골고루 이익을 분배하여 모두가 다 함께 잘 살 것이라고 내다보고 많이 가진 자들을 죽이고 빼앗고, 유배를 보내고, 쉴사이 없이 열심히 일을 시켰습니다. 그러나 70년이 지난 후 종주국 소련은 공산주의를 버렸고, 구라파의 공산주의 세계가 다 무너지고 말았지 않았습니까?

세계지도를 펴놓고 보면 한국은 중국이나 미국의 한 성이나 주에도 못 미치는 조그마한 나라입니다. 이 나라의 절반인 북한은 세계에서 가장 공산주의 사상에 모범생이요, 우등생으로 50년간을 죽으라고 충성했습니다. 그 결과 몇 년 사이에 300만명이 굶어죽는 생지옥으로 만들었습니다. 어린아이들이 주먹만한 굶주린 배를 채우기 위하여 죽음을 무릎쓰고 압록강을 건너 중국으로 건너다가 죽기도 하고 다시 붙들려 가서 고통을 당하기도 합니다.

그러나 남한은 50년 동안 일하면서도 열심히 기도하고, 전도하고, 교회 세우고, 선교한 결과 GDP(국내총생산)와 수출액이 세계 12위, 철강 생산량이 6위, 자동차 생산량과 와화 보유액이 5위, 선박 건조량과 반도체 생산량이 세계1위, 고등학교 졸업생, 대학진학률이 세계 2위, 문맹률이 세계 최하라고 합니다.

2000년 10월에 60만톤의 식량을 북한에 보내고, 98년 4월부터 6차례에 비료 104만톤(4,660억원), 결핵에 시달리는 북한에게 2001년 10월에 전국 보건소에 있는 결핵 백신을 하나도 남기지 않고 싹 쓸어 30만명 분을 보냈고, 남북 협력기금이 매년 5,000억이 2년간 1조 864억원이 집행되었고, 재벌들을 통하여 북한에 투자 명목으로 보낸 돈이 5,960억, 그리하여 2조 5,500억원이 갔고, 금강산 여행을 통하여 10억 달라가 갔고, 한 사람이 2박

3일 코스로 금강산 갔다오는데 경비 50만원 중에 40만원은 북한에 바쳐야 했다고 합니다.

더 기막힌 것은 무조건 연간 50만명이 금강산에 간 것으로 하고 1억5천만 달라를 6년간 지불하도록 되어 있다고 합니다. 그런데 3년간 간 사람은 42만명에 불과하다고 합니다.

우리는 이 나라가 어느 쪽으로도 통일만 되면 된다고 생각하는 사람들이 있다는 것에 대하여 우리는 크게 우려하며 기도해야 합니다.

미국을 위시한 구라파도 예수 그리스도를 열심히 믿고 전파하므로 세계를 살리는 선진국들이 되었습니다. 일반 은총의 축복도 오직 예수 그리스도 뿐이심을 믿으시기를 바랍니다.

(4) 오직 예수님만이 참된 자유을 누리게 하는 것입니다.

인간은 하나님의 형상대로 지음을 받아 만물을 통치하는 하나님의 대리자로 세움을 받았으나 하나님을 거역하고 떠나므로 참된 자유를 잃어버린 것입니다. 마치 물고기가 물을 떠난 것처럼, 나무가 흙을 떠난 것처럼 인간이 하나님을 떠남으로 생명을 잃어버리고 자유를 박탈당해 버렸습니다.

그 결과 사탄의 종이 되었고, 우상숭배를 하므로 참된 자유를 잃어버렸습니다. 미신에 빠졌습니다. 운명에 사로 잡혀 꼼짝 달삭을 못하는 불행한 인간이 되었습니다. 이처럼 노예된 인간에게 참된 자유를 주시는 분이 있습니다. 그 분은 오직 예수 그리스도입니다.

"그러므로 예수께서 자기를 믿은 유대인들에게 이르시되 너희가 내 말에 거하면 참 내 제자가 되고 진리를 알지니 진리가 너희를 자유케 하리라"고 하였습니다.(요8:31)

그러므로 아들이 너희를 자유케 하면 너희가 참으로 자유하리라(요8:36)

주의 성령이 내게 임하셨으니 이는 가난한 자에게 복음을 전하게 하시려고 내게 기름을 부으시고 나를 보내사 포로된 자에게 자유를, 눈먼 자에게 다시 보게 함을 전파하며 눌린 자를 자유케 하고"(눅4:18)

"그리스도께서 우리로 자유케 하려고 자유를 주셨으니 그러므로 굳세게 서서 다시는 종의 멍에를 메지 말라"고 하였습니다.(갈 5:1)

몇 년 전에 장례 때에 하관예배를 드리려 하는데 한 노인이 몇 살, 몇 살은 보지마라고 하니 고인을 마지막으로 보내어 드리는 그 자리를 피하여 다른 곳으로 피하는 유족들이 있음을 보고 얼마나 불상한지 다시 한번 깨달았습니다.

자동차를 사서는 길가에서 돼지 머리에 만원짜리 돈을 물려 놓고 절하는 사람들, 건축 현장에서 고사를 지내는 사람들, 이사하는 날을 받아 이사하는 사람들, 온갖 미신에 사로 잡혀 있는 것을 볼 때에 정말 불상하기 그지 없었습니다.

사랑하는 성도 여러분, 우리가 믿는 예수님이 얼마나 귀하고 얼마나 좋으신 분이십니까? 오직 에수그리스도만이 구원을 받게 하시며, 인격의 변화와, 이 세상에서도 하나님의 자연 은총을 누리며, 참 자유를 누리게 하시는 유일하신 구세주 구원자이심을 믿으시기 바랍니다.

우리는 아직도 믿지 않는 가족들이나 친지들 직장동료들을 모셔 와서 예수 그리스도의 복음을 듣게 하므로 오직 예수 그리스도로 말미암아 구원을 받으며, 새로운 피조물로 바뀌고, 참 자유와 부를 통하여 하나님께 영광 돌려드리며 많은 사람들을 살리는 우리 서마산 성도들이 다 되시기를 주님의 이름으로 축복합니다.

믿음으로 얻게되는 하나님의 선물

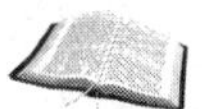

(계 3:20)

"볼지어다 내가 문 밖에 서서 두드리노니 누구든지 내 음성을 듣고 문을 열면 내가 그에게로 들어가 그와 더불어 먹고 그는 나와 더불어 먹으리라"

인간은 누구나 없이 다 죄가 있습니다. 하나님의 법에는 죄의 결과는 사망입니다. 사망이란 없어지는 것이 아니고 분리되는 것을 의미합니다. 우리의 영혼이 육신과 분리되는 것이 육적 죽음이고, 영혼이 하나님과 분리되는 것이 영적 죽음이고, 영과 육이 영원히 하나님과 분리되어 지옥에 떨어지는 것을 영원한 죽음이라고 하는 것입니다.

이러한 죄의 결과로 인간은 하나님을 떠나 마귀에게 붙잡혀 마귀의 노예가 되어 거짓에 꾀여 죄를 지으며, 우상숭배와 마귀의 법인 온갖 미신을 지키며 불행과 고통 가운데 살다가 죽어서는 영원한 지옥에 함께 끌려 들어갈 수밖에 없는 불행한 운명에 처한 우리들을 하나님은 사랑하여 주셨습니다.

그리하여 우리들의 죄를 대신할 분을 한 분 보내 주셨는데 하나님의 한분밖에 없으신 성자 하나님이십니다. 그 분은 영원전부터 계신 하나님의 독생자이십니다. 그 분은 이 우주 만물을 엿세동안에 창조하셨고, 우리 인간도 친히 그 분이 지으신 것입니다. 그 분이 우리 사람의 몸을 입고 이 세상에 오셨는데 그 분이 바로 예수 그리스도이십니다.

그 분은 오셔서 인간이 당하는 모든 가난과 질고와 고통을 33년 동안 친히 다 체험하시고 마지막에는 우리 인간의 모든 죄악을 다 담당하시고 십자가에 처절하게 못 박혀 죽으심으로 우리들의 죄 값을 대신 지불하시고 3일 만에 다시 살아나셨습니다.

예수님의 십자가의 피 공로를 믿는 사람들은

어떤 죄를 지었든지 다 용서를 받으며,(벧전2:24, 골1:14, 행10:43, 갈1:4, 고전15:3)

악한 마귀에게서 해방을 받으며,(히2:14, 요일3:8, 히2:14,15)

온갖 미신과 우상숭배와 저주에서 자유를 얻으며,(롬8:1,2)

영원한 죽음인 지옥 불에서 건짐을 받게 되고(계20:14,15)

새하늘과 새땅으로 된 영원한 천국에 들어가게 되는 것입니다(계21장, 22장).

영생을 누리게 되는 것입니다(요5:24, 6:47)

살아나신 예수님은 우리들을 향하여 말씀하십니다. 누구든지 나를 이러한 구세주이신 사실을 믿고 마음의 문을 열기만 하면 내가 그의 마음 안에 들어가 그로 더불어 함께 먹는 기쁨을 나누도록 하시겠다고 하였습니다.

"볼지어다 내가 문 밖에 서서 두드리노니 누구든지 내 음성을 듣고 문을 열면 내가 그에게로 들어가 그로 더불어 먹고 그는 나로 더불어 먹으리라" (계3:20)

고 하셨습니다. 여기 예수님은 자신을 영접한 자와 **"더불어 먹는다"**고 하신 말씀은 최상의 기쁨을 나누는 것을 비유한 것입니다. 무엇으로 최상의 기쁨을 나눕니까? 주님이 가지고 오신 선물 보따리 때문입니다. 주님은 우리안에 들어오실 때에 빈손으로 들어오시는 것이 아니라 반드시 놀라운 선물의 보통이를 가지고 들어오십니다. 그 선물 보퉁이를 열어서 펴칠 때에 무한한 기쁨을 주시는 우리 주님과 받는 우리가 함께 누리게 되는 것입니다.

이제 몇 주일을 통하여 우리 성자 하나님께서 우리 안에 들어오시면서 가지고 오시는 선물 보퉁이를 열어서 그 안에 무엇이 있는가를 살펴보고자 합니다. 성자 하나님께서 우리 안에 들어오시면서 하시는 일이 있는데 그것은

(1) 마귀를 축출시켜 주십니다.

히2:14,15 "자녀들은 혈육에 함께 속하였으매 **그도(예수님도)** 또한 한 모양으로 혈육에 함께 속하심은 사망으로 말미암아 **사망의 세력을 잡은 자 곧 마귀**를 없이 하시며 또 죽기를 무서워하므로 일생에 매여 종 노릇 하는 모든 자들을 놓아 주려 하심이라"고 하였습니다. 믿으시면 아멘 하십시오.

우리가 예수님을 마음에 영접하기 전에는 죄로 말미암아 하나님을 떠나는 영적인 죽음을 죽은 상태에 있었고 마귀의 자식이요, 노예가 되어있었습니다.

엡2:1-3 "너희의 허물과 죄로 죽었던 너희를 살리셨도다 그 때에 너희가 그 가운데서 행하여 이 세상 풍속을 좇고 공중의 권세 잡은 자를 따랐으니 곧 지금 불순종의 아들들(불신자들) 가운데서 역사하는 영이라 전에는 우리도 다 그 가운데서 우리 육체의 욕심을 따라 지내며 육체와 마음의 원하는

것을 하여 다른 이들과 같이 본질상 진노의 자녀이었더니"

요8:44 "너희는 너희 아비 마귀에게서 났으니 너희 아비의 욕심을 너희도 행하고자 하느니라" – 불신자의 아비는 마귀입니다.

계9:11 "저희에게 임금이 있으니 무저갱의 사자라(마귀) 히브리 음으로 이름은 아바돈이요 헬라 음으로 이름은 아볼루온이더라" – 불신자들의 임금이 마귀입니다.

과거에 우리안에 있으면서 아비 노릇을 하고, 주인노릇하고, 왕 노릇하든 마귀는 어떤 존재입니까?

요8:44 "저는 처음부터 살인한 자요 진리가 그 속에 없으므로 진리에 서지 못하고 거짓을 말할 때마다 제 것으로 말하나니 이는 저가 거짓말쟁이요 거짓의 아비가 되었음이니라"고 하였습니다.

한 마디로 말하면 나쁜 악령입니다. 쉽게 이야기 해 봅시다. 강도가 부하들을 거느리고 우리 집에 들어와서 돈과 보석들을 다 빼앗고 은행에 돈도 다 찾아 오라고하여 다 빼앗아 온갖 나쁜 짓들을 다 시키고 부려먹습니다. 안 하려면 총으로 죽인다고 위협도 하고, 구타도 합니다. 다른 사람들은 얼신도 못하게 통제를 하고 억압을 합니다. 얼마나 고통스럽고 괴롭겠습니까?

그런데 누가 살짝 112 전화를 하면 경찰이 와서 도와준다는 이야기를 듣고 몰래 112를 누르고 경찰에게 도와달라고 하였드니 경찰들이 완전 무장을 하여 우리 집에 출동하여 대문에 들어오니 강도들이 어떻게 하겠습니까? 창문을 넘어 밖으로 다 도망을 쳐 버리겠지요. 그렇습니다.

만왕의 왕되신 우리 예수님이 우리 안에 들어오시니 이제까지 우리 안에서 왕노릇하던 마귀와 그 졸개인 귀신이 부리나케 도망을 쳐 버린다는 말씀입니다. 할렐루야! 그러면 그런 말씀이 성경 어디에 있습니까?

요12:31,32 "이제 이 세상의 심판이 이르렀으니 이 세상 임금이 쫓겨나리라 내가 땅에서 들리면(십자가에 못박히시고 부활하여 승천하시면) 모든 사람을 내게로 이끌겠노라 하시니"

요일3:8 "죄를 짓는 자는 마귀에게 속하나니 마귀는 처음부터 범죄함이니라 하나님의 아들이 나타나신 것은 마귀의 일을 멸하려 하심이니라"고 하였습니다.

이처럼 우리 예수님이 들어오시고 마귀가 추방을 당하게 되면 어떻습니까? 마음에 염려가 떠나게 되는 것입니다. 예수님을 마음에 모시면 어떤 현상이 일어나겠습니까? 모든 염려 근심 고통이 없어지게 되지 않겠습니까? 그래서 예수님을 자신의 마음에 모신 사람들은 염려를 버리게 되고 근심과 고통을 버리게 되는 것입니다.

3년간이나 처자식과 모든 재물을 버리고 예수님을 따라다녔는데 그 예수님께서 내일 잡혀서 십자가에 못박혀 죽으신다는 말씀을 하셨습니다. 이러한 극한 상황에 있는 제자들을 향하여 예수님은 무엇이라 말씀하셨습니까?

"너희는 마음에 근심하지 말라 하나님을 믿으니 또 나를 믿으라"고 하셨고 "아무것도 염려하지 말고 오직 모든 일에 기도와 간구로 너희 구할 것을 감사함으로 하나님께 아뢰라 그리하면 모든 지각에 뛰어나신 하나님의 평강이 그리스도 예수안에서 너희 마음과 생각을 지키시리라"(빌4:6,7)고 하신 것입니다.

예수님을 모신 성도들은 악한 사단이 물러간 것을 확신할 때에 마음에 염려와 근심 걱정을 완전히 버리시기를 바랍니다. 왜 이제 좋으신 우리 성자 하나님께서 역사하사 모든 것을 합력하여 선을 이루어 주실 것이기 때문입니다(롬8:28).

골1:13 "그가 우리를 흑암의 권세에서 건져내사 그의 사랑의 아들의 나라로 옮기셨으니"

(2) 사죄의 선언입니다.

골1:14 "그 아들 안에서 우리가 구속 곧 죄 사함을 얻었도다"
우리 예수님께서 가져오신 선물 보퉁이를 풀어 헤치면 두 번째로 나오는 선물이 사죄의 선물입니다.

"우리는 다 양 같아서 그릇 행하며 각기 제 길로 갔거늘 여호와께서는 우리 무리의 죄악을 그에게(예수님에게) 담당시키셨도다"(사53:6) 우리의 죄를 담당하신 예수님은 이 죄값을 어떻게 해결하셨습니까?

"그가 찔림은 우리의 허물을 인함이요 그가 상함은 우리의 죄악을 인함이라 그가 징계를 받음으로 우리가 평화를 누리고 그가 채찍에 맞음으로 우리가 나음을 입었도다"(사53:5)
예수님은 우리의 죄악을 담당하시기 위하여 특별히 십자가위에서 피 흘려 죽어주셨습니다.

"율법을 좇아 거의 모든 물건이 피로써 정결케 되나니 피 흘림이 없은즉 사함이 없느니라"(히9:22) 그러므로 아무 죄도 없으신 성자 하나님이신 우리 예수님께서 가장 혹독한 십자가에 못 박혀 피 흘려 죽으신 것은 우리의 죄를 담당해 주시기 위함이었습니다. 그래서 십자가에 피를 다 쏟으시고 운명하시기 직전에 선포하시기를 "다 이루었다"고 하심으로 인간의 죄문제 다 해결하셨다고 선언하신 것입니다.

그러므로 예수님을 마음에 영접한 자들에게 주시는 제2의 선물은 죄용서의 선물인 사죄의 선포입니다. "너의 모든 죄는 다 사함을 받았다"는 사죄의 선물입니다. "그러므로 이제 그리스도 예수 안에 있는 자에게는 결코 정죄함이 없나니"(롬8:1)라고 선언하신 것입니다. 예수님이 우리의 죄를 다 담당하여 주셨기 때문입니다.

나폴레옹이 어느날 순찰을 나섰는데 한 보초가 졸고 있었습니다. 졸음을 이기지 못해 그만 졸다가 무기를 땅에 떨어뜨리고 주저앉아 졸고 있었습니다. 나폴레옹은 그 병사의 무기를 주워 그 병사가 일어날 때까지 그 자리에 서서 보초를 서고 있었습니다. 그가 깨어나 정신을 치라고 보니 나폴레옹 장군이 자기 총을 들고 보초를 서 있는 것을 보고 깜짝 놀라 어쩔 줄을 몰라했습니다. 그 이유는 이유를 막론하고 사형감이기 때문입니다.

그런데 의외로 나폴레옹이 그 병사에게 "너 한 사람이 직무를 감당치 못함으로 인해 네 동지가 얼마나 많이 죽으며, 나라가 얼마나 해를 받는지를 생각하여라 특별히 이번만은 용서해 줄 테이니 다시는 졸지 말게"하며 무기를 건네주며 떠나갔다고 한다.

죽을 줄로만 알았던 그가 용서받고는 너무 감격하여 평생 나폴레옹의 충복이 되어 나폴레옹이 위험에 빠져 있을 때에 자신의 생명을 걸고 나폴레옹을 구출해 준 충복이 되었다고 합니다.

나폴레옹이 용서해 준다는 그 말을 들었을 때 그 병사의 마음이 어떠하겠습니까? 아마 그 기쁨은 표현할 수 없었을 것이고, 그 이상 큰 기쁨과 평안이 없었을 것입니다.

예수님을 구주로 영접한 분들이 사망과 지옥갈 죄를 용서받았다는 선물을 받았을 때에 얼마나 기뻐하며 감사하겠습니까? 죄를 용서받게 하여 주실 뿐만 아니라 또 덤으로 주시는 선물이 있는데 그것은 칭의라는 선물입니다. 의롭다는 선물입니다. 너는 의롭다, 너는 의인이다고 불러주시는 선물입니다. 이 얼마나 놀라운 선물인지 모릅니다.

스펄젼 목사의 친구 브라운 로우 노드 목사님이 한때는 방탕한 삶을 살았습니다. 그가 회개하고 목사가 되어 설교하시려는 강대상에 편지 한 장이 있었다. 노드 목사님이 설교하기 전에 강대상의 편지를 열어보니 자신이 지은 온갖 죄가 다 기록되어있었고 마지막에는

"이런 추악한 네가 어떻게 사람들에게 감히 설교할 수 있는가?"

라고 적혀 있었다. 노드는 설교를 시작하자마자 이 편지를 교인들에게 다 읽어주고 이것은 사실입니다. 저는 타락한 죄인이었습니다. 그러나 여러분, 나의 구세주는 속죄의 피로써 나를 깨끗이 씻어주셨습니다. 나처럼 여러분들께서도 예수님을 구세주로 영접하지 않으시겠습니까?" 라고 강렬한 설교를 하여 많은 사람을 회개시켰습니다.

만약 자식이 진흙 구덩에 들어 누워 옷을 더럽혔을 때에 그 옷을 벗기고 목욕을 시키는 것으로만 끝나 버린다면 그 아이는 밖에 나와 활동을 하지 못할 것입니다. 탕에 그대로 있든지 아니면 방에 들어가 이불을 푹 뒤집어 쓰고 있든지 해야 할 것입니다. 그것은 진정한 사랑이 아닌 것입니다. 그 아이를 사랑하는 부모님라면 반드시 깨끗한 옷을 내어 주어 입고 활동하도록 해

줄 것입니다.

마찬가지로 하나님은 성자 하나님의 피로 우리들의 죄를 다 씻어주셨을 뿐만 아니라 우리들을 향하여 "의롭다"고 하는 칭의를 선물로 주신 것입니다. 마치 지옥에 안 가게하시는 것만 아니라 천국을 준비하시고 들어가게하시는 것과 같은 것입니다.

"그리스도 예수 안에 있는 구속으로 말미암아 하나님의 은혜로 값없이 의롭다 하심을 얻은 자 되었느니라"(롬3:24, 5:17-19)

"또 미리 정하신 그들을 또한 부르시고 부르신 그들을 또한 의롭다하시고, 의롭다 하신 그들을 또한 영화롭게 하셨느니라"(롬8:30)

고 하였습니다. 의롭다함을 받았을 때 정말 참된 평안을 느끼게 될 것입니다. 그렇습니다. 지옥갈 죄를 용서받고 하나님의 의를 입어 의로운 자가 되었으니 어찌 평안함이 없겠는가?

(3) 새사람으로 거듭남(중생)입니다.

우리가 예수님을 영접하면 들어오셔서 모든 죄를 용서해 주시고 의롭다 하시고, 다음에 주시는 선물이 새사람으로 태어나는 중생입니다.

밤에 찾아온 니고데모에게 예수님은 "사람이 물과 성령으로 거듭나지 아니하면 천국에 들어가는 일은 고사하고 볼 수도 없다"고 하였습니다. 여기 물은 하나님의 말씀인 십자가의 복음을 가리키는 것으로 복음을 듣는 가운데 성령님이 역사하여 거듭나는 역사가 일어나게 되는 것입니다.

이 거듭나는 것을 가리켜 바울은 새로운 피조물이라고 하였습니다. "그런즉 누구든지 그리스도 안에 있으면 새로운 피조물이라 이전 것은 지나갔으니 보라 새 것이 되었도다"(고후5:17)고 하였습니다.

그때부터 영적인 것이 깨달아지고 알아지고 믿어지게 되는 것입니다. 하나님이 계시는 것이 믿어지고, 영혼이 있는 것이 믿어지고, 예수님이 내 죄를 대신 하여 십자가에 못박혀 죽으신 것이 확실히 믿어지고, 천국과 지옥이 있는 것이 믿어지고, 부활, 영생, 하나님의 성령의 함께하심, 기도의 응답 등 영적인 것이 알아지고, 깨달아지고,믿어지는 놀라운 기쁨이 일어나게 되는 것입니다.

이처럼 죄로 죽어버렸던 우리들이 복음을 듣고 마음의 문을 열 때에 내 안에 들어오셔서 모든 죄를 용서하시고, 의롭다하시고, 죄와 허물로 죽었던 나를 일으켜 다시 살려주시므로 새사람 즉 영원한 생명을 소유한 새로운 피조물이 되는 놀라운 축복을 받게 되는 것입니다.

요5:24 "내가 진실로 진실로 너희에게 이르노니 내 말을 듣고 또 나 보내신 이를 믿는 자는 영생을 얻었고 심판에 이르지 아니하나니 사망에서 생명으로 옮겼느니라"

요일5:11 "또 증거는 이것이니 하나님이 우리에게 영생을 주신 것과 이 생명이 그의 아들 안에 있는 그것이니라 아들이 있는 자에게는 생명이 있고 하나님의 아들이 없는 자에게는 생명이 없느니라 내가 하나님의 아들의 이름을 믿는 너희에게 이것을 쓴 것은 너희로 하여금 너희에게 영생이 있음을 알게 하려 함이라"

(4) 하나님의 자녀된 신분을 얻게 되는 것입니다(요1:12)

새로운 신분의 선물을 받게 됩니다(엡2:19). 우리가 예수 믿기 전에는 이 세상에 속하여 마귀의 자식이요, 죄의 종이요, 지옥의 백성이었으나 예수님을 마음에 모심으로 우리가 죄 사함을 받고 중생하므로 우리의 신분은 확 달라지게되는데 그것은

갈4:4–6 "때가 차매 하나님이 그 아들을 보내사 여자에게서 나게 하시고 율법 아래 나게 하신 것은 율법 아래 있는 자들을 속량하시고 우리로 아들의 명분을 얻게 하려 하심이라 너희가 아들인 고로 하나님이 그 아들의 영을 우리 마음 가운데 보내사 아바 아버지라 부르게 하셨느니라"

어떤 아버지가 어린 아이 앞에서 열심히 기도하고 있었습니다. "하나님 아버지시여....."하고 기도하니까 이를 지켜보고 있던 아들이 기도하기를 "하나님 할아버지......"하면서 기도하였습니다. 이때 아버지가 아들에게 말하기를 "아들아 하나님은 할아버지가 아니라 너에게도 아버지가 되신단다"라고 일러주었습니다. 그랬더니 이 아들이 아버지에게 "알겠어 형님!"이라고 했다고 한다.

우리는 다 하나님 앞에 각각의 인격체로 각각 하나님 앞에 다 개인 자격으로 나아가게 되는 것입니다. 부모님이 믿으니까, 아내가 믿으니까, 자식이 믿으니까, 나도 한 식구고 가족이니 함께 하나님이 아버지가 되시고 함께 구원받게 된다고 착각해서는 안 되는 것입니다. 우리 모두는 다 각각 하나님 앞에 나아가야 하는 인격체임을 믿어야 하는 것입니다.

아버지가 밥을 먹는다고 아들이 배부르지 않듯이, 아내가 밥을 배불리 먹었다고 남편의 배가 부르지 않듯이 부모님이 예수 잘 믿는다고 자식의 구

원얻는 것이 아닙니다. 아내가 잘 믿는다고 남편이 함께 구원받는 것이 아닙니다.

요1:12 "영접하는 자 곧 그 이름을 믿는 자들에게는 하나님의 자녀가 되는 권세를 주셨으니 이는 혈통으로나 육정으로나 사람의 뜻으로 나지 아니하고 오직 하나님께로서 난자들이니라"고 하였습니다.

이렇게 믿음으로 말미암아 하나님의 자녀가 되고 하나님의 자녀가 됨으로 그 신분이 확 달라지는 놀라운 은총을 입게 됩니다.

2002년 11월 8일에 육군본부 간호담당관 양승숙(1951년생) 대령이 한국군 창설 53년만에 여성으로서는 처음으로 별을 달았습니다. 대령으로 있다가 별을 달게 되면 그 신분이 확 달라져 20여 가지의 특혜를 입게 된다고 합니다. 하물며 마귀의 자식이요, 지옥의 백성이었던 우리가 하나님의 자녀가 되므로 우리의 신분이 확 바뀌어져서 굉장한 자가 된 것을 믿으시기 바랍니다.

이제는 악령인 마귀를 향하여 아버지라고 부르는 것이 아니고 천지만물을 창조하시고 다스리시고, 나라의 왕들을 세우시고 흥망성쇠를 주장하시고, 인간의 생사화복을 주관하시는 만군의 여호와 하나님을 향하여 아버지라고 부르는 하나님의 자녀가 되어진 줄을 믿으시기 바랍니다. 다같이 옆 사람들에게 축하의 인사를 나눕시다. "하나님의 왕자님" "하나님의 공주님" 할렐루야 ! 아멘

이렇게 하나님의 자녀로 그 신분이 달라지므로 우리에게 엄청난 변화가 오게 되는 것입니다.

① 하나님의 보호를 받게 되는 것입니다.

마귀의 종일 때에는 마귀와 그 졸개들이 시키는 대로 놀아났지만 이제는 하나님의 인도와 보호를 받는 놀라운 신분이 되어지는 것입니다.

가) 성령 하나님의 보호가 있습니다.

엡3:16 "그 영광의 풍성을 따라 그의 성령으로 말미암아 너희 속 사람을 능력으로 강건하게 하옵시며"

성령 하나님께서 우리 안에서 속 사람을 강하게 해 주시는 것입니다. 핍박을 당하거나 어려운 일을 만날 때에 성령 하나님께서 우리 마음을 강하게 하여 모든 것들을 담대히 이겨 나갈 수 있는 힘을 주시는 것입니다. 예수믿고 핍박을 받거나 미움을 받거나 왕따를 당할 때에 그 모든 것들을 능히 이겨낼 수 있는 힘과 용기를 주시는 것을 다 경험하였을 것입니다. "그 영광의 풍성을 따라 그의 성령으로 말미암아 너희 속 사람을 능력으로 강건하게 하옵시며" 강건하게 해 주심을 믿으시기 바랍니다.

하나님께서 시카고에 한 목사에게 집에 들어박혀 외부와의 접촉을 끊고 있는 사람을 찾아가 보라고 하였다. 한 아파트에 가서 문을 두드렸더니 겁에 질린 한 남자가 절망스러운 얼굴로 나왔다. 목사님은 "당신과 함께 주 예수에 관해 이야기를 나누고 싶어서 왔습니다." 그 사내가 울음을 터트리면서 "보십시오. 하나님께서 목사님을 여기에 보낸 것이 틀림이 없습니다. 문을 두드리기 직전에 저는 아내와 함께 이 작은 아파트 문들을 닫고 가스를 틀어 놓고 죽으려 했습니다. 보시다시피 저희들이 사랑하는 아이를 땅에 묻고 왔습니다. 이 슬픔을 견딜 수 없었기 때문입니다. 목사님은 그들에게 들어가 주님께서 버리받은 자들에게 행하신 말씀을 전하고 어떻게 하면 그 분안에서 평안을 찾고 치유될 수 있는가를 말씀으로 가르쳐 주므로 평안을 누리게 되었다는 것입니다.

나) 성부 하나님이 지켜 주십니다.

마10:28-31 "몸은 죽여도 영혼은 능히 죽이지 못하는 자들을 두려워하지 말고 오직 몸과 영혼을 능히 지옥에 멸하시는 자를 두려워하라 참새 두 마리가 한 앗사리온에 팔리는 것이 아니냐 그러나 너희 아버지께서 허락지 아니하시면 그 하나라도 땅에 떨어지지 아니하리라 너희에게는 머리털까지 다 세신 바 되었나니 두려워하지 말라 너희는 많은 참새보다 귀하니라"

바울이 로마로 호송되어 갈 때에 유라굴로라는 폭풍을 만나 몇 일 동안 큰 폭풍우 속에서 사흘째 되는 날에는 배의 기구들을 다 버리고, 14일 동안 해와 별이 보이지 아니하는 가운데 하나님께서 바울에게 말씀하시기를 배 외에는 너와 276일이 다 생명에는 아무 손상이 없을 것이라고 하면서 음식을 먹을 것을 권하였다.

다) 보혜사 성령 하나님께서 지켜 주십니다.

"내가 아버지께 구하겠으니 그가 또 다른 보혜사를 너희에게 주사 영원토록 너희와 함께 있게 하리니 그는 진리의 영이라 세상은 능히 그를 받지 못하나니 이는 그를 보지도 못하고 알지도 못함이라 그러나 너희는 그를 아나니 그는 너희와 함께 거하심이요 또 너희 속에 계시겠음이라 내가 너희를 고아와 같이 버려두지 아니하고 너희에게로 오리라"(요14:16-18)
라고 하셨습니다. 그 분은 우리에게 모든 것을 가르쳐 주시는 분이십니다.

"보혜사 곧 아버지께서 내 이름으로 보내실 성령 그가 너희에게 모든 것을 가르치고 내가 너희에게 말한 모든 것을 생각나게 하리라 평안을 너희에게 끼치노니 곧 나의 평안을 너희에게 주노라 내가 너희에게 주는 것은 세상이 주는 것 같지 아니하니라 너희는 마음에 근심하지도 말고 두려워하지도 말라"

라고 하셨습니다. 하나님이 우리와 함께 하시기 때문에 "너희는 마음에 근심하지도 말고 두려워하지도 말라"고 하신 것입니다.

라) 천사를 보내어 우리들을 보호하십니다.

"모든 천사들은 부리는 영으로서 구원 얻을 후사들을 위하여 섬기라고 보내심이 아니뇨"(히1:14)

라고 하시고 특히 시34:7에서는 "여호와의 사자가 주를 경외하는 자를 둘러 진치고 저희를 건지시는도다"

다니엘이 사자굴에서 건짐을 받은 것이나 베드로가 천사에게 이끌려 감옥에서 나온 사실은 주님의 말씀의 확실성을 보여주시는 것입니다. 믿으시기를 바랍니다.

② 성자와 성령 하나님께서 우리들을 위하여 기도하여 주시는 것입니다

가) 성자 예수님께서 우리들을 위하여 기도하여 주십니다.

롬8:33-39 "누가 능히 하나님의 택하신 자들을 송사하리요 의롭다 하신 이는 하나님이시니 누가 정죄하리요 죽으실 뿐 아니라 다시 살아나신 이는 그리스도 예수시니 그는 하나님 우편에 계신 자요 우리를 위하여 간구하시는 자시니라"고 하였습니다. 이처럼 우리 예수님께서 우리를 위하여 간구하심으로 모든 것을 이긴다고 하였습니다.

그러므로 37절 "이 모든 일에 우리를 사랑하시는 이(하나님)로 말미암아 우리가 넉넉히 이기느니라 내가 확신하노니 사망이나 생명이나 천사들이나 권세자들이나 현재 일이나 장래 일이나 능력이나 높음이나 깊음이나 다른 아무 피조물이라도 우리를 우리 주 그리스도 예수 안에 있는 하나님의 사랑에서 끊을 수 없으리라"

나) 성령 하나님께서 우리들을 위하여 기도하십니다.

롬8:26,27 "이와 같이 성령도 우리 연약함을 도우시나니 우리가 마땅히 빌 바를 알지 못하나 오직 성령이 말할 수 없는 탄식으로 우리를 위하여 친히 간구하시느니라 마음을 감찰하시는 이가 성령의 생각을 아시나니 이는 성령이 하나님의 뜻대로 성도를 위하여 간구하심이니라"

성령 하나님께서 말할 수 없는 탄식으로 우리를 위하여 간구하신다고 하였고, 우리의 연약함으로 도와주신다고 하였습니다. 그러므로 우리가 어려운 일을 당하거나 어떤

상황에서 성자 하나님, 성령 하나님의 도우심과 간구하심이 있음을 믿으시기를 바랍니다.

③ 우리가 기도할 때에 응답해 주실 것을 약속하셨습니다.

부모는 자식의 부탁이나 소원에 귀를 기우리고 그 소원을 들어주는 것은 너무나 당연한 일이 아닐 수 없는 것입니다.

하나님은 우리들을 사랑하시되 이 세상에서 가장 귀한 자녀로 사랑하시는 것입니다. 얼마만큼 사랑하느냐하면

사43:4 "내가 너를 보배롭고 존귀하게 여기고 너를 사랑하였은즉 내가 사람들을 주어 너를 바꾸며 백성들로 네 생명을 대신하리니"

왜 우리들을 그렇게 사랑하십니까? 우리들을 자녀 삼기 위하여 너무 너무 큰 값을 지불하고 우리들을 샀기 때문입니다. 얼마만큼 큰 값을 지불하셨나 하면 하나님께서 값으로 따질 수 없는 무한대의 값을 지불하심으로 우리들

을 사셨습니다. 그 값이 무엇입니까? 하나님의 독생자 성자 예수님을 피 흘려 죽이시는 생명을 값으로 지불하심으로 우리들을 사셨다는 사실입니다.

사43:1 "야곱아 너를 창조하신 여호와께서 이제 말씀하시느니라 이스라엘아 너를 조성하신 자가 이제 말씀하시느니라 너는 두려워 말라 '내가 너를 구속하였고' 내가 너를 지명하여 불렀나니 너는 내 것이라 네가 물 가운데로 지날 때에 내가 함께 할 것이라 강을 건널 때에 물이 너를 침몰치 못할 것이며 네가 불 가운데로 행할 때에 타지도 아니할 것이요 불꽃이 너를 사르지도 못하리니 대저 나는 여호와 네 하나님이요 이스라엘의 거룩한 자요 네 구원자임이라 내가 애굽을 너의 속량물로, 구스와 스바를 너의 대신으로 주었노라"

그러므로 하나님은 우리들을 향하여 "내가 너를 보배롭고 존귀하게 여기고 너를 사랑하신다"고 하신 것입니다.

그러므로 하나님은 우리들에게 기도하라고 하셨고, SOS를 치라고 하셨습니다. 거짓말하지 못하시는 하나님께서 기도하면 꼭 응답해 주실 것을 믿으시기 바랍니다.

어느 지극히 가난한 농부가 너무 순박하여 남에게 돈을 빌릴 수도 없었다. 너무 가난하여 견딜 수 없어 고민을 하다가 기도하면 하나님이 들어주신다는 말씀을 기억하고 하나님께 편지하기로 마음을 먹고 하나님께 편지를 썼다. "하나님께 저에게 돈 500만원만 주셨으면 합니다. 이것으로 땅이라도 조금 사서 농사라도 조금 지어 보고 싶습니다. 저의 소원이니 들어 주십시오"

어디로 어떻게 보낼까하다가 자기 대통령에게로 보내면 쉽게 전달될 것

같아 대통령의 이름을 적어 보냈다. 편지를 받은 대통령이 그 사람을 알아본 후에 그의 순박함과 가난을 전해 듣고 250만원 보내주었다.

돈을 받아 든 농부는 너무 기뻐서 하나님께 말하기를 "하나님 감사합니다. 그런데 다음부터는 돈을 저에게 보내실 때에 저에게 직접 보내십시오. 왜냐 하면 대통령이 250만원을 떼여 먹고 250만원만 보냈지 않습니까?"

"구하라 그러면 너희에게 주실 것이요 찾으라 그러면 찾을 것이요 문을 두드리라 그러면 너희에게 열릴 것이니 구하는 이마다 얻을 것이요 찾는 이가 찾을 것이요 두드리는 이에게 열릴 것이니라 너희 중에 누가 아들이 떡을 달라 하면 돌을 주며 생선을 달라 하면 뱀을 줄 사람이 있겠느냐 너희가 악한 자라도 좋은 것으로 자식에게 줄 줄 알거든 하물며 하늘에 계신 너희 아버지께서 구하는 자에게 좋은 것으로 주시지 않겠느냐"(마7:7–11)

그런데 우리 주님은 십자가에 못박히시기 전 날밤 가장 심각한 상황에서 우리들에게 주신 약속들 중에 하나가 기도하면 주시겠다는 약속인데 그 약속을 같은 시간에 한 장소에서 4번이나 거듭거듭 약속하셨다는 사실입니다.

요14:12–14 "내가 진실로 진실로 너희에게 이르노니 나를 믿는 자는 나의 하는 일을 저도 할 것이요 또한 이보다 큰 것도 하리니 이는 내가 아버지께로 감이니라 너희가 내 이름으로 무엇을 구하든지 내가 시행하리니 이는 아버지로 하여금 아들을 인하여 영광을 얻으시게 하려 함이라 내 이름으로 무엇이든지 내게 구하면 내가 시행하리라"

그리시고는 보혜사 성령 보내주실 것을 말씀하시고, 내 계명을 가지고 지켜야 아버지의 사랑을 받을 것이라, 평안을 주신다고 말씀하시고, 포도나무 비유를 하시면서 두 번째 기도 응답의 약속을 하십니다.

"너희가 내 안에 거하고 내 말이 너희 안에 거하면 무엇이든지 원하는 대로 구하라 그리하면 이루리라"(요15:7) 내 안에 거하라 내 계명을 지키라, 내가 너희들을 사랑한 것처럼 너희도 서로 사랑하라, 너희는 종이 아니고 친구라고 하시면서 세 번째 기도응답을 약속하십니다.

16절에는 "너희가 나를 택한 것이 아니요 내가 너희를 택하여 세웠나니 이는 너희로 가서 과실을 맺게 하고 또 너희 과실이 항상 있게 하여 내 이름으로 아버지께 무엇을 구하든지 다 받게 하려 함이니라"

장차 올 핍박에 대하여 말씀하시면서 성령님을 보내주실 것을 말씀하시면서 주님께서 죽으실 것을 말씀하시면서 네번째 기도응답을 약속하십니다.

"그 날에는 너희가 아무것도 내게 묻지 아니하리라 내가 진실로 진실로 너희에게 이르노니 너희가 무엇이든지 아버지께 구하는 것을 내 이름으로 주시리라 지금까지는 너희가 내 이름으로 아무것도 구하지 아니하였으나 구하라(기도하라) 그리하면 받으리니 너희 기쁨이 충만하리라"(요16:23,24)

④ 하나님의 자녀의 신분이므로 천국을 유업으로 얻어 누리게 되는 것입니다.

갈4:7 "그러므로 네가 이 후로는 종이 아니요 아들이니 아들이면 하나님으로 말미암아 유업을 이을 자니라"

"유업을 이을 자"라는 말은 상속자라는 뜻입니다. 종은 상속자가 될 수 없으나 자녀는 아버지의 상속자가 되는 것입니다. 우리는 하나님의 자녀로 아버지의 나라 천국을 상속 받아 천국의 모든 축복을 소유하고 누리게 된다는 것입니다.

롬8:14-17 "무릇 하나님의 영으로 인도함을 받는 그들은 곧 하나님의 아들이라 너희는 다시 무서워하는 종의 영을 받지 아니하였고 양자의 영을 받았으므로 아바 아버지라 부르짖느니라 성령이 친히 우리 영으로 더불어 우리가 하나님의 자녀인 것을 증거하시나니 자녀이면 또한 후사 곧 하나님의 후사요 그리스도와 함께 한 후사니 우리가 그와 함께 영광을 받기 위하여 고난도 함께 받아야 될 것이니라"

하나님과 나 사이의 관계는 아버지와 아들의 관계로 그 관계는 어떤 이유이든 영원히 끊을 수 없는 불변의 관계입니다(신약251쪽)

롬8:38,39 "내가 확신하노니 사망이나 생명이나 천사들이나 권세자들이나 현재 일이나 장래 일이나 능력이나 높음이나 깊음이나 다른 아무 피조물이라도 우리를 우리 주 그리스도 예수 안에 있는 하나님의 사랑에서 끊을 수 없으리라"

2) 천국 시민의 신분을 얻게 되는 것입니다(빌3:20-21).

엡2:19 "그러므로 이제부터 너희가 외인도 아니요 손도 아니요 오직 성도들과 동일한 시민이요 하나님의 권속이라"

과거는 마귀의 자녀요 종이요 그의 백성이었는데 예수 믿음으로 이제는 하나님의 자녀요 천국 시민이 된 것입니다.

빌3:20 "오직 우리의 시민권은 하늘에 있는지라 거기로서 구원하는 자 곧 주 예수 그리스도를 기다리노니"

어느 나라에 시민이든지 시민권을 가지면 그 나라에서 보호하고 지켜주는 것입니다.

이 세상에서 가장 좋은 시민권은 초강대국인 미국 시민권입니다. 물론 요즘 많은 도전을 받고 위협을 당하기는 하지만 미국의 시민권을 가지면 모든 나라에서 보호를 받게 되는 것입니다.

미국에 잠시 여행을 하는데도 비자를 얻어야 들어가는데 이 비자를 얻기가 전부터 그렇게 쉽지가 않습니다. 어떤 분들은 몇 번이나 캔슬을 당하여 들어가지를 못하고 있습니다. 그런데 미국에 들어간다 할지라도 영주권을 얻기가 그렇게 어렵고, 영주권을 얻었다할지라도 시민권을 얻는다는 것은 정말 어렵다고 합니다.

시민권을 얻을 때 시험을 치는데 물론 영어도 잘 해야 하지만 그 중에 하나가 "만약에 미국시민권을 얻은 후에 한국과 전쟁이 일어났다고 가정을 하자 그때에 한국 군인들을 향하여 총을 쏘며 전쟁을 할 수 있겠느냐"고 묻는다고 한다. 그 대답이 NO 하면 시민권을 안 준다는 것입니다.

얼마나 어렵습니까? 그런데 이 세상에서 가–장 귀하고 귀한 시민권은 천국시민권입니다. 이 시민권은 거저 마음의 문을 열고 천국의 왕자이신 예수님을 영접해 드리기만 하면 천국의 시민권을 주신다는 것입니다. 시민권이 있어야 천국에 들어가게 되고 거기서 모든 것을 누리며 영원히 살게되는 것입니다.

사랑하는 성도 여러분, 우리가 예수님을 믿음으로 하나님의 자녀가 되는 이 놀라운 축복을 받음으로 우리의 신분이 하나님의 자녀로, 천국시민으로 달라지게 되는 것을 믿으시기 바랍니다.

(5) 성령 충만의 선물입니다(고전3:16)

오늘은 그 선물의 보퉁이 속에 성령 충만의 선물, 즉 성령님이 우리안에서 영원토록 함께 계시면서 우리를 도와주시겠다는 것입니다.

참으로 놀라운 것은 하나님이 우리 안에 들어오셔서 영원토록 함께 계시겠다는 약속입니다. 하나님은 성부, 성자, 성령 三位一體 하나님이신데 位가 三位가 계시나 한 분 하나님이십니다. 우리에게는 이해가 되지 않는 말입니다. 하나님은 신이시기 때문에 우리 인간이 다 알 수 없는 것입니다. 다만 하나님께서 나는 이러한 분이시다고 우리에게 계시해 주시는 부분만 알 수 있는 것입니다. 하나님께서 어떻게 자신을 우리에게 들어내어주십니까?

첫째는 자연만물을 통하여 하나님을 보여 주시는 것입니다.

롬1:20-23 "창세로부터 그의 보이지 아니하는 것들 곧 그의 영원하신 능력과 신성이 그 만드신 만물에 분명히 보여 알게 되나니 그러므로 저희가 핑계치 못할지니라 하나님을 알되 하나님으로 영화롭게도 아니하며 감사치도 아니하고 오히려 그 생각이 허망하여지며 미련한 마음이 어두워졌나니 스스로 지혜 있다 하나 우둔하게 되어 썩어지지 아니하는 하나님의 영광을 썩어질 사람과 금수와 버러지 형상의 우상으로 바꾸었느니라"

이것을 자연계시라고 하는 것입니다. 아무 것도 없는 가운데 이 아름답고 심묘막측한 우주만물을 엿새 동안에 창조하셔서 운행하심을 통하여 하나님의 위대하심과 전지전능하심과 그의 지혜와 지식의 부요하심을 우리는 깨달을 수 있는 것입니다.

둘째는 인류 역사와 나라의 흥망성쇠를 통하여 하나님을 알 수 있는 것입니다.

사실 인류의 모든 역사는 하나님께서 주장하시고 다스리신다는 것을 보여주시는 것입니다.

다니엘서 2장에 보면 느브갓네살 왕이 한 꿈을 꾸고는 잊어버렸는데 그 꿈이 심상찮은 중대한 내용이 담긴 꿈인 것은 아는데 그 꿈을 잊어버린 것입니다. 그래서 나라에 점장이 박사 점술가들을 모아놓고 그 꿈을 알아내고 해석을 하라고 명령을 내렸습니다. 만약에 그 꿈을 못 찾아내거나 못 알아 맞추면 전부 죽이겠다고 엄명을 내린 것입니다. 이유가 없었습니다.

이때에 다니엘이 그 세친구와 더불어 하나님께 간절히 기도하여 그 꿈과 해석을 알아내었는데 그 꿈의 내용은 큰 신상을 보았는데 그 머리는 정금으로, 가슴과 두 팔은 은이요, 배와 넓적다리는 놋이요, 종아리는 철이요, 발은 얼마는 철이요, 얼마는 흙으로 된 거대한 신상이었는데 그때에 사람으로 손으로 하지 아니한 한 뜬 돌이 신상의 발부분을 쳐서 부숴뜨리므로 그 신상은 타작마당의 겨처럼 다 날아가 버리고 신상을 친 돌만 태산을 이루어 온 세상에 가득하여 망하지도 않는 영원한 나라를 이루는 심상찮은 꿈이었습니다.

이 꿈은 느브갓네살 왕 때부터 인류 종말까지의 인간역사를 한 눈으로 볼 수 있게 하나님이 보여주신 것인데 그 당시 세계를 다스렸던 바벨론의 느브갓네살 왕은 정금같은 머리고, 그 다음에 은같은(메대와 페르시아) 나라가 일어나고, 그 다음은 놋(헬라)같은 나라가 일어나고, 나중에는 철같은 나라(로마)가 일어나게 될 것이라는 것입니다.

그런데 맨 마지막에는 나라들이 열 발가락처럼 다 독립이 되는데 흙과 철이 합하여지지 않는 것처럼 사상이 합하여지지 않고, 종교가 합하여지지 않고, 이념이 각각 다른 화합되지 않은 나라가 될 것인데 공중에 뜨인 돌이신 우리 예수님께서 재림하심으로 이 세상은 다 멸망되고 주님이 세우신 한 나라 천국만이 영원무궁한 나라가 될 것을 보여주신 것입니다.

나라의 흥망성쇄나 왕들이 세워지고 전쟁이 일어나고 평화가 만들어지는 것이 인간이 하는 것처럼 보이나 사실은 하나님께서 느브갓네살 왕에게 보여주신 그 신상대로 다 섭리하시고 다스려 나가시는 것입니다. 역사를 가만히 보면 하나님께서 살아계셔서 다스리시고 계신다는 것을 알 수 있는 것입니다.

셋째는 우리의 양심을 통하여 하나님이 살아계시는 것을 보여주시는 것입니다.

롬1:19에 "이는 하나님을 알 만한 것이 저희 속에 보임이라 하나님께서 이를 저희에게 보이셨느니라"

사람은 덜 급하면 엄마아빠를 찾고 생명이 왔다갔다하는 일이나 재산이 왔다갔다하는 다급한 일이 생겨나면 누구나 없이 다 하나님을 찾게 되어있는 것입니다(압록강 건너는 중, 월남 전쟁 때 불신 군인들의 기도).

넷째는 성경말씀을 통하여 하나님이 살아 계심을 분명히 알 수 있습니다.

성경에서 우주의 시작, 인류의 시작, 죄의 시작, 구원의 시작 등을 알려주면서 인류 구원을 디자인하신 하나님이 어떤 분이신 가를 명백히 가르쳐주고 있습니다.

그런데 성경도 하나님이 어떤 분이신 가를 알려주기 위하여 쓴 책이 아니고, 오직 우리의 구원을 위하여 기록되었는데 그 구원에 관계된 하나님의 속성만을 기록하였습니다. 그 기록된 하나님의 속성의 부분만 우리가 알 수 있고 그 외에 부분은 알 수 없는 것입니다.

그러므로 성경을 통하여 하나님을 우리에게 보여주신 것을 볼 때에 우리가 믿는 하나님께서 삼위 일체 되심을 깨달아 알아 믿게 되는 것입니다.

그래서 교리문답에 하나님은 "신이신데 그의 존재하심과 지혜와 권능과 거룩하심과 공의와 인자하심과 진실하심이 무한하시며 무궁하시며 불변하신데, 하나님의 신격에는 삼위가 계시나니 성부와 성자와 성령이신데 이 삼위는 한 하나님으로 본체는 하나요, 권능과 영광은 동등합니다"고 교리문답에서는 말하고 있습니다.

놀라운 사실은 이 삼위 하나님의 삼위 중 성령 하나님께서 우리 안에 들어오셔서 우리를 성전으로 삼으시고 영원토록 우리와 함께 계신다는 사실입니다.

하나님이 우리와 함께 하신다는 이 사실은 이미 예언되어진 그대로입니다.

1) 구약이 예언하셨습니다.

욜2:28-30 "그 후에 내가 내 신을 만민에게 부어 주리니 너희 자녀들이 장래 일을 말할 것이며 너희 늙은이는 꿈을 꾸며 너희 젊은이는 이상을 볼 것이며 그 때에 내가 또 내 신으로 남종과 여종에게 부어 줄 것이며 내가 이적을 하늘과 땅에 베풀리니 곧 피와 불과 연기 기둥이라"고 하였습니다.

사 32:15 필경은 위에서부터 성신을 우리에게 부어 주시리니 광야가 아름다운 밭이 되며 아름다운 밭을 삼림으로 여기게 되리라

겔39:29 내가 다시는 내 얼굴을 그들에게 가리우지 아니하리니 이는 내가 내 신을 이스라엘 족속에게 쏟았음이니라 나 주 여호와의 말이니라

2) 우리 예수님께서도 성령님이 우리 안에 들어와 계실 것을 약속하셨습니다.

요7:37,38 "명절 끝 날 곧 큰 날에 예수께서 서서 외쳐 가라사대 누구든지 목마르거든 내게로 와서 마시라 나를 믿는 자는 성경에 이름과 같이 그 배에서 생수의 강이 흘러나리라 하시니 이는 그를 믿는 자의 받을 성령을 가리켜 말씀하신 것이라"

요14:16-18 "내가 아버지께 구하겠으니 그가 또 다른 보혜사를 너희에게 주사 영원토록 너희와 함께 있게 하시리니 저는 진리의 영이라 세상은 능히 저를 받지 못하나니 이는 저를 보지도 못하고 알지도 못함이라 그러나 너희는 저를 아나니 저는 너희와 함께 거하심이요 또 너희 속에 계시겠음이라 내가 너희를 고아와 같이 버려 두지 아니하고 너희에게로 오리라"

요14:26 "보혜사 곧 아버지께서 내 이름으로 보내실 성령 그가 너희에게 모든 것을 가르치시고 내가 너희에게 말한 모든 것을 생각나게 하시리라

눅24:49 볼지어다 내가 내 아버지의 약속하신 분을 너희에게 보내리니 너희는 위로부터 능력을 입히울 때까지 이 성에 유하라 하시니라

행1:4,5 "사도와 같이 모이사 저희에게 분부하여 가라사대 예루살렘을 떠나지 말고 내게 들은 바 아버지의 약속하신 것을 기다리라 요한은 물로 세례를 베풀었으나 너희는 몇 날이 못되어 성령으로 세례를 받으리라 하셨느니라"

행1:6-8 "저희가 모였을 때에 예수께 묻자와 가로되 주께서 이스라엘 나라를 회복하심이 이 때니이까 하니 가라사대 때와 기한은 아버지께서 자기의 권한에 두셨으니 너희의 알 바 아니요 오직 성령이 너희에게 임하시면 너희가 권능을 받고 예루살렘과 온 유대와 사마리아와 땅 끝까지 이르러 내 증인이 되리라 하시니라"

3) 약속하신대로 성령님은 믿고 간구하는 자들에게 임하셨다.

행2:1-4 "오순절날이 이미 이르매 저희가 다 같이 한 곳에 모였더니 홀연히 하늘로부터 급하고 강한 바람 같은 소리가 있어 저희 앉은 온 집에 가득하며 불의 혀같이 갈라지는 것이 저희에게 보여 각 사람 위에 임하여 있더니 저희가 다 성령의 충만함을 받고 성령이 말하게 하심을 따라 다른 방언으로 말하기를 시작하니라"

오순절 때 강림하신 성령님은 지금 우리 안에 계십니다.

고전3:16 "너희가 하나님의 성전인 것과 하나님의 성령이 너희 안에 거하시는 것을 알지 못하느뇨"고 하였습니다. 성령 하나님께서 우리 안에 계신다는 것은 정말 놀라운 일이 아닐 수 없는 것입니다. 이렇게 우리안에서 계시면서 어떤 일들을 하십니까?

4) 성령님의 하시는 일

성령 하나님께서 하시는 일은 다양하십니다. 성부 성자 하나님과 더불어 우주 만물을 창조하시는 일을 하셨을 뿐만 아니라, 만물을 붙드시고 유지시키시는 일과 발전시키시는 일을 하시는 것입니다.

그리고 하나님의 택하신 자들에게 복음을 통하여 예수 그리스도를 증거하여 믿게 하시며, 죄를 깨닫게 하며 하나님의 심판이 있음을 깨닫게 하시는 일들을 하십니다(요16:8-11).

특히 성령 하나님은 신자들 마음속에서 다양한 일들을 하시는데

① 신자들을 중생 시키시고 새롭게 하시는 일들을 하십니다.

요3:3-5 "예수께서 대답하여 가라사대 진실로진실로 네게 이르노니 사람이 거듭나지 아니하면 하나님 나라를 볼 수 없느니라 니고데모가 가로되 사람이 늙으면 어떻게 날 수 있삽나이까 두 번째 모태에 들어갔다가 날 수 있삽나이까 예수께서 대답하시되 진실로진실로 네게 이르노니 사람이 물과 성령으로 나지 아니하면 하나님 나라에 들어갈 수 없느니라"

아무리 복음의 말씀을 들어도 성령 하나님의 믿게 하시는 역사가 없다면 예수님을 믿을 수가 없고, 중생의 역사가 일어나지를 않게 되는 것입니다. 죽은 영혼을 살리는 일은 오직 성령 하나님께서 말씀을 통하여 하신다는 것입니다.

고전12:3 "그러므로 내가 너희에게 알게 하노니 하나님의 영으로 말하는 자는 누구든지 예수를 저주할 자라 하지 않고 또 성령으로 아니하고는 누구든지 예수를 주시라 할 수 없느니라"

그래서 바울은 고린도 교회를 향하여 말하기를 고전2:4,5에 "내 말과 내 전도함이 지혜의 권하는 말로 하지 아니하고 다만 성령의 나타남과 능력으로 하여 너희 믿음이 사람의 지혜에 있지 아니하고 다만 하나님의 능력에 있게 하려 하였노라"고 하였습니다.

이처럼 성령님의 나타남과 능력으로 중생케 되고 중생한 우리들을 또한

새롭게 하시는 역사 즉 성화의 역사도 성령님이 하시는 것입니다.

딛3:5 "우리를 구원하시되 우리의 행한 바 의로운 행위로 말미암지 아니하고 오직 그의 긍휼하심을 좇아 중생의 씻음과 성령의 새롭게 하심으로 하셨다"고 하였습니다.

여기 성령의 새롭게하심이란 말씀은 잃어버렸던 하나님의 형상을 회복하는 즉 새로운 삶으로 변화시키는 일을 성령님께서 하신다는 말씀인 것입니다.

김익두 목사님은 본래 깡패였습니다. 그는 예수믿고 편지를 보냈습니다. "김익두는 죽었다"는 부고편지를 보냈습니다. 사람들이 김익두 목사를 괴롭힙니다. 그대에 김익두 목사님은 참으면서 하는 말씀이 "예수는 김익두가 믿고 득은 네가 본다"고 하였다고 합니다.

스펄젼 목사의 친구 브라운 로우 노드 목사님이 한때는 방탕한 삶을 살았습니다. 그가 회개하고 목사가 되어 설교하시려는 강대상에 편지 한 장이 있었다. 노드 목사님이 설교하기 전에 강대상의 편지를 열어보니 자신이 지은 온갖 죄가 다 기록되어있었고 마지막에는 "이런 추악한 네가 어떻게 사람들에게 감히 설교할 수 있는가?"라고 적혀 있었다.

노드는 설교를 시작하자마자 이 편지를 교인들에게 다 읽어주고 이것은 사실입니다.

"저는 타락한 죄인이었습니다. 그러나 여러분, 나의 구세주는 속죄의 피로써 나를 깨끗이 씻어주셨습니다. 나처럼 여러분들께서도 예수님을 구세주로 영접하지 않으시겠습니까?"라고 하면서 오히려 강렬한 설교로 많은 사람을 회개시켰습니다.

그런데 어떤 성도들은 "나는 천성이 그러니 변할 수 없다" "나는 본래 성격이 그러니 할 수 없다"고 말하면서 믿지 아니할 때의 언어폭력, 고함치는 것, 성질 부리는 것을 그대로 하는 사람을 보는데 이는 마귀에게 속고 있는 것입니다.

고후5:17 "그런즉 누구든지, 그리스도 안에 있으면 새로운 피조물이라 이전 것은 지나갔으니 보라 새것이 되었도다"

성령님의 새롭게하심을 입으려면 이 일을 하시는 성령님께 우리는 순종만 하면 됩니다. 순종만 하면 되는 것입니다. 만약에 우리가 순종치 아니하면 성령님께서 어떻게 하십니까? 성령님께서 근심하신다고 하였습니다.

엡4:29-30 "무릇 더러운 말은 너희 입 밖에도 내지 말고 오직 덕을 세우는 데 소용되는 대로 선한 말을 하여 듣는 자들에게 은혜를 끼치게 하라 하나님의 성령을 근심하게 하지 말라 그 안에서 너희가 구속의 날까지 인치심을 받았느니라"고 하였습니다.

② 우리 안에 계신 성령님은 죄와 죽음에서 우리들을 해방시키십니다.

롬8:1-2 "그러므로 이제 그리스도 예수 안에 있는 자에게는 결코 정죄함이 없나니 이는 그리스도 예수 안에 있는 생명의 성령의 법이 죄와 사망의 법에서 너를 해방하였음이라"

로마서를 성경 중에 성경이라고 부르는데 8장은 로마서 중에 로마서라고 부르는 것입니다. 스페너는 8장에 대하여 이렇게 비유를 하였습니다. "성경을 반지로 비유하면 로마서는 반지의 앞면이고 8장은 반지에 박힌 보석이

다"고 하였습니다.

우리가 예수님을 구주로 영접하므로 성령님이 우리 안에 들어와 계십니다. 그 성령님은 우리를 의롭다 하실 뿐만 아니라 우리가 비록 하나님의 말씀을 불순종하여 죄를 짓거나 마음으로 악한 생각을 하여 죄를 지을 때에도 예수 그리스도의 십자가의 보혈의 공로를 의지하여 죄를 자백하게 하므로 정죄 받는 데서 해방되고 죄의 대가인 사망에서도 해방되었음을 확신시켜 주시는 일을 하시는 것입니다.

성령 하나님의 법은 믿는 자에게는 결코 정죄를 받지 않는 것이 법입니다.

그러므로 롬8:1 "그러므로 이제 그리스도 예수 안에 있는 자에게는 결코 정죄함이 없나니 이는 그리스도 예수 안에 있는 생명의 성령의 법이 죄와 사망의 법에서 너를 해방하였음이라"고 하신 것입니다.

성령님은 우리안에서 이 사실을 항상 확신시켜 주시는 것입니다.

③ 성령님은 신자들을 강하게 하시고 도와주시는 일을 하십니다.

엡3:16 "그 영광의 풍성을 따라 그의 성령으로 말미암아 너희 속 사람을 능력으로 강건하게 하옵시며"라고 하였는데 성령님께서 우리 안에서 하시는 사역중에 하나가 성도들을 강하게 하시는 일을 하시는 것입니다.

대지라는 소설로 풀리처 상과 노벨 문학상을 받은 펄벅의 아버지는 중국 철강포라는 곳에서 선교를 하는 선교사였습니다. 한번은 그의 아버지가 지방으로 선교의 일로 떠나고 없었을 때 3자녀와 왕이라는 중국인 가정부만 남아있었다.

펄벅의 어머니 캐롤라인이 창밖에서 바느질을 하고 있는데 중국인 남자들이 이야기를 하기를

"비가 오지 않고 가뭄이 계속되는 것은 서양인이 이 지방에 들어왔기 때문이다. 오늘밤에 이들을 죽여 신에게 제사드리자"는 의논을 하고 있었습니다. 옆에서 듣고 있던 중국인 가정부는 이번 일에는 당신을 도와줄 사람이 없을 것이라고 울었습니다.

캐롤라인이 죽음을 생각하면서 걱정이 되어 두려웠는데, 무엇보다는 자신의 아이들까지 무참히 죽임을 당해서는 안 된다고 생각하며. 골방에 들어가 기도하기 시작하였는데 오랜 후에 그는 마음 속에서 넘쳐흐르는 어떤 강력한 힘을 깨달으며 밖으로 나왔다.

저녁에 캘롤라인은 아이들을 일찍 재우고는 창가에서 바느질에 귀를 귀우렸는데 자정이 되어서 발자국 소리가 들렸다. 가정부에게 빵과 차를 준비케 하고는 귀한 손님을 맞이하듯 대문을 화짝 열어 놓았다.

아이들을 데리고 나와 노래를 하고 이야기를 하면서 놀았다. 그때에 중국인들이 마당으로 들어왔을 때 친절하게 "여러분, 어서 들어와서 차와 빵을 나눕시다" 그때 한 중국인이 "이상하다 우리가 무섭지 않은가?"

"이웃에 사는 여러분들을 무서워할 이유가 어디 있어요"했다. 중국인들은 집안을 둘러보며 이것저것을 만져보기 시작하였다.

캐롤라인은 오르간에 앉아서 중국말로 찬송을 부르기 시작하였다. 찬송이 끝날 때 중국인들은 멋 적어 하면서 하나 둘씩 돌아갔다. 안도의 한숨을 쉬며 긴장을 풀었을 때 그 새벽에 기적처럼 비가 내리기 시작하였다는 것입니다.

④ 우리안에서 성령님은 우리가 하나님의 자녀임을 증거하여 주십니다.

롬8:15 "너희는 다시 무서워하는 종의 영을 받지 아니하였고 양자의 영을 받았으므로 아바 아버지라 부르짖느니라 성령이 친히 우리 영으로 더불어 우리가 하나님의 자녀인 것을 증거하시나니"

여기서 두가지 방법으로 우리가 하나님의 자녀임을 증거하시는데

첫째는 우리의 영 스스로가 우리가 하나님의 자녀임을 증거하고 둘째는 성령님께서 우리의 영혼에게 하나님의 자녀임을 증거하시는 것입니다.

⑤ 능력으로 일하게 하십니다.

가) 권능으로 일하게 하신다(전도-행1:8, 요15:26, 병고침-눅5:17, 기도-사랑)

나) 환란과 핍박 때 말씀을 주시고(마10:19,20)

사랑하는 성도 여러분, 우리 성령 하나님이 우리 안에 들어오실 때에 가지고 오신 선물이 너무 엄청나지 않습니까? 이런 귀한 선물을 알아보려고도, 펴 볼려고도 하지 않는 신자들이 얼마나 많습니까? 선물을 받으면 펴 보는 것이 예의입니다. 우리는 이 세상의 것에 혈안이 되어 이것을 펴 볼 시간조차 갖지를 못합니다.

우리는 주님이 가지고 오셔서 주신 이 선물의 목록이 들어있는 보퉁이를 펴 보고 깨닫고, 누리고, 기뻐합시다. 그리고 시편기자처럼 "여호와께서 내게 주신 모든 은혜를 무엇으로 보답할꼬"하며 기뻐하고, 감사하고, 누리고, 영광을 돌려드리고 섬기시기 바랍니다.

그러면 우리안에 계시는 성령님께서 역사하시도록 하는 성령충만을 어떻게 받을 것인가?

⑥ 성령 충만 받으려면?

가) 성령충만을 간절히 사모해야 합니다(요7:37–39)

요7:37–39 "명절 끝날 곧 큰 날에 예수께서 서서 외쳐 가라사대 누구든지 목마르거든 내게로 와서 마시라 나를 믿는 자는 성경에 이름과 같이 그 배에서 생수의 강이 흘러나리라 하시니 이는 그를 믿는 자의 받을 성령을 가리켜 말씀하신 것이라"

나) 하나님이 싫어하시는 죄를 고백해야 합니다(행 2:37,38)

행2:37,38 "저희가 이 말을 듣고 마음에 찔려 베드로와 다른 사도들에게 물어 가로되 형제들아 우리가 어찌할꼬 하거늘 베드로가 가로되 너희가 회개하여 각각 예수 그리스도의 이름으로 세례를 받고 죄 사함을 얻으라 그리하면 성령을 선물로 받으리니 약속은 너희와 너희 자녀와 모든 먼 데 사람 곧 주 우리 하나님이 얼마든지 부르시는 자들에게 하신 것이라"

다) 성령충만의 약속을 믿고 순종해야 할 것을 결심해야 하는 것입니다(행1:4,5)

행1:4,5 "사도와 같이 모이사 저희에게 분부하여 가라사대 예루살렘을 떠나지 말고 내게 들은 바 아버지의 약속하신 것을 기다리라 요한은 물로 세례를 베풀었으나 너희는 몇 날이 못되어 성령으로 세례를 받으리라 하셨느니라"

이 약속을 받은 사람은 500여명이었는데 이를 믿고 기도하여 성령의 충만을 받은 자는 25%도 못 미치는 120명에 불과 했습니다. 예수믿는 자들은 예수님이 하신 말씀을 믿는 것이다. 믿는다는 것은 순종한다는 것이다. 멕시코의 쿠이케텍 인디언과 체르탈 인디언의 말에는 '믿는다' 는 말과 '순종한다' 는 말이 같다는 것이다. 이를 안 선교사는 아직 미개하니 언어가 세분되어 있지 않다고만 생각했습니다.

언어의 불완전함을 그들에게 말했을 때 그들이 도리어 어떻게 '믿는다'는 말과 '순종한다' 는 말이 어떻게 다를 수 있느냐고 반문하면서 "믿으면 순종하게 되지 않습니까? 순종한다는 것은 믿음을 나타내지 않습니까?"고 하더라는 것입니다. 그렇습니다. 믿으면 순종하게 되어있는 것입니다.

100% 하나님의 말씀을 따르고 순종하는 것이 믿음이다. 사울이 순종하고 겸손할 때에는 성령의 충만을 받았으나 불순종할 때에는 성령님이 떠나 악령의 충만을 받아 하나님의 사람 다윗을 죽이려 하고 얼마나 괴롭혔는지 모른다.

성령님은 인격자이심으로 자신에게 순종하는 자에게 임하신다(행5:32).

행5:32 "우리는 이 일에 증인이요 하나님이 자기를 순종하는 사람들에게 주신 성령도 그러하니라 하더라"

라) 간절히 기도해야 합니다.(눅11:13)

'야베스의 기도' (브루스 윌킨슨)라는 책에 존이 천국 가서 깨달은 짤막한 이야기가 나온다. 배드로가 그를 안내하여 황금길과 아름다운 저택, 천사들이 부르는 노래소리의 황홀함 속에서 크다란 창고같은 이상한 건물 하나를 보게 되었다. 창문은 하나도 없고 문만 하나 있었다.

그 건물을 좀 보자고 하니 베드로가 꺼려하면서 안 보는 게 나을 것이라고 하였다.그 건물속에 무엇이 있을까? 궁급하여 공식적인 안내가 끝난 후에 다시 보여 달라고 부탁하였다.

결국 베드로가 마음이 약하여져서 문을 열었는데 바닥부터 천정까지 흰 선반들이 빼곡이 들어 차 있었다. 각 선반에는 이름이 적혀져 있는 빨간 리

본들이 묶여져 있었다. "제것도 있나요?"

그렇다고 대답하고는 그를 밖으로 데리고 나가는데 존은 자신의 상자가 있는 J칸으로 갔다. 속히 그 상자를 열고 보니 세상에 살아있는 동안 하나님께서 그에게 주시기를 원하셨던 많은 복들이 그대로 들어있더라는 것입니다.

그러나 존은 그것들을 구하지 않았다. 마7:7에 약속하신 대로 구했으면 받아 누릴 수 있는 복들이 많이 들어있었다. 너희가 얻지 못함은 구하지 아니함이라(약4:2)고 하셨다. 받을 수 있는 복들을 구하지 않음으로 받아야 할 복들을 받지 못하였다는 것이다. 성령충만한 성도들이 다 되시기를 바랍니다.

(6) **평안의 선물입니다.**(요14:26)

예수님께서 우리들의 모든 죄를 지시고 십자가에 죽으시기 전날 밤에 마가의 다락방에 함께 모이셨습니다. 예수님께서 제자들의 발을 씻기시고, 식사를 하신 후에 성찬 예식을 창설하신 후에 오늘밤에 너희가 다 나를 버릴 것이라고 하시고, 십자가에 못 박혀 죽으실 것도 말씀하셨습니다.

그리고 너희 중에서 나를 팔 사람이 있다고 말씀하시고 가룟 유다가 떡을 받은 후에 예수님을 넘겨주기 위하여 나가자 아주 착잡한 분위기가 되었습니다.

제자들은 사실 자신의 처자식들과 모든 생업을 버리고 예수님을 따랐는데 눈에 보이는 어떤 보장도 없이 예수님은 당대 최악의 흉악범에게 지우는 십자가에 처형을 당하게 될 것이라고 하였으니 얼마나 두려웠겠습니까?

자신의 스승이 십자가에 못 박히면 그의 제자였던 자신들도 다음 차례로 체포되어 같은 운명에 처하기 마련이었습니다. 그러니 고민이 안 될 리가 없었으며 심각한 불안에 빠져들지 않을 수 없었던 것입니다. 그때의 제자들의 심정이 어떠했는가하는 것은 우리가 당해 보지 않고는 다 알 수 없을 것입니다.

나폴레옹이 모스코바에서 패배를 하고 코자크 기병대에 쫓기다가 한 양복점 집에 들어가 자신이 러시아 군대에 쫓기고 있으니 좀 숨겨 달라고 하였습니다. 주인 시몬은 그 사람이 누군지도 알 수 없고 보기에 자그마한 별 볼일 없게 생긴 자라 그를 데리고 들어가 침실 벽장 안에 숨기고 그 위에 이불을 여러 채를 뒤집어씌우고 나가자마자 번쩍번쩍한 복장에 창을 든 군인 대여섯 명이 집안에 들어와 샅샅이 뒤지더니 나중에는 침실까지 들어와 다락의 이불더미를 창으로 쑤셔 보고는 그냥 나가 버렸습니다.

그들이 말을 타고 사라지자 나폴레옹은 하얗게 질린 모습으로 나오자 시몬이 권하는 술을 한잔 마시고는 황제의 위엄을 되찾은 다음에

"그대는 짐의 생명의 은인이로다. 소원이 있으면 무엇이든지 말하라"

시몬이 고개를 갸웃거리더니

"정 그러시다면 저 구석 쪽의 지붕을 좀 고쳐 주시오"

"아니 겨우 그것밖에 내게 부탁할 것이 없는가? 내게는 불가능한 것이 없느니라"

"아 그러시다면 저 양복점 때문에 우리 손님을 많이 뺏기고 있으니 저가 다른 곳에 가게를 차리게 해 주세요"

나폴레옹은 마음이 점점 더 상하여 들어갔다.

"그대는 내가 프랑스의 황제인 것을 모르는가? 나는 나폴레옹이다. 이번

에는 꼭 들어주겠으니 좀 그럴듯한 소원을 말하라"

'옛 황제님이라고 요"

어떨떨해진 시몬은 기어들어가는 소리로

"실은 황제님께서 이불속에 계실 때 군인들이 창으로 푹 찔러 봤거든요. 정말 하나님이 도우심으로 위기를 면한 거예요. 폐하께서 몹시 겁에 질린 듯 했는데 그때에 기분이 어떠했는지 말씀해 주세요?"

이 말을 들은 나폴레옹은 얼굴뿐만 아니라 귀밑까지 붉어락 푸르락 하더니

"내가 겁을 먹었다니 ... 이런 무례한 것을 묻는 네 놈은 총살감이다"고 외쳤습니다.

잠시 후에 프랑스 군인들이 황제를 찾아 헤매다가 찾아오자

"이 사나이를 즉시 체포하라 그리고 날이 새면 즉시 총살하도록"

시몬은 체포되어 끌려가 닭이 울기 시작하자 허허벌판 한 가운데로 끌고 가서는 나무에 묶었다. 시몬은 두 눈에서 눈물을 주루루 흘리면서 눈이 뚱뚱 부은 가운데 하나님께 살려달라고 기도하고 있었다.

이제 동녘이 밝아오자 총살 구령이 시작되었다. 하나, 두.........울 하는데 한 전령이 말을 타고 달려오면서 소리치기를

"잠깐 멈추시오. 총살을 취소하라는 황제의 명령이요."

그리고는 시몬에게 편지 한 장을 전해 주었는데 그 종이에 다음과 같은 글이 씌여있었답니다.

"내가 그때 어떤 기분이었는지, 이제 알겠는가?"

제자들의 그때 심정을 우리가 어떻게 알 수 있겠습니까? 주님은 심히 두려워 떨고 있는 제자들에게 보혜사를 보내 주실 것을 약속하시면서

"평안을 너희에게 끼치노니 곧 나의 평안을 너희에게 주노라 내가 너희에게 주는 것은 세상이 주는 것 같지 아니하니라 너희는 마음에 근심도 말고 두려워하지도 말라"(요14:27)고 하셨습니다.

최고의 두려움과 불안에 쌓여 있는 제자들에게 주신 처방은 성령 충만과 평안이었습니다. 여러분, 불안한 일이 있습니까? 두렵고 떨리는 일이 있습니까? 성령 충만과 하나님이 주시는 평안을 얻으시기를 축원합니다.

1) 평안이 무엇입니까?

헬라말로는 '에이레네', 히브리 말로는 '샬롬' 인데, 이 말의 의미는 평화, 번영, 안녕이라는 뜻입니다. 살롬은

① 아침저녁 만날 때마다 서로 주고받는 인사말로 사용하였습니다(요20:19,21,26).

② 유대인들에게는 이 샬롬이 축복을 비는 말이었습니다.

③ 샬롬은 하나님이 함께 하심으로 만사가 형통해 지기를 비는 깊은 뜻이 있습니다.

④ 어떤 고통 중에서도 성령 충만할 때에 하나님의 평안을 체험케 되는 것입니다.

⑤ 하나님과 사람들 관계에서 어떤 불화나 원수 된 자가 없이 모두와 좋은 관계를 가진 상태를 의미하는 것입니다.

이 평안은 외부의 어떤 환경이나 조건에서 오는 것이 아니고 하나님께로부터 오는 선물입니다. 그러므로 하나님이 주시는 이 평안을 가지게 될 때에 모든 인생이 가장 두려워하는 죽음까지도 두려워하지 않는 마음에 평안을 누리게 되는 것입니다.

2) 불안의 해결책

현대인들의 특징 중에 가장 두드러진 특징은 불안과 공포입니다. 마음에 평안이 없는 것입니다. 그래서 사람들이 불안해하고 있는 것입니다. 정신과에 치료를 받는 사람들이 하루가 무섭게 늘어가고 있는 것입니다. 불안한 가운데 하루 하루를 겨우 살아가는 사람들이 많습니다.

미국에서 수면제가 1년에 700억 알이 팔리는데, 하루에 1,900만 명이 불안해서 잠을 이루지 못해 수면제를 먹는다고 합니다. 두통 약으로 쓰이는 아스피린은 한해 동안에 1,100만 파운드가 팔리는데 이는 1년에 두통을 앓아서 약을 먹는 수가 750억 건이나 된다고 합니다.

현대인들은 그 어느 때보다 뛰어난 지식의 혜택과 탁월한 과학의 도움을 받으며, 풍부한 물질과 문화의 혜택을 받고 살아가고 있지 않습니까? 제가 좋은 음식을 간혹 먹을 때면 생각해 봅니다. 세종대왕이 아무리 산해진미로 잘 차려진 상에서 먹고 마시며, 다윗과 솔로몬이 아무리 잘 입고 지식이 뛰어났다고 해도 지금 우리들만큼이나 하겠는가?

호텔의 뷔페 음식만큼이나 가지 수가 많고, 맛이 있겠으며, 왕궁이 아무리 좋아도 지금의 아파트만큼 수세식 화장실, 욕실 등을 갖춰 놓고 살았겠는가? 얼마나 편리하며 편안하겠는가? 아무리 좋은 연을 타고 '물렀거라' 하며 다녀도 지금의 승용차만 하겠습니까?

그런 시절에는 상상조차도 하지 못했던 자동차, 비행기, 핸드폰, 전화기, 텔레비전, 냉장고와 세탁기, 온풍기와 에어컨 등 정말 훌륭한 문명 이기들을 사용하며, 잘 먹고 잘 살고있으면서도 고통하며 머리 아파하면서 불안해하면서 살아가고 있다. 왜 그렇습니까? 그 이유들을 한 네가지로 생각해 볼 수

있는데

① 현재 겪고 있는 어려운 상황 때문에 오는 불안입니다.

우리나라가 세계 12~13위 가는 경제 대국이라고 합니다. 과거에 비하면 요즘은 정말 잘 살고 편리하게 살아가지만 그러나 상대적 빈곤심리 때문에 불편한 것이나, 부족한 것들을 많이 느끼게 되는 것입니다.

또 살아가다 보면 어려운 난관들, 사업의 실패, 사람들과 관계에서 오는 불화들이 다 두려움의 원인이 되는 것입니다. 예를 들면 가난, 난치병, 사람들과의 관계에 있어서 서로 불편한 관계 때문에 많은 사람들이 괴로워하고 두려워하고 고민해 하고 있는지 모르는 것입니다.

사람들은 이러한 모든 것들을 극복하기 위하여 열심히 일하여 악착같이 돈을 벌고, 건강을 위하여 새벽부터 등산을 한다든지 운동을 부지런히 하고 있는 것입니다. 또 열심히 머리를 싸매고 공부를 하며 연구를 합니다. 그러나 이 모든 것들은 다 일시적인 문제 해결은 되지만 영원한 해결책은 되지를 못하는 것입니다.

많이 가진다고 문제가 해결이 됩니까? 평안이 옵니까?

죤 스타인백(1902–1968)이 진주란 소설을 썼는데 거기에 이런 이야기로 엮어져 있습니다. 인디안 키노와 쥬안나는 부지런히 살아가는 착한 부부로 행복한 가정을 꾸려 살아가고 있었습니다.

어느날 아이가 전갈에 물려 죽어가고 있었습니다. 이 병원 저 병원에 가도 이 가난한 인디안 아이를 받아 주지 않았습니다. 할 수 없이 민간요법으로 아이를 응급처치를 해 놓고는 진주 잡이를 나갔다.

"기필코 진주를 캐야 합니다. 그래서 우리 아이를 살리게 해 주소서"기도하면서 진주조개를 캐는데 그들의 기도대로 갈매기 알만한 진주를 하나 발견하게 되었습니다. "키노 부부가 진주를 캤단다" 소문이 온 도시에 퍼져 술렁이기 시작하였다.

조금전까지만 해도 아이를 밀어내던 의사들도 서로 맡겠다고 합니다.

거지들이 도와달라고 모여들었습니다.

뿐만 아니라 진주를 탐내는 괴한들이 침입하여 목숨을 잃을 뻔하기도 하였다.

진주가 복이 아니라 화근임을 깨닫고 어느 날 남편 몰래 진주를 바다에 던지러 갔다가 뒤따라 온 남편때문에 결국 버리지를 못했다.

돌아오는 길에 괴한의 습격을 받아 남편이 괴한과 싸우다가 그 괴한을 죽였습니다. .

"아, 이를 어떻게 해요, 우리가 사람을 죽이다니..."

이들은 결국 이곳을 떠나기로 결심하고, 이미 자신의 집은 불타버리고 타고 가려는 배마져 구멍이 나 있었다. 할 수 없어 산으로 도망을 가는데 진주를 탐내는 일당들이 쫓아와 일대 격투가 벌어지고 싸우는 중에 키노가 쏜 총탄에 자신의 아들이 죽엇습니다.

"아니 이럴 수가 ! 아들을 구하기 위해 캐 낸 진주가 오히려 아들을 죽이다니 ....."

예전의 초라한 오두막에 돌아온 그들은 넋을 잃고 손바닥 위에 있는 진주만을 바라보았다. 어둠이 깔리자 키노는 바다로 나가서 힘껏 진주를 던졌습니다. 그 진주는 검푸른 바다 속에 흔적도 없이 사라져 버리고 말았다는 이야기입니다.

우리는 돈이, 물질이 인생의 목적이 아님을 알아야 합니다. 그래서 있는 바를 족한 줄을 알고 범사에 감사하고, 구원받은 일에 항상 기뻐하면서 만족과 축복을 누려야 합니다.

우리는 청지기 인생인 줄을 알아 "빈손 들고 이 세상에 와서 하나님의 것을 먹고 살다가 빈손 들고 가는 것이 인생인줄로 알아야 합니다. 주신 자도 여호와 하나님이시오, 가져가신 자도 하나님이신 줄을 알아 매사에 하나님께 감사하고 기뻐해야 합니다.

② 과거와 미래에 대한 불안입니다.

과거에 실수와 지은 죄들에 대한 불안입니다. 주로 도적질이나 부정과 부당 이익을 취한 죄책감 등을 해결하지 못한 것이라든지 윤리적인 죄의식에 사로 잡혀 불안해하고 있는 것입니다.

이것은 예수님을 믿음과 동시에 이미 다 용서받았음을 확신하는 믿음의 사람이 되어야 합니다. 우리의 미래 역시 우리의 아버지이신 하나님께서 다 책임을 져 주시겠다고 약속하셨습니다.

그러므로 주님은 염려, 근심, 죄의식에 찌들려있는 우리들에게 말씀하셨습니다.

"수고하고 무거운 집진 자들아 다 내게로 오라 내가 너희를 쉬게 하리라" "너희는 마음에 근심하지 말라 하나님을 믿으니 또 나를 믿으라"고 하였습니다.

“너희 염려를 다 하나님께 맡기라 이는 하나님이 우리들을 권고하고 계신다”고 하였습니다.

③ 자신의 존재에 관해서 잘 못 알므로 오는 불안입니다.

자신이 누구인지? 여기서 살다가 죽으면 어디로 가는지? 다음 세계가 있다면 내가 어떻게 될 것인지? 흔히 말하는 천국과 지옥이 있다면 나는 어디로 갈 것인지? 여기에 대한 불안이 사람들을 괴롭힙니다.

이 모든 문제는 성경말씀 안에서 예수님 안에서 다 해결되는 것입니다. 우리 인간은 원래 행복하게 살도록 하나님의 형상대로 지음을 받아 하나님을 섬기며, 이웃을 사랑하고, 만물을 지배하는 왕적인 존재로 지음을 받았습니다.

그러나 마귀의 유혹에 빠져 하나님과 같이 된다는 욕심에 이끌려 하나님을 불신하고 범죄 타락하므로 하나님을 대적하고 떠나 마귀의 종이 되어 우상을 숭배하고, 온갖 미신에 매여 불행하게 살다가 죽어서는 하나님의 심판을 받아 영원한 지옥에 형벌을 받을 수밖에 없는 비참한 존재가 되어 버린 것입니다.

그러나 하나님은 인간을 사랑하사 독생자 예수 그리스도를 이 세상에 보내사 구원의 주님으로 세워 주셨습니다. 이제 그 분을 나의 구주, 나의 하나님으로 믿고 모셔 드리기만 하면 모든 죄를 용서받고 거듭나서 하나님의 자녀가 되고, 천국 시민이 되어 이 세상에서뿐만 아니라 이 세상 끝나 영원한 천국에 들어가서 영생 복락을 누리게 되는 것입니다.

이러한 인생의 전모를 알고 하나님을 믿고 구원받음으로 우리의 모든 염려와 불안은 깨끗이 해소가 되는 것입니다. 예수 믿고 보면 우리 인생이 얼마나 복된 인생인지를 모르는 것입니다.

④ 하나님과의 불화에서 오는 불안입니다.

롬5:10에는 예수님을 믿기 전에는 "우리가 하나님과 원수였으며" 골1:1:21 "전에 악한 행실로 멀리 떠나 마음으로 원수가 되었다"고 하였습니다.

일개 국의 대통령의 미움만 사도 살아남기가 어려운데 인간의 생사화복을 주관하시는 하나님과 원수가 되었다는 것은 사실 엄청난 불안이 아닐 수 없는 것입니다.

이러한 관계를 하나님께서 해결하시기 위하여 그의 독생자 예수 그리스도를 화해자로 보내어 주신 것입니다. 그 분은 우리와 하나님 사이에 가로막힌 죄의 담을 십자가에 못박혀 죽으심으로 해결하여 주셨습니다.

이제 우리들이 예수 그리스도의 십자가의 피 공로를 믿고 의지하여 하나님께 나아가기만 하면 예수님의 피 공로를 보시고 우리들을 용서하시고 받아 주시는 것입니다.

엡2:12-19 "그 때에 너희는 그리스도 밖에 있었고 이스라엘 나라 밖의 사람이라 약속의 언약들에 대하여 외인이요 세상에서 소망이 없고 하나님도 없는 자이더니 이제는 전에 멀리 있던 너희가 그리스도 예수 안에서 그리스도의 피로 가까워 졌느니라

그는 우리의 화평이신지라 둘로 하나를 만드사 중간에 막힌 담을 허시고 원수 된 것 곧 의문에 속한 계명의 율법을 자기 육체로 폐하셨으니 이는 이

둘로 자기의 안에서 한 새 사람을 지어 화평하게 하시고 또 십자가로 이 둘을 한 몸으로 하나님과 화목하게 하려 하심이라

원수 된 것을 십자가로 소멸하시고 또 오셔서 먼 데 있는 너희에게 평안을 전하고 가까운 데 있는 자들에게 평안을 전하셨으니 이는 저로 말미암아 우리 둘이 한 성령 안에서 아버지께 나아감을 얻게 하려 하심이라 그러므로 이제부터 너희가 외인도 아니요 손도 아니요 오직 성도들과 동일한 시민이요 하나님의 권속이라"

골1:20,22 "그의 십자가의 피로 화평을 이루사 만물 곧 땅에 있는 것들이나 하늘에 있는 것들을 그로 말미암아 자기와 화목케 되기를 기뻐하심이라 전에 악한 행실로 멀리 떠나 마음으로 원수가 되었던 너희를 이제는 그의 육체의 죽음으로 말미암아 화목케 하사 너희를 거룩하고 흠 없고 책망할 것이 없는 자로 그 앞에 세우고자 하셨으니"
라고 하였습니다.

이제 우리는 예수 그리스도로 말미암아 하나님과 화목하게 되어 그의 자녀가 되었고 천국시민이 되었으니, 이제 우리에게는 불안이나 두려움이 아니라 오히려 기뻐하며, 감사하는 가운데 하나님이 주시는 평안을 마음껏 누리시기를 바랍니다.

(7) 하나님이 주시는 선물은 영생입니다.(요5:24-26)

예수님을 믿는다는 것은 부모님이 믿으니 자연히 예수 믿어지는 것이 아닙니다. 예수님을 믿는다는 것은 교회에 이름을 등록하고 다니는 것이 예수 믿는 것이 아닙니다. 세례를 받고 어떤 직분을 받고 충성한다고 하여 다 예

수 믿는 것이 아닙니다.

예수님을 믿는다는 것이 무엇인가를 오늘 봉독한 말씀에서 우리에게 구체적으로 잘 말씀해 주셨습니다.

요5:24 "내가 진실로 진실로 너희에게 이르노니 내 말을 듣고 또 나 보내신 이를 믿는 자는 영생을 얻었고 심판에 이르지 아니하나니 사망에서 생명으로 옮겼느니라"고 하였습니다.

여기 예수님을 믿는다는 것은 "내 말을 듣고 또 나 보내신 이를 믿는 자"라고 하였습니다. 여기 중요한 것은 "예수의 말씀을 듣고"라는 말씀입니다.

여기 "예수님의 말씀"이란 넓게 말하면 성경말씀, 좁게 말하면 "예수님의 복음"을 말하는 것입니다. 예수님의 복음이란 무엇입니까? 예수님을 바로 알고 그 분을 마음에 모셔 드리는 것입니다.

예수님께서 제자들을 한 2년 동안 훈련시키신 후 가이사랴 빌립보에서 사랑하는 제자들에게 질문을 하셨습니다.

"세상 사람들이 나를 누구라고 하드냐?" 제자들이 대답을 합니다.

"어떤 사람들은 예수님을 세례 요한이 살아났다고도 하고, 어떤 사람들은 엘리야가 다시 왔다고도 하고, 어떤 사람들은 예레미야나 선지자 중의 하나라 하더이다"

그때에 예수님께서 그러면 "너희는 나를 누구라 하느냐"

순발력이 빠른 베드로가 얼른 대답하기를 "주는 그리스도시요 살아 계신 하나님의 아들이시니이다"라고 대답하였습니다. 이 말을 들으신 예수님은 베드로를 극찬하였습니다. 이것은 네가 스스로 안 것이 아니고 하나님 아버지가 알게 하여 주신 것이다. 내가 너를 반석 즉 베드로라고 부르겠다, 천국 열쇠를 네게 주겠다고 하였습니다.

베드로의 이 간단한 고백 속에 예수님의 말씀, 즉 복음이 설명되어 있는 것입니다.

쉽게 말하면 ① 예수님은 살아 계신 하나님의 아들입니다. ② 예수님은 그리스도이십니다. 이 두가지를 믿는 것이 그리스도의 복음, 그리스도의 말씀입니다.

이 말씀을 조금 세밀하게 풀어서 말씀을 드리면

*예수님은 살아 계시는 하나님의 아들로써

*이 세상에 사람의 몸을 입으시고 오셔서 우리와 하나님과의 사이에 가로막혀 원수 되게 하는 죄를 해결해 주심으로

*마귀와 온갖 불행과 지옥에서 구원해서 하나님의 자녀 되게 하시고

*이 세상 떠날 때에는 영원한 천국에 가게 해 주시는 구세주이심을 믿는 것이 예수님의 말씀이고, 예수님의 복음인 것입니다.

24절에 "내 말을 듣고"라는 이 말씀은 단순히 듣는 것만 가리키는 것이 아닙니다. 이스라엘 사람들은 "듣는다"는 이 말이 "쉐마"라고 하는데 이는 '듣고 행하다' '듣고 순종하다' 는 뜻을 가진 말씀입니다.

그러므로 예수님의 복음을 듣고 믿는 것, 다시 말하면 마음속에 예수님을 영접하여 모셔 드리는 것을 의미하는 말씀입니다.

롬10:17 "그러므로 믿음은 들음에서 나며 들음은 그리스도의 말씀으로 말미암았느니라"

그리고 "나를 보내신 이를 믿는 자는" 즉 예수님을 우리의 구원자로 보내어 주신 분이 살아계신 하나님이시다는 것을 믿는 것이 그리스도의 말씀, 즉 그리스도의 복음이라는 것입니다.

이 복음을 듣고 예수님이 나의 유일하신 구원자이심을 믿고 자신의 마음에 모셔드리는 자는 이미 영생을 얻었다는 말씀입니다.

요5:24 "내가 진실로 진실로 너희에게 이르노니 내 말을 듣고 또 나 보내신 이를 믿는 자는 영생을 얻었고 심판에 이르지 아니하나니 사망에서 생명으로 옮겼느니라"

요1:10-12 "그가 세상에 계셨으며 세상은 그로 말미암아 지은 바 되었으되 세상이 그를 알지 못하였고 자기 땅에 오매 자기 백성이 영접지 아니하였으나 영접하는 자 곧 그 이름을 믿는 자들에게는 하나님의 자녀가 되는 권세를 주셨으니"라고 하였습니다.

이렇게 예수님을 믿는 자 곧 영접한 자에게 우리 주님은 놀라운 선물을 주시는데 이것을 오늘 말씀에서 살펴보고자 합니다.

1) 영생을 얻었습니다.

영생(everlasting life)은 영원한 생명, 끝없는 생명을 의미하는 말씀으로 우리가 예수 믿음으로 영생을 얻었다는 말씀은 우리가 천국에서 영원 무궁히 하나님과 함께 살게 된다는 말씀입니다.

영원히 산다고 다 행복한 것은 아닙니다. 예를 들어 가난하여 아무것도 없는 가운데 거처할 집조차도 없는 사람이 병까지 들어 고통하며 오래오래 사는 것을 복이라고 말할 사람은 아무도 없을 것입니다.

인간은 원래 영원히 죽지 않는 존재로 지음을 받았습니다. 인간은 하나님께서 지으실 때에 흙으로 우리들을 빚어 만드시고 그 코에 하나님의 생기를 불어넣었다고 하였습니다. 그래서 생령이 되었다고 하였는데, 하나님의 영이 인간에게 들어오므로 생령이 된 인간은 하나님처럼 죽지 않고 영원히 사는 존재가 된 것입니다.

문제는 그 후에 범죄 하므로 영원히 살되 꺼지지 않는 지옥 불 못에서 죽지도 않고 영원히 살게 되었다는 것이 인간의 최고의 비극인 것입니다. 그러므로 우리에게 영생을 얻었다는 이 말씀은 지옥이 아닌 천국에서 하나님과 함께 영원히 살 수 있는 복을 얻은 것을 말씀한 것입니다. 믿으시기를 바랍니다.

이 영생을 우리에게 주신 분은 영생의 근본이신 하나님만이 하실 수 있습니다. 하나님은 영원무궁하신 분으로 시작도 없으시고 끝도 없으신 영원하신 분이십니다.

"산이 생기기 전, 땅과 세계도 주께서 조성하시기 전 곧 영원부터 주는 하나님이시니이다"(시90:2)

"지존무상하며 영원히 거하며 거룩하다 이름하는 자"라고 하였습니다.(사57:15)

"영원하신 하나님이 너의 처소가 되시니 그 영원하신 팔이 네 아래 있도다"(신33:27)

이렇게 지존 무상하시고 영원하신 분이 우리에게 영생을 주실 수 있는 분이시다.

그 분은 우리에게 천국에서 영생을 누리게 하시기 위하여 그 독생자이신 성자 하나님을 사람의 몸을 입혀 이 세상에 보내신 것입니다. 할렐루야 !

“하나님이 세상을 이처럼 사랑하사 독생자(獨生子)를 주셨으니 이는 저를 믿는 자마다 멸망치 않고 영생을 얻게 하려 하심이니라“(요3:16)

“아들을 믿는 자는 영생이 있고 아들을 순종치 아니하는 자는 영생을 보지 못하고 도리어 하나님의 진노가 그 위에 머물러 있느니라”(요3:36)

“내가(예수님이) 저희에게 영생을 주노니 영원히 멸망치 아니할 터이요 또 저희를 내 손에서 빼앗을 자가 없느니라(요10:28)

그러므로 예수님은 예수님을 믿는 성도에게 영생을 주시는 줄을 믿으시기 바랍니다. 예수님을 구주로 믿는 우리 모두에게 다 영생이 있습니다. 그런데 이 영생이 있음에도 불구하고 영생이 있는 줄도 모르고 살아가는 신자들이 많이 있는 것입니다.

우리가 영생을 얻으면 무슨 표가 나타나면 그것을 보고 알 수 있을 것인데 아무런 외부적인 표가 없기 때문에 잘 모르고 그냥 지나는 신자가 많다는 것입니다. 그래서 요한은 요한 일서를 기록한 목적 중에 하나가 이것을 모르는 자들에게 알게 하기 위해서라고 하였습니다.

"또 증거는 이것이니 하나님이 우리에게 영생을 주신 것과 이 생명이 그의 아들 안에 있는 그것이니라 아들이 있는 자에게는 생명이 있고 하나님의 아들이 없는 자에게는 생명이 없느니라 내가 하나님의 아들의 이름을 믿는 너희에게 이것을 쓴 것은 너희로 하여금 너희에게 영생이 있음을 알게 하려 함이라"(요일5:11-13)

예수 믿는 우리에게는 천국에서 하나님과 함께 영원히 사는 영생이 이미 우리 속에 있음을 믿으시기 바랍니다.

2) 믿는 자에게는 하나님의 심판을 받지 않습니다.

심판은 하나님께서 인류의 종말에 죄인을 심판하시는 것을 말씀하시는 것입니다. 물론 이 세상에서도 부분적이고, 적은 심판이 있습니다. 그러나 이 세상에서는 완전한 심판이 행해지지 않고 인류의 종말에 완벽한 심판이 있는 것입니다. 이 세상에서는 죄를 짓고도 그들의 죄악이 숨겨지기도 하고, 때로는 죄를 짓고도 끝까지 들어 나지 않기도 하고, 오히려 그 죄 때문에 부귀영화를 누리며 그냥 넘어가는 경우도 있습니다. 그러나 마지막 심판 때에는 작은 죄 하나라도 들어 나지 않는 것이 없이 다 들어 나게 되는데, 책에 기록된 대로 상세하고 정확하게 심판을 받고, 자신의 입으로 스스로 자백하게 된다는 것입니다.

그러나 예수님을 믿고 죄를 용서받고 하나님으로부터 의롭다는 판정을 받은 성도는 심판을 받지 않을 뿐만 아니라 최후의 심판대 앞에 나가지도 않는다고 하였습니다. "심판에 이르지 아니하나니"라고 하였습니다. 이 얼마나 놀라운 은혜입니까? 그러면 왜 우리는 주님의 심판대 앞에 나아가지 않게 됩니까? 우리는 이미 예수님의 십자가의 피로 모든 죄를 다 용서를 받았기 때문입니다.

“그러므로 이제 그리스도 예수 안에 있는 자에게는 결코 정죄함이 없나니 이는 그리스도 예수 안에 있는 생명의 성령의 법이 죄와 사망의 법에서 너를 해방하였음이라”(롬8:1)

대신 우리는 하나님의 시상대 앞에 나아가게 되는 것입니다. 이는 이 세상에서 행한 행위에 대한 상급을 받기 위한 시상대 앞에 서게 되는 것입니다. 거기서 각각 상을 받게 되는데 예수 믿고 행한 일들 가운데 아무리 작은 일이라 할지라도 그 상을 결단코 잃지 않는다고 하였습니다.

“또 누구든지 제자의 이름으로 이 소자 중 하나에게 냉수 한 그릇이라도 주는 자는 내가 진실로 너희에게 이르노니 그 사람이 결단코 상을 잃지 아니하리라”(마10:42)고 하셨습니다.

상을 받되 엄청난 보상을 받게 되는 것입니다.

“베드로가 여짜와 가로되 보소서 우리가 모든 것을 버리고 주를 좇았나이다 ‘예수께서 가라사대 내가 진실로 너희에게 이르노니 나와 및 복음을 위하여 집이나 형제나 자매나 어미나 아비나 자식이나 전토를 버린 자는 금세에 있어 집과 형제와 자매와 모친과 자식과 전토를 백 배나 받되 핍박을 겸하여 받고 내세에 영생을 받지 못할 자가 없느니라 그러나 먼저 된 자로서 나중 되고 나중 된 자로서 먼저 될 자가 많으니라”(막10:28-31)

“생각건대 현재의 고난은 장차 우리에게 나타날 영광과 족히 비교할 수 없도다”(롬8:18)

“그가 낙원으로 이끌려 가서 말할 수 없는 말을 들었으니 사람이 가히 이르지 못할 말이로다”(고후12:4) 말로 표현할 수 없는 말을 들었다고 하였으니 그 상급이 얼마나 엄청난 것임을 알 수 있는 것입니다. 그래서 바울은 자신이 얼마든지 부귀영화를 누리고 잘 살 수 있는 모든 조건들을 다 구비하였지만 예수님을 만나고 전도의 사명을 받고, 천국에 올라가 천국의 광경과 거기서 받을 상급에 대한 하나님의 말씀을 들은 후 그는 이 세상의 모든 부귀영화를 배설물처럼 다 버리고 복음전하는 일에 자신을 온전히 투자하였고 마지막에는 단두대에서 목이 끊어지는 죽음까지도 달게 받았습니다.

천국의 이 비밀을 모르는 사람들은 바울이야 말로 총독 베스도가 말한바와 같이 미친 바보였고, 쫄-딱 망한 사람입니다. 그러나 바울은 결코 미친 사람이거나 망한 사람이 아닙니다. 그는 성자 바울(Saint Paul)로 불리우고 있으며, 그로 말미암아 부지기수의 사람들이 그가 기록한 성경을 읽고 변화를 받았는지 모릅니다. 그 대표적인 사람이 방탕자 어거스틴입니다. 그는 사교에 빠지고 향락에 빠져 방탕한 삶을 살았으나 바울이 기록한 롬13:1-14을 읽고 놀랍게 변화되어 성 어거스틴이 되었던 것입니다.

"또한 너희가 이 시기를 알거니와 자다가 깰 때가 벌써 되었으니 이는 이제 우리의 구원이 처음 믿을 때보다 가까왔음이니라 밤이 깊고 낮이 가까왔으니 그러므로 우리가 어두움의 일을 벗고 빛의 갑옷을 입자 낮에와 같이 단정히 행하고 방탕과 술 취하지 말며 음란과 호색하지 말며 쟁투와 시기하지 말고 오직 주 예수 그리스도로 옷 입고 정욕을 위하여 육신의 일을 도모하지 말라"

3) 믿는 자는 사망에서 생명으로 옮겨졌습니다.

여기 "사망"이란 말씀과 25절에 "죽은 자들이 하나님의 아들의 음성을 들을 때가 온다"는 "죽은 자들"이란 말씀은 영적인 죽음을 의미하는 말씀입니다. 죄로 인하여 거룩하신 하나님과 분리되어 교제가 단절된 상태에 있는 사람들, 즉 불신자들을 의미하는 것입니다.

이 말씀은 예수 믿기 전에는 사망가운데 있었다는 것입니다. 죄로 말미암아 하나님과 단절된 죽음의 상태에 있었다는 것입니다. 이 얼마나 두려운 말씀입니까? 그 영혼이 생명의 하나님과 관계가 끊어져 지옥에 갈 수밖에 없는 비참한 운명에 놓여 있었다는 말씀입니다. 이러한 자들이 예수님의 복음을 듣고 믿음으로 말미암아 죽었던 우리의 생명이 살아났다는 것입니다. 그래서 이제는 하나님을 만나고 교제하고 그에게 은혜를 입으며 사랑을 받는 새사람이 되었다는 것입니다.

사망에서 생명으로 옮겼다는 말씀은 죽어 관속에 넣어 영안실에 두었던 시신이 살아 벌떡 일어나므로 그를 데려다가 사람이 사는 방으로 옮겨 서로 대화를 하면서 기뻐한다는 말씀입니다. 예수 믿는다는 말씀이 얼마나 놀랍고 복되고 신통한 일입니까?

하나님 안에 있는 그 생명이 예수님 안에 있는데 그 예수님을 우리가 마음에 모셔드리므로 예수님의 생명이 우리 안에 들어와 우리의 생명이 된 것입니다. 예수님의 지갑속에 돈이 우리의 지갑으로 들어왔다는 말씀입니다. 그래서 "하나님의 아들이 있는 자에게는 생명이 있고 하나님의 아들이 없는 자는 생명이 없다"고 하신 것입니다(요일5:11).

그 예수님을 마음속에 모셔드리면 그 분이 우리 마음속에 들어오실 때에 온갖 좋은 선물이 가득 찬 보퉁이를 가지고 오시는데 온갖 선물들이 들어있는데 그 중에 오늘은 하나님과 함께 천국에서 영원 무궁히 사는 영생의 선물을 얻은 것과 하나님의 심판을 받지 아니하는 것과 사망에서 생명에 옮겨진 것을 살펴보았습니다.

아직도 예수님을 나의 주 나의 하나님으로 영접하지 않은 분이 있다면 이

자리에서 다음과 같이 기도를 진심으로 드리면 반드시 주님은 약속하신 대로 당신의 마음의 왕좌에 들어오실 것입니다.(계3:20)

"사랑의 하나님, 저를 위하여 외아들 예수님을 이 세상에 보내 주신 것을 감사드립니다. 십자가에서 피흘려 죽으심으로 저의 모든 죄를 용서받게 하시고, 다시 살아나심으로 저의 생명의 주님이 되어주심을 감사합니다. 이제 저의 마음의 문을 열고 예수님을 나의 하나님으로, 나의 구주로 영접합니다.

저의 마음의 왕좌(王座)에 임하시어 항상 함께하여 주소서. 저의 모든 죄를 용서해 주시고, 하나님의 자녀 삼아주시고, 천국 백성삼아 주심을 진심으로 감사드립니다. 저와 항상 함께하시고 인도하여 주소서. 예수님의 이름으로 감사 기도를 드립니다. 아멘"

(8) 하나님이 주시는 선물은 천국에서의 영생입니다.(계21장, 22장)

우리 예수님을 나의 구주, 나의 하나님, 나의 왕으로 마음에 모셔 드릴 때에 주님은 우리 안에 들어오시면서 귀한 선물 보퉁이를 가지고 오셔서 주시는데 그 속에는 엄청나고도 귀한 것들이 가득합니다.

그 중에 마지막으로 예수님을 믿는 우리에게 주시는 선물은 천국에서 영생입니다. 먼저 천국에 관하여 살펴보고자 합니다.

1) 천국의 가치

예수님은 천국의 가치에 대하여 마13장에서 천국의 가치에 관한 비유 두 가지를 주셨는데 "밭에 감추인 보화"와 같고 "극히 값진 진주"와 같다고 하였습니다. 이 둘은 가장 귀한 것으로 자신의 모든 것들을 다 팔아 사도 결단코 후회함이 없을 뿐만 아니라 오히려 거부가 될 것임을 말씀하였습니다.

천국을 바로 안다고 하면 이 세상에 우리가 가진 모든 것, 다시 말하면 동산과 부동산과 몸에 소유하고 있는 옷과 시계, 보석, 금가락지까지 아니 자신의 목숨까지도 다 희생하고서라도 천국을 얻을 수만 있다면 절대로 후회함이 없는 무가지보(無價之寶)의 극히 값진 진주와 보화를 얻은 것과 같다고 말씀하셨습니다. 천국은 이와같이 귀한 것입니다. 그러나 어리석은 부자청년은 자신의 재물 때문에 절대 절호의 놓치고 마는 것을 볼 수 있습니다(마 19:16-22).

2) 천국의 모습

"또 내가 크고 흰 보좌와 그 위에 앉으신 자를 보니 땅과 하늘이 그 앞에서 피하여 간 데 없더라"(계20:11)한 말씀하신 대로 지금의 천지는 다 없어지고 주님이 새롭게 창조하신 새로운 천국세계가 전개될 것입니다(요 14:2,3).

"또 내가 새 하늘과 새 땅을 보니 처음 하늘과 처음 땅이 없어졌고 바다도 다시 있지 않더라 또 내가 보매 거룩한 성 새 예루살렘이 하나님께로부터 하늘에서 내려오니 그 예비한 것이 신부가 남편을 위하여 단장한 것 같더라" (계21:1,2)

고 하므로 우리가 들어가 살게 될 영원한 세계는 새 하늘과 새 땅으로 된 새 세계라는 사실입니다.

이 천국이 어떠한가에 대하여는 계21장과 22장에 상징적으로 소개를 하고 있습니다. 이 세상에는 그 어디에도 볼 수 없는 곳입니다. 사도 요한은 하늘에서 내려오는 그 천국의 아름다움에 감탄하여 어떻게 표현하는 것이 좋을지 고민하다가 "신부가 남편을 위하여 단장한 것 같더라"(계21:2)고 하였습니다.

세상에서 가장 아름다운 것은 하나님께서 당신의 형상대로 지음을 받은 인간인데 그 중에서도 미의 상징은 남성이 아니고, 여성으로, 나이 많으신 할머니들 미안합니다마는 주름살이 진 노인이 아니고 그렇다고 아직도 덜 성숙한 어린 여자아이가 아니고 20세를 전후한 처녀들입니다. 이들은 화장을 안 해도 아름답기 그지없지 않습니까? 거기에다 사랑하는 신랑의 극진한 사랑을 받다가 신부화장을 하고, 드레스를 입고, 미모가 보일동 말동 너울을 쓰고 금은보석으로 단장을 하고, 예쁜 꽃을 안고, 화려하게 장식된 결혼식장에 나타나는 신부는 진선미의 극치요 신랑에게는 제 눈에 안경이라고 더 이상 예쁜 미스 코리아가 없고, 미스 유니버설이 없을 것입니다. 천국을 말로 표현을 하라고 하면 그보다 더 아름답다는 것입니다.

그 천국의 실제적 아름다움을 사도요한은 다음과 같이 말씀하고 있습니다.

계21:1-8에서는 천국의 아름다움과 그곳에 들어가는 자가 누리게 되는 복을 말씀하고 있는데 그곳에는

첫째로 이 세상의 모든 불행들이 없는 세계입니다.

① 다시는 죽음이 없습니다.

② 애곡하고 우는 일이 없습니다. 신체적, 정신적인 괴로움이나 고통 때문에 슬픔에 잠기는 일들이 전혀 없습니다.

③ 아픔이 없고. 과로, 긴장, 질병으로부터 오는 그 어떤 통증도 없습니다.

④ 저주가 다시 있지 않습니다. 죄가 양심을 억누르는 일이 없을 것이며, 영혼을 오염시키는 어떤 죄악도 없습니다.

⑤ 무엇이든 이질적인 것은 없습니다. 내적인 것이든 외적인 것이든 속된 것은 거기에 들어오지 못하는 것입니다.

⑥ 밤이 없는 곳입니다. 이 말씀은 밤에 활동하며 사람들을 해악을 끼치는

악인들이 없다는 말의 상징이 밤입니다. 생명의 활동이 정지되는 일이 없는 곳입니다. 전혀 피곤이 없는 세계입니다.

⑦ 성전이 없다고 하였습니다. 항상 하나님과 함께 있을 것이기 때문에 성전이 따로 필요치 않다는 것입니다. 거기에는 모든 것이 다 성결하고 거룩한 곳입니다.

⑧ 햇빛이나 등이 필요 없는 곳입니다. 하나님의 영광이 비취고 어린양이 그 등이라고 하였다.

둘째는 6가지의 새로운 것들이 있습니다.

① 전혀 오염되지 아니한 수정같이 맑은 생명수 강이 흐른다고 하였습니다.

② 달마다 열두 가지 생명실과가 맺히는 생명나무가 있습니다. 그 나무 잎사귀는 만국을 소성케 하는 약제 잎사귀로 쓰인다고 하였습니다.

③ 그곳에는 하나님의 보좌가 있습니다(3절).

④ 하나님을 향한 모두의 섬김이 있습니다(22:3). 밤낮으로 섬기는 섬긴다고 하였습니다.

⑤ 사랑하시는 우리 구주 예수님의 얼굴을 볼 수 있다고 하였습니다(22:4).

⑥ 그곳에서 우리가 세세토록 왕 노릇할 것이라고 하였습니다(22:5).

셋째는 내부적인 아름다움이 있습니다(21:9-17).

① 하나님이 만들어 내려 주신 것입니다.

10절에 "하나님께로부터 하늘에서 내려오는 거룩한 성 새 예루살렘을 보이니" 주님도 내가 가서 너희 있을 처소를 예비하러가서 예비하면 와서 나 있는 곳에 너희도 있게 하리라"고 하셨습니다.

② 천국은 극히 귀한 보석과 같다고 하였습니다.

"하나님의 영광이 있으매 그 성의 빛이 지극히 귀한 보석 같고 벽옥과 수정같이 맑더라"(계21:11)고 하였습니다.

③ 천국은 안전성이 완벽합니다

"크고 높은 성곽이 있고 열두 문이 있는데 문에 열두 천사가 있고 그 문들 위에 이름을 썼으니 이스라엘 자손 열두 지파의 이름들이라 동편에 세 문, 북편에 세 문, 남편에 세 문, 서편에 세 문이니 그 성에 성곽은 열두 기초석이 있고 그 위에 어린 양의 십이 사도의 열두 이름이 있더라"(21:12-14) 이곳은 그 어느 악령도 침입하거나 공격할 수 없는 완벽한 보호를 받을 수 있는 곳입니다.

④ 조화미가 있는 성곽입니다

"내게 말하는 자가 그 성과 그 문들과 성곽을 척량하려고 금 갈대를 가졌더라 그 성은 네모가 반듯하여 장광이 같은지라 그 갈대로 그 성을 척량하니 일만이천 스다디온이요 장과 광과 고가 같더라 그 성곽을 척량하매 일백사십사 규빗이니 사람의 척량 곧 천사의 척량이라"(21:15 -17)

여기 12000스다디온은 2,200Km이다. 우리나라 길로 5,500리입니다. 장, 광, 고가 같다고 하였으니 정입방체 임을 보여주고 있습니다.

넷째로 그 성의 건축재료가 어떠한가를 말씀하고 있습니다(21:18-21).

성벽은 벽옥으로, 성전체는 유리처럼 맑은 순금으로 되어있고, 성벽의 주춧돌들이 각종 보석으로 되었는데 벽옥, 사파이어, 옥수, 에메랄드, 홍마노, 홍보석, 황옥(호박), 녹옥, 담황옥, 녹옥수, 청옥, 자수정으로 되어있다고 하였습니다.

열두 문은 진주로 다 되어있는데 문마다 한 개의 진주로 되어 있고, 성의 길은 맑은 유리같은 정금이라고 하였습니다. 진주는 당시 부와 풍요를 상징하고 유리같은 정금은 어떠한 흠도 찾을 수 없는 신부의 정결성과 아름다움을 상징하는 것으로 천국의 속성을 잘 말씀해 주시는 것입니다.

다섯째로 그곳의 생활과 음식물이 소개되고 있습니다(21:22-27, 22:1-5, 17).

그곳에서는 하나님의 영광이 빛으로 비취는데 그 어떤 빛도 필요가 없는 곳입니다. 구속받은 성도들이 다 왕으로 영광과 존귀를 가지고 왕이 되어 거기에 들어와서 살게 된다고 하였습니다.

그곳은 섬기는 왕으로 살아가는 행복한 세계입니다(계22:3-5). 특히 거기에는 성문도 없고, 밤도 없다고 하였으니 두려움이나 해하는 그 어떠한 존재가 전혀 없는 세상입니다. 평안과 안전과 기쁨만 충만한 세계입니다.

또 거기에는 성도 외에는 그 어떠한 존재도 들어올 수 없는 곳입니다. "무엇이든지 속된 것이나 가증한 일 또는 거짓말하는 자는 결코 그리로 들어오지 못하되 오직 어린양의 생명 책에 기록된 자들 뿐이라"고 하였습니다(21:27).

여섯째로 그곳에서 먹는 특이한 음식 두 가지가 있습니다.

① 생명수가 있습니다(계22:1).

어린양의 보좌로부터 흘러내리는 수정같이 맑은 생명수의 강이 있습니다. 뜨거운 사막의 열기가 불어오는 팔레스타인에 사는 사람들에게 수정같이 맑은 생명수 강이 흐르는 것보다 더 풍성한 복이 어디 있겠는가? 여기에 맑은 생명수 강은 다함이 없는 하나님의 은혜를 상징해 주는 것입니다.

오염되고 더러운 죄악의 물을 마시며 영육이 함께 병들어 죽어가는 우리들에게 맑은 생명수 강물은 생명력이 넘치는 풍성한 음료수입니다.

여기 생명수 강물이 넘쳐흐르는 것을 예수님은 성령의 충만으로 말씀하셨습니다. "명절 끝날 곧 큰 날에 예수께서 서서 외쳐 가라사대 누구든지 목마르거든 내게로 와서 마시라 나를 믿는 자는 성경에 이름과 같이 그 배에서 생수의 강이 흘러나리라 하시니 이는 그를 믿는 자의 받을 성령을 가리켜 말씀하신 것이라"(요7:37,39)고 하였습니다.

② 생명나무가 있습니다(계22:2-3상).

에덴동산에서 아담과 하와는 먹으라고 주신 생명나무 과일은 안 따먹고 먹지 말라는 선악과를 따먹으므로 세상으로 쫓겨났지만 이제는 달마다 열리는 12가지의 생명 과일을 따먹으므로 영생을 누리게 되는 천국에 우리가 들어가 영생을 누리게 되었으니 얼마나 큰 축복이요 행복입니까?

3) 천국에 들어 갈 수 있는 자격증

천국에 들어가는 자들의 수가 이스라엘 중에는 144,000명이고, 각 나라와 족속과 백성과 방언에서 아무라도 능히 셀 수 없는 큰 무리가 흰옷을 입고 손에 종려 가지를 들고 하나님을 찬양하는 것으로 나타나고 있습니다(계7:5-9). 물론 이 숫자들은 다 상징적인 숫자로 구원 받은 자들의 수가 적지 않은 많은 수임을 우리에게 시사해 주는 말씀입니다.

그러면 이 천국에 들어갈 수 있는 사람들은 어떤 자들입니까? 세상의 모든 종교와 사람들은 천국에 들어가는 조건은 "착하게 살고, 남에게 진 빚도 갚고, 자선을 베풀고, 도덕적인 삶을 살아야 갈 수 있다"고 가르칩니다. 하지만 하나님의 말씀은 "오직 한 길, 너의 죄를 회개하고, 보내어 주신 예수 그리스도를 믿어라, 다른 길로는 천국에 올 수 없다"고 말하십니다(요14:6).

"이는 저를 믿는 자마다 영생을 얻게하려 하심이니라 하나님이 세상을 이처럼 사랑하사 독생자(獨生子)를 주셨으니 이는 저를 믿는 자마다 멸망치 않

고 영생을 얻게 하려 하심이니라"(요3:15,16)

"장로 중에 하나가 응답하여 내게 이르되 이 흰 옷 입은 자들이 누구며 또 어디서 왔느뇨 내가 가로되 내 주여 당신이 알리이다 하니 그가 나더러 이르되 이는 큰 환난에서 나오는 자들인데 어린양의 피에 그 옷을 씻어 희게 하였느니라"(계7:13-14)

"어린양의 피에 그 옷을 씻어 희게 한 자들이라"고 하였습니다. 여기 어린양은 예수님을 가리켜 하는 것입니다. 세례 요한은 예수님을 인간에게 소개하기 위하여 보내심을 받은 자였습니다. 그는 예수님을 볼 때에 직감적으로 "이분이 하나님의 아들이시다"는 것을 알고 증거하기를 "보라 세상 죄를 지고 가는 하나님의 어린양이라"(요1:29)"고 증거하였던 것입니다.

이미 700년 전에 이사야는 장차 오셔서 우리들의 죄를 대신 짊어지시고 고난 받으실 예수님을 가리켜 "그가 곤욕을 당하여 괴로울 때에도 그 입을 열지 아니하였음이여 마치 도살장으로 끌려가는 어린양과 털 깎는 자 앞에 잠잠한 양 같이 그 입을 열지 아니하였도다"(사53:7)고 하였습니다.

어린양은 우리의 죄를 짊어지시고 희생 제물로 죽는 어린양에 비유하여 예수님을 "어린양"이라고 한 것입니다. 그 "어린양의 피에 그 옷을 씻어 깨끗케 하였다"는 것은 예수님께서 우리의 모든 죄를 짊어지시고 십자가에 못 박혀 피 흘려 죽으시는 예수님"그 옷은 우리들의 행실 즉 행위를 의미하는 것으로 우리의 행위가 죄로 말미암아 더러운 옷과 같아졌는데 이 옷은 물이나 비누나 기름으로 씻을 수 없는 것입니다. 오직 죄의 얼룩은 죄없는 자의 피로만이 깨끗이 씻을 수 있는 것입니다. 그러므로 여기 "어린양의 피에 그 옷을 씻어 희게 하였다"는 말씀은 우리의 더러운 죄가 예수님의 십자가의 보혈의 피 공로를 믿음으로 죄를 깨끗이 용서받음을 의미하는 것임을 믿으시기를 바랍니다.

하나의 상징적인 천국예화입니다. 한 부자가 천국에 들어가려고 했습니다. 그가 천국 문 앞에 서니, 한 천사가 그에게 암호를 대라고 했습니다.

"나는 교회에 헌금을 많이 했습니다." "나는 도덕적으로도 깨끗한 삶을 살았습니다."

"어디에서나 나는 사람들에게 존경을 받았습니다."

그러나 그 천사는 이렇게 대답했습니다. "당신은 들어갈 수 없습니다".

그러자 그가 슬피 울며 물러가고, 외모가 훌륭한 다른 남자가 천국 문을 두드렸습니다. 천사가 암호를 묻자, 그는 이렇게 대답했습니다.

"나는 교회에 중직자로서 주님을 잘 섬겼습니다. 나는 주님의 이름으로 의로운 일을 많이 했습니다. 유명한 기관들이 나에게 최고의 영예를 주기도 하였습니다."

천사가 대답했습니다.

"당신은 왕을 알지 못하고 있습니다."

라고 말입니다. 그 사람이 물러나자마자 할머니 한 분이 그 문에 이르렀습니다. 할머니는 허리가 구부정했습니다. 그러나 할머니의 두 눈은 반짝이고 있었고, 얼굴은 빛났습니다. 천사가 역시 암호를 묻자, 할머니는 손을 높이 들고 노래를 부르기 시작했습니다.

"피, 나의 대답은 오직 예수님의 보혈의 피 라오. 할렐루야! 그 피가 나를 씻겨주었다네!"

그때 즉시 진주 문이 열리고, 그 귀한 영혼이 천국으로 들어가는데, 천국의 합창단이 할머니가 부르는 노래를 함께 불렀습니다.

우리로 천국에 들어갈 수 있게 해주는 것이라고 주장할 수 있는 것은 예수 그리스도의 피뿐임을 기억하시기 바랍니다. 이것이 지금, 그리고 영원히 하나님 앞에 나아갈 수 있는 유일한 암호입니다.

찬송가 544장에

1. 울어도 못하네 눈물 많이 흘러도 겁을 없게 못하고
   죄를 씻지 못하니 울어도 못하네
2. 힘써도 못 하네 말과 뜻과 행실이 깨끗하고 착해도
   다시 나게 못하니 힘써도 못하네
3. 참아도 못하네 할 수 없는 죄인이 흉한 죄에 빠져서
   어찌 아니 죽을까 참아도 못하네
4. 믿으면 하겠네 주 예수만 믿어서 그 은혜를 힘입고
   오직 주께 나가면 영원 삶을 얻네

(후렴)

십자가에 달려서 예수고난 보셨네
나를 구원하실 이 예수밖에 없네 아멘

이런 예화가 있습니다. 어느 귀족의 집에 바보 하인이 있었다. 귀족은 너무 미련한 하인을 쫓아내면서 지팡이 하나를 주면서 "이 지팡이를 갖고 나가거라. 다니다가 너보다 더 미련한 바보를 만나면 주어라. 바보 하인이 여기저기 돌아다녀 보아도 자기보다 더한 바보가 없었다. 수년이 흐른 어느 날 그에게 옛 주인이 병들어 죽게 되었다는 소문이 들렸다. 그는 자기를 내쫓은 주인이지만 지난날의 정이 생각나서 주인을 찾아갔다는 것입니다.

"주인님 ! 아주 많이 아프시군요"

"그래, 나는 곧 떠나야 할 것 같구나"

"어디로 떠나시려는데요?"

"이 세상이 아닌 다른 세계로 가야 한단다"

"거기가 어딘데요? 먼가요? 언제쯤 다시 돌아오시는데요?"

"이 바보야! 세월이 흘러도 너는 여전히 바보구나. 이 세상을 떠난다는데 언제 오느냐고 묻다니. 나는 결코 돌아올 수 없단다"

"그럼 그곳에 가시기 위해 무엇을 준비하셨나요?"

"아무것도 준비한 것이 없단다"

"정말 아무것도 준비하지 않으셨어요? 그러면 이 지팡이를 갖고 가세요"

사랑하는 성도여러분 ! 우리는 예수님 믿음으로 엄청난 선물들을 받았습니다. 마귀에게서 해방을 받았습니다. 모든 죄를 용서 받았습니다. 새로운 피조물로 거듭 났습니다. 하나님의 자녀가 되었습니다. 성령의 충만을 받으므로 험난한 세상에서 귀하고 값진 일을 하면서 보혜사(保惠師)성령님의 지혜와 인도와 보호를 받으며 살아갈 수 있으니 이 보다 더 귀한 일이 어찌 있겠습니까? 뿐만 아닙니다. 평안의 선물도 주셨습니다. 죄와 죽음과 마귀와 지옥에서 해방 받았으니 평안을 누릴 수밖에 없지 않습니까? 그리고 영생을 얻어 영원한 천국에서 영원토록 누리게 되었으니 얼마나 놀라운 선물이 아니겠습니까? 이 구원의 은혜에 감사하며 그 은혜를 보답하는 삶을 살아가는 우리 모두가 다 되시기를 주님의 이름으로 기원합니다.

믿음의 말을 하자

(민 14:6-10)

"그 땅을 정탐한 자 중 눈의 아들 여호수아와 여분네의 아들 갈렙이 자기들의 옷을 찢고 이스라엘 자손의 온 회중에게 말하여 이르되 우리가 두루 다니며 정탐한 땅은 심히 아름다운 땅이라 여호와께서 우리를 기뻐하시면 우리를 그 땅으로 인도하여 들이시고 그 땅을 우리에게 주시리라 이는 과연 젖과 꿀이 흐르는 땅이니라 다만 여호와를 거역하지는 말라 또 그 땅 백성을 두려워하지 말라 그들은 우리의 먹이라 그들의 보호자는 그들에게서 떠났고 여호와는 우리와 함께 하시느니라 그들을 두려워하지 말라 하나 온 회중이 그들을 돌로 치려 하는데 그 때에 여호와의 영광이 회막에서 이스라엘 모든 자손에게 나타나시니라"

말은 엄청난 위력이 있습니다. 잠18:21 '죽고 사는 것이 혀의 권세에 달렸나니"라는 말씀이 있습니다. 말은 우리 신체의 신경과 조직 세포를 죽이기도 하고 살리기도 하는 권세를 가지고 있습니다.

미국 하버드 대학의 심장내과 전문의 레빈 박사에게 어느 날 생사를 넘나드는 거의 회복이 불가능한 중증 노인 환자가 들어왔습니다. 혼수상태에 이르면 심장 뛰는 소리가 달라진다고 합니다. 심장이 뛸 때 쿵, 탁하면서 쿵탁쿵탁하면서 소리를 내는데 심장이 멈추려는 순간이 되면 제 3의 소리가 나는데 그 소리는 켈롭 켈롭이라는 소리가 난다고 미국 의사들은 표현을 합니다. 그래서 켈롭이라고 부른다는 것입니다.

한국 의사들은 "갸그렁 갸그렁"하는 소리가 들린다고 표현을 한다는 것입니다. 같은 소리라도 한국 사람이 듣는 것과 미국 사람이 듣는 것이 다를 때가 있습니다. 예를 들면 닭울음 소리를 우리는 꼬끼오하고 하지만 미국 사람들은 코카두들두라고 합니다.

이 노인 환자의 심장이 멈출 때가 거의 되어 미국 사람들의 말대로 켈롭켈롭하는 분명한 소리가 들리니 레빈 박사는 이런 소리를 좀처럼 들을 수 없으므로 수련의들을 불러 이 제3의 심장 소리를 들어 보라고 불렀습니다.

그들이 와서 노인의 심장에 청진기를 대고는 기쁨의 탄성을 지르며

"잘 들립니다. 아주 뚜렷하게 잘 들려요"

레빈 박사는 가족들에게 장례 준비를 하라고 했습니다. 그런데 생사를 왔다갔다할 노인의 호흡은 지속되고 있었고, 벌써 하늘나라에 가야할 노인이 오후가 되자

점점 또렷해 지더니 얼굴이 환해지기 시작하여 심장 상태가 호전되어 제3의 심장 소리도 사라지고 1주일만에 정상이 되어 퇴원을 하게 되었습니다.

레빈 박사가 퇴원하는 노인에게 물었습니다.

"할아버지 심장이 그렇게 좋아지리라고는 제 자신도 생각하지 못한 일이었습니다."

"박사님 지난번 아침 회진 때 당신과 당신 학생들이 '잘 들립니다. 잘 들려요' 라며 학생들이 내 심장소리를 듣고 기뻐하지 않았소"

죽음의 심장 박동 소리를 듣고 잘 들린다고 떠들어대는 소리를 듣고 내 심장이 좋아졌다는 뜻으로 듣고 힘을 얻어 심장이 힘있게 움직이기 시작하여 회생되었다는 것입니다.

레빈 박사의 병실에 심장병 앓는 한 여인이 입원, 이 여인은 희귀하게 우

심장에 문제가 생겨 학생들에게 "여기 T.S환자가 있으니 들어가 봐"라고 하였습니다. 응급실로 우루루 달려가 청진기를 가슴에 대고는 신기한 표정으로 "T.S래, T.S"라고 수군거렸다. TS란 Tricuspid Stenosis(트라이 카스피드, 스티노시스) 라는 말의 약자로 우심방 질환을 말하는 의학 용어라는 것입니다.

병이 별로 심각하지 않자 레빈 박사는 병이 심각하지 않으니 다음 날 오라고 하면서 돌려보냈던 것입니다. 그런데 그 날 오후에 응급실에 이 여인이 실려 왔습니다. 그 심장이 극도로 약해져 있었습니다.

응급처치를 한 다음에 그 여인에게 "무슨 일이 있었습니까? 심장에 특별한 문제가 없었는데요"하고 물었더니 여인이 입을 열지 않았습니다. 어찌이 지경이 되었느냐고 계속 묻자 이 여인의 대답이

"그건 선생님이 더 잘 아시지 않습니까?" 계속 그 말이 무엇인가를 물었더니

"학생들이 와서 T.S라고 수군거리는 말을 듣고 그 말이 무슨 말의 약자일까? 곰곰이 생각하는 가운데 Terminate(종점) Situation(상태)으로 결론을 내렸다"는 것입니다. 그래서 레빈 박사가 T.S란 우측 심방에 문제가 있는 의학 용어라고 설명을 해도 여인은 자신을 안심 시키려고 하는 말로 알아듣고, 자신의 심장은 끝나가는 상태로만 인식하여 큰 충격을 받고 심장에 급속한 이상을 일으켜 그 여인이 힘을 잃어 안타깝게도 그 여인의 심장이 멈춰 버리고 말았다는 것이다.

말을 쑥떡같이 해도 찰떡같이 알아들어야 합니다. 꿈은 해석을 잘 해야 하는 것입니다.

이처럼 말은 큰 영향을 미치고 죽을 사람도 살리고, 살 사람도 죽이는 결

과를 가져온다는 것입니다.

이처럼 하나님의 형상과 모양으로 지음 받은 우리 인간들도 말의 위력이 있습니다. 야고보는 말이 전 세계를 다 태울 수 있는 불과도 같고 큰배의 진로를 좌우하는 키와도 같다 하였습니다. 우리나라 속담에는 천냥 빚도 한마디의 말로 해결할 수 있다고 하였습니다.

특히 믿음으로 새로운 피조물이 된 우리 신자들에게는 말의 능력이 회복되었습니다. 그러므로 우리는 믿음의 말을 해야 합니다.

출애굽한 이스라엘이 하나님의 놀라운 능력을 체험하며 새로운 전환점을 이룰 가나안 접경 가데스 바네아에 이르렀습니다. 이제 국경만 넘으면 수백년 전에 조상 아브라함에게 약속하신 젖과 꿀이 흐르는 가나안 복지에 들어가게 되는 가슴 벅찬 순간을 맞이할 수 있게 된 것입니다.

12명의 정탐꾼들은 가나안 땅에 들어가 40일간 정탐을 하고 돌아와 보고를 하게 됩니다. 모두가 다 귀를 쫑긋해서 듣습니다. 그 땅은 생산력이 아주 뛰어난 옥토임을 두 사람이 막대에 걸어 매고 온 한 송이의 포도를 제시하므로 증명을 하였습니다.

그러나 이렇게 좋은 옥토에 사는 그들은 역시 강하고, 장대한 네피림 후손 아낙 자손 대장부들이 살고 있으며, 그들의 성읍 역시 견고하고 심히 크며, 우리들은 그들과 비교해 볼 때에 마치 메뚜기처럼 아주 초라하게 보였다는 것입니다. 보고의 결론은 올라가면 다 죽는다는 것이 12명중에 10명의 보고였습니다.

보고를 들은 온 회중이 밤새도록 대성통곡을 하고, 다 모세와 아론을 원망하기를 "우리가 애굽 땅에서 죽었거나, 이 광야에서 죽었더면 좋았을 것을 어찌하여 여호와가 우리를 인도하여 내어 그들의 칼에 망하게 하려 하는고 우리 처자가 사로잡히게 되었다"고 방성대곡을 하였던 것입니다.

이들의 이 말이 어떤 결과를 가져왔으며, 이스라엘을 향한 하나님께서 어떻게 말씀하셨지를 살펴봅시다.

민14:28-30 "그들에게 이르기를 여호와의 말씀에 나의 삶을 가리켜 맹세하노라 너희 말이 내 귀에 들린 대로 내가 너희에게 행하리니 너희 시체가 이 광야에 엎드러질 것이라 너희 이십 세 이상으로 계수함을 받은 자 곧 나를 원망한 자의 전부가 여분네의 아들 갈렙과 눈의 아들 여호수아 외에는 내가 맹세하여 너희로 거하게 하리라 한 땅에 결단코 들어가지 못하리라"

그렇게도 그리워하고 바라고 소망하던 젖과 꿀이 흐르는 가나안 복지 문턱에서, 말 한마디 잘못하므로 들어가지 못하고 사형선고를 받는 무서운 결과를 가져오고 만 것입니다.

그러나 하나님의 약속과 전능하심을 믿고 들어가기만 하면 그들은 우리들의 밥이라고 외친 여호수아와 갈렙은 그들의 말과 같이 젖과 꿀이 흐르는 가나안 복지에 들어가 자손들과 함께 누릴 수 있었습니다.

이처럼 말을 어떻게 하느냐에 따라서 광야에서 죽을 수도 있고, 가나안 복지에 들어가 복을 누릴 수도 있는 엄청난 결과를 가져왔습니다. 우리는 말의 위력이 얼마나 엄청나다는 사실을 깨달아야 합니다. 우리가 어떻게 하면 하나님의 약속을 받아 누리고, 복을 받아 자손만대에 전수해 주는 말을 하여 축복의 통로가 될 수 있는가를 살펴보고자 합니다. 위력있는 믿음의 말을 하려면

(1) 하나님 앞에 엎드릴 때에 믿음의 말이 나오게 되는 것입니다.

10명의 보고를 듣고 온 백성들이 밤새도록 대성통곡을 하면서 내린 결론은 "모이자 우리가 사로 잡혀 죽게 되었으니 한 장관을 세워 애굽으로 애굽으로 돌아가자"는 결론을 내리게 되었습니다. 이때에 14:5 "모세와 아론이 이스라엘 자손의 온 회중 앞에서 엎드린지라"고 하였습니다.

"엎드린다"는 말씀은 우리가 잘 아는 대로 하나님께 엎드려 기도하는 것을 말하는 것입니다. 위기를 만났을 때에 어떤 논리를 따라 변론을 하거나 불을 토하는 웅변이 문제를 해결하는 것이 아니라 모세와 아론이 하나님 앞에 엎드려 기도할 때에 하나님께서 여호수아와 갈렙의 입을 통하여 믿음의 말을 하게 하셨다는 사실입니다.

5절에 모세와 아론이 엎드리니 6절에 그 땅을 탐지한 여호수와 갈렙이 그 옷을 찢으면서 온 회중들을 향하여 "우리가 두루 다니며 탐지한 땅은 심히 아름다운 땅이라 여호와께서 우리를 기뻐하시면 우리를 그 땅으로 인도하여 들이시고 그 땅을 우리에게 주시리라 이는 과연 젖과 꿀이 흐르는 땅이니라 오직 여호와를 거역하지 말라 또 그 땅 백성을 두려워하지 말라 그들은 우리 밥이라 그들의 보호자는 그들에게서 떠났고 여호와는 우리와 함께 하시느니라 그들을 두려워 말라"(민14:7-9)고 하는 믿음의 말을 하였습니다.

기도할 때에 하나님께서 역사하시는 것입니다. 기도할 때에 환경을 변화

시키고 천사들이 움직이며 믿음의 말을 하는 사람들이 일어나게 되는 것입니다. 마음에 믿음이 일어날 때에 믿음의 말을 할 수 있게 되는 것입니다.

말세를 만난 이 시대에 개인이나 가정이나 직장이나 교회마다 어려운 일들, 불가능해 보이는 일들이 많습니다. 이 때에 우리들이 해야 할 가장 귀한 일이 있다고 하면 우리 모두가 믿음의 말을 하는 일인데 이 믿음의 말은 교회 지도자들이, 오늘 여기에 모인 교회의 중진들인 우리들이 하나님께 엎드리는 길 밖에 다른 길이 없는 것입니다.

엎드릴 때에 하나님의 사람들이 일어나 믿음의 말을 하게 되고 어려운 문제, 불가능한 문제들을 해결할 수 있는 믿음의 말이 터져 나오게 되고 그 말이 하나님을 기쁘시게 하는 것입니다. 그때에 전능하신 하나님 우리 아버지가 역사하셔서 어떤 일도 능히 해결해 주시는 것입니다.

느헤미야가 바사에 포로로 잡혀 가 아닥사스다 왕의 술을 맡은 고위 관리로 있을 때에 친 동생 하나니가 와서 예루살렘의 동족들이 겪고 있는 참상을 전해줍니다. 내용인즉 남아있는 유다인들이 큰 환란을 만나고 능욕을 받으며 예루살렘 성은 무너지고 성문들은 불에 타버렸다는 말을 듣고는 뜨거운 동족애가 끓어 올라 앉아 울면서 금식하며 동족의 회복을 위하여 하나님께 간절히 기도하였습니다.

이 때에 "하나님의 선하신 손이 도우심으로"(느2:8) 하나님께서 대제국의 왕의 마음을 움직여 고국에 돌아가 무너진 성벽을 재건하고 돌아오도록 허락하는 말을 하게 하셨습니다. 뿐만 아니라 조서를 내려 예루살렘까지 무사히 갈 수 있도록 하되 군대장관과 마병을 보내어 유다를 해치는 산발랏과 도비야가 두려워 떨게 하셨던 것입니다.

기도의 사람 모르드개가 하만에 의하여 자신뿐만 아니라 유다 온 민족이 몰살 당할 지경에 이르렀을 때에 그는 굵은 베옷을 입고 재를 무릅쓰고 성중에 대성통곡하며 금식하며 부르짖을 때에 왕후 에스더에게 하나님은 역사하사 믿음의 말을 하게 하셨습니다.

에4:16 "당신은 가서 수산에 있는 유다인을 다 모으고 나를 위하여 금식하되 밤낮 삼일을 먹지도 말고 마시지도 마소서 나도 나의 시녀로 더불어 이렇게 금식한 후에 규례를 어기고 왕에게 나아가리니 죽으면 죽으리이다"

그리하여 도리어 하만과 그 일가족이 다 죽임을 당하고 모르드개와 그 민족은 죽음에서 건짐을 받을 뿐만 아니라 모르드개는 아하수에로 왕의 다음이 되고 유다인 중에 크게 존경받고 사랑을 받는 놀라운 축복을 받았던 것입니다.

기도는 이처럼 믿음의 말을 하게 하는 놀라운 기적을 일으킨다는 사실을 기억하고 상황이 어렵고 앞뒤가 막히고 사단이 역사할 때에 우리는 무릎을 꿇고 믿음의 말로 기도하여 대 승리를 거두시는 역사가 일어나기를 주님의 이름으로 기원합니다.

(2) 믿음의 말은 하나님의 전능하심을 믿을 때 할 수 있습니다.

8절에 "여호와께서 우리를 기뻐하시면 우리를 그 땅으로 인도하여 들이시고 그 땅을 우리에게 주시리라 이는 과연 젖과 꿀이 흐르는 땅이니라"고 하였습니다. 믿음의 말은 하나님의 전능하심을 믿는 자만이 할 수 있는 것입니다.

10명의 정탐들이 포도송이를 매고 온 것은 자신들의 말이 확실함을 증거하기 위한 증거물로 제시하려는 똑똑한 사람이었음을 보여주고 있습니다.

그들의 보고는 냉철하고 논리적입니다. 27절에 "모세에게 보고하여 가로되 당신이 우리를 보낸 땅에 간즉 과연 젖과 꿀이 흐르고 이것이 그 땅의 실과니이다." 이처럼 먼저 가나안 땅을 호평합니다. 그리고는

28절에 그 땅 거민은 강하고 성읍은 견고하고 심히 클 뿐만 아니라 거기서 신장이 장대한 아낙 자손 즉 거인들을 보았다" 하고는 그 결론은 "그들은 우리보다 월등하게 강하니 우리가 올라가면 그들의 밥이 된다"는 절망적인 보고를 합니다.

특히 이들의 보고에는 하나님의 전능하심을 믿는다는 말은커녕 하나님의 약속이나, 심지어 하나님의 이름조차도 한 번 나오지 않고, 오직 자신의 관점과 이성적인 판단만이 나오고 있음을 볼 수 있습니다.

이들은 또 정직한 사람이었습니다. 보고 느낀 그대로 가감하지 않고 사실 그대로 보고하였습니다. 여기 "우리는 스스로 보기에도 메뚜기 같다"는 과장법을 쓰기는 하였지만 거짓 없이 사실대로 정직하게 보고하였습니다.

우리가 때로는 이처럼 정직하고 냉철하고 논리적이기 때문에 문제가 될 때가 많은 것입니다. 정직하게 말하는 것도 중요하지만 그 위에 역사하시는 하나님의 약속과 전능하심을 믿는 믿음의 말이 있어야 하는 것입니다. 그런데 10명은 그렇지 않다는 것입니다. 이것이 문제입니다.

사실 우리가 하나님의 일을 하면서 눈에 보이는 대로 생각하고 판단하고

분석하는 똑똑함과 명석함 때문에 하나님의 위대한 역사들을 제한하거나 그릇 칠 때가 많다는 사실입니다. 10명의 정탐군들이 그러했습니다.

그러나 여호수아와 갈렙은 사실을 사실그대로 보면서도 하나님의 약속과 전능하심을 믿고 보고를 하였던 것입니다.

"우리가 두루 다니며 탐지한 땅은 심히 아름다운 땅이라 여호와께서 우리를 기뻐하시면(약속하신 그 분이 기뻐하시면) 우리를 그 땅으로 인도하여 들이시고 그 땅을 우리에게 주시리라 이는 과연 젖과 꿀이 흐르는 땅이니라 오직 여호와를 거역하지 말라(약속하시면 반드시 이루시는 하나님을 거역하지 말라).

또 그 땅 백성을 두려워하지 말라 그들은 우리 밥이라 그들의 보호자는 그들에게서 떠났고 여호와는 우리와 함께 하시느니라 그들을 두려워 말라" (민14:7-9).

얼마나 믿음의 말입니까? 얼마나 능력있는 믿음의 말입니까?

우리가 섬기는 교회는 이 세상의 그 어떤 모임이나 단체가 아닙니다. 회사나 기업이나 학교가 아닙니다. 전능하신 하나님의 몸된 교회입니다. 사람이 움직이고 운영해 나가는 것 같아 보이기도 합니다. 그러나 사실은 하나님께서 움직여 나가시는 것입니다.

당신의 피로 값 주고 세우셔거, 전능하신 능력으로 교회를 운행하시고, 관리하시고, 이끌어 가시는 것입니다.

노아 때의 홍수를 보십시오. 40일 동안 하늘의 창들이 열리고 땅의 큰 깊음의 샘들이 열리면서 40주야를 소용돌이치면서 창대같은 비가 쏟아지고 솟구쳐 올랐습니다. 그 물이 150일 동안 출렁거리다가 빠지기까지 1년 17일간 걸렸습니다.

노아가 만든 배가 이러한 가운데 이리저리 떠다니면서도 바위나 암석에 부딪히지 아니하고 나중에는 안전한 곳에 잘 정착하였습니다.

이 배의 특징은 하나님이 설계하셨다는 것과 또 중요한 것 한 가지는 이 배의 앞뒤 전후를 운전하는 아주 중요한 키가 없었다는 사실입니다. 그럼에도 그 소용돌이 가운데서도 그 안에 탄 모든 생명들이 안전하게 살아남게 된 것은 하나님이 그 배를 운전하셨기 때문입니다.

노아의 방주는 신약시대의 교회의 상징입니다. 하나님의 교회는 전능하신 하나님이 설계하셨고, 전능하신 하나님이 운전해 가신다는 사실을 꼭 기억하시기 바랍니다.

이스라엘이 출애굽하여 가나안으로 들어가기까지 성막의 인도를 받았습니다. 성막위에 머무는 구름 기둥이 뜨면 따라가고, 머물면 그 자리에 머물고, 성막위에 좌정하면 장막을 치고 그곳에서 머물렀습니다. 항상 하나님의 인도를 받아 순종하였습니다. 그 결과 사막을 건널 수 있었습니다.

교회는 하나님이 자신의 피로 사신 하나님의 교회입니다. 하나님이 눈동자처럼 밤낮으로 돌보시며, 하나님의 사자들을 오른 손으로 붙드시고 일곱 금 촛대 사이를 왕래하시며 인도하시고, 돌보시는 하나님의 교회입니다. 사람의 집단이나 모임이 아님을 분명히 기억하시기 바랍니다.

그러므로 교회는 전능하신 하나님이 운행하시고 경영하시고 역사하시는 것입니다. 그래서 기도가 필요하고 믿음이 있어야 하고 순종이 있어야 하는 것입니다.

한 소년이 어머니가 결혼하기 전에 태어난 사생아라는 이유로 사람들로부터 손가락질을 받으면서 자랐습니다. 소년의 또래 아이들도 그 소년을 놀려대며 외톨이로 만들었습니다. 이 소년은 학교에서 늘 혼자 지내야 했고, 사람들의 비난으로 점점 힘겨워했습니다.

그가 열두 살이 되었을 때 그 마을에 새로운 목사님이 부임하였습니다. . 그 목사가 설교를 잘한다는 소문을 듣고, 소년은 설교를 들으려고 교회에 가기 시작했습니다. 소년은 예배당에 사람들을 의식해 조금 늦게 조용히 들어갔다. 나올 때도 설교만 듣고 조용히 빠져나오곤 했습니다. 그 소년도 목사의 설교에 감동을 받았고 하나님의 은혜를 깨달아 갔습니다.

그러던 어느 날, 소년은 예배를 모두 마치고 평소와는 달리 조금 늦게 예배당을 나오게 되었습니다. 그런데 소년이 예배당을 막 빠져나갈려고 할 때였습니다. 누군가가 소년의 어깨를 잡으며 말했습니다.

"애야, 넌 누구니? 네 아버님이 어느 분이시지"

돌아보니 교회 목사님이었습니다. 소년이 머뭇거리자 목사가 이렇게 말했습니다.

"잠깐만, 네 얼굴을 보니 너의 아버지가 누구인지 알 것 같구나. 네 아버지는 하나님이시지? 그렇지?"

이 말이 그 소년에게 일평생 잊혀지지 않는 큰 위로가 되었습니다. 소년은 나중에 미국의 테네시 주의 주지사로 두 번이나 당선되었습니다. 소년의 이름은 벤 후퍼 였습니다. 그는 이렇게 고백했습니다.

"목사님이 그때 말씀하신 그 한 마디가 저의 인생을 통째로 바꿔 놓았습니다"

얼마 전 시카고 마라톤대회에서 2시간 5분 42초의 세계신기록으로 우승한 모로코의 할리드 하누치 선수의 영광 뒤에는 아내의 독특한 내조가 있었습니다. 하누치는 모로코에서 태어나 열다섯 살 때부터 육상을 시작했다. 국내 대회에서 몇차례 우승한 그는 정부에 세계대회 출전을 청했으나 번번이 거절당했습니다. 세계기록과는 많은 차이가 나기 때문에 입상하지 못할 바에야 대회 출전은 의미가 없다"는 것이었습니다.

그는 '아메리칸 드림' 을 꿈꾸며 우승하기 6년 전 미국에 정착했다. 그는 마음의 안정을 찾지 못한 채 방황하고 있을 때 체육학을 전공한 한 여인이 다가와 속삭였다.

"당신은 육상에 뛰어난 소질이 있어요. 세계 최고의 선수가 될 거예요" 그녀의 이름은 산드라. 하누치의 아내이며 코치 겸 매니저를 맡고 있는 여인의 이름. 그 아내의 격려가 실의에 빠진 하누치를 세계 최고의 마라토너로 성장시켰다.

(3) 믿음의 말은 하나님의 약속을 믿는 자들이 할 수 있습니다.

"오직 여호와를 거역하지 말라" 하나님의 뜻은 젖과 꿀이 흐르는 좋은 땅 가나안에 들어가게 하시는 것입니다. 아브라함, 이삭, 야곱과 그 12아들에게 약속하신 땅입니다.

하나님께서 이스라엘을 출애굽 시키실 때에도(출3:8) 모세에게 말씀하시기를 "내가 내려가서 그들을 애굽 사람의 손에서 건져내고 그들을 그 땅에서 인도하여 아름답고 광대한 땅 젖과 꿀이 흐르는 땅 곧 가나안 족속과 헷 족속과 아모리 족속과 히위 족속과 여부스 족속의 지방에 이르러 하노라"

또 출3:16-에 보면 이스라엘 장로들을 모아 놓고 그들에게 말하기를 "너희 조상의 하나님 곧 아브라함과 이삭과 야곱의 하나님이 내게 나타나 이르시되 내가 실로 너희를 권고하여 너희가 애굽에서 당한 일을 보았노라 내가 말하였거니와 내가 너희를 애굽의 고난 중에서 인도하여 내어 젖과 꿀이 흐르는 땅 곧 가나안 족속, 헷 족속, 아모리 족속, 브리스 족속, 히위 족속, 여부스 족속의 땅으로 올라가게 하리라 하셨다 하라"고 하였습니다.

이러한 하나님의 약속을 10명의 절대다수가 하나님의 약속을 불신하고 절망적인 보고를 하였음에도 불구하고 여호수아와 갈렙은 믿음의 말을 할 수 있었던 것입니다.

그러면 그러한 말을 할 수 있었던 그가 믿고 있었던 약속하신 분이 누구십니까? 약속을 거짓말쟁이나 사기꾼이 했으면 신뢰할 수 없지만 신실한 분이 했다면 그 약속을 믿어야 하는 것입니다. 그러면 이스라엘에게 가나안 땅을 주시겠다고 약속하신 분이 누구입니까?

1) 그 분은 여호와이십니다.

여호와라는 호칭은 출3:14절에 "영원 자존자"(I am that I am)라는 의미로 자신의 백성들에게 변치 아니 하시는 영원불변(永遠不變)하심을 나타내는 성호이시다.

"나는 여호와라 변역(變易)지 아니하나니"라고 하였습니다(말3:6)

이 말씀의 뜻은 하나님은 자신의 백성들에게 약속하신 것은 절대로 변치 아니하시는 하나님이시라는 호칭이다.

하나님은 가나안 땅을 이스라엘에게 주시기로 약속을 하셨으니 반드시 주신다는 사실입니다. 하나님은 절대로 변치 아니하시는 하나님이심을 믿으시기 바랍니다. 그 분의 말씀까지도 변치 아니하시는 것입니다.

"진실로 너희에게 이르노니 천지가 없어지기 전에는 율법의 일점 일획이라도 반드시 없어지지 아니하고 다 이루리라"(마5:18)

여호수와와 갈렙은 이처럼 하나님 여호와께서 가나안 땅을 주시겠다고 약속하신 그 약속을 확실히 믿었습니다. 하나님은 약속을 지키시는 분이십니다. 만약에 그 분이 약속하신 것들을 지키시지 않으신다면 수천 년 동안 믿어오는 사람들이 지금은 아무도 하나님을 믿지 않을 것입니다.

한국 최초의 선교사 중에 한 분이신 캐나다 선교사 게일은 "약속은 빚과 같은 것이어서 반드시 지켜야 한다"고 말하면서 다음과 같이 말하였다.

'부채를 갚아야 할 날을 자꾸만 연기하면 이자만 더욱 늘게 되고 끝내 갚지 않으면 법정에 서는 죄인이 된다. 마찬가지로 약속 이행을 자꾸 연기하면 신용할 수 없는 존재라는 이자가 커지고 끝내 약속을 어기는 사람은 자신의 인격을 파괴하는 결과를 맞는다' 는 말을 하였습니다.

에이브라함 링컨 대통령이 지난날을 회상하면서 말하기를 "어머니께서 돌아가시기 며칠 전에 나는 술을 결코 입에 대지 않겠다고 약속했다. 그리고 내가 어릴 때 한 그 약속을 지금껏 잊지 않고 지키고 있다"고 하였습니다. 하물며 하나님은 우리에게 하신 약속은 반드시 지키신다. 그래서 하나님의 말씀인 성경을 Testament 성약이라고 합니다. 구약을 Old Testament, 신약을 New Testament라고 하는 것입니다. 구약의 약속이 신약에 와서 이루어졌고, 신약 성경의 약속이 그 이후에 지금까지 이루어지고 있는 것입니다. 하나님은 성경을 통하여 우리에게 약속하신 것은 모두 다 이루어 주셨습니다. 이제 말세지말에 일어날 약속들만 남아있는 것입니다. 하나님께서 약속하시면 반드시 지키시는 여호와이심을 믿으시기 바랍니다.

2) 그 분은 하나님이십니다.

하나님이란 뜻은 전능하신 분이라는 뜻입니다.

① 하늘과 땅과 그 공간에 있는 모든 별들과 땅에 하늘의 새들과 동물과 바다의 고기들을 다 창조하셨습니다.

"태초에 하나님이 천지를 창조하시니라"(창1:1, 시136:7-9, 출20:11, 창1:9,10, 사42:5, 창1:11,12, 렘27:5)고 하셨습니다.

② 우리인간을 창조하셨습니다.

"여호와 하나님이 땅의 흙으로 사람을 지으시고 생기를 그 코에 불어넣으시니 사람이 생령이 되니라"(창2:7).

사람과 짐승과 공중의 새들은 하나님이 직접 흙으로 빚어 만드셨으나 다른 모든 것들은 다 말씀으로 만드셨습니다

"믿음으로 모든 세계가 하나님의 말씀으로 지어진 줄을 우리가 아나니 보이는 것은 나타난 것으로 말미암아 된 것이 아니니라"(히11:3)

③ 하나님은 창조하셨을 뿐만 아니라 모든 것들을 다 다스리시고 섭리하시는 분이십니다. 탁월하신 분이십니다.

"여호와는 죽이기도 하시고 살리기도 하시며 스올에 내리게도 하시고 거기에서 올리기도 하시는도다 여호와는 가난하게도 하시고 부하게도 하시며 낮추기도 하시고 높이기도 하시는도다"(삼상2:6,7)

"이제는 나 곧 내가 그인 줄 알라 나 외 에는 신이 없도다 나는 죽이기도

하며 살기도 하며 상하게도 하며 낫게도 하나니 내 손에서 능히 빼앗을 자가 없도다"(신32:39)

그러므로 그 누구도 하나님을 대적하거나 대항할 수 없는 분이십니다.

"여호와를 대적하는 자는 산산이 깨어질 것이라 하늘에서 우레로 그들을 치시리로다 여호와께서 땅 끝까지 심판을 내리시고 왕에게 힘을 주시며 자기의 기름 부음을 받은 자의 뿔을 높이시리로다 하니라"(삼상2:10)

④ 전능하신 분이십니다.

"여호와께 능하지 못한 일이 있겠느냐? 기한이 이를 때에 내가 네게로 돌아오리니 사라에게 아들이 있으리라" (창18:14)고 하신 말씀대로 100세 된 아브라함과 90세 된 사라가 우리 믿음의 조상 아들 이삭을 낳게 된 것입니다. 그래서 하나님께서 예레미야에게 "나는 여호와요 모든 육체의 하나님이라 내게 할 수 없는 일이 있겠느냐"(렘32:27)고 하셨습니다.

"영광의 왕이 누구시냐 강하고 능한 여호와시요 전쟁에 능한 여호와시로다 문들아 너희 머리를 들지어다 영원한 문들아 들릴지어다 영광의 왕이 들어 가시리로다 영광의 왕이 누구시냐 만군의 여호와께서 영광의 왕이시로다 셀라"(시24:8-10)

우리가 믿는 하나님은 우주 만물을 창조하신 전능자이십니다. 눈에 보이는 하늘의 태양과 달과 별들과 땅위의 모든 만물들, 물속에 있는 모든 물고기들과 어족들, 공기를 비롯하여 눈에 보이지 않는 셀 수 없는 것들을 하나님은 다 창조하셨습니다. 이처럼 우리 하나님은 창조주시며 전능하신 하나님이십니다. 하나님께는 능치 못하심이 없으신 분입니다.

"아브라함이 구십 구세 때에 여호와께서 아브람에게 나타나서 그에게 이르시되 나는 전능한 하나님이라. 너는 내 앞에서 행하여 완전하라"(창17:1)고 하셨습니다.

⑤ 하나님은 우리들을 심히 사랑하시는 분이십니다.

우주 만물을 다 창조하신 하나님은 맨 마지막에 하나님의 형상을 따라 우리 인간을 창조하시고 보시고는 심히 좋아하셨습니다. 인간은 하나님을 섬기며 사람끼리 서로 사랑하며 만물들을 다 주시면서 다스리며 계발하며 정복하도록 하셨습니다. 그럼에도 불구하고 인간은 마귀의 유혹에 끌려 하나님을 배신하고 불순종하여 하나님으로부터 쫓겨난 신세가 되어버렸습니다. 그 결과 마귀의 종으로 붙잡혀 비참하게 살다가가 영원한 지옥의 옥고를 당할 운명에 처하게 된 것입니다.

이러한 우리들을 사랑하사 외아들 성자 하나님을 사람으로 보내시어 우리의 모든 죄를 짊어지시고 대신 십자가에 못 박혀 죽으심으로 우리들을 구원하여 주셨습니다.

'하나님이 세상을 이처럼 사랑하사 외아들을 주셨으니 이는 저를 믿는 자마다 멸망하지 않고 영생을 얻게 하신 것입니다(요3:16).

"야곱아 너를 창조하신 여호와께서 이제 말씀하시느니라 이스라엘아 너를 조성하신 자가 이제 말씀하시느니라 너는 두려워 말라 내가 너를 구속하였고 내가 너를 지명하여 불렀나니 너는 내 것이라, 네가 물 가운데로 지날 때에 내가 함께 할 것이라 강을 건널 때에 물이 너를 침몰치 못할 것이며 네가 불 가운데로 행할 때에 타지도 아니할 것이요 불꽃이 너를 사르지도 못하리니 대저 나는 여호와 네 하나님이요 이스라엘의 거룩한 자요 네 구원 자임이라 내가 애굽을 너의 속량물로, 구스와 스바를 너의 대신으로 주었노라, 내가 너를 보배롭고 존귀하게 여기고 너를 사랑하였은즉 내가 사람들을 주어 너를 바꾸며 백성들로 네 생명을 대신하리니 너는 두려워 말라"(사43:1-4)고 하셨습니다. 이 말씀을 아주 쉽게 번역한 성경에는 다음과 같이 번역하였습니다. 참고로 들으시기 바랍니다.

"그러나 이제 여호와께서 말씀하신다. 야곱아, 너를 창조하신 야훼의 말씀이시다. 이스라엘아, 너를 빚어 만드신 여호와의 말씀이시다. 두려워 말라. 내가 너를 건져 주지 않았느냐? 내가 너를 지명하여 불렀으니, 너는 내 사람이다. 네가 물결을 헤치고 건너 갈 때 내가 너를 보살피리니 그 강물이 너를 휩쓸어 가지 못하리라. 네가 불 속을 걸어가더라도 그 불길에 너는 그을리지도 타버리지도 아니하리라. 나, 여호와가 너의 하나님이다. 이스라엘의 거룩한 자, 내가 너를 구원하는 자다. 에집트를 주고 너를 되찾았고 에디오피아와 스바를 주고 너를 찾아 왔다. 너는 눈에 넣어도 아프지 않을 나의 귀염둥이, 나의 사랑이다. 그러니 어찌 해안 지방을 주고라도 너를 찾지 않으며 부족들을 내주고라도 너의 목숨을 건져 내지 않으랴! 두려워 말라 내가 너를 보살펴 준다"

이처럼 하나님은 우리를 창조하신 분이시요, 죄에 빠져 하나님을 떠나 원수 되었을 때 외아들 성자 하나님을 이 세상에 보내시어 십자가에 못 박혀 죽게 하심으로 우리들을 구원하여 주신 분이십니다. 그리고는 우리들을 향하여 "너는 내 것이라고" 하시고 사랑하시기를 4절에서는 "내가 너를 보배롭고 존귀하게 여기고 너를 사랑하였은즉 내가 사람들을 주어 너를 바꾸며 백성들로 네 생명을 대신하리니 두려워 말라 내가 너와 함께 하시겠다"고 하였습니다.

그러므로 우리는 하나님의 약속을 확실히 믿을 수 있다는 사실입니다. 우리의 눈앞에 나타나는 현실만 바라보지 말고, 우리의 지식과 경험만 의지하지 말고, 냉철한 판단력만 의존하지 말고, 하나님을 믿고 의지하며 그 분의 만고불변의 말씀의 약속을 확실히 믿는 믿음으로 매사를 말하시기를 바랍니다.

(4) 하나님께서 과거에 행하신 역사를 기억할 때 믿음의 말을 할 수 있습니다.

믿음의 말을 할 수 있는 사람은 하나님 앞에 엎드리는 기도의 사람이 할 수 있고, 전능하신 하나님을 믿는 신자가 할 수 있고, 하나님의 약속을 확신하는 자가 믿음의 말을 할 수 있는 것입니다. 특히 하나님께서 과거에 행하신 역사를 기억할 때에 믿음의 말을 할 수 있는 것입니다.

"여호와께서 모세에게 이르시되 이 백성이 어느 때까지 나를 멸시하겠느냐 내가 그들 중에 모든 이적을 행한 것도 생각하지 아니하고 어느 때까지 나를 믿지 않겠느냐"(14:11)고 하셨습니다.

하나님께서 우리에게 행하신 이적을 기억하지 않을 때 믿음의 말을 할 수 없게 되는 것입니다. 그러나 하나님이 행하신 이적들을 믿는 신자는 믿음의 말을 할 수 있게 되는 것입니다. 그러면 우리에게 베푸신 이적은 어떤 것들이 있습니까?

1) 이적 중에 이적은 우리를 구원하신 이적입니다.

하나님이 행하신 이적들 중에 가장 중요한 이적은 우리의 죽은 영혼을 살리신 구원의 이적입니다. 이스라엘 백성들에게 정말 잊을 수 없는 가장 놀라운 이적은 애굽의 노예생활에서 해방 받은 구원의 이적입니다. 이스라엘 사람들의 애굽에서 노예 생활이 어떠했습니까?

창세기 45장에 보면 애굽의 바로가 구국 공신이요 총리인 요셉을 보고 그의 아버지 가족을 초청하였는데 모두가 70명이었다고 하였습니다. 그들이 처음에 애굽에 내려갔을 때 기름진 땅 고센에서 살게 하였는데 약 400년을 지나는 동안에

"이스라엘 자손들은 자식을 많이 낳아 심히 번성하고 창성하고 강대하여

온 땅에 가득하게 되었더라"(출1:7)

고 하였습니다. 그런데 구국공신 요셉을 알지 못하는 새 왕이 나라 인구를 조사해 보니 자기 민족이 아닌 이스라엘 사람들이 심히 많은 것을 깨닫게 되었고, 이 일 때문에 심히 고민하게 되었습니다. 그 이유는 "이스라엘자손이 우리보다 수도 많고 힘도 강한데 이들이 우리보다 더 많아지게 되면 전쟁이 일어날 경우 우리를 대적하는 적군과 합세하여 우리들을 치고 이 땅에서 나갈 것이니 지혜롭게 해야 되겠다고 생각하게 된 것입니다. 그리하여 그들 위에 감독을 세우고 곡식을 저장하는 큰 성 비돔과 라암셋을 건축하게 하면 그들이 노동에 시달려 자식을 낳을 수 없게 될 것이라고 생각하고 이스라엘 사람들을 노예로 잡아 학대하면서 강제 노동을 시켜 국고성 비돔과 라암셋을 건축하게 하였던 것입니다(출1:11).

비돔은 태양신 "아툼의 집"이란 뜻으로 람세스 Ⅱ세가 라(Ra, 돋는 해를 상징한 태양신)와 툼(Tum, 지는 해를 상징한 태양신) 중간에 정좌하고 있는 장면이 조각되어 있습니다. 델 엘 마스구다는 아랍어로 상(像)의 구릉' 을 의미하는데, 람세스 Ⅱ세의 동상이 발견된 데서 불리게 되었습니다. 여기서 발견된 요새는 201미터 정방형, 두께 5.5미터의 성벽으로 둘리었고, 그 안에 툼(Tum)에게 헌납한 신전이 있고, 또 창고로서 쓰인 듯한 몇 개로 간이 막힌 지하실이 있다. 가장 흥미 있는 것은 성벽에 쓰인 벽돌이 어떤 것에는 짚이 있고, 어떤 것에는 없다는 것입니다(출5:10-12).

여기 라암셋이라는 애굽말로(라암세스의 집)이라는 뜻으로 애굽 왕의 왕궁을 의미하는데, 람세스 II세가 재건축(再建築)한 것에 관련된 명칭입니다. 라암세스는 하(下)애굽의 중요한 성읍이었기 때문에 이스라엘 사람이 살고 있던 고센은 '라암세스의 땅' 에 포함되어 있었을 것으로 추정을 합니다(창47:11). 이스라엘사람의 애굽 탈출은 이곳을 출발 지점으로 하여 이루어졌다(출12:37, 민 33:3,5). 이것은 구약의 소안(민13:22, 시78:12), 헬라시대의 다니스(Tanis)인데, 카이로에서 동북쪽 120㎞, 다니스 지류에 연결되어 있는 지금의 어촌 "산 엘 하야르"(San el-Hajar) 부근에 있는 광대한 유적으로 남아있는데 이 유적이 이스라엘이 만든 라암셋으로 보는 것입니다. 성벽으로 둘러싸인 면적은 14ha(42,424평),고적의 전 면적은 420ha에 미치는 광대한 것입니다).

그런데 놀라운 것은 그들이 이런 성을 건축하는 중노동에 시달리면서도 자식들을 더 많이 낳고 수가 더 불어나므로 바로왕은 자신의 계획이 실패 하게 된 것을 염려하지 않을 수 없게 되었던 것입니다. 그래서 더 엄하게 하여 흙 이기기, 벽돌 굽기, 농사의 여러 가지 중노동을 시켰던 것입니다.

그래도 자꾸만 늘어가므로 2차적인 방법으로 산파들을 시켜 히브리 여인들이 남자아이는 죽이고 여자아이는 살리라고 하였으나 산파들이 하나님을 두려워하여 왕의 명을 어기고 남자 아이를 살리는 바람에 백성들은 더욱 번성하고 심히 강대하여 갔던 것입니다.

그리하여 제3의 비상대책이 선포되었는데 그것은 노골적으로 남자아이를 낳으면 무조건 다 나일강물에 던져 악어의 밥이 되게 하고, 여자는 살리라고 하였습니다. 얼마나 무서운 고역이며 학대입니까? 그래서 이러한 노예생활을 가리켜 모세는 "쇠풀무 같은 애굽의 노예"라고 하면서 "여호와께서 너희를 택하시고 너희를 쇠풀무(용광로) 곧 애굽에서 인도하여 내사 자기 기업의 백성을 삼으셨다"(신4:20, 렘11:4)고 하였습니다.

이러한 쇠풀무불 같은 노예생활에서 구원시키기 위하여 하나님은 10가지의 재앙을 애굽에 내리시므로 애굽 왕은 손을 들고 이스라엘을 노예에서 해방을 시켜 주신 것입니다. 이러한 기적을 통하여 노예생활에서 해방되고 구원되어 젖과 꿀이 흐르는 가나안 땅을 기업으로 주시려고 광야를 통과하는 동안에 당하는 어려움만 생각하고 하나님을 향하여 원망과 불평을 늘어놓으며 하나님을 10번이나 시험하였다고 하였습니다.

그들이 가나안으로 향하여 가면서 과거에 애굽에서의 당한 쇠풀무 즉 용광로와 같은 끔찍한 노예 생활에서 하나님의 은혜로 해방 된 것을 생각하면 어떤 어려움과 고통도 극복해 나갈 수 있었을 것입니다. 비록 가나안 복지에 정착하기 위하여 가는 길이 좀 힘들고 건조하고 괴롭다고 하더라도 하나님의 능력을 기억하고 참고 견뎌야 했습니다. 그러나 그들은 어려울 때마다 참지 못하고 오히려 노예 생활하던 애굽을 그리워하고 그곳으로 돌아가기를 소망하였던 것입니다. 그것이 최고조에 달한 것이 가나안 땅을 바로 눈앞에 두고 가데스 바네아에서의 반역이었습니다.

하나님께서 과거에 이스라엘을 향하여 행하신 놀라운 이적을 생각했더라면 비록 가나안에 신장이 장대한 거인들이 살고, 그 성벽이 견고하고 심히 크다 할지라도 결코 두려운 할 일이 아니었을 것입니다. 자신들을 구원해 주신 전능하신 하나님만 믿고 올라갔으면 모든 것을 하나님이 해결해 주실 터인데 하나님의 행하신 구원의 놀라운 역사를 망각하고 불신하므로, 원망과 불평으로 인하여 그만 축복의 땅 약속의 땅에 들어가지 못했던 것입니다.

예수님을 믿기 전에 우리의 상태를 살펴봅시다. 얼마나 비참하였습니까? 하나님 아버지를 떠나 마귀의 노예로 사로 잡혀 마귀의 종노릇을 하며, 우상 숭배, 미신, 온갖 마귀의 법을 지키느라 얼마나 고통이 심하였습니까? 그뿐입니까? 하나님의 심판을 받아 영원한 지옥불의 형벌을 받을 수밖에 없는 가장 비참한 인간이 믿기 전의 우리들의 모습이 아닙니까? 이러한 우리들을 하나님께서 구원하여 주셨습니다. 우리가 구원을 받은 것은 우리가 훌륭하고 잘 낫기 때문이 아닙니다.

“여호와께서 너희를 기뻐하시고 너희를 택하심은 너희가 다른 민족보다 수효가 많기 때문이 아니니라 너희는 오히려 모든 족 중에 가장 적으니라 여호와께서 다만 너희를 사랑하심으로 말미암아, 또는 너희의 조상들에게 하신 맹세를 지키려 하심으로 말미암아 자기의 권능의 손으로 너희를 인도하여 내시되 너희를 그 종 되었던 집에서 애굽 왕 바로의 손에서 속량하셨나니"(신7:7,8)

우리가 아직 죄인 되었을 때 그리스도께서 우리를 위하여 죽으심으로 하나님께서 우리에게 대한 자기의 사랑을 확정하셨다고 하였습니다. 특히 우리가 하나님과 원수된 상태에 있을 그때에 그 아들 예수님의 죽으심으로 우리와 화목케 하시고 구원을 얻게 하여 주셨습니다.

이처럼 독생자 예수님께서 유월절 양이 되사 우리의 모든 죄 값을 지불하여 주심으로 해방이 되어 이제 하나님의 자녀가 되게 하시고, 새 생명 얻게 하시고, 천국을 기업으로 주시고, 천국 시민권을 주셔서 그곳에서 영생을 얻게 하신 줄을 믿으시기 바랍니다.

우리가 세상에서 마귀에게서 지옥에서 구원해 주신 하나님의 사랑과 능력을 항상 기억하고 천국으로 가는 길목인 이 세상에서 당하는 어떤 어려움과 고난도 하나님을 믿음으로 극복해 나가야 할 줄로 믿습니다.

"자녀이면 또한 후사 곧 하나님의 후사요 그리스도와 함께 한 후사니 우리가 그와 함께 영광을 받기 위하여 고난도 함께 받아야 될 것이니라 생각건대 현재의 고난은 장차 우리에게 나타날 영광과 족히 비교할 수 없도다"(롬8:17,18)고 하였고 '제자들의 마음을 굳게 하여 이 믿음에 거하라 권하고 또 우리가 하나님 나라에 들어가려면 많은 환난을 겪어야 할 것이라"(행14:22)고 하였습니다.

"사랑하는 자들아 너희를 시련하려고 오는 불시험을 이상한 일 당하는 것 같이 이상히 여기지 말고 오직 너희가 그리스도의 고난에 참예하는 것으로 즐거워하라 이는 그의 영광을 나타내실 때에 너희로 즐거워하고 기뻐하게 하려 함이라 너희가 그리스도의 이름으로 욕을 받으면 복 있는 자로다"(벧전4:12,13)

2) 지금까지 살아오면서 하나님이 베푸신 이적들이 있습니다.

가) 자신이 겪은 이적들을 잊었습니다.

민14:22절에 "나의 영광과 애굽과 광야에서 행한 나의 이적을 보고도 이같이 열 번이나 나를 시험하고 내 목소리를 청종치 아니했다"고 하였습니다.

이 말씀은 10명의 정탐군들과 백성들이 불신앙의 보고를 하고 대성통곡을 하면서 애굽으로 돌아가자고 한 이유였습니다. 그렇게 한 것은 애굽에서, 출애굽 할 때, 그리고 가데스 바네아에 이르는 지금까지 하나님께서 이적과 기적을 베풀어 해방시키시고, 인도하신 하나님의 수많은 이적들을 보고도 믿지 않고 잊었음을 책망하시는 말씀입니다. 이스라엘 백성들이 그간 전능하신 하나님의 역사를 얼마나 많이 체험했습니까?

여기 열 번이라는 것은 하나 둘 세어서 말하는 열 번이 아니고 백성들의 끊임없는 하나님의 권능을 불신하고 반역한 것을 의미하는 것입니다. 즉

① 애굽의 군대가 추격해오는 위기 가운데서도 바다를 육지로 건너게 하신 홍해의 이적(출14:11,12)이라든가,

② 쓴 물을 달게 하신 마라의 이적(출15:23,24).

③ 양식이 없어 주려 죽는다고 원망과 불평을 늘어놓을 때에 하나님께서 아침마다 하늘에서 내려주신 만나 양식의 이적(출16:2).

④ 마실 물이 없어 원망하는 이스라엘에게 반석에서 생수가 솟아오르게 하여 마시게 하셨던 르비딤 이적(출17:1–).

⑤ 모세가 계명을 받으려 산에 올라가 더디 내려온다고 하여 만들어 섬겼

던 우상 금송아지 때문에 하나님의 진노로 죽을 수밖에 없었지만 모세의 기도로 용서받아 살아나게 된 이적(출32:1-6),

⑥ 이스라엘의 원망하는 소리를 들으시고 진노하사 여호와의 불이 나와 진 끝에서 전부를 사르려 하실 때에 모세가 기도하므로 꺼졌던 다베라 이적(민11:1-),

⑦ 섞여 사는 무리들이 탐욕을 품으므로 이스라엘도 함께 울면서 고기가 먹고 싶다, 수박과 부추와 생선과 외, 부추, 파, 마늘이 없어 우리의 정력이 쇠약하나 만나 외에는 먹을 것이 없다고 원망하며 울 때에 하나님께서 바람이 여호와에게서 불어 바다의 메추라기를 진 사방에 하룻길 되는 거리에 두 규빗이나 쌓이게 하신 기브롯 핫다아와 이적(11:4-23),

⑧ 그들이 사막에서 돌작 밭을 걸었음에도 불구하고 신이나 옷이 낡아지지 않고 발이 부럽터지 않게 하신 이적

이러한 놀라운 이적들을 직접 보고 체험했음에도 불구하고 이스라엘 백성들은 하나님의 전능하심을 불신하고 가나안을 돌이켜 애굽으로 돌아가야 살 수 있다고 하였던 것입니다(14장). 이처럼 하나님의 권능을 불신하고 가나안의 거인들과 견고한 성들을 보고는 지래 겁을 먹고 애굽으로 되돌아가자는 불신앙으로 그들은 약속의 땅에 들어가지 못하는 불행의 사람이 되었던 것입니다.

그러나 여호수아와 갈렙은 전능하신 하나님께서 지금까지 자신들에게 역사하신 하나님의 역사하심을 기억하고 믿음의 말을 하므로 그들은 가나안 땅에 들어가는 영광을 누렸습니다.

사랑하는 성도 여러분, 하나님께서 여러분들에게 행하신 구원의 이적, 삶

에서 역사하신 하나님의 이적들을 기억하시기 바랍니다. 옛말에 사람은 남으로부터 받는 은혜는 물에 새기고, 원수는 돌에 새긴다는 말이 있습니다. 우리는 하나님의 은혜, 나에게 행하신 이적들은 돌에 새기고 남이 나에게 잘못한 것, 섭섭하게 한 것은 물에 새기시기 바랍니다. 우리가 믿음의 말을 하려면 하나님께서 과거에 행하신 이적 즉 전능하신 하나님의 그 능력을 믿는 믿음이 있어야 하는 것입니다.

1) 성경에서 하나님의 행하신 전능하신 능력을 믿어야 합니다.

2) 나의 주위에서 역사하신 하나님의 전능하신 능력을 믿어야 합니다.

3) 나에게 행하신 능력의 하나님의 역사를 믿어야 하는 것입니다.

이러한 것을 믿을 때 앞으로도 역사하실 하나님을 믿고 믿음의 말을 할 수 있는 것입니다.

남미 브라질에 아마존이라는 큰 강이 흐르는데, 그 강 하류는 폭이 백 리가 넘는다고 합니다. 어느 날 바다를 향해하던 조그마한 배 한 척이 그 강으로 들어왔습니다. 오랫동안 항해를 하여 식수가 다 떨어진 배 안의 사람들은 목이 말라 쓰러질 지경이었습니다. 그 때 반갑게도 저쪽에서 다른 배 한 척이 다가오고 있었습니다.

우리 배의 선원들이 목말라 죽어 가는데, 돈은 얼마든지 줄 테니까 물 오십 길론 만 파십시오" 그랬더니, 그 배의 사람들이 빙그레 웃으면서 "양동이로 배 밑의 물을 퍼마시지 그래요" 하면서 그냥 지나가 버리는 것이었습니다. 무척이나 야속하고 원통했습니다.

선원 하나가 도저히 참을 수 없다면서 양통 이를 내려 물을 푸기 시작했습니다. 그때 옆에 있던 나이 많은 선원이 "여보게. 목이 마르다고 바다의 짠물을 마시면 더 목이 말라서 큰일 나네" 하고 말했으나 그 젊은 선원은 계속 물을 퍼서 벌걱 벌걱 들이마시는 것이었습니다. 그러다가 갑자가 양동이를 내던지더니 "야, 강물이다!"하고 소리쳤습니다. 사실 이 배는 이미 바다에서 강으로 들어와 있었는데 강이 너무 넓어 아직도 바다에 떠있는 것으로 알았던 것입니다. 하나님의 크신 은혜와 이적이 바로 이런 것이 아닌가 합니다. 우리는 하나님의 이적가운데 살아가고 있는 것입니다. 하나님의 이적을 믿고 믿음의 말을 하는 우리 모두가 다 되시기 바랍니다.

◉ 성경상식 ◉

이스라엘 백성들이 하나님의 권능의 역사를 보면서도 전능하신 하나님을 불신앙한 사건들.

1. 홍해바다를 앞에 두고 있는데 애굽의 군병들이 쫓아오는 것을 보고 두려워 원망(출14:10-12)
2. 홍해를 건너고 사흘 길을 가도 물이 없어 고통을 겪다가 마라의 쓴 물을 보고 원망(출15:22-24)
3. 신광야에서 원망(출16;1-3)
4. 먹을 것이 없다고 원망함(출16:20)
5. 르비딤에서 물로 인한 원망(출17:1-3)
6. 시내산에서 불신앙의 결과 황금 송아지 만듦(출32:1-6)
7. 다베라에서 악한 말로 하나님을 원망(민11:1)
8. 섞여사는 자들과 함께 만나로 인하여 원망(민11:4-6)
9. 가데스 바네아에서 1차적 원망(민14:1-4)
10. 고라 일당의 반역(민16:1-35)
11. 고라 일당의 형벌로 죽음으로 인한 원망(민16:41-42)
12. 가데스 바네아에서의 2차적인 원망(민20:2-13)
13. 애굽에서 인도하여 광야에서 죽인다고 원망(민21:4,5)

교회의 모든 시험이나 어려움이나 고통은 99%가 말 때문입니다. 특히 남자보다도 여자들이 말이 많고, 젊은 층보다는 중년이 넘은 여성들에게 말이 많습니다. 의학적으로 남성은 나이가 들어가면 여성화가 되어 조용해지고, 여성은 오히려 남성화가 되어 더 활달해진다고 합니다. 활달해지는데 특히 입이 활발해진다는 것입니다.

이제 우리의 활발해진 입으로 긍정적인 말을 하고, 남을 축복해주는 말을 하고, 믿음의 말을 하고 전도의 말을 합시다. 이러한 말은 엎드릴 때 하게 되고, 전능하신 하나님을 믿을 때 하게 되고, 하나님의 약속을 믿을 때, 과거에 역사하신 하나님의 역사를 믿을 때 하게 되는 것입니다.

PART 3
그리스도인의 가정

하나님께서 설계하신 행복한 가정

(창 1:27-28)

"하나님이 자기 형상 곧 하나님의 형상대로 사람을 창조하시되 남자와 여자를 창조하시고 하나님이 그들에게 복을 주시며 하나님이 그들에게 이르시되 생육하고 번성하여 땅에 충만하라. 땅을 정복하라. 바다의 물고기와 하늘의 새와 땅에 움직이는 모든 생물을 다스리라 하시니라."

하나님께서 친히 설계하여 세우신 두 기관이 있는데 하나는 가정이고, 다른 하나는 교회입니다. 둘 다 중요한 기관이고 하나님이 참으로 사랑하시는 기관입니다. 특히 하나님께서 이 세상에서 가정을 가장 먼저 만드신 것입니다. 하나님은 이 가정을 통하여 모든 것을 주시고 다 이루십니다. 인물이나 물질이나 공동체도 다 가정을 통해서 나옵니다. 그래서 하나님은 우리의 가정을 사랑하고 큰 복을 주시기를 원하십니다. 하나님은 행복한 가정이 되기를 소원하시는 것입니다.

어떻게 하면 하나님께서 설계하신 대로 가정을 잘 가꾸어 나갈 수 있겠습니까? 잘 가꾸어 나가면 행복한 가정이 될 것이요 잘 가꾸지 못하면 잡초만 무성한 숙대밭처럼 불행한 가정이 되어 버리고 말 것입니다. 오늘은 "하나님께서 설계하신 행복한 가정"이란 주제로 함께 은혜를 받고자 합니다.

(1) 행복한 가정이 되려면 하나님을 모신 가정이어야 합니다.

"여호와께서 집을 세우지 아니하시면 세우는 자의 수고가 헛되며 여호와께서 성을 지키지 아니하시면 파수꾼의 깨어 있음이 헛되도다"(시127:1))

여기서 집은 가정을 의미하는 것이고, 성은 국가를 의미하는 것입니다. 가정과 국가의 흥망성쇠는 사람들의 생각과 행동여하에 달렸다고 생각하기 쉬우나 다 하나님께서 세우시고, 운영하시면서 흥망성쇠를 주관하시는 것입니다.

이 땅위에 나라와 통치자들을 사람이 세우는 것 같지만 사실은 하나님께서 다 주관하셔서 세우실 자를 세우시고, 무너뜨릴 자를 무너뜨리는 것입니다. 그러므로 가정도 하나님께서 주관하시는 줄을 믿으시기 바랍니다. 연애를 하거나 중매하시는 분이 중매를 잘해서 부부가 되고 가정이 이루어진다고 생각하나 하나님께서 부부가 되게 하시고 가정을 이루게 하시는 것입니다.

창세기 2장에 보면 하나님께서 아담이 홀로 있는 것이 좋지 못하므로 아담을 깊이 잠들게 하시고 그의 갈비뼈를 빼어 내시고 그것으로 하와를 창조하시고 그를 아담에게로 이끌어 오셔서 부부가 되게 하신 것입니다.

그래서 예수님께서도 "그런즉 이제 둘이 아니요 한 몸이니 그러므로 하나님이 짝지어 주신 것을 사람이 나누지 못할지니라"(마19;6)
라고 하셨습니다.

그러므로 남녀를 짝지어 부부가 되게 하시고, 가정을 이루게 하시는 하나님을 우리 가정에 주인이요 왕으로 모셔야 합니다. 그 분에게 주권을 드려야 하는 것입니다. 그리고 모든 가족이 다 하나님을 믿고 경외하며 순종하는 가정이 돼야 합니다. 이것을 하나님은 기뻐하시는 것입니다. 행16;31에서 바울은 빌립보 간수에게 이르기를

"주예수를 믿으라 그리하면 너와 네 집이 구원을 받으리라."(행16:31)

하고 주의 말씀을 그 사람과 그 집안 모든 사람들에게 전하였더니 자기와 그 온 가족이 예수님을 믿고 세례를 받았습니다. 그리고 바울 일행을 자기 집으로 모셔 가서 음식을 대접하고 그와 온 집안이 다 하나님을 믿으므로 크게 기뻐하였다고 하였습니다. 모든 가족들이 다 함께 믿으므로 크게 기뻐하는 이것이 행복이지 않습니까? 온 가족이 다 함께 하나님을 믿고, 섬기고, 예배드리니 얼마나 아름답고 기뻤겠습니까? 얼마나 큰 행복이 되겠습니까?

"여호와를 경외하며 그의 길을 걷는 자마다 복이 있도다 네가 네 손이 수고한 대로 먹을 것이라 네가 복되고 형통하리로다 네 집 안방에 있는 네 아내는 결실한 포도나무 같으며 네 식탁에 둘러앉은 자식들은 어린 감람나무 같으리로다 여호와를 경외하는 자는 이같이 복을 얻으리로다 여호와께서 시온에서 네게 복을 주실지어다 너는 평생에 예루살렘의 번영을 보며 네 자식의 자식을 볼지어다 이스라엘에게 평강이 있을지로다"(시128:1-6)

라고 하였습니다.

우리 성도들은 한 가정도 빠짐없이 온 가족이 다 주 예수를 믿고 중생한 믿음의 가정이 되시기 바랍니다. 아브라함의 가정처럼 되시기 바랍니다. 고넬료의 가정처럼 되시기 바랍니다. 만복의 근원되신 하나님을 모신 행복한 가정이 되시기 바랍니다. 이 세상에서도 한 집에서 살고, 한 집에서 예배를 드리다가 천국에 가서도 함께 하나님을 찬양하고 섬기시는 행복한 가정들이 다 되시기를 주님의 이름으로 축원합니다.

(2) 행복한 가정은 부부가 바른 관계를 가져야 합니다.

행복한 가정생활을 하려면 하나님께서 설계하시고 만드신 가정생활의 법칙을 따라 순종해야 합니다. 가족 간의 관계 중에서 가장 중요한 관계는 부부임을 명확히 알아야 합니다. 부부 관계가 바로 되어져야 가정이 행복하게 되는 것입니다.

"부부관계에 투자하지 않으면 자식농사는 성공하기 어렵다",
"가족의 행복은 경제적인 안정이나 사회적 성공을 위해 미뤄둘 것이 아니다"
"가족을 사랑한다면 가족의 기쁨과 웃음을 위해 다른 것을 양보할 준비가 돼 있어야 한다"라고 어떤 분이 말한바 있습니다.

그러한 가정이 되려면 하나님께서 주신 다음의 '행복한 부부의 6가지 법칙'을 잘 지켜야 하는 것입니다.

제1법칙, 부부는 결혼과 함께 부모님을 떠나야 합니다.

"이러므로 남자가 부모를 떠나 그의 아내와 합하여 둘이 한 몸을 이룰지로다"(창2:24) 여기 '떠난다'는 말씀은 결혼하므로 부모에게서 육체적, 재정적, 정서적, 영적으로 독립하여 부부가 함께 서는 것을 의미하는 것입니다. 과거에는 부모님 중심관계에서 이제는 부부중심관계로 바뀌어져야 한다는 것입니다. 결혼은 신랑신부가 양가 부모를 떠나면서 시작되는 것입니다.

부부가 부모님을 떠난다는 것은 결코 "네 부모를 공경하라"는 성경의 명령을 무시하는 것이 아니라 이제 부부 둘이 힘을 합하여 부모님을 더욱 더 잘 섬기고, 공경해야 한다는 것을 분명히 알아야 합니다.

“떠난다”는 이 말에는 자녀가 장성해 결혼하면 부모를 떠나도록 훈련시켜야 한다는 의미도 포함되어 있습니다. 자녀가 결혼하면 부모를 떠나는 것을 본으로 보여 주어야 하고, 결혼하면 부모는 공경의 대상이요 섬김의 대상이요, 멘토로서의 그 역할이 바꾸어져야 한다는 것입니다.

제2법칙. 부부는 연합하는 책임을 잘 이행해야 하는 것입니다.

“이러므로 남자가 부모를 떠나 그의 아내와 합하여 둘이 한 몸을 이룰지로다 아담과 그의 아내 두 사람이 벌거벗었으나 부끄러워하지 아니하니라” (창세기 2:24,25)

연합에 대한 성경의 가르침은 “결혼이란 부부가 서약한 대로 섬김과 애정, 사랑 그리고 변치 않는 헌신으로 배우자와 연합하는 것입니다.”

월터 트로비쉬는 “연합하다”의 히브리어 단어는 문자적으로 어떤 사람에게 “달라붙다, 붙이다, 접착하다”를 뜻하는 것이라 합니다. 종이 두 장을 풀로 붙인 것처럼 남편과 아내는 딱 접착이 되어야 한다는 것입니다. 만일 딱 붙인 종이를 뗄려고 하면 합쳐진 두 장이 함께 찢어져 못 쓰게 되는 것입니다. 이것이 부부의 관계인 것입니다.

그러므로 결혼하여 연합한 부부를 분리시키려는 것은 두 사람 모두를 찢는 일로 큰 상처를 입히게 되어 가정의 진정한 기능을 발휘하지 못하게 된다는 것입니다. 그러므로 결혼을 하게 되면 다른 어떤 관계보다 우선하여 배우자와 연합하는 것이 부부의 중요한 책임입니다. 그렇기 때문에 배우자와의 관계를 손상시키는 그 어떤 것도 허용해서는 안 된다는 말씀입니다.

“하나님이 짝지어 주신 것을 사람이 나누지 못할지니라”(마19:6)
라고 주님께서 못 박으셨습니다. 그러므로 이혼은 결코 하나님의 뜻이 아닙니다. 둘을 찢게 만드는 일이요, 둘이 찢어지므로 본인뿐만 아니라 부모와 자녀들에게 큰 고통을 주게 되는 것입니다.

제3법칙. 하나님께서 남편을 가정에서 머리로 세우셨음을 인정해야 합니다.

"이는 남편이 아내의 머리됨이 그리스도께서 교회의 머리됨과 같음이니 그가 바로 몸의 구주시니라" (에베소서 5:23)

남편이 아내의 '머리 됨' 에 대한 성경의 가르침은 하나님의 계획에 의한 것이므로, 남편은 아내의 머리이며, 위임 받은 권한을 사랑으로 실천해야 한다는 말씀입니다. 레이몬드 C. 오트런드는 '머리로서 남편은 하나님 안에서 그의 동반자를 인도할 우선적인 책임을 진다' 고 말합니다. 아내는 그 우선적인 남편의 머리됨의 책임을 빼앗으려고 해서는 안 된다는 것입니다. 이것이 그리스도인의 가정 법칙입니다.

가정의 머리됨은 남편의 몫입니다. 왜냐하면 그는 하나님의 경륜을 따라 남편이 되었기 때문입니다. 무조건 '동등한 권리' 를 갖는다는 생각은 성경적이 아닙니다. 어린아이들에게 우리 집의 어른이 누구냐고 물으면 아무도 가르쳐주지 않았는데도 한결같이 '아빠' 라고 대답합니다. 모든 아이들이 그러한 대답을 하는 것은 남편이 아내와 온 가족의 머리됨을 하나님이 주신 본능적인 지식임을 기억하고 이 진리를 인정해야 된다는 중요한 증거입니다.

제4법칙. 아내의 역할은 남편을 돕는 배필임을 기억해야 합니다.

"여호와 하나님이 이르시되 사람이 혼자 사는 것이 좋지 아니하니 내가 그를 위하여 돕는 배필을 지으리라 하시니라" (창세기 2:18)

돕는 배필에 대한 성경의 가르침은 하나님의 계획에 따라 아내는 남편의 돕는 배필이 되어 적극적으로 그를 지지하고 격려하고 지원해야 한다는 것입니다.

프로렌스 리토엘은 아내들은 남편들을 우선시해야 하며, 그들을 보살펴야 하며, 그들을 도와주며 기쁘게 해야 한다고 말합니다. 이 말은 여자들이 밟힐 것을 기다리는 양탄자처럼 집 안에 앉아 있어야 한다는 뜻이 아니라 적극적으로 돕는 배필이 되어야 한다는 말씀인 것입니다.

이것은 아내가 남편보다 열등하거나 비천하다는 뜻이 아닙니다. 돕는 사람은 도움을 받는 사람보다 우월해야 도울 수 있습니다. 남자보다 여자가 지음을 받을 때 흙보다 더 월등한 재료인 뼈로 지음을 받았습니다. 기독교는 '남존여비' 의 사상이 아닙니다. 동등합니다. 다만 가정의 구성상에 그 직무가 머리인 남편 아래 있다는 것입니다.

그러므로 이 말씀은 아내가 남편을 자녀나 부모나 친구보다 우리가 하는 일보다 더 우선시해야 한다는 뜻입니다. 그래야 둘 다 행복한 삶을 살아 갈 수 있는 것입니다.

제5법칙. 남편은 아내를 사랑하는 책임을 잘 감당해야 합니다.

"남편들아 아내 사랑하기를 그리스도께서 교회를 사랑하시고 그 교회를 위하여 자신을 주심같이 하라" (에베소서 5:25)

'사랑' 에 대한 성경의 가르침은 남편은 아내의 머리로서, 교회의 머리이신 그리스도를 본 받아야 한다는 것입니다. 주님은 지체인 교회를 사랑하여 아무 조건 없이 십자가에 못 박혀 죽으심으로 구원하신 것처럼 아가페의 사랑을 아내에게 베풀어야 한다는 것입니다. 아가페의 사랑은 우리 인간을 향하신 하나님의 사랑입니다. 이 사랑은 상대의 가치를 따지지 않고 베푸는 사랑이요, 어떤 보답을 바라지 않는 사랑이요, 먼저 베푸는 사랑이요, 희생적이고, 자발적인 사랑인 것입니다.

남편이 이 아가페의 사랑을 실천하기 위해서는 다음과 같은 실천 지침을 따라야 할 것입니다. ① 아내를 실망시키거나 좌절하게 하거나 분노하게 하는 모든 일을 중단해야 합니다. ② 결혼하기 전 연애할 때 가졌던 느낌과 행동을 회복할 필요가 있습니다. 남편이 아내에게 사랑을 보여줌으로써 아내가 사랑받고 있음을 실제로 느끼게 해야 하는 것입니다. "사랑은 마음 안에 머물러 있지 않기에 그것을 표현하여 줄 때까지, 사랑은 아직 사랑이 아니다"고 오스칼 해멀스테인이 말했습니다.

제6법칙. 아내의 책임은 복종입니다.

"아내들아 남편에게 복종하라 이는 주 안에서 마땅하니라"(골3:18, 엡5:22,24)

'복종'에 대한 성경의 가르침은 "돕는 배필로서 아내는 삶의 모든 영역에서 머리된 남편에게 자발적으로 복종하는 것"이라는 것입니다.

만약 횡단보도에 붉은 신호를 보고 머리가 다리에게 정지의 신호를 보냄에도 불구하고 고집하여 걸어가면 큰 불행을 만나게 되는 것입니다.

복종에 대한 몇 가지 성경적 원리를 살펴보면 성경의 가르침을 좀 더 자세하게 알게 될 것입니다.

첫째, 하나님께서 아내에게 복종할 것을 명령 하셨습니다(골 3:18).

둘째, 복종은 주 안에서 마땅한 것이므로 주께 하듯 남편에게 복종하라고 명하고 있습니다(엡5:22).

셋째, "그러므로 교회가 그리스도에게 하듯 아내들도 범사에 남편에게 복종하라"(엡5:24)고 합니다. 따라서 복종에는 생명을 위협하는 정도는 아니지만 마음이 깨지는 고통이 뒤따를 수도 있음을 알아야 합니다.

넷째, "너희도 각각 자기의 아내 사랑하기를 자신같이 하고 아내도 자기 남편을 존경하라"(엡5:33)고 하였습니다. 이 말씀은 마음에서 우러나는 존경의 태도와 행동으로 남편에게 복종해야 한다는 말씀입니다.

다섯째, 아내가 남편에게 순종할 때의 마음의 자세를 "오직 마음에 숨은 사람을 온유하고 안정한 심령의 썩지 아니할 것으로 하라 이는 하나님 앞에 값진 것이니라"(벧전3:4)고 하였습니다.

이러한 부부에 대한 교훈들을 하나님께로부터 가르침을 받았다고 해서 당장 모든 가정들이 완벽하게 실천하지는 못할 것이며, 따라서 하루아침에 가정의 문제들이 없어지고 행복해 지는 것은 아닐 것입니다. 그러나 부부가 오늘의 말씀을 받고, 또는 성경말씀을 읽고 듣는 가운데 자신을 잘 점검하여 지침서를 만들어 실천한다면 더욱 효과적일 수 있을 것입니다.

루즈벨트 대통령은 미국에서 아브라함 링컨 다음으로 존경받는 대통령입니다. 그가 대통령이 되기 전에 자녀 6명을 낳아서 잘 기르면서 행복하게 살고 있었습니다. 그런데 그에게 불행이 찾아왔습니다. 어느 날부터 다리에 점점 마비증세가 오면서 휠체어를 타고 다닐 수밖에 없는 신세가 되었던 것입니다.

6남매를 기르려면 아버지가 건강해야 하는데 휠체어를 타는 신세가 되자 주위 친척들이 "애야 네가 저런 남편과 살면서 어떻게 6남매를 기를래 그만 헤어져라"라는 말들을 했다고 합니다. 그때마다 그의 아내 엘레나는 "나는 남편의 다리를 사랑한 것이 아니라 남편을 사랑한 것입니다" 하며 헤어지지 않았을 뿐만 아니라 남편을 적극 도와주므로 루즈벨트는 장애인으로서 크게 성공하여 미국의 대통령이 되었고 대통령으로서 위대한 업적을 남길 수 있었습니다.

아내의 도움을 잘 받은 P.D.루즈벨트는 미국에서 유일하게 4선 대통령을 지냈고, 그는 임기 동안에 세계경제 대공황을 뉴딜정책으로 해결하고, 무자비한 고전적 자본주의에서 자유경제체제로 확고히 바꾸어 놓았고, 2차 대전을 승리로 이끌어 유엔을 창설할 것을 강력히 주창하여 그의 사후에 열매를 맺게 하기도 한 세계적 리더십을 발휘할 수 있었습니다.

가정의 행복은 물질이나 명예나 재능보다 더 소중한 것임을 알아야 합니다. '가화만사성' 이란 말이 있지 않습니까? 부부의 관계가 좋아야 자녀들도 잘 기를 수 있고, 부모님도 잘 섬길 수 있으며, 하나님의 교회도 충성할 수 있는 것입니다. 그래서 가정윤리를 가르치는 바울은 엡5:22–6:4에서 가장 먼저 부부의 윤리를 말하면서, 부모와 자녀와의 관계보다 무려 4배나 더 많이 부부관계에 대해 말씀하고 있습니다. 이는 그만큼 부부관계가 중요하다는 것을 강조하는 것이고 또한 좋은 부부관계를 유지하는 것이 어려움을 암시하는 것이기도 합니다. 가정을 창설하신 하나님의 말씀을 기억하여 순종하므로 행복한 크리스챤의 삶을 누리시기를 주님의 이름으로 축원합니다.

(3) 행복한 가정은 자녀들을 잘 양육하는 가정(127:3-6)입니다.

"보라 자식들은 여호와의 기업이요 태의 열매는 그의 상급이로다. 젊은 자의 자식은 장사의 수중의 화살 같으니 이것이 그의 화살 통에 가득한 자는 복 되도다. 그들이 성문에서 그들의 원수와 담판할 때에 수치를 당하지 아니하리로다. 여호와를 경외하며 그의 길을 걷는 자마다 복이 있도다"(시127:3–6)

하나님께서 우리에게 주신 상 중에 가장 귀중한 상은 자녀들입니다. "자녀는 하나님이 주시는 기업이요, 상이다"라고 하였고, "장사의 손안에 있는 화살이다"라고 하였습니다. 하나님이 주신 기업, 하나님이 주신 상, 하나님이 주신 화살, 굉장하지 않습니까? 상도 누구에게 받았는가가 중요합니다. 상을 받아도 별로 자랑스럽지 않은 상은 걸어놓지도, 자랑하지도 않습니다.

그러나 대통령에게 상을 받았다면 자랑스럽게 내 걸어 놓고 자랑을 할 것입니다. 그러나 그보다도 더 귀하고 가치가 있는 상은 전 세계가 인정해주는 노벨상입니다. 그러나 노벨상보다 더 귀하고 가치가 있고, 정말 값으로 따질 수 없는 상이 있습니다. 그것은 하나님이 주시는 상입니다. 그 상은 자녀들인 것입니다. 그런데 하나님은 자녀를 이처럼 귀한 기업으로, 상으로, 화살로 주셨는데 한 가지 조건이 있습니다. 그것은 완제품으로 주시지 않고 미완성품으로, 원석으로 주셨다는 것입니다. 이 원석으로, 미완성품으로 주신 것을 부모님들이 가정에서 완제품으로 만들어야 하는 것입니다. 교회와 학교에서 사회에서 완제품으로 만드는 일에 함께 협력하여야 하는 것입니다. 어떻게 만드는가에 따라서 하나님이 의도하신 존귀한 작품이 되는 것입니다.

하나님께서 주실 때에는 어떤 분야에서든 엄청난 것으로, 가능성을 듬뿍 담아서 주셨다는 것을 잊지 말아야 하는 것입니다. 과학자들이 이구동성으로 하는 말이 사람은 태어날 때부터 엄청난 일을 할 수 있는 뇌세포를 가지고 있고, 또 자라나면서 많은 잠재력을 소유하고 있다는 것입니다. 그 증거는 모든 인간들이 자신이 받은 뇌세포를 10%도 못 쓰고 죽는다는 것입니다. 90%는 전혀 쓰지 못한다는 얘기가 됩니다. 그러므로 뇌세포를 20%만 써도 천재 중에 천재가 될 것입니다. 아직도 이 지구상에는 자신의 뇌세포 중 20%를 쓴 사람이 아무도 없다는 것입니다.

심지어 천재 과학자 아인슈타인도 자신의 뇌를 15%밖에 사용하지 못했다고 합니다. 천재들은 15%미만을 사용한다고 합니다. 환경과 훈련정도에 따라 사용량이 달라질 수 있다고 합니다.

최신 보고들에서는 뇌신경이 외부 자극을 통해 성장하고 재생된다는 것을 밝힘으로써 인간의 지능이 환경과 노력에 따라 높아질 수 있음을 보여줍니다. 예를 들면 장난감이 많은 곳에서 자란 쥐의 대뇌피질은, 상대적으로 단조로운 환경에서 자란 쥐보다 훨씬 두껍다는 것입니다. 대뇌피질의 두께가 두꺼워지면 시냅스가 많아지고, 외부에서 들어오는 정보를 더 많이 처리하게 된다는 것입니다. 외부에서 유입되는 정보가 많으면 많을수록 고용량의 네트워크가 형성돼 지능이 높아지고 두뇌 영역이 활성화된다고 합니다.

또 다른 실험에서 달리기를 꾸준히 한 쥐의 해마는 그렇지 않은 쥐보다 더 크게 성장하는데, 해마는 학습과 기억에 도움이 되는 두뇌영역을 말해줍니다. 따라서 인간이 어떤 환경 속에서, 어떤 습관을 가지고 살아가는지가 지능 발달의 중요한 변수가 된다고 합니다.

그러나 인간의 잠재적인 두뇌 개발을 지능으로만 측정할 수는 없는 일입니다. 아무리 머리가 좋다고 하더라도, 자기의 두뇌에 명백한 한계를 그어놓은 사람은 그 한계 이상의 두뇌 능력을 활용할 수 없다고 합니다.

자기 몸의 1백 배 이상 높이를 뛸 수 있게 타고난 벼룩이라도 작은 유리병 안에 가둬 두었을 때 나중에는 그 유리병 높이 이상을 점프하기 힘든 것처럼 인간의 잠재적인 능력도 이와 마찬가지라고 합니다.

두뇌의 가능성을 믿고 끊임없이 훈련하면 개발될 수 있지만 스스로 포기하면 그 때부터 성장을 멈춘다고 합니다. 그러니 잠재적인 두뇌의 가능성에 가장 해로운 말은 "나는 할 수 없어"라는 말인 것입니다.

어떤 분야에 재능이 있고, 어떤 분야에는 소질이 없다고 말할 때, 사실은 우리의 잠재능력 중 어떤 분야는 성공적으로 개발되었고, 다른 분야는 아직 개발되지 못하고 두뇌 깊숙이 잠자고 있다는 의미라는 것입니다. 그래서 아인슈타인이나 피카소, 레오나르도 다빈치 같은 세기의 천재들은 두뇌의 무한한 가능성에 도전하여 뇌의 여러 부분을 유기적으로 잘 활용한 사람들입니다.

어떻게 하면 두뇌를 가장 많이 발전시킬 수 있겠습니까? 그것은 어릴 때부터 하나님을 믿고 하나님을 영화롭게 하려는 삶의 목표를 가지고 살아갈 때에 발전시킬 수 있습니다.

모세는 엄청난 일을 하지 않았습니까? 이미 3500년 전에 대애굽의 노예로 고통당하는 이스라엘을 해방시켜 아무것도 없는 사막에서 200만명이나 되는 백성들을 해방시켜 가나안에 들어가도록 인도하였으며, 그러한 와중에서도 세계에서 가장 유명한 5권의 책(창세기. 출애굽기. 레위기. 민수기. 신명기)을 기록하는 초인적인 삶을 살지 않았습니까?. 지금도 수많은 사람들이 읽으면서 감동을 받으며, 복을 받고 있지 않습니까?

다니엘을 보십시오. 포로로 잡혀가 대제국 바벨론의 총리가 되는 것도 엄청난 것인데 나라가 3번이나 바뀌는 가운데, 4명의 왕 아래에서 총리대신으로 벼슬을 하였다는 것은 인간으로서는 도저히 상상할 수 없는 전설적인 삶이라 할 수 있습니다. 요셉, 다니엘, 바울 모두가 다 어려서부터 하나님을 믿었고, 하나님의 영광을 위하여 살기로 결심했던 인물들로 위대한 삶을 살게 되었던 것입니다.

우리가 잘 아는 강영우 박사는 이 시대의 영웅이라고 생각합니다. 그는 10대에 아버지를 잃었고, 시력을 잃었고, 어머니를 잃었습니다. 더군다나 고등학교를 중퇴하고 공장생활로 동생들을 먹여 살리던 누나마저 과로로 쓰러져 죽었습니다. 10대에 잃을 것은 다 잃어버렸습니다.

앞을 보지 못하는 강영우는 동생들 뒤치다꺼리하느라고 다른 친구들보다 5년 늦게 18세에 서울 맹아 학교에 입학했으며 연세대학을 졸업하고, 미국에서 유학하여 교육학 박사학위를 받게 되었습니다.

졸업 후에 자신이 쓴 책을 미국 부시 대통령이 읽고 감동을 받아 2001년에 백악관 정책 차관보, 상원의회에서 인준 받아 8년 근무하고 2009년 1월 16일에 퇴직하여 백악관에서 나오는 그 날 정오 12시에 그의 둘째 아들 진영이가 백악관에 오바마 대통령을 보좌하는 입법 보좌관으로 입성하였습니다.

큰 아들은 30대에 안과교수로 세계적 안과 전문 의사가 되었고, 워싱턴 안과협회장이 되었으며 전 미국 안과협회 임원 되었습니다. 자기는 지금도 UN세계 장애 위원회 부의장으로서 일하는 축복을 누리고 있습니다.

뿐만 아니라 하나님께서 형제들과 자녀세대도 축복하셔서 두 아들 내외 4명, 여동생 내외와 그의 아들과 딸, 남동생 내외와 그 세 딸을 합쳐 14명 가족 중 박사 9명이 배출되었습니다. 그 분이 쓴 책 14권이 기독교계 뿐 아니라 신 불신자들에게 세계적으로 베스트셀러가 되었습니다.

10대에 시각장애인이 된 그가 어떻게 이러한 입지전적인 성공을 할 수 있었으며, 그 비결이 무엇인가? 를 묻는 기자들에게

"그것은 하나님의 영광을 위하여 하나님의 말씀에 순종하고, 계명을 지켰기 때문에 이와 같은 승리와 성공과 축복을 받을 수 있었다"라고 대답하였습니다.

자녀들도 하나님이 주신 기업이요, 상이라는 사실을 바로 인식하고 하나님의 영광을 위하여 살도록 잘 기르면 하나님의 복을 받아 이 세상에서 성공할 뿐만 아니라 행복한 삶을 살게 된다는 것입니다.

가장 중요한 것은 먼저 부모가 하나님을 잘 섬기는 신앙의 사람이 되어야

한다는 것입니다. 강영우박사는 자녀들을 잘 기르려면

첫째, 성경말씀을 통하여 하나님을 믿는 믿음을 어려서부터 잘 심어줘야 하고

둘째, 부모의 삶을 통하여 하나님과 영적 아버지인 목사와 부모에게 순종하는 삶을 잘 가르쳐야 하며

셋째, 하나님께서 주신 비전을 확실히 심어줘야 한다.

고 하였습니다.

자녀와 그 후손들이 잘 양육되어 복을 받아 누려야 행복한 가정이 되고 가문이 되는 것입니다. 이러한 가정과 가문이 되시기를 주님의 이름으로 축복합니다.

(4) 경제 자립을 해야 합니다.

우리가 얼른 보기에는 물질은 기독신자에게 하찮은 것처럼 보일지 모르나 대단히 중요합니다. 사람이 물질인 육체를 입고 땅에 발을 딛고 살아가는 동안에는 필수적인 요소임을 부인할 수 없습니다. 하나님께서도 인간이 행복한 삶을 살아가는데 불편함이 없도록 먼저 인간에게 필요한 모든 물질을 다 창조하신 후에 사람을 창조하셨다는 것을 기억해야 하는 것입니다.

그리고 성경에는 물질에 관한 언급이 꽤 많은 부분을 차지하고 있음을 볼 수 있습니다. 특히 예수님께서 하나님과 물질을 동일한 선상에 두시고 "한 사람이 하나님과 재물을 겸하여 섬기지 못하느니라"(마6:24)고 말씀하신 것은 물질의 중요성을 인정하신 것입니다. 또 성경에서 하나님의 복 주심을 물질로 갚아주시는 것이라고 비유할 것도 물질이 대단히 소중하다는 것을 가르쳐 주신 것입니다.

어떤 처녀가 부자집 총각이 구애를 해도 외면하고 가난한 총각에 홀딱 빠

져 연연(戀戀)하고 있을 때 화가 난 그 어머니가 만류하다 못해 꾸짖기를 "이 ㄴ아 아무리 사랑이 좋아 행복을 꿈꾸어도 가난의 호랑이가 앞문으로 뛰어 들면 사랑은 창문을 열고 도망치고 만단다. 이 ㄴ아 ! 정신을 똑 바로 차려!" 하며 야단을 쳤다고 합니다.

우리는 물질을 무시하거나 청빈한 체하며 외면해서는 안 되는 것입니다. 하나님께서 인간을 이 세상에 보내실 때 누구에게나 공평하게 열 명의 머슴을 딸려 보냈다는 것입니다. 하나님이 주신 이 열 명의 머슴을 잘 부리면 물질에 부요한 자가 될 것이라는 것입니다.(열 명의 머슴은 어떤 일도 다 해 낼 수 있는 열 개의 손가락을 가리키는 것입니다.) 개혁주의의 물질관은 정당한 방법으로 열심히 일하여 할 수만 있다면 돈을 많이 벌어라. 그리고 절약하여 쓰고 열심히 저축하여 두었다가 꼭 필요로 하는 일에는 아낌없이 드리라는 것입니다.

성경에는 물질의 복을 받는 여러 비결들을 말씀하고 있습니다. 한 마디로 요약하여 말한다면 예수그리스도를 믿고 중생한 성도가 하나님의 말씀을 확실히 믿고 순종하여 실천하면 반드시 물질의 복을 받게 된다는 것입니다.

이제 말씀을 맺겠습니다. 국어사전에 '행복' 이란 "복된 좋은 운수"라고 풀이하고, 심리학적으로는 "생활에서 부족함 없이 만족을 느끼고 기쁨을 느끼는 흐뭇한 상태"라고 정의해 놓았습니다. 그러나 성경에서 말씀하는 행복(makarismo")은 구원을 전제하고 있습니다. "이스라엘이여 너는 행복자로다"(신33:29)는 말씀은 하나님께 복을 받아 구원을 받은 자가 행복한자 임을 말씀하고 있습니다. 그러므로 행복한 사람은 하나님의 은혜로 죄를 용서 받고 의롭다함을 입어 구원 받은 자(신10:13, 롬4:6, 9, 1-12)로서 하나님의 말씀을 순종하는 그 상태를 말하는 것입니다.(신10:13) 행복한 자가 어떠한 사람인가를 구체적으로 살펴봅시다.

① 하나님이 주신 계명과 명령을 잘 지키는 자가 행복한 자입니다.

"내가 오늘날 네 행복을 위하여 네게 명하는 여호와의 명령과 규례를 지킬 것이 아니냐"(신10:13)고 하였습니다. 행복하기 위해서는 하나님의 말씀(율법)에 순종하는 일이 먼저 필요하다고 말씀합니다.

② 하나님께 죄를 용서받은 사람이 행복한 자입니다.

"하나님께 의로 여기심을 받는 사람의 행복"(롬4:6)이라고 한 말씀은 일한 것이 없이 하나님께 의롭다 함을 받는 사람이 행복하다는 것입니다. 다윗도 "불법이 사함을 받고 죄가 가리어짐을 받는 사람들은 복이 있고 주께서 그 죄를 인정하지 아니하실 사람은 복이 있도다 함과 같으니라"고 하였습니다.

③ 물질의 축복을 받은 자를 행복한 자라고 말씀합니다.

구약에 있어서는 특히 물질적인 축복을 행복한 자로 말씀하고 있습니다.(창1:22,28,신 33:11,삼하6:11등).

④"여호와를 의지하는 자는 복"이 있음을 말씀하는 반면, 하나님께 불순종하는 것을 저주로 말씀하고 있습니다.

⑤ 지혜를 가진 자가 복이 있음을 말하고 있습니다(잠3:18).

'지혜'야말로 하나님께서 내리시는 행복의 선물임을 말하고 있습니다(잠2:6,3:13,18,4:6,9).

⑥ 그리스도를 위해 박해를 받고, 시련에 견디며, 신앙을 지켜내는 신자야말로 가장 행복한 자임을 말씀하고 있습니다(마5:11,12, 약1:22,5:11, 벧전3:14, 계14:13).

이것은 주님으로부터 받은 구원과 그것에 의해 약속된 행복의 절대성이 다른 어떠한 것에 의해서도 방해를 받거나 저지되거나, 파괴되는 일이 없다는 확신과 내세에 받을 상급을 보고 기뻐하고 즐거워하라고 말씀하고 있는 것입니다.

이러한 복이 우리 성도들의 가정에 충만하시기를 주님의 이름으로 기원합니다.

모든 행복의 원천인 부부

(엡 5;22-33, 창1:27-31)

'아내들이여 자기 남편에게 복종하기를 주께 하듯 하라 이는 남편이 아내의 머리 됨이 그리스도께서 교회의 머리 됨과 같음이니 그가 친히 몸의 구주시니라 그러나 교회가 그리스도에게 하듯 아내들도 범사에 그 남편에게 복종할지니라 남편들아 아내 사랑하기를 그리스도께서 교회를 사랑하시고 위하여 자신을 주심 같이 하라 이는 곧 물로 씻어 말씀으로 깨끗하게 하사 거룩하게 하시고 자기 앞에 영광스러운 교회로 세우사 티나 주름잡힌 것이나 이런 것들이 없이 거룩하고 흠이 없게 하려 하심이니라'

"이 세상의 쾌락과 궁전 가운데로 내가 돌아다닐지라도 나를 언제나 겸손케 하는 것은 내집 같은 곳이 다시 없음이로다. 하늘로부터 아름다움이 거기서 우리를 신성하게 하고 온 세계를 온통 다 찾아보아도 이런 아름다움을 다른 데서는 찾을 수 없도다."

세계의 모든 사람들이 애창하는 존 하워드 페인의 'Home Sweet Home' (감미로운 나의 가정)의 첫 노랫말입니다. 1852년 아프리카 나이지리아에서 31년 만에 고국으로 돌아온 존 하워드 페인의 시신을 맞는 항구에는 미국 대통령이 있었고 각료와 많은 상원의원도 있었고 수많은 시민들이 있었습니다. 조용한 귀국에 엄청난 환영객의 엄숙한 마중이었다고 합니다. 그는 고향을 그리워하고 고국을 사랑하며 피를 같이한 부모형제, 허름한 자신의 집을 그리워하며 구차해도 행복하고 즐거운 자신의 집을 노래하였지만 정작 자기는 너무도 아이러니하게도 반겨줄 집 하나 없는 쓸쓸한 고국에, 죽어서 시신으로 돌아온 존 하워드 페인의 귀국을 미국 국민은 이처럼 맞아준 것입니다.

한기총에서는 올해(2007년) 5월 셋째 주일을 '부부 주일' (2007년) 선포하였습니다. 우리교회는 첫째 주일은 어린이 주일, 둘째주일은 부모님 주일, 셋째 주일은 교사주일로 지키고, 오늘을 부부주일로 지키게 되었습니다.

하나님이 만드신 최초의 기관 또는 공동체는 아담과 하와 부부의 가정입니다. 우리의 가정이 얼마나 귀하고 소중한가를 잘 알아야 합니다. 그런데 많은 사람들이 이 가정의 소중함을 잘 모르고 있는 것 같습니다. 소유하고 있을 때에는 그 가치와 소중함을 잘 모르고 있다가 잃고 나서야 깨닫는 사람들이 많습니다. 이것은 대단히 미련한 짓이요 큰 불행이 아닐 수 없는 것입니다. 그러나 대부분은 그렇게 살아가고 있는 것입니다.

우리에게 가장 소중한 것은 가정이고, 이 가정의 핵은 부부입니다. 부모님과의 관계도 소중하고, 자식과의 관계도, 형제간의 관계도 소중합니다. 그러나 가장 중요한 관계는 부부입니다. 그 이유는

① 하나님이 제일 먼저 부부를 만드셔서 가정을 시작하게 하셨기 때문입니다.

② 엡5:22-6:4까지에 가정 구성원들 간의 관계를 말씀하시면서 제일 먼저 부부간의 관계를 말씀하시고 있다는 사실입니다.

③ 부부관계를 가장 길게 말씀하셨기 때문입니다. 부모와 자식간의 관계에 관한 말씀은 불과 4절에 불과하지만 부부간의 관계는 무려 12절이나 말씀하시고 있습니다.(엡5:22-6:4참조)

④ 부부의 관계를 거룩하신 주님과 그의 몸된 교회와의 관계로 승화시켜 말씀하시고 있습니다.

⑤ 부부에게서 자녀가 태어나고 모든 것이 생산 산출되기 때문입니다.

⑥ 예수님께서 첫 이적을 가나 혼인잔치 집에 찾아가셔서 베푸셨습니다.

⑦ 부부관계가 바로 되어야 모든 관계가 바로 될 수 있기 때문입니다.

부부관계가 좋아져야 하나님을 잘 섬길 수 있고, 부모님도 잘 섬기고, 자녀도 낳아서 잘 기를 수 있고, 사회, 직장생활도 잘 할 수 있기 때문입니다. 모든 행복의 원천이 부부관계에서 옵니다.

그러면 모든 행복의 원천인 부부관계를 잘 만들려면 어떻게 해야 합니까? 우리의 가정을 만드신 하나님의 가정 법칙을 잘 따라야 합니다. 하나님이 주신 가정 법칙은

(1) 하나님께서 부부를 짝지어 주심을 믿어야 합니다.

하나님께서 먼저 천지만물과 아담을 창조하셨습니다. 아담은 한동안 혼자 에덴동산을 다스리며 모든 짐승들의 이름을 지어 주었습니다. 그런데 모든 동물들이 다 짝이 있어 정답게 노래하며 사랑을 하는데 유독 자신만 짝이 없는 것을 깨닫게 됩니다.

"왜 나는 짝이 없을까?"

"나와 함께 사랑을 나누고 도와주면서 살아갈 수 있는 짝은 없을까?"

하며 짝을 그리워하며 절대 필요를 느끼게 됩니다. 짝을 사모하는 강한 필요를 느꼈던 것입니다. 아마 온 동산을 헤매며 자신과 닮은 짝을 찾아 다녔을지도 모릅니다. 마치 친구들이 장가를 들어 아내와 함께 즐겁게 사는 것을 보고 나의 배필은 어디 있을까? 하고 처녀들을 눈여겨보며 찾아 헤매듯이 아담도 찾아 헤맸을 것입니다.

아담은 아내의 필요성을 뼈저리게 느꼈습니다. 하나님은 아담이 이러한 필요성을 절실히 깨닫게 하셨습니다. 부부의 필요성을 알아야 소중함을 알

고 서로를 귀하게 여기게 됩니다. 아담이 이것을 절실히 깨달았을 때에 깊이 잠들게 하시고 그의 갈비뼈를 하나 뽑아 예쁜 여자를 만들어 아담 앞으로 이끌어 오셨습니다. 이때 아담은 그 여인을 보고

"이는 내 뼈 중에 뼈요 내 살 중에 살이로다 이것을 남자에게서 취하였으니 여자라 부르리라"며 크게 기뻐하며 맞이하였습니다. 다른 번역에서는 이때의 장면을 익살스럽게 번역했습니다.

"아담은 이렇게 외쳤다. 드디어 나타났구나! 내 뼈에서 나온 뼈요, 내 살에서 나온 살이로구나. 지아비에게서 나왔으니 지어미라고 부르리라 !"(공동번역)

그 때에 그 남자가 말하였다. 이제야 나타났구나, 이 사람! 뼈도 나의 뼈, 살도 나의 살, 남자에게서 나왔으니 여자라고 부를 것이다."(표준새번역)

하나님은 그들을 앞에 세워놓고 다른 동물에게는 전혀 없었던 결혼 주례를 하셨습니다. 최초의 부부를 하나님이 이처럼 친히 만드셨고, 친히 중매를 하셨고, 짝을 지어 주례를 해 주심으로 동물들과는 전혀 다른 특별한 부부가 되게 하셨습니다. 하나님의 유명한 주례사가 어떤 것이었는지 아십니까?

"하나님이 그들에게 복을 주시며 그들에게 이르시되 생육하고 번성하여 땅에 충만하라, 땅을 정복하라, 바다의 고기와 공중의 새와 땅에 움직이는 모든 생물을 다스리라 하시니라 하나님이 가라사대 내가 온 지면의 씨 맺는 모든 채소와 씨가진 열매 맺는 모든 나무를 너희에게 주노니 너희의 먹을거리가 되리라 또 땅의 모든 짐승과 공중의 모든 새와 생명이 있어 땅에 기는 모든 것에게는 내가 모든 푸른 풀을 먹을거리로 주노라"(창1:28-30)고 하시니 그대로 되었다고 말씀하고 있습니다. 주례를 마치시고 하신 말씀이

"하나님이 ..... 보시기에 심히 좋았더라"(창1:31)라고 하셨습니다.

하나님은 아담뿐만 아니라 우리들도 서로 짝을 그리워하고 필요를 느끼게 하여 부부로 짝지어 주시는 일을 지금도 변함없이 하고 계시는 것입니다.

예수께서 말씀하시기를

"이러므로 사람이 그 부모를 떠나서 아내에게 합하여 그 둘이 한 몸이 될지니라 하신 것을 읽지 못하였느냐 이러한즉 이제 둘이 아니요 한 몸이니 그러므로 하나님이 짝지어 주신 것을 사람이 나누지 못할지니라 하시니"(마 19:5-6)

고 하셨습니다.

누가 짝지어 주신 것이라고요? 하나님이 짝지어 주신 것이라고 하였습니다. 그러므로 "하나님이 짝지어주신 것을 사람이 나누지 못 할지니라"고 하심으로 이혼을 금하신 것입니다. 다만 불륜만은 예외로 하되 할 수만 있다면 모든 것을 다 용서하며 살도록 하셨습니다.(마19:9)

결혼주례는 간혹 있기 때문에 에피소드가 많습니다. 어떤 목사님이 결혼주례를 하는데 주위에 유지되는 불신자들도 많이 참석하여 심히 긴장이 되었다고 합니다. 그 때문에 서약을 마친 다음에 공포를 하면서 "사람이 짝지어 주신 것을 하나님이 감히 나누지 못할지니라"고 하여 폭소를 터뜨렸다는 것입니다.

누가 짝지어 주셨다고 하셨습니까? 사람이 짝지어 주신 것이 아니라 하나님이 짝지어 주셨음을 기억해야 합니다. 누가 나누지 못한다고요? 여호와 하나님이 짝지어 주신 것을 사람이 감히 이혼을 할 수 없다는 것입니다.

그런데 2006년 한 해 동안 우리나라에 이혼한 가정이 125,000쌍으로 하루 평균 342건(쌍)이 이혼한 셈이며, 한 시간에 14쌍 약 4분에 1쌍씩 이혼, 4분마다 한 번씩 하나님의 마음을 아프게 하고 있다는 것입니다. 다행스러운 것은 2003년까지 지속되던 이혼 증가세가 이혼 숙려기간 도입으로 인해 2004년부터 감소세로 돌아선 이래 계속 감소하고 있다는 사실입니다.

성도 여러분, 옆에 앉은 배우자를 바라보시기 바랍니다. 보시기에 아담처럼 감동적입니까? 하나님이 부부로 짝지어 주신 줄로 믿으십니까? 이것을 안 믿으면 불신자보다 더 못한 사람들입니다. 불신자들도 자신의 배우자를 '천생연분', '천정배필' 이라는 말을 하지 않습니까? 이 말의 뜻은 '하늘이 미리 마련해서 정해준 배필' 이라는 뜻입니다. 불신자들은 하나님을 잘 모르니까 하늘이라고 말한 것입니다.

하나님이 짝지어 주신 것을 믿으시기 바랍니다. 다른 말로 하면 '하나님이 나의 아내와 나를 짝를 지어서 부부가 되게 하셨다' 는 분명한 신앙에서부터 가정생활을 시작하면 행복힌 가정은 머지않아 찾아 올 줄로 믿습니다.

(2) 부부는 부모님을 떠나야 합니다.

"이러므로 남자가 부모를 떠나 그 아내와 연합하여 둘이 한 몸을 이룰지로다"(창2:24)

"이러므로 사람이 부모를 떠나 그 아내와 합하여 그 둘이 한 육체가 될지니"(엡5:31)

신구약 성경 모두가 다 결혼을 하면 부모님을 떠나라고 하였습니다. 이 말씀은 결혼 전에는 모든 관계가 부모님과 가장 밀접한 관계였으나 결혼하면 정신적으로, 육체적으로, 경제적으로 부모님 에게서 떠나 독립해야 하는 것입니다. 가족과의 관계가 얼마나 깊습니까? 특히 부모와의 관계는 밀착되어 있습니다. 특히 홀로 계시는 엄마와의 관계는 더욱 그렇습니다. 그러나 결혼하면 이러한 관계에서 떠나서 아내와 합해야 한다는 것입니다. 여기 떠나라는 것은 관계를 끊으라는 말씀은 아닙니다. 결혼 전의 부모님 의존 중심에서 떠나라는 뜻이지 부모와의 관계를 끊으라는 말씀이 결코 아님을 먼저 기억해야 할 것입니다.

아담은 이 진리를 깨닫고 자기 아내 하와를 가리켜 "이는 내 뼈 중의 뼈요 내 살 중의 살이라(창2:3)"고 외쳤습니다. 아내가 가진 남편의 살과 뼈는 반드시 남편과 합해져야 온전한 하나가 된다는 진리입니다. 부부는 결혼을 하면 부모님과 관계를 맺고 있었던 살과 뼈가 이제는 자신의 자리를 바로 찾아 붙으므로 하나가 되어야 한다는 것입니다. 이것이 결혼이요 부부(夫歸)인 것입니다. 부부는 절대로 둘일 수 없습니다. 몸은 둘이지만 한 몸임을 항상 명심해야 합니다.

결혼을 통해서 이제는 하나가 되었습니다. 한 가정에서 몸도, 생활도, 명예도, 운명도, 희로애락도 하나가 된 것입니다. 그러므로 아픔과 즐거움과 기쁨과 영광을 함께 하는 것입니다.

부러진 뼈를 하나로 붙일때에는 그 사이에 이물질이 들어가지 않도록 하고 딱 붙여 기부스를 해야 하나로 붙습니다. 그러므로 온전한 부부가 되기 위해서는 그 동안 하나로 있었던 부모님을 떠나서 부부가 한 뼈로 붙어야 하는 것입니다. 이 일에 다른 사람이 끼어들면 절대 완벽한 하나가 될 수 없습니다.

우리나라에 옛날부터 내려오는 잘못된 사상이 있습니다. 자식은 우리 부부가 낳았으니 우리 것이라는 생각으로 인해 자녀를 꽉 쥐고 부모로부터 떠나지 못하게 하여 큰 불행을 빚어 왔습니다. 성경말씀대로 부모님을 떠나 둘이 하나가 되었더라면 달라졌을 가정이 많았을 것입니다. 자식들이 결혼을 하면 심신이 다 독립하도록 해 줘야 합니다.

어떤 사람들은 처음에라도 몇 년 데리고 있으면서 우리가풍을 익히고 일가친척간의 정을 들였다가 내보내겠다고 하여 붙들어 두는 경우가 있습니다. 그렇게 시작하면 시어머니 눈치 살피랴, 시아버지 신경 쓰랴, 형제들 섬기랴 피곤과 갈등과 원망과 오해가 생겨나고 거기에 악한 마귀까지 끼어들어 부모관계 뿐만 아니라 부부사이까지 점점 멀어지고 심지어는 가족간의 정도 떨어지고 심지어 평생 지울 수 없는 상처만 남기게 되는 경우도 생기는 것입니다. 과거 우리 어머니들의 한이 다 이러한 데서 생겨난 것입니다.

가정을 연구하는 전문가들의 말을 빌리면 마땅히 두 사람이 온전히 하나가 될 수 있도록 분위기를 만들어 줘야 한다고 합니다. 결혼하여 처음 두 사람이 시작할 때 거칠 것 없이 둘이서 시작해야 합니다. 애초에 남남입니다. 가풍도, 성격도, 습관도 다른 남남끼리 만나 하나가 된다는 것은 쉬운 일이 아닙니다. 서로를 이해할 수 있는 하나가 되기까지는 적어도 3년이 걸린다고 합니다. 20년을 함께 살아오면서도 상대의 속을 모르겠다고 하는 사람이 얼마나 많습니까?

멀쩡한 내 집 놔두고 잠자리도 낯선 객지로 돈 많이 들어 신혼여행을 왜 갑니까? 거치는 것 없이 둘 만이 있는 기회, 허물 수 없는 사랑의 높은 성을 쌓는 것이 중요하기 때문입니다. 그래서 허니문(honeymoon), 밀월여행(蜜月旅行)이라 합니다. 부담을 주는 모든 사람들을 떠나 신경 쓸 일이 전혀 없이 단 둘만이 오붓하고 비밀스럽게 사랑을 나누며 시작하라고 해서 신혼여행을 가는 것입니다.

신혼여행과 같은 분위기를 적어도 1년 이상은 가져야 한다는 것이 하나님의 뜻입니다. 그래서 이스라엘 사람들은 결혼하면 어떤 일도 맡기지 않고 심지어 1년 동안은 군 입대도 보류해 준다고 하지 않습니까? 그렇지 못하고 처음부터 긴장관계에 들어가게 되면 표면으로는 좋은 며느리가 되는 것 같고 아내가 되는 것 같지만 결국 많은 상처와 함께 중요한 것들을 잃어버리게 되는 것입니다.

"사람이 새로이 아내를 취하였거든 그를 군대도 내어보내지 말 것이요, 무슨 직무든지 그에게 맡기지 말 것이며, 그는 일 년 동안 집에 한가히 거하여 그 취한 아내를 즐겁게 할지니라"(신24:5)

고 하였습니다. 결혼하고 처음 1년간이 이토록 중요함을 강조하고 있습니다. 부부는 부모를 떠나 둘이 하나가 되는 일에 매진하여 평생 다시는 떨어지지 않도록 해야 할 것입니다.

(3) 하나님과의 관계를 잘 유지해야 행복한 가정이 됩니다.

아담과 하와의 가정에는 모든 것들이 풍족하여 문제되는 것이 전혀 없었습니다. 다른 남녀가 있어서 바람날 염려가 있습니까? 땅이 비좁다거나, 먹을 것이 없거나, 패션이 문제 되었겠습니까? 아무 것도 문제 될 것이 없었습니다.

다만 하나님께 불신하고 불순종 하는 것이 큰 문제가 되었습니다. 그들이 마귀의 꾀임을 받아 자신의 주제를 잊어버리고 하나님과 같이 되려는 욕망 때문에 문제가 생긴 것 입니다. 그래서 하나님이 금하신 선악과를 따 먹으므로 죄가 드러나 마침내 하나님과의 관계가 깨어지고 만 것입니다. 그 결과 일찌기 "내 뼈 중의 뼈요 내 살 중의 살이라(창2:23)" 며 환호하던 두 사람의 관계에 금이 가고 말았습니다. 그토록 예쁘게 여겼던 아내 하와를 두고 아담이 하나님께 무엇이라고 말합니까?

"하나님이 주셔서 나와 함께하게 하신 여자 그가 그 나무실과를 내게 주므로 내가 먹었나이다"(창3:12)

하고 하와에게 책임을 떠넘기고 스스로 회피하려 듭니다.

가정의 행복이 물질과 사랑에 있는 것이 아닙니다. 서로 마주 쳐다보며 말로만 "I Love you" 한다고 이루어지는 것이 아닙니다. 하나님과의 관계가 바로 되어 있을 때에야 행복한 가정이 이루어지는 것입니다.

서로 성격이 맞느니 안 맞느니, 이상이 같니 안 같니, 이해성(理解性)이 있니 없니, 취미가 맞니 안 맞니 하는 이런 따위는 사실상 문제가 되지 않는 것입니다. 이런 것은 가정마다 다 차이가 있습니다. 가장 근본적인 문제는 하나님과의 관계에서 오는 것입니다.

가정의 행복은 하나님과의 관계로 결정지어 집니다. 하나님 앞에 범죄 한 심령으로는 절대로 바른 관계를 이루어나갈 수 없음을 명심하시기 바랍니다. 모든 범죄가 그 때부터 시작되기 때문입니다. 가족은 하나님과 얼마나 가까우냐에 따라 서로가 가까워 질 수도 있고, 멀어질 수도 있는 것입니다. 오직 하나님과의 관계 여하에 따라 행복이 오기도 하고 불행이 오기도 하는 것입니다.

'내가 저 남편 때문에, 내가 저 아내 때문에 불행하다' 고 서로에게 책임을 전가하는 부부 사이에는 행복이 올 수 없는 것입니다. 부부사이에 사랑이 없어서라거나 모자라서가 아닙니다. 하나님 앞에 범죄함으로 부부 사이에 금이 가고 가정에 문제가 생기는 것입니다.

둘이 서로 사랑하고 경제적인 문제를 비롯하여 모든 여건이 잘 갖추어졌다면, 이런 가정에는 아무런 문제가 없을 것 같습니까? 절대로 그렇지 않습니다. 더 가지고 싶고, 다른 것을 가지고 싶은 것이 인생입니다. 가정의 문제는 그런 상대적인 문제가 아닙니다. 하나님을 경외하는 신앙적인 인격으로 돌아갈 때에야 비로소 진정한 사랑을 할 수 있고, 사랑을 받을 수 있는 행복한 가정을 이루게 되는 법입니다.

사람의 관계는 하나님 앞에서 너와 나라는 삼각관계입니다. 부부가 각각 하나님과 가까워지면 질수록 두 사람 사이가 더 가까워지고, 하나님과 멀어지면 멀어질수록 부부 사이도 자꾸만 멀어지게 되는 것입니다. 이것이 부부 관계의 철학입니다.

부부와 함께 온 가족이 행복해지려면 하나님과의 관계에 막힘이 없이 계속 가까워 져야 합니다.

(4) 부부 각자 자신의 의무를 다해야 합니다.

① 아내의 순종

"아내들이여 자기 남편에게 복종하기를 주께 하듯 하라 이는 남편이 아내의 머리 됨이 그리스도께서 교회의 머리됨과 같음이니 그가 친히 몸의 구주시니라 그러나 교회가 그리스도에게 하듯 아내들도 범사에 그 남편에게 복종할지니라"(엡5:22–24)

'복종' 으로 번역된 원어의 뜻도 복종, 순종입니다. (고후 10:5,6,롬 5:19, 히 5:8). 성자 하나님은 자신을 비우시므로 신성과 권능을 다 포기하시고 우리와 똑같으신 인간의 모양으로 이 세상에 오셨을 뿐 아니라, 겸손하게 자기를 낮추시어 하나님께 완전히 복종하셨습니다. 복종의 절정인 죽음까지도 마다 않으셨고, 로마 시민이 아닌 자 중에서 흉악범이 받는 가장 고통스럽고 치욕적인 형벌인 십자가의 죽음도 사양치 않고 다 받으셨습니다.

"그는 근본 하나님의 본체시나 하나님과 동등됨을 취할 것으로 여기지 아니하시고 오히려 자기를 비워 종의 형체를 가지사 사람들과 같이 되셨고"(빌 2:6) 라고 하였습니다. 그래서 성부 하나님께 전적 복종하심으로 하나님의 가장 소원하셨던 뜻을 이루신 것입니다.

여기 '하나님의 본체시나' 라는 말에 특별한 암시가 있습니다. 그것은 첫째 아담과 둘째 아담이신 그리스도와의 대조를 시킨 점입니다. 첫째 아담은, 인간이면서 하나님께 복종을 거부하여 하나님과 동등 되려는 욕망을 가졌지만, 예수님은 본래 하나님이신데도 불구하고 그 모든 특권을 자발적으로 다 버리시고 사람이 되어 십자가의 죽으심에 이르기까지 하나님께 복종하셨습니다.

그러므로 인간은 '겸손' 이든 '복종' 이든 우리 주님께 배워야 할 것입니다.(빌2:5-11, 마11:29) 독일의 조직신학자 프레드릭 칼(Friedrich Karl 1886)은 '복종은 기독교 신앙의 중심이 되는 열쇠' 라고 하였습니다.

기독교의 복종은 노예가 자기 주인에게 어쩔 수 없어 하는 그런 복종이 아니라, 사랑과 존경과 신뢰에서 우러나오는 마음에서 기쁨과 자원하는 마음으로 하는 자발적인 복종을 의미합니다.

아브라함의 아내 사라가 '아브라함을 주라 하여 복종한 것' (벧전3:6)과 같은 그러한 믿음과 덕성 가운데서 나오는 복종인 것입니다.

사라는 그저 하나님을 믿고 그 남편을 믿어 '주' 라 부르면서 전적으로 따를 뿐이었습니다. 사라의 믿음과 순종에 대해서는 생각할 바가 참으로 많습니다. 특별히 그들이 기근을 피하여 애굽에 내려 간 일을 봅시다.

'그가 애굽에 가까이 이를 때에 아내 사래더러 이르되, 나 알기에 그대는 아리따운 여인이라. 애굽 사람이 그대를 볼 때에 이르기를 이는 그의 아내라 하고 나는 죽이고 그대는 살리리니, 원컨대 그대는 나의 누이라 하라. 그리하면 내가 그대로 인하여 안전하게 되고 내 목숨이 그대로 인하여 보존하겠노라 하니라' (창12:11-13).

아브람의 이 말은 아내야 어떻게 되든 말든 자기만 살려는 무책임한 태도지 않습니까? 요즘 같으면 "날 사랑한다더니 새빨간 거짓말이군요 이제 본

색이 나타는군 잘 먹고 잘 사세요" 라며 도망을 쳐 버렸을 것입니다. 날 죽이고 자기만 살겠다는 남편에게 어떻게 존경이 가고 그와 함께 살겠습니까?

그런데 사라는 순순히 복종했습니다. 자신의 의견이 지나치게 강한 여자를 요즘 말로 '수탉 같은 여자' 라는데 이런 여성은 순종이 잘 될 수 없는 것입니다. 일단 순종하는 형(型)으로 돌아가서 보면 순종처럼 좋은 것이 없는 것입니다. 참으로 내가 온전히 내 의견을 내버리고 살 수 있는 상대가 있다면 이처럼 좋은 일이 없을 것입니다. 다 믿어버리니까요.

복종이 따르는 사라의 이 믿음은 참으로 엄청난 믿음입니다. 이 여인은 하나님을 믿고, 하나님의 뜻 안에 있는 남편 아브라함을 믿고, 하나님의 약속을 다 믿었습니다. 아내 사라가 남편에게 이처럼 전적으로 순종하니까 결국 모든 것이 합력하여 선을 이루어 거부가 되어 나오게 되었고, 90세에 아들 이삭도 얻게 되었고, 열국의 어머니라는 복도 받게 되었습니다. 그 뿐만 아니라 그 아들 이삭도 어머니의 순종을 본 받아 아버지께 전적 순종하여 모리아 산 제단에 제물로 올려짐으로 메시야의 심볼이 되었던 것입니다.

② 순결해야 합니다.

"근신하며 순전하며 집안 일을 하며 선하며 자기 남편에게 복종하게 하라 이는 하나님의 말씀이 훼방을 받지 않게 하려 함이니라"(딛2:5)

③ 부지런해야 합니다.

"그런 자의 남편의 마음은 그를 믿나니 산업이 핍절치 아니하겠으며 그런 자는 살아 있는 동안에 그 남편에게 선을 행하고 악을 행치 아니하느니라" (잠31:11)

그 남편은 그 땅의 장로로 더불어 성문에 앉으며 사람의 아는 바가 되며" (잠31:23)

④ **사모하라고 하였습니다.**

"또 여자에게 이르시되 내가 네게 잉태하는 고통을 크게 더하리니 네가 수고하고 자식을 낳을 것이며 너는 남편을 사모하고 남편은 너를 다스릴 것이니라 하시고"(창3:16)

⑤ **성적인 의무를 다 해야 합니다.**

"남편은 그 아내에게 대한 의무를 다하고 아내도 그 남편에게 그렇게 할지라. 아내가 자기 몸을 주장하지 못하고 오직 그 남편이 하며 남편도 이와 같이 자기 몸을 주장하지 못하고 오직 그 아내가 하나니 서로 분방하지 말라 다만 기도할 틈을 얻기 위하여 합의상 얼마 동안은 하되 다시 합하라 이는 너희의 절제 못함을 인하여 사단으로 너희를 시험하지 못하게 하려 함이라 "(고전7:3,4)

(5) 남편이 아내에 대한 의무

① **사랑해야 합니다.**

"남편들아 아내 사랑하기를 그리스도께서 교회를 사랑하시고 위하여 자신을 주심 같이 하라"(엡5:25)

여기서 말씀하는 사랑은 아가페 사랑입니다. 우리나라 말에는 사랑이라는 말이 한 가지로 표현이 되지만 성경에 사용된 헬라말에는 사랑이 4가지가 있습니다. 남녀 이성간에 가치추구적인 성적 사랑인 에로스(ἕρω"), 가족과 혈족간에 사용하는 사랑을 스트로게(στρογη), 친구간에 사용하는 우정의 사랑을 필리아(φἰλια), 하나님이 우리를 사랑하시는 사랑을 아가페(αςγάπη)입니다. 아가페는 자기 부정적이고, 기꺼이 자기를 남에게 주는 사랑입니다.

아가페 사랑은 상대를 먼저 위하는 사랑이요, 상대의 가치나 환경을 따지지 않고 하는 사랑이요, 어떤 대가를 요구하지 않는 사랑이요, 자신의 생명까지도 희생하는 사랑으로 하나님께서 우리들을 사랑하는 사랑인 것입니다. 아가페 사랑은 '최고 극한(極限)의 희생을 나타내는 성경의 가장 중요한 용어' 라고 말할 수 있는 것입니다.

아가페의 사랑은 자신의 몸처럼 사랑하고(엡5:25,28), 연약한 그릇이므로 귀히 여겨야 하고(벧전3:7), 땀 흘려 수고하여 부양하고(창3:17–19), 어떤 일이라도 아내와 함께 의논하고(창31:17–19), 순결을 지키고(잠5:15–17), 함께 즐거워하고 족하게 여기고(전9:9), 자신의 아내로만 경건한 자손들을 얻으며, 거짓말하지 않고(말2:15), 성적 의무를 다하며(고전7:3,4), 이혼하지 않고 죽는 날까지 한 몸으로 함께 살아야 한다.(마19:3–9)고 성경은 말씀하고 있습니다.

남편은 아내에게 이러한 사랑을 베풀라고 하셨습니다. 이 아가페의 사랑을 남편이 아내에게 행해야 한다는 것입니다. 우리 하나님께, 우리의 믿음의 형제들 뿐만 아니라 이웃과 더 나아가 원수까지라도 이 사랑을 베풀라고 명하십니다. 그렇다면 이 사랑을 자신의 몸인 아내에게 베푸는 것은 너무나도 당연한 일이 아닐 수 없는 것입니다. 사랑의 구체적인 방법은 고전13장에 나타나 있다.

"사랑은 오래 참고 사랑은 온유하며 투기하는 자가 되지 아니하며 사랑은 자랑하지 아니하며 교만하지 아니하며 악한 것을 생각지 아니하며 불의를 기뻐하지 아니하며 진리와 함께 기뻐하고 모든 것을 참으며 모든 것을 믿으며 모든 것을 바라며 모든 것을 견디느니라 사랑은 언제까지든지 떨어지지

아니하나 예언도 폐하고 방언도 그치고 지식도 폐하리라"(고전13:4-8)

아내의 눈에 비치는 남편의 결함 7가지가 다음과 같이 있다고 합니다. ①부드러움의 결핍 ②예의바르지 못함 ③사교성이 없음 ④아내의 기질과 특이성을 이해하지 못함 ⑤문제에 있어서 불공평함 ⑥종종 대중이나 자녀들 앞에서 아내를 헐뜯거나 빈정거림 ⑦정직함과 신뢰감의 결핍. 이러한 사항을 생각하면서 성경이 말씀하는 진정한 사랑을 하기 바랍니다.

② 가정을 책임져야 합니다.

남편은 가족을 책임져야 합니다. 가족의 머리로 세움을 받는다는 것은 책임이 따르는 것입니다. 영어로 남편을 husband라고 하는데 이 말은 house(집)와 band(끈, 띠, 벨트)의 합성어로 집을 벨트로 단단히 매어서 도적이나 나쁜 것들이 넘어와 해치지 못하게 하는 역할을 남편이 해야 한다는 뜻을 담고 있다고 합니다.

남편은 가족들 가운데 가장 힘이 센 자로 악한 자가 해치지 못하도록 가족을 안전하게 보호하고 지켜야 할 의무가 있는 것입니다. 요즘은 집안에서 인터넷으로 자녀들이나 가족들을 해치는 일들, 담배나, 마약, 노름 같은 것들이 가족을 상하게 하고 망치는 일들이 있는데 남편은 책임지고 그런 일이 일어나지 않게 해야 하고 사전에 잘 방지 해야 하는 것입니다.

뿐만 아니라 경제적으로도 책임을 져서 가족이 어려움을 당하지 않고 살아가고, 자녀들이 교육받을 수 있도록 해야 한다는 것입니다. 젊을 때 열심히 일하여 돈을 벌어서 절약하고 저축하여 자녀교육과 생활의 염려가 없도록 준비를 해야 합니다.

특히 하나님이 자신에게 주신 재능을 열심히 닦고 공부하여 그 분야에서는 최고 일인자가 되도록 기도하고 연구해야 할 것입니다.

③ 가정의 제사장이 되어야 합니다.

하나님께서 가정의 머리로 세우신 것은 그 가정의 제사장으로 세워주셨다는 것입니다. 그러므로 영적인 문제를 아버지가 책임을 지고 이끌어 나가야 합니다. 교회에 출석하여 예배를 드리는 일과 봉사하는 일, 가정 예배를 드리는 문제, 매일 정기적으로 성경을 읽고 순종하는 일 등 가정의 영적 분위기 뿐만 아니라 공부하는 일과 진로의 문제 등 가정의 질서와 예절도 아버지가 책임질 몫인 것입니다.

(6) 결론

하나님이 가정을 창설하신 그 법칙과 원리대로 섬기고 살아갈 때에 하나님께서 그들을 기뻐하시고 만복을 부어주시는 것입니다. 하나님께서 에덴동산에서 언제 사람에게 복을 주셨습니까? 아담을 창조하시고 언제 복을 주셨습니까? 아담과 하와를 창조하시고 부부가 되게 하신 후에 기뻐하시고 복을 주셨습니다.

'하나님이 자기 형상 곧 하나님의 형상대로 사람을 창조하시되 남자와 여자를 창조하시고 하나님이 그들에게 복을 주시며 그들에게 이르시되 생육하고 번성하여 땅에 충만하라, 땅을 정복하라, 바다의 고기와 공중의 새와 땅에 움직이는 모든 생물을 다스리라 하시니라' (창1:27-28)고 하셨습니다. 사랑하는 성도 여러분들은 가정을 창설하신 하나님의 법칙을 따라 잘 순종하므로 행복한 가정이 되고 자손만대에 복을 누리시는 축복이 있기를 기원합니다.

하나님이 주신 최고의 상, 자녀

(시 127:3-5, 엡 6:4)

"자식은 여호와의 주신 기업이요 태의 열매는 그의 상급이로다 젊은 자의 자식은 장사의 수중의 화살 같으니 이것이 그 전통에 가득한 자는 복되도다 저희가 성문에서 그 원수와 말할 때에 수치를 당치 아니하리로다"

서울에 한 고등하고 3학년 담임 선생님이 있었습니다. 진학률을 높이는 전문가로 이름이 난 선생님인데 그 교회 담임 목사님 앞에서 한 고백입니다.

"목사님, 자식은 내 마음대로 안 되네요?"

그의 아들이 공부도 안하고 속을 썩이다가 결국 가출을 해 버렸다며 눈물을 흘렸다는 것입니다.

성경에도 보면 하나님께서 크게 쓰시는 지도자들의 자녀들이 말썽을 부린 것을 볼 수 있습니다. 사사요 제사장인 엘리의 두 아들이 범죄하고 아버지가 나무라도 순종하지 않음으로 결국 블레셋과의 전쟁에서 패배를 당하고, 하나님의 언약궤도 빼앗기고, 두 아들도 죽고, 아버지 엘리도 그 소식을 듣고 넘어져 목이 부러져 죽고, 그 소식을 들은 자부가 난산을 하고 죽는 큰 비극을 가져왔던 것입니다.

사무엘의 두 아들 요엘, 아비야도 나라를 통치하면서 판결을 굽게하고 돈을 좋아하고, 뇌물을 취하는 큰 죄를 범하였습니다. 그 결과 이스라엘 나라가 하나님의 통치하시는 신정왕국에서 왕이 통치하는 왕정시대로 넘어가게 되었던 것입니다.

다윗도 그의 아들 암논이 이복누이 다말을 욕보인 결과 그녀의 오라비 압살롬이 암논을 죽이고 도망갔다가 돌아와 아버지 다윗을 내쫓고 자신이 왕이 되어 나라를 통치하다가 결국 죽임을 당하는 비극을 맞이하였습니다. 이처럼 자식들 가운데 못된 짓을 행하다가 형제에게 죽임을 당하고, 아버지를 반역하여 전쟁을 일으키다가 결국 죽임을 당하는 경우가 있었습니다.

세계가 알아주는 재벌 이모 회장도 "내가 모든 것을 내 마음대로 다 할 수 있으나 자식하고 골프는 내 마음대로 안 되더라"는 말을 했다고 합니다. 자녀를 기르는 부모님들은 우리의 자녀가 누구이며 어떻게 길러야 할지를 바로 알아야 할 것입니다.

(1) 우리의 자녀가 누구인지를 바로 알아야 합니다.

"보라 자식들은 여호와의 기업이요 태의 열매는 그의 상급이로다 젊은 자의 자식은 장사의 수중의 화살 같으니"(시127:3-5)

① 자녀의 주인은 하나님이십니다.

"보라 자식들은 여호와의 기업이요 태의 열매는 그의 상급이로다." 라고 하심으로 자녀는 부모의 것이 아니라 하나님의 것임을 두 번이나 소유격을 붙여 말씀하고 있습니다. 자식은 여호와의 기업이요, 그의 상이신데 우리에게 의탁하신 것입니다. 주인은 하나님이십니다.

오늘 이 사실을 잘 모르기 때문에 많은 문제들이 일어나고 있는 것입니다. 자식은 마치 자신의 소유물인 양 생각하고 자기 마음대로 양육하고 공부시키고 무엇을 만들려고 하는 것입니다. 하나님께서 이 세상에 보내신 뜻과는 아무 상관없이 말입니다. 우리는 자녀들을 잘 살펴 그 자녀를 하나님께서 왜 보내셨는지 그에게 주신 사명이 무엇인지를 발견해서 그분의 뜻을 따라 양육하고 길러야 하는 것입니다.

② 미완성품인 귀중한 선물로 주신 것입니다.

미켈란젤로가 길을 가다가 하나의 돌을 발견했습니다. 다른 수많은 사람들은 그 돌을 그냥 지나쳤는데 그는 그 돌을 자세히 관찰하는 가운데 그 속에서 다윗의 모습을 발견했습니다. 그는 그 돌을 가져가서 열심히 쪼아서 불멸의 명작 다윗상을 조각하였습니다.

우리는 자녀들이 어떤 존재인가를 바로 알아야 합니다. 오늘 본문에 보면 세 가지로 말씀하셨습니다.

첫째, '기업'이라고 했습니다.(시127:3)

기업이란 말은 토지나 가옥처럼 후손에게 상속해 줄 수 있는 재산을 의미하는 것입니다. 자녀는 하나님으로부터 우리가 물려 받은 최고의 재산이라는 뜻입니다. 자녀들에게서 모든 것이 나오지 않습니까? 우리가 잘 기를 때에 그 자녀는 부모를 잘 공경하게 될 것입니다.

둘째, '상'이라고 하였습니다.(시127:3)

상이 그 자체가 아무리 가치가 있다고 해도 그보다 더 중요한 것은 누가 주는 상을 받았는가가 하는 것입니다. 대통령상도 아니고 노벨상도 아닌 천지의 주제이신 하나님이 주시는 상입니다. '태의 열매는 그의 상급이로다'

라고 하였습니다. 자녀를 못 낳는 여성들은 자녀가 얼마나 귀중한 상급인가를 잘 압니다. 자녀는 하나님이 주시는 상급입니다. 상은 많이 받으면 받을수록 좋은 것입니다.

하나님은 우리들을 향하여 '땅에 충만하라' 고 하셨습니다. 그 만큼 많이 받으라는 것입니다. 요즘 세상을 보십시오. 인구가 많은 나라가 큰 소리치고, 자녀 많이 낳은 유색인종이 큰 소리치는 것입니다. 미국도 오바마가 대통령도 되고, 국무장관 국방장관 주요부서에서 유색인들이 일하고 있지 않습니까? 상을 많이 받으시기 바랍니다.

셋째, 장사의 전통에 든 화살이라고 하였습니다.(시127:4,5)

자식을 장사의 손에 들려진 화살이라고 하였습니다. 당시 최고의 무기는 아마 활이었을 것입니다. 아무리 활이 좋아도 화살이 없으면 무용지물입니다. 부모가 아무리 훌륭해도 나이가 많으면 활과 같습니다. 그 활을 잘 이용하려면 화살통에 화살이 가득해야 합니다. 화살이 가득 담겨져 있어야 활이 그 효력을 발휘하게 되고 원수들이 감히 덤비지 못하는 것입니다. 자녀들은 화살과 같아서 많아야 감히 누가 덤비지 못하고 무시를 당하지 않는 것입니다.

이처럼 자식은 하나님의 기업이요, 하나님이 주시는 상이요, 장사의 손안에 있는 화살로 주셨습니다. 그러나 단 한가지 꼭 기억해야 할 것은 완제품으로 주신 것이 아니라 미완성품으로 주셨다는 것입니다. 부모님들은 이것을 잘 알아야 하는 것입니다. 이 귀중한 기업이요, 상이요, 화살인 자녀들을 완제품으로 완성하도록 부모에게 위탁하셨다는 것을 명심해야 하는 것입니다.

③ 일시적으로 위탁하셨습니다.

자녀는 우리의 것이 아니고 하나님의 소유인 것을 분명히 알아야 합니다. 하나님께서 자녀들을 우리 부부에게 잠시 맡겨 양육하고 교육하여 하나님이 이 세상에 보내신 목적을 이루도록 하신 것입니다. 이를 위하여 낳아서 잘 양육하고 훈련을 시켜야 할 의무와 사명이 부모님에게 있는 것입니다.

욥이 한꺼번에 모든 자녀 10남매와 전 재산을 함께 다 잃어 버렸음에도 불구하고 미치거나 병들지도 않고 죽지도 않은 것은 그의 자녀관과 물질관이 분명했기 때문입니다. 그는 이렇게 고백했습니다.

"내가 모태에서 알몸으로 나왔사온즉 또한 알몸이 그리로 돌아가올지라 주신 이도 여호와시요 거두신 이도 여호와시오니 여호와의 이름이 찬송을 받으실지니이다"(욥1:21)

라고 하였습니다. 이러한 욥의 바른 고백은 자녀들의 주인은 하나님이시요, 물질 또한 하나님의 것으로 청지기인 우리에게 일시적으로 위탁하셨다는 것을 바로 알았던 것입니다. 위탁한 것을 주인이 도로 찾아간다고 죽니 사니 하면서 뒹굴 필요는 없는 것입니다. 그래서 슬프기는 해도 그 이상의 어떤 불행이라고 받아들이지 않았습니다. 그러므로 부모님들은 하나님께서 자녀들을 이 세상에 보내실 때에 무슨 이유로 나에게 맡겨 주셨는가를 찾아내야 합니다. 하나님의 목적이 무엇인가를 찾아 그 목적을 성취하도록 양육하고 교육하고 밀어주는 것이 부모의 중요한 과제입니다.

(2) 자녀양육을 바로 하려면

예수님을 믿어 중생하므로 하나님의 자녀로 거듭나야만 하나님의 자녀로 양육을 받을 수 있게 되어지는 것입니다. 하나님의 자녀가 아닌 자는 아무리 양육을 해도 바른 양육이 되지 않는 것입니다. 닭이 오리알을 품어 부화를 시켜 그 새끼들을 거느리고 다니며 먹이를 쪼아 먹이고 품에 품어 길러도 나중에는 오리새끼의 야성이 드러나 물속에 기어 들어가 버리는 마는 것입니다.

양육은 예수그리스도를 영접하므로 거듭나는 체험이 있어야 바르게 할 수 있습니다. 이 땅에 살고 있는 사람들은 세 종류의 사람으로 나누어 볼 수 있습니다.

첫째는 마귀에게 속한 마귀의 자녀입니다.

이러한 자들은 복음을 들어도 끝까지 회개하지 아니하고 믿지 아니하는 마귀의 자식들입니다. 요8:44에 보면 예수께서 말씀하시기를

"너희는 너희 아비 마귀에게서 났으니 너희 아비의 욕심대로 너희도 행하고자 하느니라 그는 처음부터 살인한 자요 진리가 그 속에 없으므로 진리에 서지 못하고 거짓을 말할 때마다 제 것으로 말하나니 이는 그가 거짓말쟁이요 거짓의 아비가 되었음이라"

고 하셨고, 요8:47에도 말씀하시기를

"너희가 하나님의 말씀을 듣지 아니함은 하나님께 속하지 아니하였음이로다"

라고 하였습니다.

둘째는 하나님의 자녀이기는 하지만 아직도 마귀에게 사로 잡혀 종노릇하고 있는 하나님의 자녀들이 있습니다.

이 사람들은 교회에 나오지도 않고 예수님을 모르지만, 우리가 복음을 바로 전하면 예수님을 구주로 영접하여 자신이 하나님의 자녀인 것을 깨닫고 믿게 될 사람들이 있습니다. 이들에게 복음을 전하여 속히 마귀에게서 벗어

나 하나님의 자녀의 반열에 서도록 해야 할 것입니다.

셋째는 하나님의 자녀입니다.

하나님의 자녀들은 예수님을 구주로 영접하고 신앙을 고백한 자들로 하나님의 자녀의 기쁨과 감사로 살아가는 사람들입니다. 요일3:1에

"보라 아버지께서 어떠한 사랑을 우리에게 주사 하나님의 자녀라 일컬음을 얻게 하셨는고, 우리가 그러하도다"

하였고, 요일3:2에는

"사랑하는 자들아 우리가 지금은 하나님의 자녀라 장래에 어떻게 될지는 아직 나타내지 아니하였으나 그가 나타나시면 우리가 그와 같을 줄을 안다" 라고 하였습니다.

믿는 부모님에게서 나서 예수님을 영접했거나, 전도를 받아 예수님을 믿는 신자들은 다 하나님의 자녀들입니다. 이런 자들을 어떻게 해야 합니까? 자식을 낳아서 그냥 내버려 두면 안 되는 것입니다.

① 하나님의 말씀으로 양육하라고 하십니다.

신6:4-9 "이스라엘아 들으라 우리 하나님 여호와는 오직 유일한 여호와이시니 너는 마음을 다하고 뜻을 다하고 힘을 다하여 네 하나님 여호와를 사랑하라 오늘 내가 네게 명하는 이 말씀을 너는 마음에 새기고 네 자녀에게 부지런히 가르치며 집에 앉았을 때에든지 길을 갈 때에든지 누워 있을 때에든지 일어날 때에든지 이 말씀을 강론할 것이며 너는 또 그것을 네 손목에 매어 기호를 삼으며 네 미간에 붙여 표로 삼고 또 네 집 문설주와 바깥 문에 기록할지니라"

말씀을 가르치는 부모나 교사들은 먼저 자신을 구원해 주신 하나님을 사

랑하되 마음과 뜻과 힘을 다하여 사랑하라고 했습니다. 그리고 하나님의 말씀을 마음에 새기고 가르치라고 하셨습니다. 다시 말하면 구원의 확신을 가지고 가르칠 말씀의 교재를 바로 알고 이해하고 잘 준비하여 확실히 잘 가르치라는 것입니다.

그리고 중요한 것은 우리를 구원해 주시고 사랑하시는 하나님이 누구이신지를 바로 가르쳐야 한다는 것입니다. 그 분은

㉠ 하나님이십니다.

하나님이라는 호칭은 전능자, 천지만물을 창조하시고 섭리하시고 인간의 생사화복을 주관하시고 국가의 흥망성쇠를 온전히 주관하시는 전능하신 분이심을 가르쳐야 합니다.

㉡ 여호와이십니다.

여호와라는 호칭은 계약의 하나님이시라는 뜻입니다. 약속하시면 반드시 지키시는 언약의 하나님이십니다. 성경을 약속의 책이라는 의미에서 구약(舊約)을 'Old Testament', 신약을 'New Testament' 라고 합니다. 신구약에 적어도 2천여가지의 하나님의 약속들이 있는데 그의 모든 약속들이 다 이루어졌고 예수님의 재림에 관한 약속만 이루어지지 않고 있습니다. 하나님은 약속하시면 반드시 지키시는 하나님이심을 믿고 가르쳐야 합니다.

㉢ 오직 유일한 여호와이십니다.

이 말씀의 뜻은 하나님은 이 온 우주에 오직 홀로 계시는 둘도 안 계시고 오직 홀로 계시는 유일하신 하나님이시라는 뜻이고, 우리를 구원하시는 분도 오직 우리가 믿는 하나님 여호와 한 분 밖에 계시지 않으신다는 말씀입니다. 이것을 분명히 가르쳐야 한다는 말씀입니다.

전능하신 하나님, 약속을 지키시는 여호와, 유일하신 여호와 하나님을 자녀들에게나 학생들에게 가르칠 때에 "부지런히 가르치며 집에 앉았을 때에든지 길을 갈 때에든지 누워 있을 때에든지 일어날 때에든지 이 말씀을 강론할 것이며"라고 하였습니다.(신6:7) 그 만큼 중요하고 긴급하고 반드시 가르쳐야 할 과제이기 때문에 언제든지 부지런히 가르치라고 하신 것입니다.

뿐만 아니라 누구나 다 잘 알고 깨닫도록 하기 위하여 시청각 교육으로 가르치라고 명하고 있습니다. "너는 또 그것을 네 손목에 매어 기호를 삼으며, 네 미간에 붙여 표로 삼고, 또 네 집 문설주와 바깥문에 기록할지니라" (신6:8)

우리가 하나님을 자녀들에게 학생들에게 가르칠 때에 이만큼 정성들여 가르쳐야 한다는 것입니다. 우리가 명심해 듣고 순종할 소중한 말씀인 것입니다.

이 말씀을 그대로 믿고 가르치는 민족이 있는데 유대인입니다. 유대인은 가장 큰 복을 받은 민족이였지만 역사상 가장 불행했던 민족입니다. 그 조상들이 수백년 동안 이집트에서 쇠풀무같은 노예생활을 하다가 해방을 받아 가나안에 정착을 했음에도 사방의 나라들과 전쟁을 해야 했고, 남북이 우리나라처럼 갈라져 동족끼리 싸워야 했으며, 앗수르와 바벨론에 비참하게 짓밟혀 죽임을 당하고 70년 동안 포로로 끌려가 고통을 당했는데 귀환한 후에도 로마에 비참하게 멸망을 당하여 세계에 뿔뿔이 흩어졌습니다. 나라 없는 설움으로 600만명이 히틀러에게 무참히 죽임을 당하고, 생체실험의 대상이 되었을 뿐 아니라 나라를 잃고 약 1900년 동안 난민 생활을 하다가 1948년에 해방되었습니다. 사방에 우겨 싼 팔레스타인과 아랍족속들로 인해 전쟁이 쉴 날이 없을 정도로 위협을 받으면서도 불과 60여년 만에 선진국 대열에 진입하고 세계의 경제권과 정치력을 행사한다는 것은 실로 위대한 일이 아닐 수 없는 것입니다.

저들이 이렇게 할 수 있던 이유는 저들이 지금도 구약의 말씀을 그대로 믿고 배우고 순종하기 때문입니다. 우리는 복음을 받아 예수 그리스도의 새 피조물이 되었기 때문에 더욱 더 하나님을 바로 알고 그의 말씀을 잘 배워 약속된 하나님의 복을 다 받아 하나님의 뜻을 이루어 드리시는 사람들이 되어야 할 것입니다.

② 자녀를 노엽게 하지 말라고 하셨습니다.

자녀를 "노엽게 한다"는 말씀은 무엇을 의미합니까?

㉠ 자신의 감정을 억제하지 못하여 자녀들에게 폭언을 하고 엄한 체벌을 하는 것이 자녀를 노엽게 하는 일입니다. 또 자녀들을 가혹하게 양육하는 부모도 있습니다. 꾸지람을 해야 할 일에도 매를 들고, 한 대를 때려야 할 일에도 다섯 대, 열 대를 때리고, 잘못을 말하기도 전에 심한 구타부터 해 놓고 알고 보니 엉뚱한 결과가 나오는 일들은 다 자녀를 노엽게 하는 것입니다.

㉡ 편애를 하는 것도 자녀를 노엽게 하는 일입니다. 엄마는 아들을, 아빠는 딸을 더 사랑하는 것이 피부로 느껴지게 하거나, 공부를 잘 한다고 사랑하고, 못한다고 구박하고 하는 일들이 다 자녀를 노엽게 하는 하는 일인 것입니다. 모든 자녀들이 다 사랑스럽고 귀한 보배가 아닌 자식이 없다는 사실을 기억하고 노엽게 하지 않아야 하는 것입니다.

㉢ 자녀의 재능과 관계없이 부모의 마음대로 장래를 정하는 것도 노엽게 하는 일입니다. 공부를 잘하면 무조건 돈을 많이 벌 수 있는 방향으로 공부하게 합니다. 자신이 과거에 이루지 못한 꿈을 대신 자식이 이루도록 하려는 부모의 대리만족이 자녀들을 노엽게 하는 것입니다. 문학에 소질을 가진 자

녀들을 억지로 법학이나 의학을 공부시키는 것은 자녀를 노엽게 하는 일이 되는 것입니다.

㉣ 자녀를 노엽게 하는 것은 부모의 비교의식에서 비롯된 것이라 할 수 있습니다. 자연이 다 제 각기 다르고 울창한 각양 나무들도 다 각각 다르게 쓰임을 받듯이 우리 인간도 하나님이 이 세상에 보내실 때 다 다르게 각각 다른 재능을 주어 쓰임을 받도록 하셨습니다. 내 아들이 옆집 복동이 같지 않다고 비교하며 나무라거나, 동생보다 학교성적이 좋지 못하다고 형을 야단을 치는 일들은 다 자녀를 노엽게 하는 것입니다. 이 비교의식은 그 아이를 이 세상에 보내신 창조주 하나님의 뜻과 역행하는 아주 무서운 죄가 될 수 있는 것입니다.

그러므로 하나님께서 이 아이를 세상에 보내실 때 어떤 재능을 주어 보내셨는가? 이 세상에서 무슨 일을 하도록 사명을 주어 보내셨는가를 찾아 그 일을 잘 할 수 있도록 공부시켜 주고 개발시켜 주어야 합니다. 그래서 그 일에 최고가 되고 으뜸이 되도록 교육과 훈련을 하고 이웃과 민족과 세계를 위하여 기여하게 하며, 하나님께 영광을 돌릴 수 있도록 해야 하는 것입니다.

만약에 박지성 축구선수를 공부를 열심히 시켜 의사가 되게 했다고 가정을 해 봅시다. 박세리가 열심히 공부하여 법관이 되도록 했다고 가정해 봅시다. 그가 그런 일을 하면서 지금처럼 유명하며 삶이 행복했을 까요, 이제까지 한 일만큼 세계를 놀라게하고 국위를 선양하는 큰 성과를 거두었을까요?

저가 1987년도 독일에 갔을 때 교민들이 하는 말이 독일 사람들이 한국이 어디에 있는지 조차도 몰랐는데 대사들이 수십년 동안 많은 돈을 들여 외교활동을 펼치며 홍보를 한 것보다 차범근 선수가 축구로 독일 사람들에게 한국을 알리는 일에 더 크게 기여를 했다는 말을 들었습니다.

이것이 부모가 해야 할 중요한 의무요 사명인 것입니다. 그리하여 그 열매로 하나님을 기쁘시게 하고 하나님의 교회와 인류에게 크게 공헌을 하게 하여야 합니다. 절대로 다른 아이들과 비교하지 맙시다. 자신의 남편이나 아내도 남의 남편과 아내와 비교하지 맙시다. 비교의식은 자녀들이나 부부를 아주 노엽게 만드는 무서운 죄가 되는 것입니다.

ⓜ 지나친 엄격함이나 가혹한 처사가 자녀를 노엽게 하고, 자아학대를 하게하고 탈선하게 하여 인생실패자로 만드는 무서운 결과를 가져오게 하는 것입니다.

당시 로마인들은 그 아버지가 자녀를 죽일 절대권이 있었습니다. 그래서 자녀들을 제 마음대로 제 감정대로 길렀던 것입니다. 이러한 방법은 크게 잘못된 것입니다.

요즘도 자녀들을 제 소유물인양 제 마음대로 기르는 부모가 없지 않습니다. 심지어 사업에 실패한 부모가 자살하면서 가족과 자식까지 죽이고 자살하는 무지한 부모도 있습니다.

사업에 실패하고 자신만 아니라 가족동반 자살을 하려고 어린 자녀들을 소풍간다고 꾀여 차안에서 수면제를 먹이고 자동차의 가스배기 호수를 끌어들여 일가족이 자살한 일도 있었고, 마창대교위에서 죽지 않으려고 다리난간을 붙잡은 초등학생 아들을 아버지가 완력으로 잡아 당겨 함께 투신하는 일까지 있었습니다.

가족동반자살이 1997년 IMF 이후 크게 늘어나고 있다고 합니다. 많은 연구、분석이 이뤄졌지만 최근 눈에 띄는 현상은 단독 자살이 아닌 집단자살, 특히 '가족동반자살'이 늘고 있다는 것입니다. 2000년대 들어서면서 한국사회에서 새롭게 보여지는 현상입니다.

헤럴드경제가 가족동반자살 건수를 조사했는데 매년 언론에서 보도된 가족동반자살 사례가 1996년부터 5년 간격으로 2011년까지 사망 여부에 관계없이 두 명 이상의 가족이 자살을 시도한 경우를 기준으로 잡아 조사한 결과, 가족동반자살 건수는 2000년대 들어 급격하게 증가하고 있는 것으로 나타났습니다. IMF사태 이전인 1996년 10건이었던 가족동반자살 건수는 2001년 9건으로 비슷한 수준을 보이다 2006년 33건으로 5년 새 4배 가까이 폭증했습니다. 또한 계속 증가해 2011년에는 37건으로 늘었고 2012년 올해 2월 중순에만 벌써 가족동반자살은 5건이나 발생했습니다.

이는 우리 한국에 깊이 뿌리를 박고 있는 자녀는 내 소유라는 생각과 죽으면 모든 것이 다 끝나는 유일한 탈출구라는 아주 어리석은 믿음 때문에 희망이 청청한 자식들과 함께 자살을 하는 일들이 비일비재하다고 생각합니다.

자살은 어떤 이유에서라도 하나님께 용서받을 수 없는 살인이며, 하나님의 심판을 피할 수 없는 무서운 죄입니다.

우리는 어떤 경우라도 자녀들을 노엽게 해서는 안 된다는 것을 기억하고 잘 양육하여 바른 인격과 자존감과 자신감을 가지고 자신의 사명을 감당하도록 해야 할 것입니다.

③ 주의 교양과 훈계로 양육해야 합니다.

"또 아비들아 너희 자녀를 노엽게 하지 말고 오직 주의 교훈과 훈계로 양육하라"(엡6:4)

여기 '교양' 이란 말씀은 아이를 양육하고 교육하고 훈련하고 징계한다는 뜻입니다. 자녀를 노엽게 하지 않고 바르게 양육하려면 올바른 가르침을 따르지 않거나, 잘못하였을 때 적당한 체벌을 해서라도 바르게 양육해야 할 것을 말씀하고 있습니다.

잘못에 대한 징계와 체벌은 하나님의 명령입니다. 잠13:24

'매를 아끼는 자는 그의 자식을 미워함이라 자식을 사랑하는 자는 근실히 징계하느니라' (개역성경에는 매를 차마 못 때리는 자는 그 자식을 미워함이라 자식을 사랑하는 자는 근실히 징계할지니라고 번역하고 있습니다.)

잠 23:13에도

"아이를 훈계하지 아니하려고 하지 말라 채찍으로 그를 때릴지라도 그가 죽지 아니하리라 네가 그를 채찍으로 때리면 그의 영혼을 스올에서 구원하리라"(개역성경에는 아이를 훈계하지 아니치 말라 채찍으로 그를 때릴지라도 죽지 아니하리라 그를 채찍으로 때리면 그 영혼을 음부에서 구원하리라)고 하셨습니다.

'훈계' 란 '마음에 두다' 는 뜻으로 말로써 자녀를 충고하고 꾸지람을 하여 그 말씀을 마음에 항상 기억하게 하는 것을 의미하는 말입니다. 어린아이들은 '옳고 그른 것', '선하고 악한 것', '좋고 나쁜 것' 에 대하여 잘 모르기 때문에 부모는 바르고 옳은 것을 잘 가르쳐 마음에 새기도록 해야 하는 것입니다. 그러기 위해서 하나님의 말씀을 가르쳐 지키게 하므로 마음에서 지워지지 않는 올바른 가치관을 심어주는 것이 중요합니다.

그렇기 때문에 '오직 주의 교양과 훈계로 양육하라' 하신 말씀을 기억해야 합니다. 주님의 말씀을 묵상하고 기도하는 가운데 주님의 말씀과 방법을 따라 양육할 때 주님이 기뻐하시는 좋은 일꾼으로 양육하게 될 것입니다.

왜 교양과 훈계를 해야 합니까? 그 이유를 하나님께서 분명히 밝혀주시고 있습니다. 잠22:15에

"아이의 마음에는 미련한 것이 얽혔으나 징계하는 채찍이 이를 멀리 쫓아 내리라"
라고 하였습니다. '미련한 것' 이라는 말씀은 악습에 빠지기 쉬운 아이들의 기질, 제 마음대로 하고자 하는 성질을 의미하는 것입니다. 아담의 타락 이후, 누구나 태어나면서부터 이러한 것들이 마음을 얽어 매고 있는 것입니다.

하나님께서 홍수심판 이후에 말씀하시기를 "내가 다시는 사람으로 인하여 땅을 저주하지 아니하리니 이는 사람의 마음의 계획하는 바가 어려서부터 악함이라"(창8:21).
고 하였습니다.

이 미련한 것을 몰아내기 위해서는 어릴 때 엄한 징계를 하는 것이 필요합니다. 왜냐하면 나이가 들면 이미 행동 양식이 굳어져 버려 변화와 교정이 어려워지기 때문입니다. 나무도 어릴 때에 방향을 바로 잡아주면 그대로 잘 자라나지만 굳어버린 나무는 바르게 하려고 잡아당기면 부러지게 되는 것입니다.

Whybray라는 학자는 "진정한 교육은 교육받는 자의 잠재력을 계발시켜 주는 데에 있을 뿐만 아니라 그 속에 내재되어 있는 어리석음을 끊어내는 데에 있다"라고 말했습니다.

자녀교육은 자녀와 함께 시간을 많이 보내는 친밀한 어머니의 가장 중요한 사명임을 명심해야 할 것입니다.

(3) 사명을 심어줘야 합니다.

이 세상에 있는 모든 것들은 다 존재 목적이 있습니다. 이름 모를 들풀도 있어야 할 목적이 있고, 심지어 사람을 해치는 맹수들도 있어야만 먹이사슬이 안정적으로 돌아갈 수 있습니다. 생명도 없이 굴러다니는 못생긴 돌맹이도 다 창조의 목적이 있어 존재하는 것입니다. 그렇다면 하나님의 형상대로 지음을 받은 만물의 영장인 인간이 어찌 아무런 목적도 없이 이 세상에 불쑥 태어났겠습니까?

이 땅에 존재하는 모든 사람들은 다 하나님께서 이 세상에 보내신 분명한 목적과 사명이 있습니다. 좋은 환경에서 태어나 별 어려움 없이 공부하며 자라나는 어린이나, 가난하여 끼니조차 때우기 힘들게 살아가는 학생들도 다 있어야 할 중요한 이유가 있는 것입니다. 나름대로 다 존재이유가 있어 하나님이 이 세상에 보내신 것입니다.

그러므로 하나님이 어떤 목적으로 나를 이 세상에 보내셨는지를 발견하는 것은 대단히 중요한 일입니다. 이것을 어릴 때부터 빨리 발견하면 할수록 크게 오래 쓰임을 받게 될 것입니다.

사명(使命)이란 무엇입니까? 상사로부터 받은 명령을 목숨 걸고 해 나가는 것을 의미합니다. 다른 말로 하면 하나님이 나를 위해 품으신 뜻, 내 인생을 통해 하나님이 이루시기를 원하시는 일을 의미하는 것입니다.

이 사명은 본인에게 거룩한 부담이 되어 그것만 생각하면 가슴이 뜨거워지고, 나의 전 생애를 던져 일하고 싶고, 내가 그것을 위해 살다가 죽어도 행복할 것 같은 생각을 떨칠 수 없게 만드는 것입니다.

이러한 사명을 어릴 때부터 깨닫게 하는 것이 부모의 의무요, 가르치는 분들이 해야 할 일입니다. 그렇게 하려면 그가 어떤 것에 기쁨을 가지고 잘하는지를 눈여겨봐야 합니다. 그의 소질이 무엇인지, 어떤 일에 능률이 잘 오르는지, 항상 관심을 가지고 하고 싶어하는 일이 무엇인지를 잘 살펴봐야 하는 것입니다. 그리고 그 일에 대하여 관심을 보여주고, 칭찬해 주는 것이 중요합니다. 그를 인정해 주고, 그것을 해 낼 수 있다는 자신감을 불어 넣어줘야 하는 것입니다.

특히 그가 하려는 일이 자신의 야망인지, 아니면 하나님께서 주신 사명

곧 비전인지, 그 일이 하나님께 영광이 되고 사람들에게 유익을 끼칠 수 있는 일인지를 잘 살펴봐야 할 것입니다. 부모나 지도하는 분들의 말 한 마디가 어린이의 인생을 좌우할 수 있는 큰 영향력이 있음을 기억해야 할 것입니다.

그러나 어린이는 자라가면서 바뀔 수도 있습니다. 어린이들은 보고 듣고 경험하는 것들에 의해 가치관이 바뀔 수 있기 때문입니다. 유치원 때와 초.중.고등학생 때와 대학생 때가 다를 수 있습니다. 그런 것들을 지켜보면서 객관적으로 관찰하여 비전을 심어주고 사명을 일깨워 줘야 할 것입니다.

사랑하는 성도 여러분, 우리의 미래는 자녀들에게 달려 있습니다. 우리 한국의 미래 뿐만 아니라 교회의 미래도 세계의 미래도 어린이들에게 있는 것입니다. 특히 세계가 한국을 주시하고 있다는 사실을 기억해야 할 것입니다.

우리는 그들의 양육자와 멘토가 되어, 우리의 자녀가 누구이며, 어떻게 양육해야 할 것이며, 어떻게 사명을 깨닫게 해 줘야 할 것인가를 기도와 말씀과 관찰을 통해 이끌어줘야 할 것입니다. 주님의 크신 은총이 여러분들과 하나님이 기업으로, 상으로, 장사의 전통에 들어있는 화살로 주신 자녀들 위에 항상 함께 하시기를 주님의 이름으로 축원합니다.

효도와 하나님의 약속

(출20:12, 룻1:15-21))

"자녀들아 주 안에서 너희 부모에게 순종하라 이것이 옳으니라 네 아버지와 어머니를 공경하라 이것은 약속이 있는 첫 계명이니 이로써 네가 잘되고 땅에서 장수하리라"

가족이라는 말은 영어로 Family입니다. 이 말은 father, and, mother, I, love, you(아버지 어머님, 저가 부모님을 사랑합니다)의 첫 글자를 따서 만든 것이라고 합니다.

요즘을 핵가족주의, 개인주의, 탈권위주의 시대라고 합니다. 이러한 시대의 특징들 속에 부모님에 대한 효도가 무너지고, 윗사람들에 대한 존경심이 실종되고 있는 실정입니다.

특히 자녀 교육이다, 문화생활이다 하여 경제적으로 힘들어하면서 자신들의 생활도 꾸려나가기 어려워하고 있습니다. 이런 상황에서 부모님 공경에 대한 관심을 쓸 마음적 여유가 없다는 것이 현실입니다.

그러나 하나님의 말씀은 시공간을 초월하여 한결같이

"네 부모를 공경하라 그리하면 너의 하나님 나 여호와가 네게 준 땅에서 네 생명이 길리라"(출20:12)

"자녀들아 너희 부모를 주 안에서 순종하라 이것이 옳으니라 네 아버지와

어머니를 공경하라 이것이 약속 있는 첫계명이니 이는 네가 잘 되고 땅에서 장수하리라"(엡6:1-3)
고 명하시면서 그렇게 하면 복을 주시겠다고 약속하고 있습니다.

우리는 룻이 극한 상황에서도 홀로된 시모를 어떻게 섬겼으며 하나님은 그에게 어떤 복과 약속을 주셨는지를 살펴보기를 원합니다.

(1) 룻의 효행

룻은 이방 모압여인이었습니다. 그가 유다베들레헴 사람 말론과 결혼을 하였으나 자녀를 낳지 못한채 남편이 죽었습니다. 얼마 후 홀로 남은 시어머니의 고국 고향을 향하여 따라 나섭니다. 시모의 간곡한 만류에도 불구하고 그는 조국을 버리고 베들레헴에 도착 하였습니다. 룻은 아무것도 없는 타국에서 살길이 막막하였습니다. 그러나 마침 추수 때가 되어 두 사람의 끼니라도 해결하기 위하여 자원하여 밭으로 나가 이삭을 주어 생계를 꾸려 나갑니다. 우리가 볼 때에 있을 수 있는 일입니까? 마치 한 장면의 동화 같은 생각이 들지 않습니까? 그러나 실제로 있었던 사건입니다. 어머니도 친 어머님이 아닌 시어머니입니다. 그에게 재혼할 수 있는 희망마저도 보이지 않습니다. 그렇다고 재산이 많아 호강할 수 있는 형편도 못 되었습니다. 오히려 짐이 되는 시어머니만 있을 따름입니다. 모든 것이 제로 상태였습니다. 이러한 상황을 알면서 룻 자신이 이 길을 선택하였습니다.

왜 그렇게 했을까요? 하나님께서 부모님께 효도하라는 이 한 마디의 말씀 때문이었을 것입니다. 그는 이스라엘의 가정 전통을 따라 매일 시부모로부터 하나님의 말씀을 들었을 것입니다.(신6:4-9) 말씀을 듣는 가운데 시부모님이 믿는 하나님을 믿게 되었으며(룻1:15-18), 십계명도 배웠을 것입니다. 그래서 시어머니를 따라 나서고 순종하며 공경 했던 것입니다.

그러면 룻은 어떻게 효도를 하였습니까? 간략하게 살펴봅시다. 그는

① 믿음으로 결단하였습니다.

그가 시모의 강력한 만류에도 불구하고 끝까지 시모를 붙잡고 좇았던 것은 하나님을 믿는 확실한 믿음 때문이었습니다. 그는 인정과 체면과 육신의 모든 이익까지도 다 포기하고 시모를 따랐습니다. 시모를 떠나는 것은 하나님을 버리는 일이요, 신앙을 포기하는 일임을 깨달았던 것입니다. 혼자 고국에 남아 재혼을 한다면 시모를 통하여 얻은 구원의 믿음을 포기해야 한다는 것은 밤에 불 보듯 뻔한 일임을 확신했기 때문이었습니다. 혼자서는 우상을 섬기는 자들에게 둘러싸여 신앙을 유지할 수 없음을 알았기 때문에 그는 무슨 말을 해도 시어머니를 꼭 붙잡고 따랐던 것입니다. 이것이 그들의 대화에서 분명히 나타나고 있습니다.

"나오미가 또 이르되 보라 네 동서는 그 백성과 그 신들에게로 돌아가나니 너도 너의 동서를 따라 돌아가라 하니 룻이 이르되 나로 어머니를 떠나며 어머니를 따르지 말고 돌아가라 강권하지 마옵소서 어머니께서 가시는 곳에 나도 가고 어머니께서 머무시는 곳에서 나도 머물겠나이다 어머니의 백성이 나의 백성이 되고 어머니의 하나님이 나의 하나님이 되시리니 어머니께서 죽으시는 곳에서 나도 죽어 묻힐 것이라 만일 내가 죽는 일 외에 어머니를 떠나면 여호와께서 내게 벌을 내리시고 더 내리시기를 원하나이다 하는지라"(룻1:16,17)

룻은 밭을 팔아 밭에 감추인 보화를 샀던 것입니다(마13:44). 이처럼 그의 신앙이 확고부동했던 것입니다. 이 믿음이 무엇보다 하나님을 기쁘시게 하고 시모를 기쁘게 하는 효도가 된 것입니다. 모든 믿음으로 되어질 때 좋은 열매를 거둬들이게 되는 것입니다.

② 불행한 시모를 버리지 아니하였습니다.

나오미는 세상에서 가장 불행한 사람이었습니다. 타국에서 남편 잃었고, 두 자부를 보는 기쁨도 잠시 두 아들마저 잃어버렸습니다. 이제 후손마저도 끊겨 버리고 혈혈 단신으로 고국에 돌아가야만 하는 신세였습니다. 이제 한 동서도 떠나갔는데 마지막 자기마저도 떠나간다면 얼마나 불행한 사람이 되겠습니까? 더군다나 고향에 남겨 놓은 재산도 없으니 더욱 불행한 사람이 되었을 것입니다.

이러한 시모를 버리지 않고 따라나섰다는 것은 희생중에 희생이요 살신적인 효도인 것입니다. 요즘 불효가 어디에서 옵니까? 부모님의 입장을 생각하지 않기 때문입니다. 상대의 입장이 한 번 되어 본다면 요즘처럼 삭막하지는 않을 것입니다. 우리가 항상 부모님의 입장에 서 본다면 좋은 효도를 할 수 있을 줄로 압니다.

③ 모든 일들을 시모와 의논하였습니다.

베들레헴에 도착하였을 때 먹을 것이 없었습니다. 이런 형편 때문에 자신이 발 벗고 나서지 않으면 안 될 처지였습니다. 마침 그때가 추수 때라 그냥 나가서 이삭을 주워 올 수 있었을 것입니다. 그러나 이 일을 시모와 의논하였습니다.

내가 밭으로 나가 누구에게 은혜를 입으면 그를 따라 이삭을 주워오겠나이다. 그때 '내 딸아 갈지어다' (룻2:2)라며 보내게 됩니다. 이 의논은 시어머니의 염려를 드는 일이요, 기도의 후원을 받는 참 좋은 지혜가 아닐 수 없는 것입니다. 결과적으로 룻은 하나님의 인도를 받아 좋은 분을 만나게 되고 칭찬과 큰 호의를 얻게 되고 대접까지 받게 되었습니다. 룻도 배불리 먹고, 시모를 기억하여 남은 음식까지 가지고 와서 드리기까지 하였습니다.

룻은 이삭을 주워 와서도 주운 이삭을 보여드리고 소상히 잘 보고 하며 좋은 정보와 지도를 제공받게 됩니다.(2:17-23) 이 일로 룻의 장래를 좌우하는 하나님의 인도하심과 섭리를 깨닫게 되는 것입니다.(2:20)

이처럼 룻은 이번 뿐만 아니라 매사에 시모와 계속 의논하고 지도를 받았습니다. 이로 인해 시모를 크게 기쁘게 했고, 미래에 큰 축복을 준비하는 좋은 지혜를 얻게 되었습니다.

④ 수고하여 시모님을 공경하는 것을 부끄러워 아니하였습니다.

룻은 과부 시모를 따라 외국에서 온 새파란 젊은 과부입니다. 이러한 그가 남의 밭에 가서 이삭을 줍는 일을 부끄럽게 생각할 수도 있었을 것입니다. 그러나 그는 조금도 부끄러워하지 않았습니다. 부끄러운 것은 게으르고 죄를 짓는 일이지, 선한 일을 위해 수고하며 일하는 것은 하나님께서 기뻐하시는 것이라고 생각했습니다.

요즘 많은 사람들이 어렵게 살면서도 일하기를 싫어하는 사람들이 있습니다. 노숙자들 가운데 얼마든지 일할 수 있음에도 노숙하며 남의 도움으로 살려는 것은 심히 부끄러운 일이 아닐 수 없습니다. 룻과 같은 결심만 갖는다면 노숙자도 남보라는 듯 잘 살 수 있을 줄로 믿습니다.

시어머니가 룻을 볼 때 얼마나 큰 위로가 되며, 또한 얼마나 위하여 기도하며, 그를 축복하겠습니까? 실로 효부 중에 효부가 아닐 수 없는 것입니다. 이러한 효부를 하나님께서 약속하신 대로 지켜 복을 주지 않겠습니까? 그냥 내버려 두시겠습니까?

⑤ 시모님의 말씀에 전적 순종하였습니다.

시모 나오미는 룻에게 지시를 합니다. 오늘 밤에는 목욕을 하고 화장을 하고 타작마당에서 망을 보다가 저녁 식사를 마치고 자리에 눕거든 그 주인 보아스의 자리를 보아두었다가 들어가 그의 발치에 누우면 그가 너에게 할 말을 해 줄 것이다. 그때 룻은 "어머니의 말씀대로 내가 다 행하리이다"(3:5) 하고는 그대로 순종한 결과 시모의 말씀대로 되어 룻이 재혼할 약속을 받는 놀라운 축복을 받게 된 것입니다.

옛말에 부모의 말씀을 잘 순종하면 자다가도 떡이 생긴다는 말이 있습니다. 순종한 결과 엄청난 복을 받게 되는, 불신자들이 하는 말처럼 팔자가 바뀌는 놀라운 축복을 받게 된 것입니다. 룻처럼 우리도 부모님을 잘 공경하여 부모님을 기쁘시게 해 드리고 하나님을 기쁘시게 하므로 큰 복을 받아 누리게 되시기를 주의 이름으로 축복합니다.

(2) 효도와 축복

"자녀들아 주 안에서 너희 부모에게 순종하라 이것이 옳으니라 네 아버지와 어머니를 공경하라 이것은 약속이 있는 첫 계명이니 이로써 네가 잘되고 땅에서 장수하리라"

룻은 하나님의 말씀대로 부모님을 잘 순종하였고 공경하였습니다. 순종하되 100% 순종하였습니다. 순종하되 전적 순종하고 100% 순종하였습니다. 하나님은 이러한 순종을 우리에게 요구하시는 것입니다.

나아만이 99%순종할 때까지는 역사가 일어나지 않았습니다. 7번째 물에 들어갔다가 나오는 100%의 순종과 더불어 그의 나병은 깨끗이 나아 그 피부가 어린아이의 피부처럼 되었다고 하였습니다. 하나님의 말씀을 순종할 때는 내 마음에 맞는 것만 순종하지 말고, 내 마음에 안 맞고, 안될 거 같아도 전적 순종할 때 전능하신 하나님께서 역사해 주실 줄로 믿습니다.

이방 여인이었던 룻이 전적 순종으로 말미암아 거부요 지방유지인 보아스와 재혼하게 되고, 다윗의 할아버지인 오벧을 낳으므로 자신 뿐만 아니라 가문과 더 나아가 주 예수 그리스도께서 이 땅에 구주로 오시는 일에 큼직한 디딤돌을 감당하게 된 것입니다. 순종은 이처럼 놀라운 복을 받게 되는 것임을 믿으시기 바랍니다.

이방 여인이었던 룻이 전적으로 순종하므로 받은 축복이 어떠합니까?

① 베들레헴의 유지요 부자인 보아스와 재혼하는 축복을 누리게 되었습니다.(룻4:13)

② 아들 오벳을 낳으므로 자신뿐만 아니라 가문에 큰 영광이 되었습니다.(룻4:13)

③ 하나님께 큰 영광이 되었습니다.(룻4:13-17)

④ 아들 오벳은 이스라엘의 왕 다윗의 증조모가 되는 영광을 누리게 되었습니다.(룻4:17)

⑤ 더 나아가 인류의 구세주 예수 그리스도의 조상이 되는 영광을 누렸습니다.(마1:5-17)

⑥ 이방 여성으로 예수그리스도의 족보에 자신의 이름이 올라 인류역사가 있는 동안 영광을 누리게 되었습니다.

하나님은 아무 희망이 없는 시모 나오미를 버리지 않고 끝까지 따라가 잘 공경하고 순종했던 룻을 큰 복을 받아 누리게 해주었습니다. 하나님은 분명히 "자녀들아 주안에서 너희 부모에게 순종하라. 이것이 옳으니라. 네 아버지와 어머니를 공경하라 이것이 약속있는 첫 계명이니 이로써 네가 잘되고 땅에서 장수하리라"(엡6:1-3, 출20:12)

좋은 유산을 물려주자

(딤후 1:3-5)

"하나님의 뜻으로 말미암아 그리스도 예수 안에 있는 생명의 약속대로 그리스도 예수의 사도 된 바울은 사랑하는 아들 디모데에게 편지하노니 하나님 아버지와 그리스도 예수 우리 주께로부터 은혜와 긍휼과 평강이 네게 있을지어다 나의 밤낮 간구하는 가운데 쉬지 않고 너를 생각하여 청결한 양심으로 조상 적부터 섬겨오는 하나님께 감사하고"

디모데는 조용하면서도 훌륭한 신앙의 인물로 하나님의 사람 바울에게 제일 두터운 신임을 받았던 인물이었습니다. 바울은 디모데를 생각할 때마다 넘치는 사랑을 억제할 수 없었습니다.

디모데는 갈라디아 루스드라 출신으로 그의 아버지는 헬라사람이요, 어머니는 유대인이었습니다. 바울이 2차 선교 여행 때 그에게 할례를 주고 데리고 떠났는데, 디모데에 대해서 말하기를 '루스드라와 이고니온에 있는 형제들에게 칭찬 받는 자' 라고 하였습니다.

그 후부터 디모데는 어려울 때나, 힘들 때나, 고통받는 때에도 항상 바울과 함께 있었고, 바울은 그를 신뢰하여 어디나 보낼 수 있었고, 어디든지 가게 했습니다. 바울은 그와 함께 사역하는 것을 행복하게 여기고 극히 사랑하여 그를 가리켜 '아들 디모데야', '믿음안에서 참 아들된 디모데', '사랑하는 아들 디모데에게' 라고 불렀고, 디모데에게 디모데 전,후서를 기록하여 보낼 정도로 그의 애정은 대단했습니다.

그는 훌륭한 목회자로 바울의 후계자가 되었습입니다. 바울은 디모데가 이처럼 좋은 믿음의 사람으로, 훌륭한 그리스도의 일꾼이 된 것에 대하여 밝히기를

"이는 네 속에 거짓이 없는 믿음을 생각함이라 이 믿음은 먼저 네 외조모 로이스와 네 어머니 유니게 속에 있더니 네 속에도 있는 줄을 확신하노라" 고 하였습니다.

부모님의 신앙은 자식에게 직접적인 영향을 끼친다는 사실을 잘 보여주는 말씀입니다. 우리는 다 부모들이고, 교회에서도 부모의 역할을 하는 자들인데 우리의 자녀들에게 어떤 유산을 물려주어야 할 것인가를 디모데를 통하여 살펴보는 가운데 함께 은혜를 나누고자 합니다.

(1) 믿음을 유산으로 물려줍시다.

하나님을 사랑하는 사람들은 신앙교육에 무엇보다도 가장 큰 관심을 가져야 합니다. 그러나 우리의 현실은 신앙교육보다는 우선 학교공부를 잘해야 좋은 대학에 들어가고, 대학을 나와야 좋은 직장을 얻을 수 있다는데 주목해 학교 공부에만 집중하느라 신앙교육을 뒤로 미루고 있습니다.

이렇게 하여 좋은 대학에 가고 좋은 직장을 얻어서 돈을 많이 번다고 합시다. 그것이 무슨 소용이 있습니까?

솔로몬 왕은 아들 르호보암에게 그 많은 재산과 왕위까지 물려주었으나 5년을 넘기지 못하고 그 많던 보물을 애굽왕 시삭의 침공을 받아 몽땅 빼앗겨

버리고 말았습니다.

그 이유는 솔로몬이 노년에 부패하고 타락하여 마음을 돌이켜 이스라엘 하나님 여호와를 떠나므로 여호와께서 진노하셨기 때문입니다. 솔로몬은 하나님으로부터 전무후무한 지혜를 얻었고 엄청난 재물을 얻었지만 그것이 자식에게는 하나도 도움이 되지를 않았습니다. 왜 그랬을까요?

첫째, 솔로몬이 이방여인을 사랑하고 연애했기 때문입니다(1-3).

왕이라도 아내를 많이 두지 말라(신17:17)는 말씀을 어기고, 후비가 700, 빈장을 300이나 두었는데, 이들이 왕의 마음을 돌이켜 하나님을 떠나게 했습니다.(왕상11:3,4)

둘째, 솔로몬이 이방 우상을 좇게 되었습니다(11:4-8).

이방 왕비들이 솔로몬 왕을 꾀여 하나님을 섬기는데서 자신들의 우상을 섬기게 하므로 하나님을 떠나게 되고 결국 하나님의 진노가 쏟아지게 된 것입니다.

셋째, 솔로몬의 마음이 하나님을 떠나 말씀을 지키지 않았습니다(9-13).

르호보암이 하나님을 떠난 결과, 아버지보다 더 악독한 정책을 세우고 더 난폭한 죄를 범하였습니다. 여기서 우리는 중요한 진리를 배워야 합니다. 자식들이 부모님들의 삶을 보고 배운다는 사실입니다. 믿음 좋은 것도 배우고, 불신앙으로 타락하는 것도 배웁니다.

아브라함은 100세에 얻은 이삭을 하나님께서 번제로 바치라고 명하실 때 아브라함은 순종하는 마음으로 이삭을 바쳤습니다. 이삭은 장작더미 위에서 아버지가 하나님께 어떻게 순종하는가를 똑똑히 보았습니다. 아브라함은 이삭에게 이와같이 하나님을 경외하고 전적 순종하는 신앙을 유산으로 물려주었던 것입니다.

그 결과 아브라함이 죽은 후에 하나님이 이삭에게 복을 주셔서 창대하고 왕성하여 마침내 거부가 되게 하셨고(창25:11, 26:12-13), 아버지 아브라함처럼 믿음의 조상이 되었던 것입니다.

그러나 솔로몬은 그의 아들 르호보암에게 그 많은 재물과 왕권까지 물려주었지만, 자신의 부패한 모습을 자식에게 보여주므로 그 많은 유산은 다 빼앗기고 나라까지도 두 쪽이 나는 비극을 당하게 되었던 것입니다.

자식들은 부모의 좋은 점보다 나쁜 점을 더 빨리, 더 잘 배웁니다. 그러므로 중요한 것은 부모 된 우리가 하나님을 어떻게 경외하며 순종하는 산 믿음을 가졌는가를 보여주는 증인과 모델이 되어야 한다는 것입니다.

이처럼 아름답고 귀한 우리 자녀들에게 부모가 물려줄 수 있는 최고의 유산, 최고의 선물은 믿음이라는 것을 기억합시다. 말씀을 하나님의 말씀으로 간절하게 받으며, 믿음으로 기도하고, 믿음으로 순종하고, 믿음으로 사랑을 실천하는 삶을 우리의 자녀들에게 보여주므로 교육하고 가르치기에 힘을 다하는 부모들이 되십시다. 그러면 자녀들은 훌륭한 믿음의 사람들이 되어, 주님을 경외하면서 믿음으로, 말씀으로, 기도로 인생의 모든 역경들을 헤쳐 나가는 승리자가 될 것이요, 주의 은총과 복을 누리는 삶을 살아가는 하나님의 자녀들이 될 것입니다.

미국의 버지니아 주에 존 영이라는 흑인 농부가 있었습니다. 이 흑인 부부는 학교도 제대로 다니지 못했고 겨우 땅을 빌려 농사를 짓는 형편이었지만, 얼마나 신앙이 좋은지 다른 것은 몰라도 신앙 하나만큼은 끝내 주었습니다. 농사 일을 하다가도 시간이 나면 교회 나가서 기도하고, 일을 하다가도 예배시간에는 어김없이 예배에 출석하였습니다.

그런데 이들에게 큰 어려움들이 찾아왔습니다. 집안에 화재가 나기도 하고, 온 가족이 전염병에 걸려서 고생을 하기도 하였습니다. 그럴 때마다 이 부부는 하나님 앞에 간절히 기도했습니다.

"하나님 아버지여, 우리는 하나님밖에 없습니다. 하나님이 우리 가정을 지켜 주시옵소서"

그리고 그 집에 한 가훈을 새겨 놓았는데,

'우리 집의 뿌리는 하나님이시다.'

라는 가훈이었습니다. 그들은 자녀들이 잘 보이는 곳에 그 가훈을 걸어놓고 그것만 쳐다보게 하였습니다.

'우리집은 하나님밖에 없다. 하나님은 우리 집의 뿌리시다.' 라고 가르쳤습니다.

여러분, 이 집안에서 14명의 자녀가 모두 다 대학을 나왔습니다. 흑인 농부 집안에서 자녀가 대학을 나온다는 것은 보통 어려운 일이 아닙니다. 그런데도 14명이 다 대학을 졸업하고 박사, 교사, 간호사, 음악가 등 훌륭한 인물들로 배출되었습니다.

좋은 나무에서 좋은 열매가 맺힙니다. 여러분, 하나님을 잘 섬기고 순종하는 가정에 하나님께서 큰 복과 은총을 베풀어주시는 것입니다.

주님을 사랑합시다. 마음과 뜻과 힘을 다하여 사랑하고, 그것을 자식들에게 보여주고, 가르치고, 신앙의 분위기를 만들어 주며, 신앙을 유산으로 물려주는 것이 최고의 보람이요 부모의 사명임을 기억합시다. 신앙의 유산만이 가정의 미래를 보장받을 수가 있습니다. 신앙을 통해 행복한 가정을 자손만대에 전할 수 있음을 기억하시기를 바랍니다.

(2) 성경말씀을 유산으로 남겨줍시다.

마음과 뜻과 힘을 다해 하나님을 사랑하는 것이 인생에 있어서 가장 중요한 것이기 때문에 그렇게 살아가는 방법을 신 6:6-9말씀에서 잘 가르쳐주고 있습니다.

하나님의 말씀을 ①부모가 먼저 마음에 새기고, ②자녀에게 부지런히 가르치고, ③언제나 강조하고, ④손목에 매어 기호를 삼고, ⑤그것을 보기 쉬운 곳에 기록하라고 했습니다. 이 말씀은 하나님을 사랑하는 믿음의 가정을 만들기 위해 성경말씀을 어떻게 자녀들에게 가르쳐야 할 것인가를 말씀하고 있습니다.

아브라함 링컨의 어머니는 그가 어릴 때 세상을 떠났습니다. 그의 어머니가 임종의 순간, 단 한 가지의 유산을 물려주면서 이렇게 유언을 하였습니다.

"내가 너에게 물려줄 것이 아무 것도 없구나. 그러나 여기 너에게 가장 소중한 유산이 될 나의 성경책을 너에게 주마. 이 속에 네가 찾는 것이 다 들어있고 너의 삶의 모든 해답이 여기에 다 들어있단다. 이 성경을 네가 가까이 하면 성경은 너를 인도할 것이다. 그러나 네가 이 성경을 멀리하면 너의 모든 노력과 수고는 물거품이 될 것이다."라고 하였습니다.

성경은 하나님의 약속이 담겨있는 책입니다. 그 속에는 3만 6500여 가지의 약속들이 기록돼 있다고 합니다. 그는 어머니가 유언과 함께 물려준 성경을 열심히 읽고 순종하는 삶을 살았다고 합니다. 그는 초등학교도 졸업하지 못하고 중퇴를 하였습니다. 그는 두 번이나 사업에 실패하였고, 주 의회의원, 주 의회의장, 하원의원, 상원의원, 부통령 등 모두 8번의 선거에서 낙선하였으며, 사랑하는 애인마저 잃고 한 때는 정신분열 증세까지 보이는 등 그의 삶은 문자 그대로 실패의 연속이었습니다.

보통사람 같으면 인생을 포기할 만도 한데 그는 불굴의 신앙으로 모든 불행을 극복하고 마침내 재기에 성공하여 미국에서 가장 훌륭한 아니 세계에서 가장 위대한 존경받는 대통령이 되어 세계 역사 속에서 빛을 발하는 사람이 되었습니다.

인종차별의 악습을 타파하고 흑인노예를 해방시켜 인류 평화를 위한 거대한 획을 긋는 세계적인 영웅이 된 것입니다. 그는 인생 말년에 다음과 같은 고백을 하였습니다.

"오늘의 나를 있게 한 것은 어머니가 주시고 간 낡은 가죽 성경책이다"

얼핏 보기에는 보잘 것 없는 낡은 가죽 성경책이었지만 그 성경은 그가 절망적인 상황에서도 다시금 일어서서 위대한 일을 할 수 있게 했습니다. 그는 그 성경말씀을 읽고 믿고 순종하는 삶을 살았기 때문이었습니다.

요한 웨슬리의 어머니는 자식을 19명을 둔 어머니이자 목사의 아내였습니다. 그녀는 자식들의 신앙교육에 온 정성을 다했습니다. 그녀는 자식들이 글자를 식별하기 시작하면 성경을 교재 삼아 창세기부터 체계적으로 가르쳤다고 합니다. 그런 어머니에게 배우고 자란 자식들은 영국 뿐만 아니라 온 세계에 큰 공헌을 한 위대한 인물이 되었습니다.

성경과 관련된 한 분을 더 소개하고자 합니다. 미국 필라델피아 시청 앞에 가면 존 워너메이커(John Wanamaker, 1838-1922) 동상이 서 있습니다. 그는 가난한 벽돌공의 아들로 태어났고 초등학교 2학년 중퇴가 그의 학력의 전부였습니다. 그러나 그는 14세 때 서점의 사환을 시작으로 하여 미국의 백화점 왕이 되기에 이르렀고, 체신부 장관까지 역임했습니다. 그리고 그는 일평생 십일조를 드리기 시작하여 나중에는 10의 9조를 하나님께 드리며 멋진 삶을 살았던 믿음의 인물이었습니다.

그는 어려서부터 벽돌공장에서 노동하며 모은 돈으로 10살 되던 해에 성경책을 맨 먼저 사서 평생 읽고 또 읽었습니다. 그리고 21세에 주일학교 교사가 되어 86세 될 때까지 주일학교 교사의 일을 계속했다고 합니다.

당시 벤자민 해리슨 대통령(제23대)으로부터 체신부 장관직의 제안을 받았을 때, 그는 주일학교 교사직을 계속하는 조건으로 이를 수락했습니다. 그리하여 재직 내내 수도 워싱턴 DC에서 필라델피아까지 주일마다 왕래하며 주일학교 교사직을 충실히 수행했습니다. 그러면서 말하기를 '장관직은 부업이고 주일학교 교사는 주업' 이라 하여 더욱 유명해졌습니다. 그로 말미암아 그가 섬겼던 주일학교는 전 세계에서 가장 큰 주일학교가 되었습니다.

사람들은 위대한 존 워너메이커를 만든 것이 바로 성경이라고 말했습니다. 그는 매일 아침 성경을 읽기 전에는 신문조차 읽지 않았습니다. 앞서 말한 대로 초등학교 2학년 중퇴가 학력의 전부 였지만 고작이었지만, 그는 날마다 성경을 읽고 묵상하며 용기를 얻었습니다. 성경을 통해 사업상 필요한 아이디어를 얻기도 하고, 성경이라는 프리즘을 통해 미래의 비전도 보았습니다.

우리도 성경 말씀 속에 구원뿐만 아니라 인생의 모든 것이 다 들어 있음을 믿고, 성경 말씀을 읽고, 순종하도록 자녀들에게 가르친다면 가장 귀한 유산을 남겨 준 것이라 할 수 있을 것입니다.

(3) 좋은 습관을 유산으로 물려줍시다.

프린스턴 신학대학의 블랙우드(Blackwood) 교수는 그리스도인들이 남겨주어야 할 유산으로 세 가지를 꼽았습니다. '기쁜 기억' 과 '좋은 습관' 과 '높은 이상과 고귀한 생의 목표' 가 바로 그것입니다.

부모는 자식에게 좋은 기억들을 남겨주어야 합니다. 기도하시는 어머니, 말씀을 읽고 은혜 받는 어머니, 자기를 지극히 사랑해 주신 어머니, 자기를 인정해 주시는 어머니, 온 가정이 서로 이해하며 사랑했던 좋은 기억들, 용서해 주는 기억 등은 일생에 큰 힘이 됩니다.

도스토예프스키는 '귀하고 성스러운 기억은 최대의 교육이다. 그런 기억이 많은 사람은 최후의 인생길을 바로 갈 수 있다. 아니 단 한 가지만 있어도 그 많은 죄를 이기고 성공할 수 있다' 고 말했습니다.

미국의 하버드 대학교에 지도자 연구센터가 있습니다. 그 지도자 연구센터에서 미국의 최고 경영자들, 성공한 사람들 500명을 대상으로 조사를 했습니다. 그런데 각계각층의 지도자들을 조사하고 연구해 본 결과 세 가지 공통점이 나왔다고 합니다. 그들은 한결같이 삶의 비전과 인내 외에 특징적인 성공 공통점이 있는데 그것은 곧 하나님의 계명을 지켰다는 점입니다. 다시 말하면 땅만 보고 살지 않고 하늘을 쳐다보고 자기를 위해 열린 하늘문을 바라보고 살아간 사람들이 성공하였다는 것입니다.

스티븐 스캇(Steven Scott)은 대학을 졸업하고 6년 동안 가는 곳마다 해고를 당했습니다. 그가 인생을 포기하려고 할 때 게리 스몰(Gary Smalley) 박사가 '매일 잠언 한 장씩을 읽으라' 고 제안했습니다. 스티븐 스캇은 잠언을 매일 읽으며 어제와 다른 오늘을 만들고자 노력했습니다. 그 결과 지금은 마케팅 사업가로 10여 개의 회사를 세우고, '솔로몬 부자학 31장' 을 비롯한 여러 권의 베스트셀러를 저술하는 등 다양한 활동을 하며 그가 꿈꾸던 행복과 성공을 이루었습니다. 땅만 보던 우리들이 하늘을 쳐다보게 되면 하늘 문이 열려있는 것을 발견할 수 있습니다.

하나님이 주시는 계명을 늘 읽고 묵상하고 지키면 하나님의 축복이 야곱에게 임한 것처럼 우리에게도 임할 것입니다.

(4) 결론

교육학자 부쉬넬(Horace Bushnell)은 자녀가 영적으로 갱신되는 가능성이 있음을 확신하면서 자녀들의 영적 성장을 돕기 위해 다음과 같은 조건을 제시했습니다.

첫째, 부모들이 먼저 하나님을 사랑해야 합니다(신6:4-5).

신명기에 기록된 유대인의 자녀교육의 장(場)인 쉐마의 첫 조건은 부모들이 신앙적 모범을 보일 것을 강조하는 것입니다.

둘째, 말씀을 통하여 자녀에게 하나님을 소개해야 합니다(신6:6-7).

여호와를 아는 것이 지식의 근본이므로 자녀의 양육을 하나님의 말씀으로 해야 합니다.(잠1:7)

셋째, 가정의 분위기를 신앙적으로 이끌어야 합니다.(신 6:8-9).

분위기는 말보다 더 큰 영향을 주기 때문에 부모의 애정과 보호는 자녀에게 하나님의 사랑과 보호를 깨닫게 하며 가족간의 우의로 '세계인류는 한 형제' 라는 정신과 동족애를 갖도록 해야 합니다.

기독교 가정은 항상 주님의 은혜 안에서 나타난 믿음의 생동력을 지녀야 하고 발전 시켜야 한다고 하였습니다.

미국에 이민 간 우리 한국인들이 열심히 일해서 유대인들이 하던 과일가게, 채소가게, 세탁소 등을 점령했어도 유대인들의 교육을 따라잡지는 못했습니다. 미국에 이민 간 교포들의 65%가 자녀교육을 위해 미국에 건너갔다고 하지만, 그들 대부분은 자녀교육에는 실패했다고 고백하고 있습니다.

이에 반해 유대인들은 자녀교육에 크게 성공했는데 미국의 프린스톤 대학교수의 90%, 하버드 대학 50%가 유대인이며, 뉴욕타임즈와 와싱턴 포스터지 등 유력 언론과 미 항공우주국 NASA와 미원자력 개발 연구소를 우대인들이 장악하고 있으며, 세계 인구의 1%도 안 되는 유대인들이 노벨상의 30%이상을 차지하고 있습니다. 또한 세계 금융가와 증권가를 요리하는 사람들이 거의 다 유대인이라고 합니다.

이들이 이처럼 성공한 이유는 선민공동체, 가족공동체, 예배공동체라는 교육 덕분이었다고 합니다. 즉 그것은 학교나 어떤 교육기관이나 교육제도를 통한 교육이 아니라 생활 그 자체가 교육이 되고 특히 가정이 교육의 중심이기 때문이라고 합니다.

그들은 어릴 때부터 가정에서 종교교육을 철저히 한다고 합니다. 성경말씀대로 생후 8일이 되면 할례를 시키고 이름을 지어주며, 40일이 되면 어린 양을 잡아 번제를 하나님께 드린다고 합니다. 이때부터 유대인의 최고 신앙고백인 신명기 6:4-9, 11:13-21, 민수기 15:37-41을 암기하도록 합니다. 어릴 때 교육이 얼마나 중요한가를 다음 예를 통해 더 잘 알 수 있습니다.

주후 70년, 예루살렘이 로마에 의해 포위 되고, 이스라엘의 역사가 중단될 위기에 처해 있을 때, 유대인들에게 존경을 받던 랍비 벤 자카이는 유대민족이 영원히 살아남을 방법을 골똘히 생각하던 끝에 로마 장군과 이 문제를 협의하지 않으면 안 된다는 결론을 얻었습니다. 그러나 당시 유대인들은 모두 예루살렘 성벽안에 갇혀 있었기 때문에 출입이 전혀 불가능했습니다. 이에 요한 벤 자카이는 하나의 계교를 생각해 냈습니다.

그는 거짓으로 병들었다고 소문을 내고 거짓 환자노릇을 하였습니다. 그를 병문안하기 위하여 찾아온 사람들에게 자신이 살아나기 어렵다는 말을 하였습니다.그리고 얼마 후에 죽었다는 소문을 퍼뜨렸습니다. 제자들은 그를 관속에 넣고 시체를 성 밖에 매장할 허가를 신청했습니다. 그것은 예루살렘 안에 묘지가 없었기 때문이었습니다. 그러나 강경파 경비병들은 랍비가 죽었다는 사실을 반신반의하여 칼로 시신을 찌러 보겠다고 맞섰습니다. 그러나 제자들은 그것은 돌아간 분을 모독하는 행위라고 필사적으로 항의했습니다. 그리하여 그들은 강경파의 눈길을 피하여 드디어 로마군의 진영으로 나갈 수 있었습니다.

로마군 진영에 이르자, 이번에는 로마군병들이 칼로 관을 찔러 보겠다고 하였습니다. 제자들은 당신의 황제가 죽었다면 칼로 관을 찌르겠는가 라고 주장하면서 로마군의 진영을 벗어나는데도 성공했습니다.

드디어 관속에서 나온 랍비는 로마군 사령관을 만나고 싶다고 신청했습니다. 신청이 받아들여져서 로마의 사령관 베스파시안 장군 앞에 나간 그는 사령관이 앞으로 로마 황제가 될 것을 예언하였습니다. 그러면서 그는 교육도시에 있는 조그마한 학교 '야브레' 만은 남겨달라고 애원하였습니다. 그는 예루살렘이 함락 되고 그 성전이 불타버려도, 영토와 주권이 송두리째 박탈당한다할지라도 교육이 계속되는 민족은 언젠가 역사 속에서 재기할 날이 온다는 것을 알았기 때문입니다.

그 후 예루살렘과 성전은 파괴가 되고 완전히 불타고 말았지만 유대교의 전통만은 요하난 벤 자카이와 그와 함께 한 십여 명의 랍비들에 의하여 보존될 수가 있었습니다. 그로 말미암아 교육이 계속되어 유대 나라는 지구상에 살아남게 되었고, 약 2천년이 지난 오늘에 와서 그의 예언이 적중하였음을 볼 수 있는 것입니다.

우리는 이것을 보면서 교육이 얼마나 중요하다는 것을 인식 할 수 있습니다. 가정은 가장 좋은 학교입니다. 가정에서 하나님의 말씀인 성경을 자녀들에게 잘 교육하는 길 밖에 다른 방법이 없음을 다시 한 번 기억해야 할 것입니다.

명문 가문의 조상 아브라함

(창 12:1-9)

여호와께서 아브람에게 이르시되 너는 너의 고향과 친척과 아버지의 집을 떠나 내가 네게 보여 줄 땅으로 가라 내가 너로 큰 민족을 이루고 네게 복을 주어 네 이름을 창대하게 하리니 너는 복이 될지라 너를 축복하는 자에게는 내가 복을 내리고 너를 저주하는 자에게는 내가 저주하리니 땅의 모든 족속이 너로 말미암아 복을 얻을 것이라 하신지라 이에 아브람이 여호와의 말씀을 따라갔고 롯도 그와 함께 갔으며 아브람이 하란을 떠날 때에 칠십오 세였더라 아브람이 그의 아내 사래와 조카 롯과 하란에서 모은 모든 소유와 얻은 사람들을 이끌고 가나안 땅으로 가려고 떠나서 마침내 가나안 땅에 들어갔더라 아브람이 그 땅을 지나 세겜 땅 모레 상수리나무에 이르니 그 때에 가나안 사람이 그 땅에 거주하였더라 여호와께서 아브람에게 나타나 이르시되 내가 이 땅을 네 자손에게 주리라 하신지라 자기에게 나타나신 여호와께 그가 그 곳에서 제단을 쌓고 거기서 벧엘 동쪽 산으로 옮겨 장막을 치니 서쪽은 벧엘이요 동쪽은 아이라 그가 그 곳에서 여호와께 제단을 쌓고 여호와의 이름을 부르더니 점점 남방으로 옮겨갔더라

미국의 윈시프라는 분이 유명한 사람들의 족보를 가지고 연구한 결과 특히 좋은 명문가 중에 조나단 에드워드(1703년-1758년) - 150년 후인 1900년에 그의 자손 1,394명을 찾아냈는데 그 중에 295명이 대졸, 13명은 미국의 유수한 대학의 총장, 65명은 대학교수, 60명은 의사, 100명 이상의 목사와 선교사, 75명은 공군의 장교, 60명은 유명한 저술가와 기자, 이들에 의해 135종의 유익한 책들이 출판, 18종의 유명한 잡지가 편집되고 있었다.

100명 이상이 법률가, 그 중의 한 명은 미국의 일류가는 법학교수, 재판장이 30명, 공무원이 80명, 그 중에 한 명은 미국의 부대통령, 상원의원이 3명, 이밖에도 많은 자손들이 주지사, 국회의원, 시장, 대사, 공사, 철도 등 회사에 상급직원, 수 많은 실업가, 그러나 그 중에 단 한 명도 범죄자가 없었다고 한다.

꽃은 10일을 넘기지 못하고, 부자는 3대를 넘어가지 못하고, 권력은 10년을 못 넘긴다는 말이 있습니다. 그러나 경주 최부자 집은(경주시 내남면 이조리 가암촌에서 최신보씨의 아들로 태어난 최진립(1568-1656)씨 만석꾼 전통을 무려 300년 동안 12대(1600년 후반 - 1900년 중반)를 이어갔고 9대에 걸쳐 진사를 지냈다고 한다. 그의 후손인 최부자 가문의 마지막 부자였던 최준(1884-1970)씨는 백산상회를 세워 일제시대에 독립자금을 지원하였고, 1950년에 전 재산을 털어 그가 못다 푼 신학문의 열망으로 영남대학의 전신인 대구대와 청구 대를 세우는 귀중한 업적을 남김으로 만석꾼 가문은 역사의 뒤안길로 사라졌던 것입니다.

그동안 300년을 넘게 만석꾼 부자로 지켜올 수 있었던 비결은 무엇이었을까?

"경주 최 부잣집 300년 부의 비밀 책"에서 최 부잣집 부를 지켜온 가훈 6가지를 소개하고 있습니다.

1. 절대 진사(제일 낮은 벼슬) 이상의 벼슬을 하지 말라. 높은 벼슬에 올랐다가 휘말려 집안의 화를 당할 수 있다.

2. 재산은 1년에 1만석(5천 가마니)이상을 모으지 말라. 지나친 욕심은 화를 부른다. 1만석 이상의 재산은 이웃에 돌려 사회에 환원하라.

3. 나그네를 후하게 대접하라. 누가 와도 넉넉히 대접하여, 푸근한 마음을 갖게 한 후 보내라.

4. 흉년에는 남의 논, 밭을 사지 말라. 흉년 때 먹을 것이 없어서 남들이

싼 값에 내 놓은 논밭을 사므로 그들을 원통케 해서는 안 된다.

5. 가문의 며느리들이 시집오면 3년 동안 무명옷을 입혀라. 내가 어려움을 알아야 다른 사람의 고통을 헤아릴 수 있다.

6. 우리 집 사방 100리 안에 굶어 죽는 사람이 없게 하라. 특히 흉년에는 양식을 풀어라.

그러나 믿음의 조상 아브람은 그의 후손이 3500여년을 이어 오면서 지금도 그의 자손인 이스라엘은 세계 명문 가문으로 빛내고 있는 것입니다.

세계 최고의 노벨상을 받은 사람들은 1901년부터 2009년까지 793명 중에 유대인들이 178명으로 22.3%에 해당된다고 합니다. 70억 2천만명 중에 단지 1,300만 명인 유대인들이 22,3%나 노벨상을 받았다는 것은 깜짝 놀랄 일이 아닐 수 없다.

(독일계게르만이 150명, 영미계 앵글리 색슨족이 100명으로 (지금까지 모두 300명 정도인데 그 중에 93명이 유대인으로 약 3분의 1을 차지하고 있습니다. 경제 분야에서 65%의 노벨상을, 의학 분야에서 23%, 물리 분야에서 22%, 화학 분야에서 12%, 문학 분야에서 8%를 유대인이 수상하였습니다.)

2010년기준으로 미국상원의원 중 유대인들이 15%가 차지 하고 있다고 합니다.

미국에 유대인이 2%뿐인데 미국에서 잘 사는 미국인 400가족 중에 24%인 아흔 여섯 가족이 유대인이고, 그 중에서 가장 잘 사는 40가족 중에 42%인 열일곱 가족이 유대인이 차지하고 있습니다.

미국에 변호사가 70만 명인데 그 중에 20%인 14만 명이 유대인이고, 뉴욕 중고등학교 교사 50%가 유대인입니다. 국민투표로 당선된 미국 국회위원 535명중 42명이 유대인이고, 미국 유명한 대학 프린스톤, 하버드 대학의 교수 중에 25-35%가 유대인입니다. 그런데 그 중에 총장, 주요 행정 책임자의 90%가 유대인입니다.

가장 영향력이 있는 매스컴 뉴욕 타임즈 사장 슐츠버그(Shultzburger), 워싱턴 포스트지 사장 케서린 그레이엄(Catherine Graium), 가장 출판을 많이 하는 랜덤 하우스(Randum House) 사장이 유대인입니다.

〈세계속에 영향을 미친 유대인 100명〉이란 책에서 모세, 솔로몬, 예수님, 바울, 공산주의 창시자 칼 막스, 심리학자 프로이드, 화가 샤갈, 상대성 이론가 아인슈타인, 세계적 지휘자 번스타인, 외교가 키신저, 쉰들러 리슷, 쥬라기 공원 영화를 만든 스필버그 등 모두가 유대인입니다.

가장 중요한 것은 우리 예수님이 유대인의 혈통을 타고 탄생하셨다는 사실입니다. 이러한 명문가가 이 지구상에 어디에 또 있습니까? 이스라엘의 원조 아브라함이 어떻게 하여 이러한 명문 가정을 이루었는지를 살펴보고자 합니다.

(1) **하나님의 명령을 받았을 때에 순종하였습니다.**(약속을 믿음으로)

갈대아 우르에 한 가족이 살고 있었습니다. 근대의 발굴에 의면 아주 옛날 메소보다미아의 고도(古都)였다는 것이 밝혀졌다. 이곳은 이락의 유브라데 강 하류의 서안에 있고, 바벨론의 동남쪽 약 240km지점에 있다. 1918년의 톰슨(R.C.Thompson), 홀(H.R.Hall)등의 발굴 후, 1922-1934년에 걸쳐 울리(L. Woolley)의 지도하에 본격적인 대 발굴이 행해 졌는데 이곳은 BC 4000년대로 추정되는 원시적 문화(알 우바잇 문화, Al Ubaid Period)가 번영했으나, 대홍수에 의해 유실된 것으로 나타났다고 한다. 이 대홍수는 두께 2.4m에 달하는 점토층으로 나타나 있다. 이와 같은 대홍수는 바벨론 평야 일대를 뒤덮은 무서운 것이었던듯, 그것들은 가지 가지 홍수 전설을 낳고, 성경의 노아의 홍수 이야기는 이들의 영향을 받아 된 것이라고 보는 견해까지 있다. 다시 여기에 도시가 부활했을 때, 우르는 수메르의 강력한 도시 국가였다. 이것은 우르 제1왕조라고 불리우고, BC 2500- 2400년경의 일로 추정되고 있다. 우르우르수메르인의 초기 왕조 시대 최후의 융성기에 해당하며,

이런 비옥한 도성에 살고 있는 아브람에게 우리 하나님이 찾아오셔서 명령을 합니다. "너는 너의 고향과 친척과 아버지의 집을 떠나라" 그리고 "내가 네게 보여 줄 땅으로 가라"는 명령이었습니다.

그때가 지금부터 3500여년 전의 일이었는데 농경사회인 그 시절에 가장 살기 좋은 곳은 기름진 옥토였습니다. 아브람이 이 옥토에서 살고 있었다는 말입니다.

하나님은 아브람에게 고향을 떠나라, 친척을 떠나라, 아버지의 집을 떠나라는 것입니다. 불가능한 일이 아닐 수 없는 것입니다.

"처음 예수 믿는 자들에게 하나님께서 "너는 너의 고향과 친척과 아버지의 집을 떠나라"는 말씀은 무엇입니까? 우상을 떠나라는 말씀입니다. 그곳은 우상숭배에 젖어 있는 곳이었습니다. 아브람의 아버지가 우상장사를 하는 사람이었다고 합니다. 그곳을 떠나라는 말씀입니다. 하나님은 처음 예수 믿기로 작정하는 분에게 "너의 고향과 친척과 아버지의 집을 떠나라"는 말씀은 무엇을 의미합니까? 우상숭배를 버리라는 말씀입니다. 하나님과 우상을 겸하여 섬길 수 없는 것입니다. 하나님은 우상숭배를 가장 싫어하시는 것입니다. 제1,2계명에서 우상 숭배를 금하고 있는 것입니다. 우상숭배하는 자들을 하나님은 질투하신다고 하였습니다. 이스라엘을 하나님이 사랑하셨지만 우상 숭배할 때에 선지자들을 보내어 책망하고, 그래도 안 들으면 징계하였습니다. 그래도 안 들으면 다른 나라에 정복 당하여 사로 잡혀 가기도 하였습니다. 70년 동안 포로 생활을 하기도 하였습니다.

이방인들이 망한 이유는 우상숭배 죄때문이었습니다. 하나님은 우상을

떠나라고 합니다. 떠나면 하나님은 엄청난 복을 주시는 것입니다.

아브람은 우상의 도성, 우상의 가정, 우상의 사람들에게서 떠나라는 하나님의 명령에 순종하여 고향을 떠났다는 것입니다.

4절에 "이에 아브람이 여호와의 말씀을 따라 갔고, 롯도 그와 함께 갔으며"라고 하였습니다. 어떻게 우상을 떠나는 이런 어려운 말씀에 순종할 수 있었는가하는 일입니다.

그가 순종하게 된 것은 2절, 3절에서 그 원인을 찾아 볼 수 있는 것입니다. 2,3절에 "여호와께서 아브람에게 이르시되 너는 너의 고향과 친척과 아버지의 집을 떠나 내가 네게 보여 줄 땅으로 가라 내가 너로 큰 민족을 이루고 네게 복을 주어 네 이름을 창대하게 하리니 너는 복이 될지라. 너를 축복하는 자에게는 내가 복을 내리고 너를 저주하는 자에게는 내가 저주하리니 땅의 모든 족속이 너로 말미암아 복을 얻을 것이라 하신지라"

4절에 "이에 아브람이 여호와의 말씀을 따라 갔고"라고 하고 있습니다. 아브람이 어려운 하나님의 말씀을 순종할 수 있었던 것은 하나님의 약속의 말씀을 믿었기 때문입니다. 대단한 발견인 것입니다.

사랑하는 성도 여러분, 하나님은 아브람에게 어떤 약속을 하셨습니까?

① "내가 너로 큰 민족을 이루어 주겠다"고 약속하신 것입니다.

75세에 아들도 없는 아브라함에게 하나님은 내가 너로 큰 민족을 이루어 주시겠다"고 약속하셨습니다. 아들을 주시겠다는 약속입니다. 그 아들을 통하여 후손들을 번성케 하여 큰 민족을 이루게 하시겠다는 것입니다.

아브람에게 이 이상 더 큰 희소식은 없을 것입니다. 이보다 더 기쁜 소식은 없을 것입니다. 이보다 더 큰 복은 없을 것입니다. 아이를 못 낳는 가정에 아이를 낳게 해 주겠다는 것보다 더 큰 희소식이 어디 있겠는가? 아브람은 하나님의 이 약속을 믿었습니다. 그리고 그대로 이루어졌습니다.

아브라함은 100세에 이삭을 낳았고, 그를 통하여 이스라엘이 탄생하게 된 것입니다. 지금의 이스라엘이 아브람의 후손임을 믿으시기 바랍니다.

② "네게 복을 주어 네 이름을 창대하게 하리니"

네 이름을 창대하게 해 주시겠다는 말씀은 위대하게 해 주시겠다, 빛나게 해 주시겠다, 유명하게 해 주겠다는 말씀입니다. 이러한 하나님의 약속대로 아브람은 후에 "열국의 아버지"(17:5), "선지자"(20:7), "하나님 의 방백"(23:6), "여호와의 종"(사105:6). "하나님의 벗"(대하20:7:약2:23) "믿음의 조상" 및 '메시야의 선조' (롬4:11-25)라는 아름답고 위대하고 유명한 이름을 얻었으며. 오고 오는 세대로부터 이스라엘의 원조이자 믿음의 조상이라는 찬사를 얻게 되었다.

그가 이렇게까지 명성을 얻게 된 데는 그의 뛰어난 인물됨에 있었던 것이 아니라, 오직 인간을 높게도 하시고 낮추기도 하시는 하나님의 강권적 역사와, 그리고 그 역사에 자신의 전 삶을 내맡긴 그의 순종에 의해서였다. 그러므로 인간은 자신의 명예를 위해 온갖 수고를 하기에 앞서 근원적으로 인간의 이름을 높이시며 창대케 하시는 하나님을 바라볼 수 있어야 한다(신26:19; 빌2:9),

③ "너는 복이 될지라"

"You will be a blessing to others" (너는 다른 사람들에게 복이 될 것이다) 복 덩이가 되어 남을 복되게하는 사람이 될 것이다는 것입니다.

④ "땅의 모든 족속이 너로 말미암아 복을 얻을 것이라"

이 말씀은 "너는 복이 될 지라"는 말씀의 보충설명으로 볼 수 있습니다. 정확히 말씀하면 만민이 복을 받는 예수 그리스도가 아브람의 후손으로 오셔서 그 예수님을 믿으므로 모든 족속들이 구원을 얻으며 육신적으로도 놀라운 복을 받아 누리게 될 것을 말씀하신 것이다.

아브람은 이 약속의 말씀을 믿고 하나님의 떠나라는 말씀에 순종하였다는 갈대아 우르를 떠나갔다는 말씀입니다.(우상을 버리고 전적으로 하나님만을 믿었다는 말씀입니다.)

3천리가 넘는 먼 길을 얼마나 많이 걸렸는지는 모르지만 마침내 아브람은 하나님이 인도하시는 가나안 땅에 도착하게 되었던 것입니다.

5절에"아브람이 그의 아내 사래와 조카 롯과 하란에서 모은 모든 소유와 얻은 사람들을 이끌고 가나안 땅으로 가려고 떠나서 마침내 가나안 땅에 들어갔더라"

아브람은 하나님이 약속하신 것을 그대로 믿으므로 하나님의 말씀을 순종할 수 있었다는 말씀입니다. 순종하였더니 하나님께서 그 땅을 자손들에게 주시겠다고 약속하신 것입니다.

7절에 "여호와께서 아브람에게 나타나 이르시되 내가 이 땅을 네 자손에게 주리라 하신지라"

이와같이 하나님의 말씀을 순종하는 것은 하나님의 약속을 믿는 믿음과 떼어 놓을 수 없는 불가분의 관계인 것입니다. 왜 순종이 없습니까? 믿지 않기 때문입니다. 어떻게 순종을 하였습니까? 약속의 말씀을 믿기 때문입니다.

왜 기도하지 않습니까? 기도의 응답을 믿지 않기 때문입니다. 왜 열심히 기도합니까? 하나님의 응답의 약속을 믿기 때문인 것입니다.

아브람이 말씀에 순종하였더니 가나안땅을 주시겠다고 약속하십니다. 순종하였더니 아이를 낳을 수 없는 나이임에도 불구하고 100세에 아들 이삭을 주십니다. 순종의 기쁨을 맛 본 아브람은 더 큰 것도 순종을 합니다. 그래서 아들 독자 이삭을 번제로 드리라는 하나님의 명령까지도 순종합니다.

어떻게 순종할 수 있었습니까? 하나님의 약속을 확실히 믿었기 때문입니다. 히11:17-19 "아브라함은 시험을 받을 때에 믿음으로 이삭을 드렸으니 그는 약속들을 받은 자로되 그 외아들을 드렸느니라 그에게 이미 말씀하시기를 네 자손이라 칭할 자는 이삭으로 말미암으리라 하셨으니 그가 하나님이 능히 이삭을 죽은 자 가운데서 다시 살리실 줄로 생각한지라 비유컨대 그를 죽은 자 가운데서 도로 받은 것이니라"고 하였습니다.

사랑하는 성도 여러분 하나님의 말씀을 약속을 믿고 순종하시기 바랍니다. 믿고 순종하는 자에게 하나님은 더 큰 것을 주실 줄로 믿습니다.

(2) 하나님께 예배하는 삶을 살았습니다.

창12:7,8 "여호와께서 아브람에게 나타나 이르시되 내가 이 땅을 네 자손에게 주리라 하신지라 자기에게 나타나신 여호와께 그가 그 곳에서 제단을 쌓고 거기서 벧엘 동쪽 산으로 옮겨 장막을 치니 서쪽은 벧엘이요 동쪽은 아이라 그가 그 곳에서 여호와께 제단을 쌓고 여호와의 이름을 부르더니"

프랑스의 나폴레옹 황제가 워털루 전쟁에서 참패하여 세인트 헬레나 섬에서 유배생활을 하고 있을 때였습니다. 한 기자가 그에게 찾아와 이렇게 물었습니다. "당신 평생에 있어서 가장 행복한 순간이 있었다면 언제였습니까?" 나폴레옹은 한참 눈을 감고 회상을 하더니 이렇게 대답을 했습니다. "전투가 치열하던 어떤 주일이었죠. 그때 나는 졸병이었지만 아침에 철모를 벗고 교회에 가서 하나님께 감사하고 눈물을 흘리며 예배를 드린 때가 있었습니다. 바로 그때가 내게 있어서 가장 행복했던 때였습니다. 그러나 나는 어느 날부터인가 예배에 빠지기 시작하였고 지금 전쟁에서 패배하여 이처럼 유배생활을 하고 있습니다."

그렇습니다. 우리는 최고의 행복한 순간이 하나님께 예배를 드릴 때여야 합니다. 아니 우리 그리스도인들은 하나님 앞에 예배를 드리는 순간이 최고의 행복을 누리는 순간입니다. 예배야말로 그리스도인의 삶에 최고의 행복이요, 가치요, 극치이기 때문입니다. 그리스도인들이여, 예배를 회복하고 존중히 여기십시오.

많은 사람이 하버드대학에 공부하러 유학왔다가 그 교회에 예배 드렸던 사람의 이야기를 했습니다. 그 분은 서울의 정동교회의 권사로 계셨던 분인데, 배 검사라고 합니다. 그 분은 하버드대학에 1년 동안 유학을 왔다가 그 교회에 출석하기 시작했습니다. 그 교회에 와서 얼마나 열심히 봉사를 하는지 주일마다 빠지지 아니하고 온전한 십일조를 내고 그리고 충성을 하는데 나중에 알고 보니까 검사였습니다. 그래서 교인들이 깜짝 놀라서 물었습니다. "어떻게 이렇게 열심히 봉사하십니까?" 그러자 그분은 이렇게 대답했습니다. "내가 어디를 가든지 하나님께 예배하는 곳이 바로 내 아버지 집이 아닙니까? 그곳이 내 교회가 아닙니까? 나는 주님 오실 때까지 이곳에서 섬기다가 주님 오시면 여기에서 주님 맞이할텐데, 이 교회에서 충성을 다해야 할 것이 아닙니까? 어디든지 내가 가서 예배하는 곳이 내 아버지 집이요, 내가 예배하는 곳이 내 교회입니다." 그 분이 봉사하던 것을 생각하시고는 그곳 목사님이 눈물을 글썽거리시며, 짧은 시간이지만 그 분은 교회에 참 많은 영향을 끼쳤다고 말씀하셨습니다.

영국 청교도 신학자로 유명한 백스터(Baxter, Richard)목사는, 교회에 취임후, 먼저 한 것이 교인들로 가정예배를 가지도록 힘썼다는 것이고, 영국의 대 설교가 스펄전(Spurgeon) 목사는 말하기를 "가정예배를 그치는 자에겐 화가 있다"고 했다. 신자의 가정에서 힘써야할 것은, 가정예배이다.

(3) 기도하는 삶을 살았습니다.

"여호와의 이름을 부르더니"(창:128하)라는 말씀은 기도를 의미하는 말씀입니다. 아브라함은 고향을 떠나 하나님께서 인도하시는 가나안땅에 이르게 되었습니다. 수천 리를 하나님의 인도를 받은 아브라함은 계속하여 하나님의 인도를 받지 않을 수 없었던 것입니다. 그는 이르는 곳마다 하나님께 기도하며 예배를 드렸던 것입니다.

세상살이에 누구의 인도를 받는다는 것보다 더 복된 삶이 없을 것입니다. 특히 훌륭한 스승의 인도를 받는다면 얼마나 행복하겠는가? 우리가 하나님의 인도를 받는 것보다 더 행복한 삶은 없을 것입니다. 하나님의 인도를 받는 방법은 기도하는 삶인 것입니다. 위대한 주님의 종들은 다 기도하여 하나님의 인도를 받아 승리하는 삶을 살았습니다.

쉘든 고든(Sheldon D. Gordon)이 말하기를 세상에서 위대한 사람들은 기도하는 사람들이다. 이 말은 기도에 대해서 '말하는 자' 들을 두고 하는 말이 아니다. 자신들이 기도를 믿는다고 말하는 자들을 두고 하는 말도 아니다. 내가 말하고자 하는 자들은 시간을 내서 기도하는 자들이다. 오늘날 바로 이들이 하나님을 위해 최상의 것을 하고 있는 자들이다. 그들은 영혼들을 구하고, 문제들을 해결하며, 교회를 일깨우고, 세상을 좀 더 오래 향기롭게 하는 일에 있어서 최상의 일을 하고 있다. 이러한 기도에 대치될 수 있는 일은 아무것도 없다."고 말하였습니다.

기도하여 많은 응답을 받은 사람은 죠지 뮬러일 것입니다. 그는 영국에서 고아원을 경영하면서 하나님께 기도하여 5만 번의 응답을 받은 기도의 용사였습니다. 인간에게 의지하지 않고, 오로지 하나님께 간구함으로 고아원을 세웠고, 15만 명의 고아들을 길러 내기도 했습니다.

그에게 많은 일화가 있는데 그 주에 하나를 소개하면 어느 날, 고아원의

식량이 완전히 바닥이 나 버렸을 때의 일입니다. 그것도 일 · 이백 명의 식량이 아니었습니다. 그러자 보모는 죠지 뮬러에게 의논하였습니다.

'아이들에게 먹일 것이 없어요.'

그는 서슴치 않고. '그래요 ?'

'그럼 평상 시 대로 식탁을 준비하십시오. '

보모는 식탁을 준비했고. 다시 식사시간 15분 전에 초조한 마음으로 뮬러에게,

'15분 전인데 접시에는 아무것도 없어요"

그는 대답하기를

'걱정 말아요. 하나님께 기도해 두었으니까' 10분이 지냈고 보모는 다시 뮬러를 찾아왔다.

'이제 5분밖에 남지 않았어요.'

그 말이 끝나기가 무섭게 여러 대의 마차가 빵을 가득 싣고 큰 소리를 내면서 문으로 들어왔다. 뮬러는 보모를 불렀다.

'이렇게 믿음이 없어서야 어찌 함께 일올 할 수 있겠소?'

우리가 기도 응답을 받으려면, 의심하지 않고 기도하여야 합니다. 조지 뮬러(George M?ller)는 기도하기 전에 먼저 성경을 읽고, 마음을 깨끗이 하고, 믿음으로 기도하므로 많은 기도 응답을 받았다고 합니다.

우리도 기도하여 응답받음으로 우리의 하루하루를 하나님의 인도를 받으며 살아가는 믿음의 조상 아브라함처럼 되어지기를 진심으로 축원합니다.

(4) 아브람은 최초로 소득의 십일조를 드리는 삶을 살았습니다.

14:20 "너희 대적을 네 손에 붙이신 지극히 높으신 하나님을 찬송할지로다 하매 아브람이 그 얻은 것에서 십분의 일을 멜기세덱에게 주었더라"

히7:1-3 "이 멜기세덱은 살렘 왕이요 지극히 높으신 하나님의 제사장이라 여러 왕을 쳐서 죽이고 돌아오는 아브라함을 만나 복을 빈 자라 아브라함이 모든 것의 십분의 일을 그에게 나누어 주니라 그 이름을 해석하면 먼저는 의의 왕이요 그 다음은 살렘 왕이니 곧 평강의 왕이요 아버지도 없고 어머니도 없고 족보도 없고 시작한 날도 없고 생명의 끝도 없어 하나님의 아들과 닮아서 항상 제사장으로 있느니라"

이 세상에 오시기 전 성자 하나님께 십일조를 드렸다는 말씀입니다. 십일조는 하나님께서 우리 인간에게 물질의 축복을 주시기 위하여 주신 명령입니다. 말라기서에는 너희가 온전한 십일조를 들여 나를 시험하여 내가 너희에게 복을 쌓을 곳이 없도록 붓지 아니하나 시험하여 보라고 까지 말씀하십니다.

신구약 성도의 경건한 사람들은 율법을 떠나서라도 최소한도 십분의 일 이상을 바쳐 청지기로서의 신앙을 고백하고 물질을 통해서 예배와 헌신을 드렸습니다. 어찌 그 이하일 수 있으랴 ! 공산당은 최하당원이라도 자신의 사유재산을 전적으로 포기하는 것입니다.

십일조 바치는 신자가 영육 간에 복을 받았다는 사실은 자고로 수천만 명의 실증을 가진 통계적 진리입니다. 십일조도 못하는 성도는 영점 이하의 크리스찬이다.

십일조를 꼭 해야만 하는가 아니면 구약시대의 유물이니 신약시대에서는 안 해도 괜찮은가? 이 문제에 대해서 생각해보신 분들이 아마 꽤 많으리라고 생각됩니다. 뭐 복잡하게 따질 것 없이 한 유학생의 간증을 말씀드리고자 합니다. 좀 긴듯하지만 그의 산 체험을 함께 고백하게 될 것입니다.

그는 어릴 적 주일학교를 좀 다니다가 교회와는 발을 끊고 살았으나, 미국에 유학중이던 1989년 가을부터 교회에 다시 나가기 시작했습니다. 그러다가 1990년 6월 첫 주일 날 회개와 함께 성령세례를 받고 뜨거운 믿음생활을 시작하게 되었습니다. 그렇지만 아직 성경의 가르침에 대해서는 여러모로 지식이 부족하던 때였습니다. 또 그의 어머님께서는 십일조 생활도 하면서 열심이었으나 그는 솔직히 십일조와는 상관없는 일로 여기고 있었답니다.

사실 그때만 하더라도 집에서 생활비를 받던 처지라서 이미 어머니께서 십일조를 떼셨으니까 나는 안 해도 된다하는 생각이었답니다. 그런데 1990년 8월 어느 주일날, 늦잠 자느라 다니던 미국교회도 못 나가고 저녁에 여의도순복음교회 조다윗(용기) 목사님의 설교테이프를 들으면서 가정예배로 때웠는데 설교가 끝난 후 그의 아내가 심각한 얼굴로 "십일조를 내볼까 하는데요"라고 말하더랍니다. 사실 별 감흥 없이 설교를 들었는데 그의 아내는 "십일조를 안 내는 것은 하나님의 물질을 도적질하는 것이다"라는 말라기에 관한 조목사님의 말씀을 듣고 가슴에 뭔과 굉장히 크게 감동이 되더랍니다. 그런데 솔직히 넉넉지 않던 유학생 살림에 십일조를 낸다는 게 참 아깝기도 하고 해서 아마 속으로는 상당히 갈등을 많이 했던 모양입니다. 그러면서 말라기에 기록된 대로 한번 하나님을 시험하는 셈 치고 십일조를 하자고 말했습니다. 그러고는 즉시 개인용 수표에다가 150불을 적어서 지갑에 보관했다고 합니다.

물론 그 다음 주일날 교회에 십일조를 헌금하고 나자 2살이던 아이가 갑자기 귀에 염증이 생겨서 병원에서 치료하고 항생제 약값이 무려 40불이나 들었다는 것입니다. 참 기가 막혀 십일조 하면 하늘 문을 열고 쌓을 곳이 없을 정도로 부으시겠다고 했는데, 아니 아이도 아프고 하필이면 값도 제일 비싼 약을 써야만 했으니............ 그런데 그게 신기한 일이 일어났다는 것입니다. 그 다음 주 어느 날 학교의 Mail Box에 가보니 왠 편지봉투가 있는데 그 속에 198불짜리 수표가 들어있더라는 것입니다. 그 전에 조교하면서 받지 못했던 돈이라고 써 있는데 그 198불이 십일조 금액과 약값과 이자를 합산하면 그 액수와 딱 맞아 떨어지더라는 것입니다. '하나님은 참 계산도 정확하신 분이다' 라며 감탄했다는 것입니다. 그런데 말입니다. 그게 전부가 아니었습니다. 그건 말하자면 예고편과 같았습니다.

그 다음 주 또 한 통의 편지가 왔는데, 학교에서 장학금을 준다는 통지였다는 것입니다. 당시 그는 국내 어떤 장학단체로부터 장학금을 받고 있었기 때문에 학교에서 장학금을 받으면 등록금고지서 자체의 액수가 달라지므로 한국에서의 장학금은 받지 못할 처지이므로 작년에도 그러한 장학금제의가 있었으나 이런 이유로 못 받았던 적이 있었다는 것입니다. 그래서 학교에서는 장학금 신청하라고 해도 안하고 있었는데 대학원주임이 자꾸만 하라고 해서 할 수 없이 뒤늦게 신청원서를 내었다는 것입니다. 그런데 한국에서 받은 장학금으로 등록금을 내고난 한참 후에 학교에서 또 등록금용 장학금을 주겠다는 것입니다. 이미 등록한 후라서 돈을 되 돌려받는 형식으로 장학금을 받았는데 그 액수가 무려 10,000불이었습니다. 1만불이면 우리 돈으로는 한 800만원 쯤 되지만, 미국에서 현찰로 1만 불의 가치는 우리 돈으로 실제로 몇 천만 원에 해당할 정도로 엄청난 금액이라고 합니다.

이처럼 십일조를 낸 후에 곧바로 하나님께서는 말라기의 말씀이 사실이며 하나님께서는 아무리 어린 자의 기도라도 듣고 응답해주시는 살아계시는 하나님 아버지이심을 체험적으로 깨닫게 해주셨다는 것입니다. 물론 귀국해서도 지금까지 십일조를 계속하고 있는데 하나님께서 그 분의 가정에 물질적으로 곤고하지 않도록 돌봐주시고 계신다는 것입니다. 그가 무엇보다도 기뻤던 것은 받은 돈의 많고 적음을 떠나서 하나님께서 정말로 살아 계시다는 사실, 그리고 성경말씀이 정말로 진실하다는 사실을 이론적, 학문적, 교리적으로가 아니라 생생한 체험을 통해서 부인 할래야 부인할 수 없도록 알게 해주셨다는 것입니다.

"무엇이든지 기도하고 구하는 것은 받은 줄로 믿으라. 그리하면 너희에게 그대로 되리라."(막11:24)고 하셨습니다.

십일조는 성도에게 있어서 믿음의 고백이며 하나님의 은총을 얻는 길입니다. 멘솔래덤 상표와 주인공 알버트 하이드는 십일조를 드린 다음 언 손에 바르는 약 맨솔래덤을 발명하여 큰 재산을 모았다는 것입니다.그는 철저하게 십일조생활을 했을 뿐만 아니라 YMCA에 수천만 달러를 헌납했고, 87세로 죽을 때는 1백50억이 넘는 돈을 선교 사역으로 드렸다고 합니다.

윌리엄 콜게이트도 뉴욕으로 가는 뱃길에서 노인을 만나 "네가 훌륭한 비누업자가 되려면 하나님을 잘 섬기는 가운데 십일조를 드려라"는 조언을 듣고 이를 실천하여 세계의 재벌이 되었으며 록펠러도 주급 1달러 50센트를 받았을 때부터 십일조 생활을 해 큰 재벌이 되었던 것입니다.

아브라함은 하나님의 약속의 말씀을 듣고 하나님의 명령을 순종하였습니다. 그는 고향을 떠나 3천리 이상 되는 가나안 땅으로 하나님의 인도하심을 따라 도착을 하게 되었습니다. 그곳에 왔을 때 하나님께서 그에게 가나안 땅을 너의 자손에게 주시겠다고 하였습니다. 그는 하나님께 감격하여 제단을 쌓고 예배를 드렸습니다. 그리고 여호와의 이름을 부르며 기도하였습니다.

그런데 그에게 문제가 있었습니다. 하나님이 약속하신 땅 가나안에 도착하였지만 양식이 없었습니다. 흉년이 들어 기근으로 고생을 하였습니다. 그리고 그는 양식을 구하기 위하여 점점 남쪽으로 내려갔습니다. 더디어 이집트까지 내려갔습니다. 예수 믿으면 과거보다 더 잘 살 수 있다고 생각하는 사람들이 많습니다. 그 말이 틀린 말은 아닙니다. 그러나 처음 믿을 때에는 핍박을 당하고 고난이 찾아오기도 합니다. 그렇다고 이집트까지 내려가서는 안 되는 것입니다. 이집트는 우상숭배의 도성입니다. 이 세상을 상징합니다. 하나님의 백성들을 괴롭히고 죽이는 곳입니다. 세상의 향락에 도취된 곳이기도 합니다.

이집트에 내려간 아브람에게 어떤 일이 일어났습니까? 양식은 있었지만 먹는 것보다 더 큰 문제가 일어났습니다. 그것은 아내를 동생이라고 속이므로 아내를 이집트의 왕 바로에게 빼앗길 뻔 하였습니다. 아브람의 아내는 아주 아름다운 미모의 여성이었습니다. 이미 70세가 가까웠음에도 불구하고 처녀처럼 보인 것입니다. 이것이 얼마나 큰 축복입니까? 그런데 너무 지나치게 아름다운 아내는 어려움이 많은 것입니다. 그 이유는 유혹하는 자들이 많기 때문입니다.

죄악 세상에서는 자칫 잘 못하면 좋은 것, 장점, 유익한 것이 오히려 화근이 될 수도 있는 것입니다. 아브람의 아내 사라가 그러한 케이스였습니다. 자신의 아내를 빼앗기 위하여 남편인 자신을 죽일 것이라는 두려움에 사로잡히게 된 것입니다.

여기에서 신자들의 약점을 발견할 수 있는 것입니다. 아브람은 하나님을 믿는 믿음보다는 자신의 지혜를 믿었고, 자신의 지식을 믿었습니다. 그래서 자기 아내를 누이동생이라 속이므로 아내는 다른 남자에게 내어줄지언정 자기만은 살겠다는 비열하고 치사스러운 행위를 내 보이고 있지 않습니까?

아니나 다를까 이집트의 왕이 아름다운 외국인 미녀가 나라에 들어왔다는 신하들의 보고를 듣고 궁으로 데려오게 하고, 오빠인 아브람에게는 양과 소와 남여종들과 암수 나귀와 낙타들을 하사해 주었던 것이다.

이 일로 인하여 하나님께서 진노하셔서 왕과 왕궁에 큰 재앙을 내렸던 것입니다. 이 때에 왕이 아브라함을 불러

"네가 어찌하여 나에게 이렇게 행하였느냐?"

"네가 어찌하여 그를 네 아내라고 내게 말하지 아니하였느냐?"

라고 책망하며 아내와 그의 모든 다시 돌려보낸 것입니다. 그리하여 아브람에게 가축과 은금이 풍부하여 거부가 되어 전에 하나님께 예배를 드렸던 가

나안 땅 벧엘로 올라오게 되었던 것입니다. 우리가 이 세상을 살아가면서 어렵고 힘들다고 내려가면 안 되는 것입니다. 아브람이 실수하여 내려갔지만 다행이 왕의 책망을 받고 다시 벧엘로 올라왔던 것입니다. 이것을 우리는 회개라고 할 수 있는 것입니다.

하나님은 회개할 때에 기뻐하시고 그 죄를 용서하시고 다시 은혜를 베푸시는 줄을 믿으시기 바랍니다. 아브람은 이집트에서 올라온 이후에 하나님의 크신 축복을 받게 됩니다. 그것은 13:14–17

"롯이 아브람을 떠난 후에 여호와께서 아브람에게 이르시되 너는 눈을 들어 너 있는 곳에서 북쪽과 남쪽 그리고 동쪽과 서쪽을 바라보라 보이는 땅을 내가 너와 네 자손에게 주리니 영원히 이르리라 내가 네 자손이 땅의 티끌 같게 하리니 사람이 땅의 티끌을 능히 셀 수 있을진대 네 자손도 세리라 너는 일어나 그 땅을 종과 횡으로 두루 다녀 보라 내가 그것을 네게 주리라 이에 아브람이 장막을 옮겨 헤브론에 있는 마므레 상수리 수풀에 이르러 거주하며 거기서 여호와를 위하여 제단을 쌓았더라"

고 하였습니다.

이 일후에 아브라함을 높은 곳으로 불러 올려 멀리 동서남북을 바라보게 하신 후에

"보이는 땅을 내가 너와 네 자손에게 주리니 영원히 이르리라"(15절)

"너는 일어나 그 땅을 종과 횡으로 두루 다녀 보라 내가 그것을 네게 주리라"(17절)

"내가 네 자손이 땅의 티끌 같게 하리니 사람이 땅의 티끌을 능히 셀 수 있을진대 네 자손도 세리라"(17절)는 큰 복을 주셨던 것입니다.

무엇때문에 하나님의 마음에 딱 맞아 들어 이와 같은 복을 받았습니까? 그것은 롯과의 영원한 분리를 통하여 나타났던 것입니다. 아브람은 고향에서 조카 롯을 데리고 지금까지 동행을 하였습니다. 그러나 이제 그를 영원히

떠나보내야 할 시기가 온 것입니다. 성경에는 거룩과 세속, 택한 백성과 버림 받은 백성, 그리고 신자와 불신자는 천국과 지옥으로 영원히 분리되어야 하는 것입니다.

그 예표로 여기 나오는 아브라함과 롯과의 분리(13:1-13), 이삭과 이스마엘과의 분리(21:8-21). 야곱과 에서와의 분리(36:1-32)로 세 번에 걸쳐 분리하는 것을 볼 수 있는 것입니다. 본장에 아브람과 룻의 분리는 이스라엘의 시조 아브라함과 모압과 암몬족의 시조 롯 사이의 분리입니다(1-13).

이렇게 하여 아브라함은 하나님께 복을 받았습니다. 그는 100세에 아들 이삭을 낳으므로 오늘의 이스라엘의 조상이 되었던 것입니다. 뿐만 아니라 그의 후손들 가운데는 훌륭한 인물들이 많이 배출되어 각지각처에서 세계를 움직이고 있는 것입니다. 경재나 정치나 과학 등 모든 면에 두각을 나타내고 있으며 세계인의 선망의 대상이 되고 있는 것입니다.

PART 4

그리스도인의 사회생활

마라로 인도하신 하나님

(출 15:22-27)

모세가 홍해에서 이스라엘을 인도하매 그들이 나와서 수르 광야로 들어가서 거기서 사흘길을 걸었으나 물을 얻지 못하고 마라에 이르렀더니 그 곳 물이 써서 마시지 못 하겠으므로 그 이름을 마라라 하였더라 백성이 모세에게 원망하여 이르되 우리가 무엇을 마실까 하매 모세가 여호와께 부르짖었더니 여호와께서 그에게 한 나무를 가리키시니 그가 물에 던지니 물이 달게 되었더라 거기서 여호와께서 그들을 위하여 법도와 율례를 정하시고 그들을 시험하실새 이르시되 너희가 너희 하나님 나 여호와의 말을 들어 순종하고 내가 보기에 의를 행하며 내 계명에 귀를 기울이며 내 모든 규례를 지키면 내가 애굽 사람에게 내린 모든 질병 중 하나도 너희에게 내리지 아니하리니 나는 너희를 치료하는 여호와임이라 그들이 엘림에 이르니 거기에 물 샘 열둘과 종려나무 일흔 그루가 있는지라 거기서 그들이 그 물 곁에 장막을 치니라

출애굽한 이스라엘 자손들이 약속의 땅, 가나안에 들어가는 두 길이 있습니다. 하나는 지중해 연안으로 하여 블레셋 나라가 있는 곳으로 가면 넉넉잡고 7일 정도만 하면 갈 수 있다고 합니다. 그러나 하나님께서 그곳으로 인도하지 않으신 것은 이들이 싸움을 잘하는 블레셋 사람들을 만나면 겁을 집어먹고, 다시 애굽으로 돌아갈 가능성이 있으므로 허락지 않으셨다고 하였습니다.

하나님이 인도하신 길은 홍해바다를 건너 수르광야를 통과하여 시내산에서 계명을 받으며 머물다가 신광야를 지나 가데스 바네아에서 가나안을 정탐한 후에 불신앙적인 보고로 온 백성들이 하나님을 원망하며 범죄하므로 40년간을 광야에서 지나는 동안 20세이상의 백성들이 다 죽은 후에 에돔을 거쳐 사해바다 건너 모압에 이르게 되었습니다. 거기서 지도자 모세가 하나님의 부르심을 받아 가고 대신 여호수아의 인도하에 요단강을 건너 가나안으로 들어가게 되었습니다. 이스라엘의 범죄로 한 달 정도 걸릴 거리임에도 불구하고 40년이란 긴 세월이 걸린 것입니다.

(1) 수르광야 길로 인도하시는 하나님

특히 구원 받은 우리들의 이 세상에서의 삶은 이스라엘이 가나안을 향하여 걸어간 40년간의 광야 길과 같다고 할 수 있는 것입니다. 여기 "광야"라는 곳은(Desert, Wilderness) 목초지나 샘들이 간혹 있으나, 비가 극히 적게 내리는 곳입니다. 그래도 오아시스가 간혹 있기도 합니다. 그러나 사람들이 살기에는 힘든 지역입니다. 이러한 광야를 '거친 땅' '빈들' '사막' 등으로 성경에서는 번역되고 있습니다.

낮에는 강렬한 햇볕 때문에 견디기 어려우며, 밤에는 추운 곳이 광야와 사막의 특징입니다. 하나님께서 구원하신 이스라엘을 이런 곳으로 인도하신 것입니다. 그러나 하나님은 낮에는 구름기둥으로 밤에는 불기둥으로 이 수르광야 길로 인도하신 것입니다. 일주일이면 갈 수 있는 길을 왜 한 달이 아니라 40년간이나 걸려야만 하는 수르 광야 길로 가게 하셨습니까?

하나님은 그 능력으로 블레셋 사람들을 무찌르고, 가까운 지중해안 쪽으로 인도하시지 않으셨습니까? 왜 어렵고 메마른 땅, 먹을 것이 없고, 마실 물이 없는 광야의 긴 여정을 통과하여 가나안으로 들어가도록 하셨을까요?

하나님께서 착각하신 것입니까? 아니면 잘 몰라서 그렇게 하셨을까요? 아닙니다. 하나님은 전지전능하신 하나님이십니다. 그러면 왜 수르 광야 길로 인도하셨을까요? 하나님께서 고난의 길로 인도하신 것은 하나님의 높으신 뜻이 계셨기 때문입니다.

애굽에서 수백년동안 생활하면서 젖어있던 노예근성과 하나님을 모르는 불신앙을 가지고는 약속의 땅으로 들어갈 수 없었기 때문이었습니다. 그래서 광야로 몰아 40년 동안 영적 훈련을 시키신 것입니다.

마찬가지로 오늘 우리 성도들에게 모든 것들이 형통하도록 하시지 않으시고, 광야와 같은 이 세상에서 온갖 고난과 어려움을 당하면서 살아가게 하시는 것은 우리들을 영적 사람으로 훈련시키시기 위함인 줄로 믿습니다. 중생을 했지만 타락했던 옛 근성에서 나오는 성격, 육신의 정욕과 안목의 정욕 이생의 자랑, 교만, 탐욕, 하나님보다 자신을 의지하는 마음을 그대로 가지고는 하나님의 전능하심과 은혜와 복들을 깨닫지 못하기 때문이었습니다.

그 때문에 하나님께서는 복을 주시기 전에 먼저 고난을 경험하게 하시는 것입니다. 많은 신자들이 저는 하나님을 믿고, 의지하고, 기도해서 결혼하여 가정도 이루고, 사업도 하는데 왜 이처럼 견디기 어려운 혹독한 시험과 환난이 다가오며 모든 일에 시련의 눈보라가 치고 사막을 지나는 것같은 고통이 다가옵니까? 전진도 후퇴도 못할 정도로 죽게 되었는데 왜 하나님께서는 나를 이렇게 대하십니까? 라고 말하는 사람들이 있습니다.

하나님께서 광야의 길을 걷게 하시는 것은 우리의 무능함과 하나님의 전지전능하심을 깨닫고 전적 하나님만을 의지하게 하시기 위함인 줄로 믿습니다. 그리고 큰 복을 주셔서 그것을 누리게 하기 위함인 줄로 믿습니다. 먼저 우리의 불신앙과 타락한 인격의 찌꺼기를 제하시고 복을 주시는 것입니다.

어느 건축 공사장치고 기초도 다지지 않고 먼저 건물부터 세우는 것을 보았습니까? 어느 도로 공사치고 지반을 파내지도 않고 바로 길을 닦는 것을 보았습니까? 다윗이 이스라엘의 위대한 성군이 된 것이 온실의 화초처럼 자라 왕이 되었기 때문입니까? 요셉이 대제국 애굽의 총리가 된 것이 아버지의 품안에서 고이고이 자라므로 되었습니까? 하나님께서는 사랑하는 우리들을 귀하게 쓰시고, 큰 복을 주시고, 위대한 일을 맡기시기 위해서는 먼저 수르광야의 길을 걷게 하시는 것입니다. 이러한 훈련을 통하여 노예근성의 찌꺼기를 제거하고, 우리의 신앙 인격을 변화시키신 다음에 젖과 꿀이 흐르는 가나안을 주시는 줄을 믿으시기 바랍니다.

요즘 교회들이 어려운 문제들로 분쟁이 일어나고, 싸우는 모습들을 쉽게 봅니다. 기독교 연합기구들이 메스컴의 심한 질타를 받습니다. 세습목회에 대해서도 세상의 비난이 쏟아지고 있습니다. 이러한 모든 일들이 다 하나님의 크신 뜻이 계심을 믿으시기 바랍니다.

신자나 교회가 이 세상에 있는 동안에는 온전하지 못합니다. 이런 저런 사건들을 통하여 하나님을 경험하며, 죄를 깨달아 회개하므로 성화의 길을 걷게 하시는 것입니다. 아무 어려움이나 고통 없이, 괴롬 없이 이 세상에 살게 하시지 않는다는 것입니다. 왜요, 광야와 같은 어려운 주위환경을 만남으로 참고 견디고 인내하는 인격자로 훈련시키기 위함이요, 물없이 사흘을 참고 견디며 길을 행하므로 천국 나그네의 삶에 여러 가지 갈증을 참아내는 인내의 사람으로 만들기 위함인 줄로 믿습니다.

광야의 길, 고통과 눈물과 빈곤의 다음 삶을 다 통과한 다음 새하늘과 새땅으로 된 천국에 들어갈 때에"하나님이 친히 우리의 모든 눈물을 그 눈에서 닦아 주시고, 다시는 죽음이 없고 애통하는 것이나 곡하는 것이나 아픈 것이 다시 없는 곳, 생명수 샘물을 값없이 주시는 곳을 상속으로 받아 누리는 그곳에서 주님과 함께 영원히 영생을 누리게 하시는 줄로 믿습니다.

(2) 하나님의 백성들이 가는 길목에 마라를 두셨다는 사실입니다.

그들이 건조하고 무더운 광야 길을 사흘 동안 걸어가는 동안 목이 말라 죽을 지경이었지만 마실 물 한 방울을 얻지 못했습니다. 얼마나 괴로웠겠습니까? 인생의 갈증, 어떤 것인지 경험해 보셨습니까? 목마름의 갈증, 물질이 없어 당하는 갈증, 사랑이 그리워 외로움의 갈증을 광야길을 길어가면서 당하게 하신 것입니다.

사흘동안 그 고통스러운 수르광야의 길을 통과한 다음에 더디어 그들이 한 우물을 발견했습니다. 얼마나 기뻤겠습니까? 얼른 한 움큼의 물을 집어 입에 넣었지만 모두가 다 삼키지 못하고 도로 되뱉어 버렸습니다. 왜요, 그 물이 소태처럼 썼기 때문입니다. 아무리 목이 말라 죽어도 도저히 삼킬 수 없는 쓰디쓴 물이었습니다.

왜 이 물을 만나게 했을까요? 왜 하나님께서 쓰디쓴 물이 있는 마라로 인도했을까요? 하나님의 큰 뜻이 계셨습니다. 그러나 이스라엘 백성들은 그것을 알지 못했습니다. 도리어 이 물로 인도한 모세를 향하여 원망을 퍼 붓습니다. 사실은 모세가 인도한 것이 아니라 하나님께서 불과 구름기둥으로 그들을 인도하신 것입니다. 그런데 모세를 원망하고 불평을 퍼트립니다.

24절에 "마라에 이르렀더니 그 곳 물이 써서 마시지 못하겠으므로 그 이름을 마라라 하였더라 백성이 모세에게 원망하여 이르되 우리가 무엇을 마실까 하매"

여러분, 무슨 일이든지 원망과 불평으로 일이 잘 되는 것 보았습니까? 하나님의 일이나 가정일이나 세상의 그 어느 일도 원망과 불평 속에서 잘 되는 법이 없는 것입니다.

원망하는 사람들은 나름대로 원망의 이유가 있고, 불평꺼리가 있는 것입니다. 그러나 원망이나 불평으로 문제해결은 안 된다는 것을 기억하시기 바랍니다. 더욱이 하나님께서 배후에서 역사하시는 교회에서는 더더욱 원망과 불평을 해서는 안 됩니다. 그것으로 문제가 해결되는 경우가 없기 때문입니다.

그러면 어떻게 해야 합니까? 하나님의 종 모세를 보십시오. 25절을 다같이 읽읍시다.

"모세가 여호와께 부르짖었더니"

그 쓴 물이 어떻게 되었다고요? 예 "물이 달게 되었더라"고 하였습니다. 어떻게 물이 달아졌습니까?

"모세가 여호와께 부르짖었더니 여호와께서 그에게 한 나무를 가리키시니 그가 물에 던지니 물이 달게 되었더라"

쓴 물이 단물로 변한 이 마라의 물을 실컷 마신 것입니다. 갈증을 면하게 된 것입니다.

여기서 놀라운 영적 교훈 두 가지를 주십니다. 사실 이것을 주시기 위하여 하나님께서 이 마라로 이스라엘을 인도하신 것입니다.

첫째는 쓴 물이 달게 되는 것은 한 나뭇가지를 물에 던지므로 달아지게 되었다는 것입니다.

"여호와께서 그에게 한 나무를 가리키시니 그가 물에 던졌더니 그 물이 달게 되었더라"고 "한 나무를 그 쓴 물에 던졌더니 그 쓴 물이 달게 되었더라"

"여호와께서 가리키신 한 나무"에 하나님의 위대하신 영적 교훈이 숨겨져 있다는 사실입니다. 이것을 보여주시기 위하여 스르광야의 길로 인도하셨고, 쓰디쓴 마라의 우물 가로 인도하신 것입니다. 그 영적 진리가 무엇입니까?

예수 그리스도의 십자가를 보여주신 것입니다. 출애굽기에서 보여주시는 두 번째의 십자가의 비밀입니다. 장차 오실 성자 하나님께서 이 세상에 오셔서 쓴 물을 달게하시려고 지신 나무 십자가의 보혈의 능력을 보여주신 것입니다.

수르광야길을 걷는 인생들이 지치고 갈증에 시달려 곧 쓰러질 그때에, 설상가상으로 마라의 쓴 물까지도 그림의 떡처럼 인생을 더 갈증나게 하여 죽게 할 그 때에 하나님이 지시하신 나무를 그 쓴 물에 던졌더니 달아졌다는 것입니다.

광야같은 이 세상을 살아가는 인생, 죄와 허물로 아예 죽어버린 우리 인생, 목마름의 갈증이 심히 압박하여 곧 쓰러지게 할 그때에 "예수 그리스도의 십자가의 복음을 받아들일 때 달콤한 인생으로, 거듭난 인생, 살맛나는 인생으로 만들어주신다는 것을 보여주신 것입니다. 믿습니까?

이 세상의 쓰디쓴 모든 문제, 영육간의 모든 문제들이 예수님의 십자가의 복음으로 해결 안 되는 것이 어디에 있겠습니까? 그리스도의 십자가의 복음으로 해결 받지 못한 일들은 하나도 없는 것입니다.

주님의 십자가 보혈의 공로로 용서 받지 못한 죄가 있었습니까? 쓰디 쓴 무서운 죄 병도 깨끗이 용서받습니다. 여섯 남편으로도 갈증에 시달리는 수가성의 여인도, 엄청난 돈으로도 갈증에 시달리는 세리장 삭개오도, 십자가 위에서까지 예수님을 모욕하던 강도까지도 다 용서받고, 천국에 들어가는 역사가 십자가의 공로로 해결되는 줄로 믿습니다.

십자가의 능력으로 고치지 못할 사람이 없고,
해결 못할 문제가 없는 것입니다.
하나님 만나 해결 못할 일이 없습니다.
예수님의 보혈의 능력으로 못 고칠 병이 없는 것입니다.

지치고 쓰라린 내 인생길에 마라가 있습니까? 전능하신 여호와 하나님 아버지께 부르짖기를 바랍니다. 주님을 만나시기 바랍니다. 십자가의 보혈의 능력을 믿으시기 바랍니다. 분명히 역사가 일어날 것을 믿고 간구하시기 바랍니다. 하나님께서 기도하는 사람들에게 응답하시는 것을 체험하게 될 줄로 믿습니다.

사람을 바라보고 원망하지 맙시다. 자신의 지식과 경험과 세상의 방법 바라보고 그대로 안 된다고 원망하거나 불평하지 맙시다. 하나님의 자녀들은 하나님을 바라보고 하나님께 기도해야 합니다.

하나님의 백성들은 하나님께 부르짖어야 문제가 해결되는 것입니다. 쓴 물이 달아지는 역사가 일어나는 줄로 믿습니다.

이스라엘 백성들이 얼마나 기뻐하며 물을 마셨겠습니까? 어른도, 아이도, 남자도 여자도 다 마셨습니다. 양들도 염소도 소도 나귀도 다 실컷 물을 마셨습니다. 갈증이 다 해결되었습니다.

두 번째는 쓴 물을 달게하시는 역사를 통하여 여호와는 치료하시는 여호와이심을 보여주신 것입니다.

25절과 26절을 봉독하시겠습니다.

"모세가 여호와께 부르짖었더니 여호와께서 그에게 한 나무를 가리키시니 그가 물에 던지니 물이 달게 되었더라 거기서 여호와께서 그들을 위하여 법도와 율례를 정하시고 그들을 시험하실새 이르시되 너희가 너희 하나님 나 여호와의 말을 들어 순종하고 내가 보기에 의를 행하며 내 계명에 귀를 기울이며 내 모든 규례를 지키면 내가 애굽 사람에게 내린 모든 질병 중 하나도 너희에게 내리지 아니하리니 나는 너희를 치료하는 여호와임이라"

우리가 살고있는 주위환경 가운데는 눈에 보이지 않는 병균들이 무수하게 많은 것입니다. 손발, 식기, 컵, 화장실, 음식 특히 우리의 몸안에까지도 온갖 병균들과 암세포들이 돌고 있습니다.

그런데 왜 병에 안 걸리는가? 하나님께서 병균이나 암세포를 파괴하거나 잡아먹는 세포나 백혈구를 혈액과 침속에 넣어 두셨다는 것입니다. 그것들이 활발히 활동을 하면 어떤 병균들과 악성 세포도 다 잡아 먹힘으로 병에 걸리지 않게 하신다는 것입니다. 하나님 잘 믿고 말씀에 순종하는 성도들이 이방인들이 걸려 죽는 병이 걸리지 않게 하실 뿐만 아니라 비록 걸렸다할지라도 깨끗이 고쳐 주신다고 하신 것입니다.

아주 중요한 정보 하나를 알려 드리겠습니다.

암세포를 잡아먹는 N.K세포가 있는데 이 세포를 가장 왕성하게 생산하게 하려면?........미국의 한 의학자가 연구 발표했는데 면역성을 기르는 가장 좋은 방법은 하나님을 찬송하는 일이라고 했습니다. 특히 찬양대원들에게는 일반인보다 N.K 세포가 천배나 많이 생산되는 것을 보고 깜작 놀랐다는 것이다.

말씀 순종하므로 온다는 것입니다. 순종과 하나님을 찬양하는 일이 이처럼 질병을 치료받게 하신다는 것을 믿으시기 바랍니다.

(3) 영적체험 다음에 일어나 목표를 향하여 전진해야 합니다.

이스라엘이 물을 실컷 마시므로 갈증을 면하고 하나님의 교훈의 말씀을 받은 후 그들이 일어나 가나안으로 향하여 다시 길을 걸었습니다. 목표를 향하여 전진하였다는 것입니다. 그들이 단 물에 안주하지 않고 일어나 목표를 향하여 전진하였다는 것은 대단히 중요한 것입니다.

우리는 어떤 달콤한 축복에 주저앉아 있으면 안 됩니다. 좋은 대학에 합격하여 주저 앉으면 안 되는 것입니다. 다음 목표를 향하여 열심히 공부하여야 합니다. 사업에 성공한 사람은 그 자리에 주저앉을 것이 아니라 사회에 환원해야 하는 것입니다. 열심히 봉사하여 중직을 받았으면 안주할 것이 아니라 하나님의 일에 열심히 헌신 봉사하여야 할 것입니다. 좋은 직장에 취업이 되었으면 더욱 열심히 근무하되 머리가 되기 위하여 최선을 기울여 공부하고 연구하여 하나님께 영광을 돌려야 할 것입니다.

일어나 가나안으로 향하여 전진하여 나갔습니다. 그 길이 가기 힘든 광야

였지만 일어나 전진하였습니다. 10km 쯤 전진하여 나갔을 때 하나님이 예비해 놓으신 놀라운 축복의 현장을 만나게 되었습니다.

그곳은 엘림이라는 대 오아시스였습니다. 목표를 향하여 계속 전진하여 나아가는 우리 성도들에게도 이 엘림이 기다리고 있는 줄로 믿습니다. 일어나 전진할 때에 엘림을 만나게 되는 것입니다. 그곳에는 종려 70주, 샘물이 12개가 있어 거기서 장막치고 정말 놀라운 안식을 누릴 수 있었습니다. 앞으로의 노정을 위한 재충전을 하게 되었던 것입니다. 하나님은 정말 좋으신 우리 아버지이십니다.

마라에서 하나님의 놀라운 기적을 체험하는 가운데 모든 문제를 해결해 주시는 주님의 십자가를 보여 주시고 계속 목표를 향하여 전지하는 그들에게 대오아시스를 만나게 하여 주심으로 재 충전하여 전진하여 가나안으로 들어가게 하시는 하나님이심을 믿으시기를 바랍니다.

위기를 극복하는 비결

(왕하 19:14-19)

"히스기야가 사자의 손에서 편지를 받아보고 여호와의 성전에 올라가서 히스기야가 그 편지를 여호와 앞에 펴 놓고 그 앞에서 히스기야가 기도하여 이르되 그룹들 위에 계신 이스라엘의 하나님 여호와여 주는 천하 만국에 홀로 하나님이시라 주께서 천지를 만드셨나이다 여호와여 귀를 기울여 들으소서 여호와여 눈을 떠서 보시옵소서 산헤립이 살아 계신 하나님을 비방하러 보낸 말을 들으시옵소서 여호와여 앗수르 여러 왕이 과연 여러 민족과 그들의 땅을 황폐하게 하고 또 그들의 신들을 불에 던졌사오니 이는 그들이 신이 아니요 사람의 손으로 만든 것 곧 나무와 돌 뿐이므로 멸하였나이다 우리 하나님 여호와여 원하건대 이제 우리를 그의 손에서 구원하옵소서 그리하시면 천하 만국이 주 여호와가 홀로 하나님이신 줄 알리이다 하니라"

위기를 사전의 뜻대로 위험한 시기로만 보는 사람도 있지만, 위험과 기회가 함께 공존하는 시기로 보는 긍정적인 사람도 있는 것입니다. 여러분들은 위기를 어떻게 보십니까?

히스기야는 그의 아버지와는 달리 왕이 되자마자 하나님을 잘 경외하고, 우상들을 타파하고, 나라를 잘 다스리는 훌륭한 왕이 되었습니다. 지난 주일에 살펴 본 대로 어머니의 뿌리깊은 신앙의 영향을 받았고, 당대의 훌륭한 선지자 이사야의 가르침을 잘 받고, 과거 가장 훌륭했던 다윗 왕을 본받아 정치를 잘 하였고, 하나님을 전적 믿고 신뢰하여 모든 우상들을 다 없애 버렸습니다. 하나님께서 태평성대를 주셨습니다.

그런데 히스기야가 통치한지 14년 되는 해에 엄청난 위기가 찾아왔습니다. 그때에 그가 위기를 어떻게 관리하였는가를 살펴보므로 함께 은혜를 받고자 합니다.

(1) 그는 위기를 인간적인 지혜로 해결하려고 하였습니다.

히스기야에게 엄청난 위기가 닥쳐왔습니다. 그렇게 훌륭한 믿음의 왕에게 왜 위기가 닥쳐 올까? 왜 믿음생활을 잘 하는 성도의 가정에 왜 위기가 올까? 우리는 풀 수 없는 수수께끼처럼 여겨질 때가 있습니다.

아삽도 시73편에서 "볼지어다 이들은 악인이라 항상 평안하고 재물은 더 하도다 내가 내 마음을 정히 하며 내 손을 씻어 무죄하다 한 것이 실로 헛되도다 나는 종일 재앙을 당하며 아침마다 징책을 보았도다........ 내가 어쩌면 이를 알까 하여 생각한즉 심히 곤란하더라"(시73:12-16)고 하였습니다.

히스기야가 태평성대를 누리면서 통치를 하는 14년이 되는 해에 북쪽 이스라엘을 정복한 앗수르 왕 산헤립이 유다를 쳐들어와 유다의 모든 견고한 성들을 공격하여 쳐서 파하고 유다의 도성들을 점령해 들어오고 있었습니다.

사실은 이렇게 되어진 것은 그의 아버지 아하스 왕때에 아람 왕 르신이 쳐들어왔을 때에 앗수르 왕 디글랏 빌레셋에게 많은 예물을 보내며 도와달라고 하여 도움을 받은 이후부터 앗수르를 섬겨왔던 것입니다(16:6-). 그러나 히스기야는 하나님을 전적 믿고 앗수르 왕에게 조공도 바치지 않았던 것입니다(18:7).

이에 분노한 앗수르 왕이 쳐들어왔던 것입니다. 그래서 히스기야는 앗수르 왕에게 빌었습니다.

"내가 범죄 하였습니다. 이곳에서 떠나 주시면 요구하는 것을 다 드리겠습니다"고 하자 앗수르 왕은 은 300달란트, 금 30달란트(한 달란트는 6000일의 품삯=500년 품삯)를 요구하므로 성전 보물창고와 왕궁에 있는 모든 금은을 다 드리고, 그래도 모자라자 성전문과 기둥에 입혀 놓은 금을 벗겨 앗수르 왕에게 주었습니다.

성도가 위기를 만났을 때 자칫 잘 못하면 인간적인 방법으로 해결하려고 하기 쉬운 것입니다. 히스기야처럼 인간적인 방법으로 해결하려고 할 때가 많은 것입니다.

(2) 위기를 극복하는 길은 하나님을 전적 신뢰하는 방법

인간적인 해결 방법은 되는 것처럼 보이지만 항상 위협과 재발이 뒤따르기 마련입니다. 또 그 방법을 계속해야 하고, 항상 종처럼 굴복을 당해야 하는 것입니다. 그러나 하나님을 전적 신뢰하므로 하나님께서 해결해 주시는 방법은 완벽한 해결이 이루어지고 다시는 그런 위협이 없어지고 평강을 누리게 되는 것입니다.

히스기야가 위급한 가운데 하나님께는 기도도 한번 해 보지 않고 성전과 왕궁의 모든 금은을 다 보내고 난 후 자신의 잘못을 깨닫게 되었던 것입니다. 그러고는 다시 앗수르 왕에게 공물을 바치지 아니한 것입니다. 그랬더니 약 2년 후에 다시 쳐들어와 대변인 랍사게를 보내어 오만불손한 태도로 위협하는 말로 협박하고 하나님을 모독하는 말을 하면서 항복을 유도하였습니다.

간단히 요약하면 너희들이 누구를 의지하고 나를 반역하느냐? 애굽을 의지하는 것은 상한 갈대를 의지하는 것과 다름 없고, 너희들을 치려 온 것은 하나님의 뜻으로 왔으니 항복하라는 것입니다. 그리고 하나님을 의지하라는 히스기야의 말을 듣지 말고, 하나님이 너희들을 건져주시리라는 말도 듣지 말라고 하였습니다.

하나님을 이방인들이 섬기는 우상과 같이 취급하여 어느 신들도 내 손에서 그 민족들을 구원하지 못하였는데 너희들이 섬기는 여호와가 내 손에서 너희들을 건져내겠느냐고 하나님을 모욕하기까지 하였습니다. 그러므로 너희들이 항복하면 좋은 것들을 먹고 마시게 해 주겠다는 유혹을 하였습니다.

신하들로부터 이 말을 전해듣고 히스기야가 어떻게 합니까? 19:1에 "히스기야 왕이 듣고 그 옷을 찢고 굵은 베를 입고 여호와의 전에 들어갔다"고 하였습니다.

위기를 만나고 불신자들로부터 위협을 당할 때에 인간적인 방법을 쓸 것이 아니라 신자들은 히스기야처럼 먼저 하나님께 나아가 엎드려야 합니다.

1) 하나님의 사람 이사야에게 기도를 부탁합니다.

히스기야는 하나님의 선지자인 이사야에게 궁내대신 엘리야김과 서기관 셉나와 제사장 중 장로들에게 굵은 베옷을 입혀 보내어 우리들을 위하여 기도해 달라고 부탁하게 하였습니다.

그런데 놀라운 사실은 이들이 나아갔더니 이사야가 하나님께서 주시는 응답을 주시기를 "너희는 앗수르 왕이 하는 말로 인하여 두려워하지 말아라 내가 한 영을 저의 속에 두어 풍문을 듣고 본국에 돌아가게 할 것이고, 그가 본국에서 칼에 맞아 죽게 할 것이라"고 하였습니다.

과연 그대로 산헤립이 립나에 내려가 구스왕 디르하가와 싸우고 있었습니다. 역사 연구가들에 의하면 디르하가는 구스 출신으로 애굽의 최대 왕으로 히스기야를 돕기 위하여 출전하여 싸운 것으로 봅니다.

전세가 불리해 지자 산헤립은 다시 히스기야에게 편지를 보냅니다. 그 편지의 내용(왕하19:10-13)은 히스기야의 군대가 비록 약해도 하나님을 전적 믿고 신뢰하므로 이것을 집중적으로 공격하여 "너희의 하나님이 앗수르 왕의 손에 망하게 하지 않게 할 것이라는 히스기야의 말에 속지 말라 이제까지 그 어떤 왕도 앗수르 왕에게서 건져 낸 신이 없느니라"고 하였습니다.

우리는 어렵고 힘든 일을 만나거나 위기를 만났을 때에 믿음의 형제들과 교역자들에게 기도를 부탁하는 것이 지혜로운 것입니다. 한 사람보다 두 세 사람이 모여 합심하여 기도하면 하나님은 그들과 함께 계시면서 그들의 기도를 들어주신다고 하였기 때문입니다.(마18:19)

2) 히스기야 자신도 하나님께 기도합니다.

앗수르 왕의 협박하는 편지를 받은 히스기야는 그 편지를 들고 하나님의 성전에 올라가 그 편지를 하나님 앞에 펴놓고 "하나님의 이름을 찬양하며 이방신들을 믿는 자들을 멸망시킨 이 앗수르 왕의 손에서 구원하심으로 여호와 우리 하나님만이 유일하신 참 하나님이심을 천하만국이 다 알게 해 달라고 간절히 기도하였습니다.

성도의 위기 탈출은 믿음의 형제들에게 기도를 부탁함과 동시에 자신이 하나님께 기도하는 일입니다. 위기 때의 기도는 하나님의 도움의 손길을 요청하는 일이요, SOS를 치는 일입니다. 성도는 하나님의 자녀입니다. 자녀가 어려움을 당할 때에 아버지의 도움을 요청하는 일은 너무나도 당연한 일이요 어려울 때에 부르짖는 자녀를 도와주는 것은 부모의 의무요 기쁨일 것입니다.

시50:15 "환난 날에 나를 부르라 내가 너를 건지리니 네가 나를 영화롭게 하리로다"

주님께서도 요14:12-14에 "내가 진실로 진실로 너희에게 이르노니 나를 믿는 자는 나의 하는 일을 저도 할 것이요 또한 이보다 큰 것도 하리니 이는 내가 아버지께로 감이니라 너희가 내 이름으로 무엇을 구하든지 내가 시행하리니 이는 아버지로 하여금 아들을 인하여 영광을 얻으시게 하려 함이라 내 이름으로 무엇이든지 내게 구하면 내가 시행하리라"고 하셨습니다.

성경에는 하나님의 자녀가 기도하면 응답해 주시겠다는 약속이 신구약에 수없이 깔려있으며 그 기도의 응답들이 얼마나 많이 있는지 모릅니다.

특히 하나님께 기도하므로 적은 군사로 승리한 역사가 얼마나 많습니까?

기드온의 300명의 군사가 메뚜기떼보다 더 많은 미디안을 칼 한번 쓰지 않고 물리쳤으며(삿6장, 7장), 입다가 회개 기도하므로 암몬 군대를 물리쳤습니다.

삿10:11-12에 "여호와께서 이스라엘 자손에게 이르시되 내가 애굽 사람과 아모리 사람과 암몬 자손과 블레셋 사람에게서 너희를 구원하지 아니하였느냐 또 시돈 사람과 아말렉 사람과 마온 사람이 너희를 압제할 때에 너희가 내게 부르짖으므로 내가 너희를 그들의 손에서 구원하였다"고 하였습니다.

기도할 때에 사무엘을 블레셋 사람에게서, 아사를 구스에게서, 여호사밧을 암몬 연합군에게서, 엘리사를 아람군에게서, 오늘 봉독한 히스기야를 앗수르의 산헤립에게 하나님께서 구원해 주셨습니다.

기도하면 들으시고 응답하시는 하나님을 믿으시기를 바랍니다.

겸손히 하나님의 성전을 찾아 기도하고, 선지자 이사야에게 기도를 부탁하여 기도하고, 히스기야 왕 자신이 기도하는 가운데 하나님은 기도하는 그 밤에 하나님의 사자를 보내어 앗수르 군대 진에서 군사 185,000명을 쳐죽였습니다.

하나님께서 하실 때에는 많은 군사가 필요한 것이 아닙니다. 단 한 명의 하늘 군사로 십 팔만 오천을 다 진멸 시켰습니다. 왕이 일찍이 일어나 보니 자기 군대가 다 송장이 되어있었습니다. 이 막사에도 가보니 다 죽었고, 저 막사에도 가보니 다 죽었고, 이장군도 저 장군도 다 죽었으니 얼마나 놀라고 두려웠겠습니까?

왕 산헤립이 혼비백산이 되어 걸음아 날 살려라하고 도망쳐서 자기 고국에 간신히 도착한 그가 그렇게도 무능력한 자기 신 니스록 묘에서 예배할 때에 자기의 두 아들이 칼로 쳐죽이므로 비극적인 죽임을 당하였습니다.

하나님을 모독하고 하나님의 백성들을 욕하고 훼방하는 자들을 하나님은 그냥 두시지 않습니다. 동광교회를 지을 때에 옆에 한 할머니가 교회를 향하여 아침마다 욕을 하는데 하루는 욕이 뚝 끊어졌습니다. 교인들이 이상하게 생각했는데 그 할머니가 갑자기 죽었다는 것입니다. 그 후로는 조용해 졌다는 것입니다.

몇 년 전에 산호교회를 지을 때에도 교회 옆에 한 분이 교회를 향하여 욕설을 하고 법정에 고발을 하고 그렇게 하다가 갑자기 죽으므로 교회를 순조롭게 잘 지을 수 있었다고 합니다.

하나님은 살아 계셔서 자신의 이름을 욕되게 하거나 모욕하는 자를 그냥 두지 않으십니다.

특히 산헤립이 자신의 두 아들에게 죽임을 당하였다는 것은 실로 비극중에 비극이 아닐 수 없는 것입니다. 그 두아들은 아드람멜렉과 사레셀인데 이들이 아버지를 죽이고 아라랏땅으로 도망치고 다른 아들 에살핫돈이 왕이 되었습니다.(왕하 19:37)

3) 죽을 병의 위기에서도 기도로 고침을 받은 히스기야입니다.

왕하20:1에 "그 때에 히스기야가 병들어 죽게 되매 아모스의 아들 선지자 이사야가 저에게 나아와서 이르되 여호와의 말씀이 너는 집을 처치하라 네가 죽고 살지 못하리라 하셨나이다"고 하였습니다.

히스기야에게 전쟁 승리의 기쁨이 채 가시기도 전에 또 다시 피할 수 없는 위기가 찾아왔습니다.

대개 이러한 상황이 되면 이제 할 수 없구나하고 단념을 하기 일쑤지만 하나님의 전능하심과 기도의 응답의 비밀을 아는 히스기야는 하나님께 또 다시 기도하기 시작하였습니다.

20:2 "히스기야가 낯을 벽으로 향하고 여호와께 기도하여 가로되 여호와여 구하오니 내가 진실과 전심으로 주 앞에 행하며 주의 보시기에 선하게 행한 것을 기억하옵소서 하고 심히 통곡하더라" 고 하였습니다.

히스기야의 기도가 응답을 받아 15년을 더 살게 됨을 볼 수 있습니다.

20:4-6 "이사야가 성읍 가운데까지도 이르기 전에 여호와의 말씀이 저에게 임하여 가라사대 너는 돌아가서 내 백성의 주권자 히스기야에게 이르기를 왕의 조상 다윗의 하나님 여호와의 말씀이 내가 네 기도를 들었고 네 눈물을 보았노라 내가 너를 낫게 하리니 네가 삼일만에 여호와의 전에 올라가겠고 내가 네 날을 십오년을 더할 것이며 내가 너와 이 성을 앗수르 왕의 손에서 구원하고 내가 나를 위하고 또 내 종 다윗을 위하므로 이 성을 보호하리라 하셨다 하라 하셨더라"

여기서 응답받은 기도는

① 벽을 향한 기도로 전적 하나님만을 의지하고 드리는 기도임을 볼 수 있고,

② 자신이 하나님 앞에서 진실과 전심으로 선하게 산 것을 들어 기도하는 것을 볼 수 있다는 것입니다.

우리가 하나님께 기도할 때에 하나님께서 우리의 어떤 공로가 아닌 주님

의 공로에 의하여 응답하시기는 하지만 그래도 우리의 삶과 전혀 무관하지만은 않다는 사실을 히스기야를 통하여 깨달을 수 있습니다.

예수님께서 마7장에서 구하라, 찾으라, 문을 두드리라 그리하면 응답해 주시겠다고 하시면서 결론적으로 하신 말씀이 무엇이었습니까? 12절에서 "그러므로 무엇이든지 남에게 대접을 받고자 하는 대로" 다시 말하면 기도의 응답을 받고자 하는 대로 "너희도 남을 대접하라" 너희도 남의 요구를 들어주라는 말씀을 결론적으로 주셨다는 것을 기억해야 합니다. "이것이 율법이요 선지자니라"고 하였습니다.

이 말씀과 히스기야의 기도를 연결해 보면 기도의 응답은 우리의 삶과 전혀 무관하지 않다는 말씀이 아닙니까? 우리의 삶은 어떠합니까? 주님께 히스기야처럼 기도할 수 있는지를 스스로 자문을 해 봐야 할 것입니다.

특히 히스기야의 병고침도 하나님의 언약과 관계가 있음을 20:6 "내가 네 날을 십오년을 더할 것이며 내가 너와 이 성을 앗수르 왕의 손에서 구원하고 내가 나를 위하고 또 내 종 다윗을 위하므로 이 성을 보호하리라 하셨다 하라 하셨더라"

4) 하나님의 언약과 관계가 있습니다.

하나님은 히스기야의 기도를 들으시고 앗수르 왕을 쫓아내신 궁극적인 이유는 하나님께서 다윗과 맺으신 약속 때문이었습니다. 19:34 "내가 나와 나의 종 다윗을 위하여 이 성을 보호하여 구원하리라 하셨나이다 하였더라"

왕하11:13 "오직 내가 이 나라를 다 빼앗지 아니하고 나의 종 다윗과 나의 뺀 예루살렘을 위하여 한 지파를 네 아들에게 주리라 하셨더라"

신8:14- "여호와는 너를 애굽 땅 종 되었던 집에서 이끌어 내시고 너를 인도하여 그 광대하고 위험한 광야 곧 불뱀과 전갈이 있고 물이 없는 건조한 땅을 지나게 하셨으며 또 너를 위하여 물을 굳은 반석에서 내셨으며 네 열조도 알지 못하던 만나를 광야에서 네게 먹이셨나니 이는 다 너를 낮추시며 너를 시험하사 마침내 네게 복을 주려 하심이었느니라"

롬8:28 "우리가 알거니와 하나님을 사랑하는 자 곧 그의 뜻대로 부르심을 입은 자들에게는 모든 것이 합력하여 선을 이루느니라"

결론

제가 제자 훈련을 하면서 지금까지 제일 기뻤던 일이 어떤 것이었느냐고 물었더니 결혼할 때가 가장 좋았다고 하는 성도도 있었고, 아기를 낳고 난 후에 그 아기를 보는 순간 등 여러 가지를 말하였는데 그 중에 아이가 자라서 정확한 말로 "엄마"하고 부를 때가 가장 기뻤다는 말도 들었습니다.

하나님은 우리가 "하나님 아버지" 라고 부르면서 기도할 때 아마 가장 기뻐하시지 않겠나 생각했습니다. 하나님의 자녀인 우리의 기도는 반드시 금 그릇에 담겨져 천사들의 손에 받들려 하나님의 보좌앞에 드려진다는 말씀대로 되는 줄로 믿습니다.(계5:8, 8:3,4)

위기는 위험의 시기로만 볼 것이 아니라 위험과 기회의 시기로 보아 우리에게 어떤 위기도 하나님 아버지께 기도하면 하나님께서 응답하여 주시는 기회로 믿으시기 바랍니다.

다니엘의 지혜로운 선택과 기도

(단 2:14-24)

"그 때에 왕의 근위대장 아리옥이 바벨론 지혜자들을 죽이러 나가매 다니엘이 명철하고 슬기로운 말로 왕의 근위대장 아리옥에게 물어 이르되 왕의 명령이 어찌 그리 급하냐 하니 아리옥이 그 일을 다니엘에게 알리매 다니엘이 들어가서 왕께 구하기를 시간을 주시면 왕에게 그 해석을 알려 드리리이다 하니라 이에 다니엘이 자기 집으로 돌아가서 그 친구 하나냐와 미사엘과 아사랴에게 그 일을 알리고 하늘에 계신 하나님이 이 은밀한 일에 대하여 불쌍히 여기사 다니엘과 친구들이 바벨론의 다른 지혜자들과 함께 죽임을 당하지 않게 하시기를 그들로 하여금 구하게 하니라 이에 이 은밀한 것이 밤에 환상으로 다니엘에게 나타나 보이매 다니엘이 하늘에 계신 하나님을 찬송하니라 다니엘이 말하여 이르되 영원부터 영원까지 하나님의 이름을 찬송할 것은 지혜와 능력이 그에게 있음이로다 그는 때와 계절을 바꾸시며 왕들을 폐하시고 왕들을 세우시며 지혜자에게 지혜를 주시고 총명한 자에게 지식을 주시는도다 그는 깊고 은밀한 일을 나타내시고 어두운 데에 있는 것을 아시며 또 빛이 그와 함께 있도다 나의 조상들의 하나님이여 주께서 이제 내게 지혜와 능력을 주시고 우리가 주께 구한 것을 내게 알게 하셨사오니 내가 주께 감사하고 주를 찬양하나이다 곧 주께서 왕의 그 일을 내게 보이셨나이다 하니라 이에 다니엘은 왕이 바벨론 지혜자들을 죽이라 명령한 아리옥에게로 가서 그에게 이같이 이르되 바벨론 지혜자들을 죽이지 말고 나를 왕의 앞으로 인도하라 그리하면 내가 그 해석을 왕께 알려 드리리라 하니"

괴테가 쓴 "헤르만과 도로데아"의 책 내용 중에 이런 말이 나옵니다.

"인간의 생활과 일생의 운명은 한순간에 의해 결정된다. 오래 시간을 끈다고 해도 결정은 한순간에 내리게 된다. 오직 분별력 있는 사람만이 바른 결정을 내릴 수 있다. 선택에 있어서 여러 가지를 생각하여 마음을 혼란시키는 것은 위험을 증대시킬 뿐이다."

사람은 누구나 없이 살아가면서 중대한 일들을 항상 만나게 되는 것입니다. 그때마다 어떻게 결단을 내리며 무엇을 선택해야 할 것인가? 하는 것은 대단히 중요한 일이 아닐 수 없는 것입니다. 오늘 선택한 일에 의해서 내일이 결정되어지기 때문입니다.

계속적인 선택들이 모여 성품과 인격과 삶과 질이 결정되어지는 것입니다. 무엇을 선택할 것인가? 망설일 때가 많을 것입니다. 그것이 인생의 방향을 결정하는 매우 중요한 결단이 되어지는 것입니다. 그러므로 선택과 결단은 신중하고 지혜로워야 하는 것입니다.

1845년 미국의회는 영토를 확장하기 위하여 멕시코와 전쟁을 해서 많은 땅을 차지해야 한다고 주장하며 선동을 하는 무리들이 많았다고 한다.

이때 아브라함 링컨은 이를 적극 반대하여, 연설을 했고, 제일스 룻셀 로웰(J.R.Lowell)도 강력한 필봉으로 몇몇 사람들의 야심을 위하여 전쟁을 일으켜 영토를 확장하는 것은 극히 잘 못된 것이라고 저들의 계획에 강력히 반대를 하였다고 합니다.

로웰은 '현재의 위기' (The Present Crisis)라는 제목으로 5행시 18절(90행)의 장시를 썼습니다. 이 시를 영국의 찬송가 학자인 가렛 호더(W. Garrett Horder)가 줄이고 줄여 32행 찬송시로 만들었는데 이 찬송시가 국민의 정의를 불러일으키는 위대한 찬송이 되어 1905년에 예배용 찬송가에 실리게 되었고 우리찬송가는 521장에 실려있습니다.

1. 어느 민족 누구게나 결단할 때 있나니
참과 거짓 싸울 때에 어느 편에 설건가
주가 주신 새 목표가 우리 앞에 보이니
빛과 어둠 사이에서 선택하며 살리라
2. 고상하고 아름답다. 진리 편에 서는 일
진리위해 억압받고 명예 이익 잃어도
비겁한자 물러서나 용감한 자 굳세게
낙심한 자 돌아오는 그 날까지 서리라
3. 순교자의 빛을 따라 주의 뒤를 좇아서
십자가를 등에 지고 앞만 향해 가리라
새 시대는 새 의무를 우리에게 주나니
진리 따라 사는 자는 전진 하리 언제나
4. 악이 비록 성하여도 진리 더욱 강하다
진리 따라 살아갈 때 어려움도 당하리
우리 가는 그 앞길에 어둔 장막 덮쳐도
하나님이 함께 계셔 항상 지켜 주시리

우리의 신앙생활에도 마찬가지일 것입니다. 어떤 경우에는 이것인가 저것인가 선택해야 할 기로에 서게 될 때가 있는 것입니다. 때로는 깊이 생각한 후에 결정한 일이건만 결국 잘못되는 수도 있습니다. 따라서 선택이나 결정을 현명하게 하기 위해서 항상 바른 판단과 분별력을 길러 두어야 하는 것입니다.

우리는 다니엘을 통하여 선택하는 기본 원리를 배우고자 하는 것입니다.

(1) 자신을 더럽히지 않기를 선택하고 기도하였습니다.

우리가 잘 아는 바와 같이 유다 나라가 하나님을 거역하고 우상숭배를 하므로 인하여 선지자들을 통하여 하나님의 수없는 책망을 받고도 회개치 않으므로 결국 여호야김 왕 때에 바벨론에 망하게 되었습니다. 이 때에 귀족 출신인 다니엘은 어린 나이에 바벨론에 포로로 잡혀 가는 불행을 겪게 되었습니다. 그때에 왕은 환관장 아스부나스를 명하여 잡혀 온 이스라엘 자손중에 왕족과 귀족 중에 "흠이 없고 아름다우며 모든 재주를 통달하며 지식이 구비하며 학문에 익숙하여 왕궁에 모실만한 소년을 데려오게 하였고 그들에게 갈대아 사람의 학문과 방언을 가르치게 하였고 또 왕이 지정하여 자기의 진미와 자기의 마시는 포도주에서 그들의 날마다 쓸 것을 주어 삼년을 기른 후에 왕의 정치를 돕는 자들로 세우려는 것이었습니다.

이러한 어명으로 다니엘과 그 세 친구들이 선발 된 것입니다. 이들의 이름은 다니엘(하나님은 재판관이시다), 하나냐(여호와의 자비), 미사엘(하나님과 같은 자 누구냐), 아사랴(여호와께서 도우시리라)이었습니다. 한결같이 하나님을 믿는 믿음의 부모에게서 태어난 사람들이었습니다.

특히 여기에 뽑혔다는 것은 엄청 난 축복이요 큰 은혜였습니다. 앞으로 왕궁에 살면서 왕의 정치고문이 된다는 것은 포로민인 주제에 얼마나 영광스럽고 놀라운 축복이겠습니까? 그러나 이러한 놀라운 축복 이면에는 항상 함정이 있다는 것을 기억해야 하는 것입니다. 그것은 "왕이 지정하여 자기의 진미와 자기의 마시는 포도주"를 마셔야한다는 것이었습니다.

이방 왕들이 먹는 음식에는

① 율법의 성결법에 금지된 음식을 먹어야만 했습니다(레11장) 이 성결법을 어기는 경우 자신을 더럽히는 죄를 짓게 되는 것입니다.

② 이방인들이 음식을 만든 후 먹기 전에 먼저 그들의 신께 제물로 바치는 풍속이 있었기 때문에 다니엘이 그 음식을 먹을 경우 우상제물을 먹게 되는 죄를 범하게 되는 것이었습니다.

③ 포도주는 먹는 것은 고사하고 보지도 말라고 명하면서 그 이유를 말씀하고 있습니다.

"포도주는 붉고 잔에서 번쩍이며 순하게 내려가나니 너는 그것을 보지도 말지어다 이것이 마침내 뱀 같이 물 것이요 독사 같이 쏠 것이며 또 네 눈에는 괴이한 것이 보일 것이요 네 마음은 망령된 것을 발할 것이며 너는 바다 가운데 누운 자 같을 것이요 돛대 위에 누운 자 같을 것이며 네가 스스로 말하기를 사람이 나를 때려도 나는 아프지 아니하고 나를 상하게 하여도 내게 감각이 없도다 내가 언제나 깰까 다시 술을 찾겠다 하리라"(잠23:31)

다니엘과 그 세 친구는 왕이 정하여 주는 음식을 먹지 않기로 결단하고 대신에 채식을 먹고 물을 마시기로 선택을 합니다. 이것은 우상의 제물과 방탕에서 자신을 지켜 깨끗하게 보존하겠다는 결심이었습니다. 사실 포로된 자로서 왕의 명령을 어기고 하나님의 법을 지키겠다는 것은 매우 어려운 선택이 아닐 수 없는 것입니다.

자신의 목이 달아난다 할지라도 왕의 명령보다 하나님의 말씀을 선택하는 일이요, 세상 사람들처럼 자신의 생명을 더럽히고 방탕케 하는 것보다는 하나님의 자녀로써 거룩함을 선택하는 일이요, 왕의 명령보다 하나님의 명령을 선택하겠다는 것이요, 세상에서의 부귀영광보다는 하나님을 기쁘시게 하고 영광을 돌리겠다는 결단을 한 것입니다.

우리 신자들이 이 세상을 살아가면서 이러한 선택의 결단이 필요한 것입니다. 다니엘의 이러한 지혜롭고 올바른 선택이 어디에서 나옵니까? 하나님의 말씀에서 나오는 것입니다.

사람의 지혜나 경험이나 지식에서 나온 것이 아닙니다. 사람의 지식, 지혜, 경험은 우선에는 잘되는 것 같고 성공하는 것 같지만 하나님의 말씀과 지혜에는 따를 수 없는 것입니다. 이러한 선택은 빠르면 빠를수록 좋고, 젊으면 젊을수록 더 좋은 것입니다. 청년시기에 좋은 결단을 내려 살면 한 평생이 평탄할 수 있는 것입니다. 무엇을 시작할 때 잘 해야 모든 일이 잘 될 수 있기 때문입니다.

다니엘과 세 친구는 자신을 더럽히지 않기를 선택하고 결단을 내렸습니다. 왜 성결이 중요합니까? 하나님은 깨끗한 자를 들어 쓰시기 때문입니다.

"큰 집에는 금과 은의 그릇이 있을 뿐 아니요 나무와 질그릇도 있어 귀히 쓰는 것도 있고 천히 쓰는 것도 있나니 그러므로 누구든지 이런 것에서 자기를 깨끗하게 하면 귀히 쓰는 그릇이 되어 거룩하고 주인의 쓰심에 합당하며 모든 선한 일에 예비함이 되리라 또한 네가 청년의 정욕을 피하고 주를 깨끗한 마음으로 부르는 자들과 함께 의와 믿음과 사랑과 화평을 좇으라 어리석고 무식한 변론을 버리라 이에서 다툼이 나는 줄 앎이라"(딤후 2:20-23).

교회의 직분이 무엇입니까? 회사의 어떤 직책이 아닙니다. 감투는 더더욱 아닙니다. 무엇입니까? 섬기는 봉사직입니다. 가장 잘 섬기려면 하나님이 써 주셔야 하는데 중요한 것은 깨끗한 자를 들어 쓰신다는 사실입니다.

여러분들은 예수님을 믿으면서 어떤 선택의 결단을 내렸습니까? 교회의 직분을 받으면서 어떤 선택을 하기로 했습니까? 교회의 장로로, 장립집사로, 권사로 피택을 받고 임직할 때에 어떤 결심을 가졌습니까? 어떻게 하기로 결단을 가졌습니까? 어떤 뜻을 정하였습니까?

다니엘은 자신을 더럽히지 않기로 뜻을 정하였습니다. 우리가 사는 이 세상이 비록 더럽고 타락하였다 할지라도 우리까지 더러워져서는 안 되는 것입니다.

"이스라엘 자손이 라암셋에서 발행하여 숙곳에 이르니 유아 외에 보행하는 장정이 육십만 가량이요 중다한 잡족과 양과 소와 심히 많은 생축이 그들과 함께 하였으며"(출12:37)라고 하였는데 "이스라엘 중에 섞여 사는 무리가 탐욕을 품으매 이스라엘 자손도 다시 울며"(민11:4)라고 하였습니다.

광야길이 좀 힘들고 어렵다고 하여 이스라엘 백성이 아닌 "잡족" "섞여 사는 무리들"이 탐욕을 품고 하나님을 대하여 불평하고 원망한다고 하여 이스라엘 백성들도 그들처럼 원망하고 불평하면서 울어서는 안 된다는 것입니다. 그럼에도 불구하고 "백성들의 온 가족들이 각기 장막 문에서 우는 것을 모세가 들었고 이로 인하여 하나님의 진노가 심히 크고 모세도 기뻐하지 아니하였다"(민11:10)고 하였습니다. 그 결과 "여호와께서 백성에게 대하여 진노하사 심히 큰 재앙으로 치셨으므로 그곳 이름을 기브롯 핫다아(탐욕의 무덤)라 하고, 탐욕을 낸 백성들이 거기 장사하였다고 하였습니다(11:33).

이스라엘의 장로와 제사장, 서기관 등 종교지도자들이 예수님을 모함하고 죽이려한다고 하여 예수님의 제자인 가롯 유다가 등달아 예수님을 배신하고 은 30에 팔아넘기는 일을 선택한 것은 얼마나 어리석은 일인지 모르는 것입니다. 우리들이 사는 시대가 어렵고 힘들고 믿음을 배신한다할지라도 하나님의 말씀을 꼭 붙잡고 말씀에 따라 하나님이 기뻐하시고 영광 받으시는 일만 선택하고 결단하시는 모든 성도들이 다 되시기를 바랍니다.

여기에 가장 중요한 것은 자신입니다. 예수님은 말씀하셨습니다.

"사람이 만일 온 천하를 얻고도 자기 목숨을 잃으면 무엇이 유익하리요, 사람이 무엇을 주고 제 목숨을 바꾸겠느냐?"(마16:26)고 하였습니다. 자신은 온 우주보다 더 귀합니다. 자신을 잃어버리고 남에게 인정을 받고, 칭찬을 받으며, 인기가 무슨 필요가 있겠습니까? 자신을 잃어버린 성공 무슨 필요가 있겠습니까? 자신이 하나님의 미워하심이 되면 사람에게 아무리 인정을 받아도 아무 소용이 없는 것입니다. 이 세상과도 바꿀 수 없는 자신이 가장 중요한 것입니다.

그래서 성경은 항상 자신을 잘 지킬 것을 명하고 있습니다. 자신을 더럽히지 않아야 합니다. 자신을 죄에 던지지 않아야 합니다. 자신을 멸망의 길로 내 던지지 않아야 합니다. 자신을 하나님이 미워하시는 사람이 되지 않아야 합니다. 비록 이 세상 모든 사람들에게 미움을 받고 버림을 받는 한이 있어도 하나님께만 인정을 받는다면 그 사람은 복 받은 사람이요, 행복한 사람인 것입니다. 모든 것에서 자신을 잘 지켜 나가야 하는 것입니다. 그러기 위해서 어떻게 해야 합니까?

① 하나님의 말씀을 굳게 지켜야 합니다.

다니엘은 하나님의 말씀을 굳게 지켰습니다. 자신의 장래가 어떻게 되던 하나님의 말씀을 제일주의로 지켜 나갔던 것입니다. 바울도 "나의 전한 그 말을 굳게 지키라"(고전15:2)고 하였습니다. 하나님의 말씀을 하나님의 말씀으로 받아 순종하면 살았고 운동력이 있는 하나님의 말씀이 역사하실 줄로 믿습니다.(히4:12, 살전2:13)

② 세속화되지 않도록 자신을 지켜야 합니다.

배는 물에 있지만 물에 빠지지 않기 때문에 배의 역할을 잘 감당해 내는 것입니다. 만약에 배가 물에 빠져 잠기게 되면 그때부터 그 생명은 끝나 버리고 마는 것입니다. 그래서 야고보는

"자기를 지켜 세속에 물들지 아니해야"(약1:27) 경건한 삶이 된다고 말씀하셨고, 바울도 "너희는 이 세대를 본 받지 말고 오직 마음을 새롭게 하므로 변화를 받아 하나님의 선하시고 기뻐하시고 온전하신 뜻이 무엇인지 분별해야 하나님께 거룩한 산 제물이 될 수 있다고 하였습니다(롬12:2)

③ 자신을 잘 지키기 위해서는 하나님의 사랑 안에 있어야 합니다.

하나님께서 자신을 무궁한 사랑을 베풀어 주셨고 앞으로도 계속하여 사랑해 주실 것을 믿어야 하는 것입니다. 사랑을 받으면 배신할 수 없는 것입니다. "하나님의 사랑 안에서 자기를 지키며 영생에 이르도록 우리 주 예수 그리스도의 긍휼을 기다리라"(유1:21)고 하신 것입니다.

④ 주님의 교훈과 가르침을 잘 지켜야 하는 것입니다.

주의 교훈을 벗어나면 곧 속화되기 쉬운 것입니다. 그래서 바울은 "이러므로 형제들아 굳게 서서 말로나 우리 편지로 가르침을 받은 유전을 지키라"(살후2:15)고 권하고 있는 것입니다.

⑤ 성령님의 인도를 잘 받아야 하는 것입니다.

성령님은 믿는 성도의 마음속에 계시면서(요14:17), 모든 것을 가르치

고, 주님이 말씀하신 모든 것을 생각나게 하십니다. 이러한 성령님의 세밀한 인도를 민감하게 감지하여 잘 지켜나가야 자신을 잘 지킬 수 있는 것입니다.

"우리 안에 거하시는 성령으로 말미암아 네게 부탁한 아름다운 것을 지키라"(딤후1:14) 고 하였습니다.

⑥ 마음을 잘 지키라고 하였습니다.

유대인들에게 어릴 때부터 큰 영향을 미치는 탈무드에 의하면 "인간의 육체는 마음에 의해 좌우된다. 마음은 보고, 듣고, 걷고, 굳어지고, 부드러워지고, 기뻐하고, 슬퍼하고, 화내고, 무서워하기도 하고, 거만해지고, 설득되어지고, 증오하고, 사랑하고, 질투하고, 부러워하고, 사색하고, 반성한다 그러므로 세상에서 가장 강한 인간은 자신의 마음을 스스로 조종할 수 있는 사람이다"고 하였습니다. 마음의 변덕스러움에 따라 육체가 다르기 마련이라는 말씀입니다. 그러므로 우리 자신의 마음을 잘 지켜나가야 하는 것입니다.

잠4:23에 "무릇 지킬만한 것보다 더욱 네 마음을 지키라 생명의 근원이 이에서 남이니라 궤휼을 네 입에서 버리며 사곡을 네 입술에서 멀리하라 네 눈은 바로 보며 네 눈꺼풀은 네 앞을 곧게 살펴 네 발의 행할 첩경을 평탄케 하며 네 모든 길을 든든히 하라 우편으로나 좌편으로나 치우치지 말고 네 발을 악에서 떠나게 하라"고 하였으며 또 "자기의 마음을 제어하지 아니하는 자는 성읍이 무너지고 성벽이 없는 것 같으니라"(잠25;28)고 하였습니다.

⑦ 내 마음을 주님께서 주장하시도록 해야 합니다.

우리 마음을 우리 자신이 주장하거나 아니면 마귀가 주장하면 우리의 귀중한 마음을 잘 지켜 나갈 수 없게 되어지는 것입니다. 우리 마음의 왕좌에 우리 주님을 왕으로 모시고 말씀하시는 것을 순종하는 삶을 살아가야 하는 것입니다. 그래서 바울은 에베소 교회를 위하여 무릎을 꿇고 기도하기를 "믿음으로 말미암아 그리스도께서 너희 마음에 계시게 하옵시고"(엡3;17)라고 기도했던 것입니다.

⑧ 합심기도로 지켜야 합니다.

다시 말하면 하나님이 도와 주셔야 하기 때문에 혼자가 아니라 합심하여 기도하므로 기도의 후원을 받아 우리의 마음을 지켜나가야 하는 것입니다. 다니엘도 뜻을 정하여 기도할 때에 자기의 세 친구와 합심하여 기도했습니다.

느브갓네살 왕이 꿈을 꾸고 그 꿈을 말하지 않고 꿈과 그 해석을 하라고 하며 그 꿈을 찾아내지 못하면 다 죽이겠다"고 할 때에 다니엘은 왕에게 들어가 "시간을 주시면 그 꿈을 알아내고 해석을 해 드리겠다고 하고 세 친구와 함께 하나님께 간절히 기도할 때에 하나님께서 환상으로 보여주어 죽음을 면하게 되었던 것입니다. 자신만 작정하고 기도한 것이 아니고 세 친구와 함께 합심하여 기도하므로 응답을 받게 되었던 것입니다(단2:18,19).

"다니엘은 뜻을 정하여 왕의 진미와 그의 마시는 포도주로 자기를 더럽히지 아니하리라 하고.........환관장에게 구하니"(단1:8,9) 라는 말씀은 환관장에게 구한 사람이 단수가 아니라 복수로 나타나는 것을 볼 때에 세 친구와 함께 행동했다는 사실을 보여 주는 것입니다.

합심하여 기도할 만큼 마음을 지키는 것이 중요한 일임을 보여주는 것입니다(전4:11,12).

⑨ 실천에 옮겼습니다.

자신의 몸을 더럽히지 않기 위한 대안을 마련하여 실천에 옮기는 일이 중요한 것입니다. 다니엘과 그의 세 친구는 왕이 하사하는 산해진미를 거절하고 자신의 몸을 더럽히지 않는 물과 채소를 선택하여 열흘 동안을 실천에 옮기게 되었습니다. 하나님은 이 일을 귀하게 보시고 그들의 얼굴이 더욱 아름답고 살이 더욱 윤택하여 왕의 진미를 먹는 모든 소년보다 나아지게 하였습니다(단1:12). 그리하여 감독하는 자가 그들에게 분정된 진미와 마실 포도주를 제하고 채식을 주어 먹게 하므로 자신을 지킬 수 있었던 것입니다.

⑩ 그 결과 엄청난 큰 복을 받았습니다.

"하나님이 이 네 소년에게 지식을 얻게 하시며 모든 학문과 재주에 명철하게 하신 외에 다니엘은 또 모든 이상과 몽조를 깨달아 알더라 왕의 명한바 그들을 불러들일 기한이 찼으므로 환관장이 그들을 데리고 느부갓네살왕 앞으로 들어갔더니 왕이 그들과 말하여 보매 무리 중에 다니엘과 하나냐와 미사엘과 아사랴와 같은 자 없으므로 그들로 왕 앞에 모시게 하고 왕이 그들에게 모든 일을 묻는 중에 그 지혜와 총명이 온 나라 박수와 술객보다 십배나 나은 줄을 아니라 다니엘은 고레스 왕 원년까지 있으니라"

자신을 더럽히지 아니하니 하나님께서 이처럼 놀라운 축복을 부어 주심으로 다니엘은 포로출신이었으나 바벨론의 느브갓네살왕과 벨사살, 메대의 다리오, 바사왕 고레스왕 때가지 3개국에 4왕을 모시는 총리로 정치를 하였습니다. 자신을 더럽히지 않고 깨끗하게 잘 관리하므로 이런 놀라운 복을 하나님으로부터 받아 누리게 된 것입니다.(단6:3,4)

(2) 죽지 않기를 선택하고 기도하였습니다.

바벨론의 왕 느브갓네살 왕이 꿈을 꾸고 그 꿈을 잊어버려 큰 고민에 빠져 박수, 술객, 점장이, 술사들을 불러 잃어버린 꿈을 찾아내고 해석하라고 명하였으나 아무도 그 꿈을 찾아낼 수 없었습니다. 그 때 왕이 진노하고 통분하여 그들 모두를 죽이라고 명하였던 것입니다.

왕의 시위대 장관 아리옥이 바벨론 박사들을 죽이러 나가매 다니엘이 명철하고 슬기로운 말로 왕의 장관 아리옥에게 얼마의 기한을 주시면 왕의 꿈과 해석을 해 드릴 것을 약속하므로 겨우 목숨부지가 되었던 것입니다. 그때에 다니엘은 친구 셋을 불러 모으고

그 일들을 이야기한 후에 하늘에 계신 하나님이 우리들을 긍휼히 여기사 이 은밀한 일 바벨론의 다른 박사와 함께 죽임을 당치 않게 하시기를 위하여 간절히 기도하게 되었던 것입니다(단2:1-18).

하나님은 그들의 간구를 들으시고 은밀한 꿈을 밤에 이상으로 다니엘에게 나타나 보이매 다니엘이 하늘에 계신 하나님을 찬송하니라"(2:19)고하였습니다.

우리는 다니엘과 같이 악인처럼 죽지 않기를 간구해야 합니다. 죽음에는 두 가지가 있습니다. 육신의 죽음과 영혼의 죽음입니다. 이 둘 다 소중하고 귀중한 것입니다. 사람이 영육간에 죽는 일들이 많습니다. 왜 죽습니까?

*아담과 하와는 참 좋으신 하나님을 불신하고 탐욕에 눈이 어두워 하나님을 불순종하고 도리어 마귀의 말을 더 신뢰하고 따르다가 범죄타락하여 자신뿐만 아니라 그에게서 태어나는 모든 인류가 다 죽어 멸망을 당하게 된 것입니다.

홉니와 비느하스는 제사장의 아들이지만 하나님을 몰라서 죽었습니다.

아간과 가룟유다와 아나니아와 삽비라는 물질 때문에 죽었습니다. 사울은 왕이 되기 전에는 겸손하였으나 왕이 된 후에는 교만하여 하나님의 말씀을 불순종하여 자신의 아들과 함께 죽어 영광스러운 왕위를 빼앗겼을 뿐만 아니라 가문이 몰락하는 비극을 가져 왔습니다. 다단과 아비람과 온은 당을 짓고 족장 250명과 함께 일어나 하나님이 세우신 지도자 모세와 아론을 거스리다가 땅이 입을 벌려 그 가족과 그에게 속한 모든 사람과 그 물건을 집어 삼켰다고 하였습니다. 발람은 발락이 베풀어주는 영광과 명예를 탐하다가 죽임을 당하였습니다.

하나님의 자녀인 우리들은 사단에게 속지 말고 하나님만을 전적 믿고, 신뢰하고, 말씀을 굳게 믿고, 의지하여 이러한 것들때문에 죽지 않기를 간구해야 하는 것입니다.

영국의 작가 H. 보나르(1808년-1889)의 다음같은 시가 있습니다.

오, 주님 / 밤 깊어도 날 이끄소서.
주님 팔로 날 안아 이끄소서.
내 길 되신 주님 택하게 하소서.

평탄케 든 거칠게 든
최선을 걷게 하소서
굽었든지 바르든지
주님 향한 지름길 되게 하소서.

주님 내 판단을 도말하소서.
주 뜻대로 따르겠나이다.
주님 가신 길 택하여 / 바로 걷게 하소서.

주님으로 잔을 취하게 하사
그곳에 기쁨과 슬픔 담게 하소서.
내 정성 다하여 주님 / 주님 택하게 하소서.

병들 때나 건강할 때나
주님 택하게 하소서.
가난할 때나 부요할 때나
주님 택하게 하소서.

크든지 작든지 / 주 뜻대로 하소서.
내 인도와 힘과 지혜와
내 전부가 되어 주소서.

안디옥교회

교회의 비전

■

초판 1쇄 인쇄 / 2012년 11월 25일
초판 1쇄 발행 / 2012년 11월 30일

■

지은이/황 삼 수

펴낸이/김 수 관
펴낸곳/도서출판 영문
122-070 서울시 은평구 역촌동 10-82
☏ (02)357-8585
FAX • (02)382-4411
E-mail • kskym49@yahoo.co.kr

■

출판등록번호/제 03-01016호
출판등록일/1997. 7. 24

정가 17.000원

ISBN 978-89-8487-294-3 03230

Printed in Korea